思い邪《よこしま》なし

京セラ創業者 稲盛和夫

Yasutoshi Kita
北康利

毎日新聞出版

三輪車に乗る稲盛、右は兄利則

兼一叔父(前列右から二番目)の出征に際して。右隣が稲盛、その後ろが父畩市

大学の研究員の仲間たちと実験器具を手にする稲盛（右前）

松風工業時代の寮（松風園《しょうふうえん》常磐寮《ときわりょう》）でくつろぐ稲盛

京都セラミック創業時のメンバー。最後列右から青山政次、
二人おいて伊藤謙介、一人おいて北大路季正、稲盛、岡川健一、
浜本昭市、徳永秀雄、一人おいて樋渡眞明

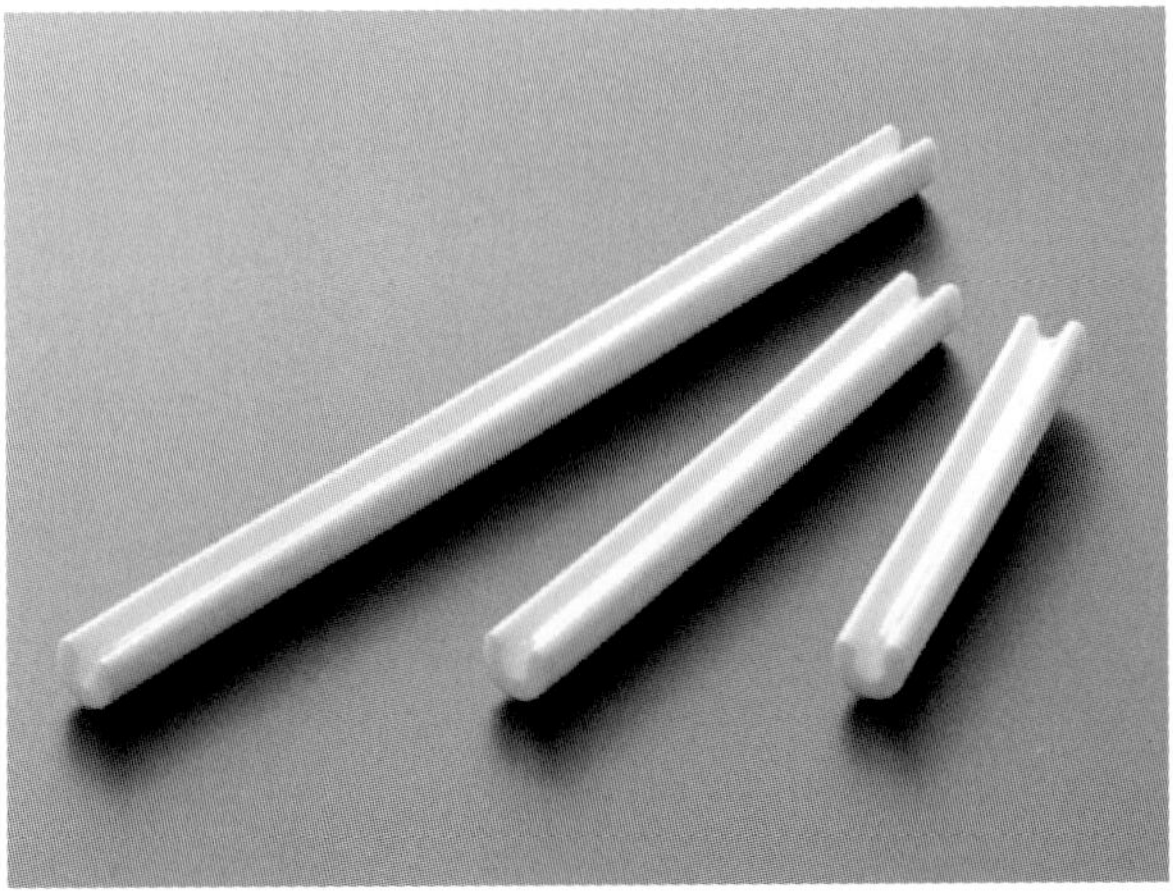

稲盛が開発し量産化に成功したU字ケルシマ

稲盛の結婚式記念写真

創業の恩人、西枝一江夫妻

朝礼で優れた業績をあげたアメーバを表彰する稲盛

第三次行革審にて「世界の中の日本」部会長を務める。奥左から三人目が稲盛

DDIとKDD、IDOが合併し、KDDIが発足。
その設立記念式典にて（右から二番目が稲盛）

中国大連の「盛和塾」にて

JAL会長就任後、現場を視察する稲盛（中央）と大西社長（左）

京都賞授賞式でスピーチする稲盛（提供・稲盛財団）

鹿児島の西郷隆盛像を前にして(撮影・菅野勝男)

思い邪《よこしま》なし　京セラ創業者　稲盛和夫　目次

序章

誓いの血判状

第一章

勝ちに見放されたガキ大将

第二章

ファインセラミックスとの出会い

協力

京セラ（株）稲盛ライブラリー、
尚古集成館、パナソニック（株）、
PHP研究所、
（株）ワコールホールディングス、
ワイワイカンパニー、毎日新聞社

思い邪《よこしま》なし　京セラ創業者　稲盛和夫

——子《し》曰《いわ》く、詩《し》三百《さんびゃく》、一言《いちごん》以《もっ》てこれを蔽《おお》う。曰く、思《おも》い邪《よこしま》なし

（『論語』為政篇《いせいへん》第二）

「思無邪」島津斉彬書（尚古集成館蔵）

序章

誓いの血判状

伝説のはじまり

年の暮れと言えば、慌《あわ》ただしい中にも華《はな》やいだ雰囲気《ふんいき》があるものだ。

とりわけ昭和三三年（一九五八）の年の瀬は、いつになく明るいムードに包まれていた。皇太子殿下（当時）と正田美智子《しょうだみちこ》さんのご婚約が発表となり、美智子さんの清楚《せいそ》な美貌《びぼう》に、時ならぬ〝ミッチーブーム〟が巻き起こっていたからだ。結婚祝賀パレードを一目見たいと、高価だったテレビの普及もこれを機に一気に進むこととなった。

そんな折、七人の若者と一人の初老の男が、京都の南の郊外にある社員寮の一室に集まっていた。座布団一つない殺風景な部屋である。比叡《ひえい》おろしの吹く京都の冬は厳しいことで知られるが、建て付けの悪い窓ガラスはカタカタと鳴り、すきま風が吹き込んでくる。だがその部屋だけは、電熱器の力を借りずともむんむんとした熱気が充満していた。

八人の男たちを古ぼけた白熱灯が照らし出しているが、その黄色味がかった光の中でも彼らの顔が上気していることがはっきりとわかる。輪の中心に立っているのは、くしゃくしゃ頭に黒めがねをかけた痩《や》せて背の高い青年だ。

興奮して語っている言葉の端々に、鹿児島弁が混じる。そのなんともいえぬ素朴さが、話している内容の過激さを和《やわ》らげ、言葉に誠実さを持たせていた。

彼はこの時、元上司や同僚と一緒に独立し、新会社を立ち上げようとしていたのだ。若者の名は稲盛和夫《いなもりかずお》。まだ二六歳という若さだった。

彼がこの後、世界中に信奉者を持つ、わが国を代表する経営者になろうとは、残りの七人はもちろん本人も想像すらしていない。そもそも当時の彼は経営の素人だ。それでも赤々と燃える情熱だけは、誰にも負けないものを持っていた。

幼い頃の稲盛はどこにでもいる普通の子どもだった。甘えん坊で腕白……通知表の文句にたとえれば〝もう少し頑張りましょう〟という評価をされるエピソードのほうが多い。

けっして順調な人生を送ってきたわけではない。

むしろツキに見放されていたと言っていい。旧制中学の受験に二度失敗し、大学受験も志望校は不合格。就職でも希望していた会社に次々と断られ、いっそのことインテリヤクザにでもなってやろうかと、暴力団事務所の前を行ったり来たりしたことさえある。

見かねた大学の教授が紹介してくれた京都の碍子《がいし》メーカーも、入ってしばらくすると倒産寸前の会社であることがわかり、つくづくついていないと天を仰いだ。同期が次々と辞めていく中、彼だけはなんとか踏みとどまり、今の自分に一体何ができるかを、その人より大きい頭で考え抜いた。

たまたまこのおんぼろ会社は、身の丈《たけ》に合わない夢の素材の研究に取り組んでいた。需要が急拡大していたテレビ用部品への応用が期待され、特殊磁器と呼ばれていたセラミック材料の開発である。

当時、敗戦国日本と欧米の技術格差は絶望的なほど拡大しており、技術力で劣る日本人にこのような高度なものを作れるはずがないと誰もが考えていたが、稲盛はそれに果敢に挑戦し、持ち前の情熱と人並み外れた意志の力で見事成功するのである。

だがその二年後、天はまたしても試練を与えた。

セラミック真空管の製作に取り組んでいるとき、何もわかっていない新任の技術部長が言ってはならない言葉を口にしたのだ。

「君では無理やな。うちには京大卒の技術者もようけおる。ほかの者《もん》にやらせてみるわ」

技術者が大切にするのは、何よりもプライドである。心ない一言に堪忍袋《かんにんぶくろ》の緒《お》が切れた稲盛は、その場で辞表を叩きつけた。それは後先考えない衝動的な行動であったが、すぐに彼を慕う仲間が立ち上がり、新会社設立を促したのだ。

こうして彼ら〝八人のサムライ〟は、稲盛の寮の部屋に集まり、新会社設立への参加を誓い合った。昭和三三年（一九五八）一二月のことである。

会社に裏切られたという怒り、やるからには成功してみせるという決意、会社経営という未知の世界に挑戦する緊張感などが加わって、興奮は絶頂に達していた。

感極まった稲盛はこう叫んだ。

「今日の感激を忘れんように誓いの血判をしようやないか！」

「賛成、異議なし！」

男たちの野太い声が一斉に挙がった。この前時代的な提案に誰も異議を唱えなかったことが、彼らが異常なまでの高揚感の中にあったことを物語っている。

早速紙が用意され、誓詞《せいし》が書き上げられた。稲盛は用意したカミソリを握りしめ、躊躇《ちゅうちょ》することなく小指の腹にあてた。

その瞬間、鮮血が噴き出した。あわててハンカチで押さえたが、指の間をつたって畳に落ち、見る間に吸いこまれていく。興奮のあまり深く切りすぎたのだ。だが誰も驚かない。今の彼なら、カミソリを少しあてただけで、身体中に充満した熱い血が噴き出してくるのは当然だと思えたからだ。

後に続けと、カミソリが回され、それまで騒がしかった部屋の中を急に静寂が支配した。京都も郊外になると雑踏《ざっとう》は縁遠い。夜鳴きそばのチャルメラのほかには、野良犬の遠吠えが聞こえてくるくらいだ。

煙草の煙が部屋中に充満し、頭上の明かり越しに渦を巻いているのが見えるが、誰も頭を上げようとはしない。彼らの目は、手から手へと渡っていくカミソリの動きだけを追っていた。

そしてみなが血判し終わった誓詞を、稲盛は高々と頭上に掲げた。それこそが京セラ設立の結団式だった。この八人の〝思い〟が大河の最初のひとしずくとなったわけだが、それは水ではなく熱い血潮《ちしお》の一滴だったのである。

「あのときは稲盛さんについていくぞっていうんで、うわぁーっと興奮していましたからね。血判状だって嫌だとはまったく思いませんでしたよ。でもね、実際に自分の番が回ってきたときには、実は少々怖かったです。だってそうでしょう。血液検査の時みたいにチクッとするだけの針じゃなく、カミソリで切るんですから。えらく緊張したのを思い出します」

伊藤謙介（京セラ元社長）に取材した際、彼はこの時のことを冗談交じりにそう語ったが、その表情には伝説の場面に立ち会えたことへの誇らしさがあふれていた。

思い出は、生きていれば時間の流れとともに積み重なっていく。幸運であれば、心震《ふる》わせるような体験もするだろう。だがそうした思い出を〝逸話〟に変え、さらに〝伝説〟にまで昇華《しょうか》できる人間は一握りしかいない。

そうした力を、稲盛和夫という男は持っていた。

新・経営の神様

「ど真剣に生きてみろ」「手の切れるような製品を作れ」「お客様の召使いになれ」「ネバーギブアップ」「ベクトルを合わせろ」「渦の中心になれ」「土俵の真ん中で相撲をとれ」「人間として何が正しいかを考えろ」

稲盛は自らの〝思い〟をこめた情熱的な言葉で、社員たちの魂を揺り動かし、熱く燃えあがらせた。

「あれではまるで京都セラミックやなくて〝狂徒《きょうと》〟セラミックやないか」

世間にはそんな中傷を口にする者もいたが、一緒に夢を追いかけ、それを実現していくことで、すべての従業員を物心両面で幸福にすることができると確信していた。

　果たしてセラミックスは、その時代ごとの最先端分野の発展を支えながら急速な技術進化を遂げていく。

　一例が「ＩＣパッケージ」だ。電子機器に欠かせない部品として登場した集積回路（ＩＣ：Integrated Circuit）は、短時日のうちに〝産業のコメ〟と呼ばれるまでになるが、実に脆《もろ》い。そのため絶縁体の容器（パッケージ）に入れてやる必要があるのだが、その材料としてセラミックスがうってつけだとわかった。周囲の電子回路と接続できるよう加工するには高度な技術が求められたが、その壁を乗り越え、ＩＣパッケージは京セラの主力商品となっていく。

　その後も様々な商品が開発され、深海の超高圧の世界や宇宙の過酷な条件下でも、選ばれるのは京セラのファインセラミックスという時代がやってくる。だが彼は成功に慢心せず安住せず、挑戦者であり続けた。そして京セラグループを大きく飛躍させた新たな挑戦、それが第二電電（ＤＤＩ）の設立だった。

　通信自由化を大きなビジネスチャンスと捉えた彼は、現在のＫＤＤＩの前身であるＤＤＩを設立。巨人ＮＴＴに果敢に挑み、通信コストの大幅な引き下げを実現して国民経済に大きな利益をもたらしたのだ。

　企業活動だけではない。彼は社会貢献でも時代をリードしていく。国際的なスケールを持つ京都賞を設立。ＤＤＩ設立の年に第一回授賞式を開催し、人類全体への貢献をも視野に入れはじめた。

そんな稲盛の生き方に共感し、彼を師と仰ぐ若き経営者たちの手によって盛和塾という勉強会が立ち上げられ、またたく間に世界規模で拡大していく。

だが、彼の挑戦は終わらない。七八歳にして、彼は日本航空（ＪＡＬ）の再生を引き受けるのだ。何人もの名経営者が経営再建に失敗し、世界の航空史上二番目に大きな事故を出してしまった航空会社だ。

国家のためにと敢えて火中の栗を拾った稲盛は、債務超過の状態からわずか二年で最高益を出すＶ字回復を実現。わが国経営史上に残る〝奇跡〟を起こして世間を驚かせた。

そして京セラ創業以来、六〇年が経とうとしている。

初年度の売上高は約二六〇〇万円にすぎなかったが、平成三〇年三月期には連結ベースで一兆五七七〇億円に達している。その間の消費者物価指数の伸びが五・五倍前後だということを勘案すれば、売上はざっと一万倍になっている計算だ。創業時二八人だった従業員も七万五九四〇人を数える。

私がインタビューした際、社員がこともなげにこう語るのに一驚《いっきょう》した。

「今年で黒字が五九年間続いています」

京セラは創業から今日に至るまで一度も赤字を出したことがない。つまりこの言葉は、インタビューした年（平成三〇年）が創業五九年目にあたることを意味した。京セラとは、そんなとんでもない会社なのだ。

稲盛の経営手法で有名なのがフィロソフィだ。彼が練り上げていった経営哲学である。

その中の一つに「人生方程式」がある。「人生・仕事の結果＝考え方×熱意×能力」というものだ。能力は一つの要素にすぎず、考え方や熱意は足し算でなくかけ算できいてくる。後天的な頑張りで、まだまだ人生は開けていくというわけだ。

ただマイナスの考え方を持っていては、能力があっても熱意があっても大きなマイナスにしかならない。マイナスの考え方とは、言葉を換えて言えば〝邪な思い〟だ。〝思い邪なし〟こそ、稲盛にとって生き方の基本だった。

海外では我々の想像する以上に稲盛に学ぼうという意欲は強く、彼のことをかつての松下幸之助に匹敵する〝新・経営の神様〟と呼ぶ声は高い。

そんな稲盛の代表作が『生き方─人間として一番大切なこと』だ。

平成一六年（二〇〇四）七月の発売以来、海外一四カ国で翻訳され、国内で一二九万部、海外で三一四万部（うち中国三〇四万部）という大ベストセラーとなった（平成三〇年一〇月現在）。

国内売上だけでもミリオンセラーだが、中国で三〇四万部という数字は驚異的だ。尖閣《せんかく》問題をきっかけに中国で反日暴動が起きたとき、書店から日本関連の書籍が一斉に撤去される中、『生き方』だけは棚に残ったと言われている。

稲盛のあまたある本の中で最も売れた本が、経営ノウハウの本でなく『生き方』だったことは示唆《しさ》に富んでいる。人は稲盛を通して、どう生きていったらいいかを学びたいと思っているのだ。

本書はそんな稲盛和夫のたどった道を追体験することで、闇夜を進む航海にもたとえられる人生の、その先を明るく照らし出してくれる灯台を見出そうとする試みである。

第一章　勝ちに見放されたガキ大将

郷土の先輩を誇りとして

稲盛和夫は昭和七年（一九三二）一月二一日、印刷業を営む父畩市《けさいち》、母キミの次男として鹿児島市薬師町《やくしちょう》（現在の鹿児島市城西一丁目）に生まれた。

彼の生まれた昭和七年というのは、満州国が建国されるなど軍部の力が急速に伸長していた時期にあたるが、暗い雰囲気はまだない。むしろ日清・日露という二度の対外戦争に勝利し、世界の一流国への道を駆け上っていく高揚感に包まれていた。このわずか十数年後、空襲で逃げ惑う事態になろうとは、誰も想像すらしていなかった。

鹿児島には、維新《いしん》の回天を成した薩摩藩の伝統が脈々と息づいている。

維新の三傑《さんけつ》の一人にして中央集権体制を確立した大久保利通、警察制度を作った〝日本警察の父〟川路利良《かわじとしよし》、海軍大臣、総理大臣を歴任した〝日本海軍の父〟山本権兵衛《やまもとごんのひょうえ》、日露戦争で日本海海戦を勝利に導いた海軍元帥東郷平八郎《とうごうへいはちろう》など、綺羅星《きらぼし》の如き人材が輩出した。

中でも抜群の人気を誇るのが西郷隆盛だ。明治維新の最大の功労者である西郷の生まれた加治屋町《かじやちょう》は、稲盛の生まれた薬師町から南西にわずか一・五キロのところにある。

そもそも鹿児島には、大志を抱きたくなるような風土があった。

南国特有の日差しが強く雨量も多い。見上げるような楠《くすのき》の大木がそこかしこにあるが、とりわけ蒲生町《かもうちょう》（現姶良市《あいらし》）の大クスは日本最大を誇る巨樹だ。そして鹿児島市内のほとんどの場所から、錦江湾《きんこうわん》の向こうに黒煙を吐く桜島が遠望できる。

――わが胸の燃ゆる思いにくらぶれば
　　煙はうすし桜島山

幕末の志士平野国臣《ひらのくにおみ》はこの地を訪れた感動をそう歌に詠《よ》んでいるが、古今を問わず胸の内なる〝燃ゆる思い〟をかきたてる何かが、この山には秘められていた。

一方で自然は、この地に暮らす人々に試練を与えた。シラス台地は水はけがよすぎ、少し雨が降ると崩落する。米作りに適さず、肥沃《ひよく》さとは無縁。おまけに台風の通り道で、太平洋で大きくなった台風が勢力を維持したまま上陸してくる。

そんな厳しい風土が〝薩摩隼人《さつまはやと》〟と称される鹿児島県人の強靭《きょうじん》な精神力を育てた。何より彼らは、苦難を笑い飛ばす明るさを身につけていた。

稲盛和夫の人格形成にも、この鹿児島の気候風土が大きく影響している。

父畩市は明治四〇年（一九〇七）、鹿児島市の北西部にある小山田村《こやまだ》（現在の鹿児島市小山田町）の農家の長男として生まれた。

稲盛という姓は全国的に珍しいが、小山田町の字馬山《あざまやま》あたりに行くと、稲盛という名のついた看板があちこちに見られる。それにしても畩市とは珍しい名前だ。畩は日本で作られた国字であるため訓読みしかない。僧侶が着る袈裟《けさ》に通じ、信仰深かった稲盛家の家風を感じさせる。

男ばかりの四人兄弟で、六つ下の市助、一〇歳下の兼一、そして一一歳下の兼雄がいた。この三人の叔父とは後に同居することもあり、稲盛にとって親戚という言葉が似つかわしくないほど深い関係となる。

畋市の父七郎は名前の通り七人兄弟の末っ子である。兄弟が多かったこともあって相続したのは馬山から少し離れた大山《おおやま》というところにある三畝《みうね》の畑だけ。これではとても食べていけないと、野菜の行商で生計を立て家庭を持った。

それでも生活は苦しく、貧しさゆえに幼い頃の畋市は筆舌《ひつぜつ》に尽くしがたい苦労をした。中耳炎を患って耳から膿《うみ》が出てきたが医者に行く金がない。ほうっておいたら片耳が聞こえなくなってしまった。

家計を助けようと、畋市は幼い頃からアルバイトをした。小学生の頃、博多の祇園山笠《ぎおんやまかさ》に出る山車《だし》の担《かつ》ぎ手になればいい稼ぎになると聞いて、出かけていったことがある。ところが彼は年の割に身体が大きいから、重い飾り山を担がせられる。見た目は大きくても筋肉の発達はまだまだ。重量に耐えきれず身体が悲鳴を上げ、その時の後遺症で腰痛が一生の持病となってしまった。

両親が働いていたから、学校に幼い弟たちをおぶっていって子守をしなければならない。おむつが濡《ぬ》れてくると、かえてくれと赤ん坊が泣きはじめる。まわりの生徒から「うるさい!」と文句が出、そのうち「くさい!」と言われる。授業のじゃまになるから教室から出ていき、泣き声が届かない校舎の裏でおむつがえをし、必死にあやした。勉強などしたくてもできなかったのだ。

米が買えず、お弁当は粟《あわ》のおにぎり。米のおにぎりと違ってねばりがないからポロポロこぼれる。それを拾うのがまた切ない。

「父は後年、そんな話をしながら、当時を思い出してしばしば涙ぐんでいました」

稲盛の一番上の妹である綾子は、しんみりとした表情で筆者にそう語った。

畩市はよく、

「心だぞ、心だぞ」

と口にしていたというが、愚直と言っていいほど生真面目《きまじめ》で、曲がったことや楽をすることが大嫌い。我慢強く、人にだまされても怒ったりしない。

「父が人の悪口を言ったことを、一度たりとて聞いたことがありません」

取材の際、稲盛の弟妹《ていまい》は異口同音《いくどうおん》にそう語っていた。

畩市の羽振りがよくなってからのこと、遠い親戚が少し用立ててほしいと金の無心にくることがあった。妻のキミがいくら反対しても、彼は必ずいくばくかの金を持たせて帰らせた。貸した金が返ってこないことがわかっていても、である。

綾子は子ども心にも、父親はお人好しすぎると思ったという。この〝お人好し〟の血は、稲盛の中にも確実に流れていた。後年、〝利〟はもちろん〝理〟でも説明できない〝情〟をとってしまうことがしばしばあったのは、実は父親譲りだったのだ。

尋常小学校を出るとすぐ、畩市は市内の印刷屋へ奉公に出された。当時の貧しい家庭にとって、手に職をつけられる丁稚奉公《でっちぼうこう》はまたとない就職方法だった。畩市は懸命に働き、腕のいい職人になっていく。

丁稚奉公の後、しばらくお礼奉公をしていたが、畩市が二〇歳の時に母親が亡くなる。家に女

稲盛家　系図

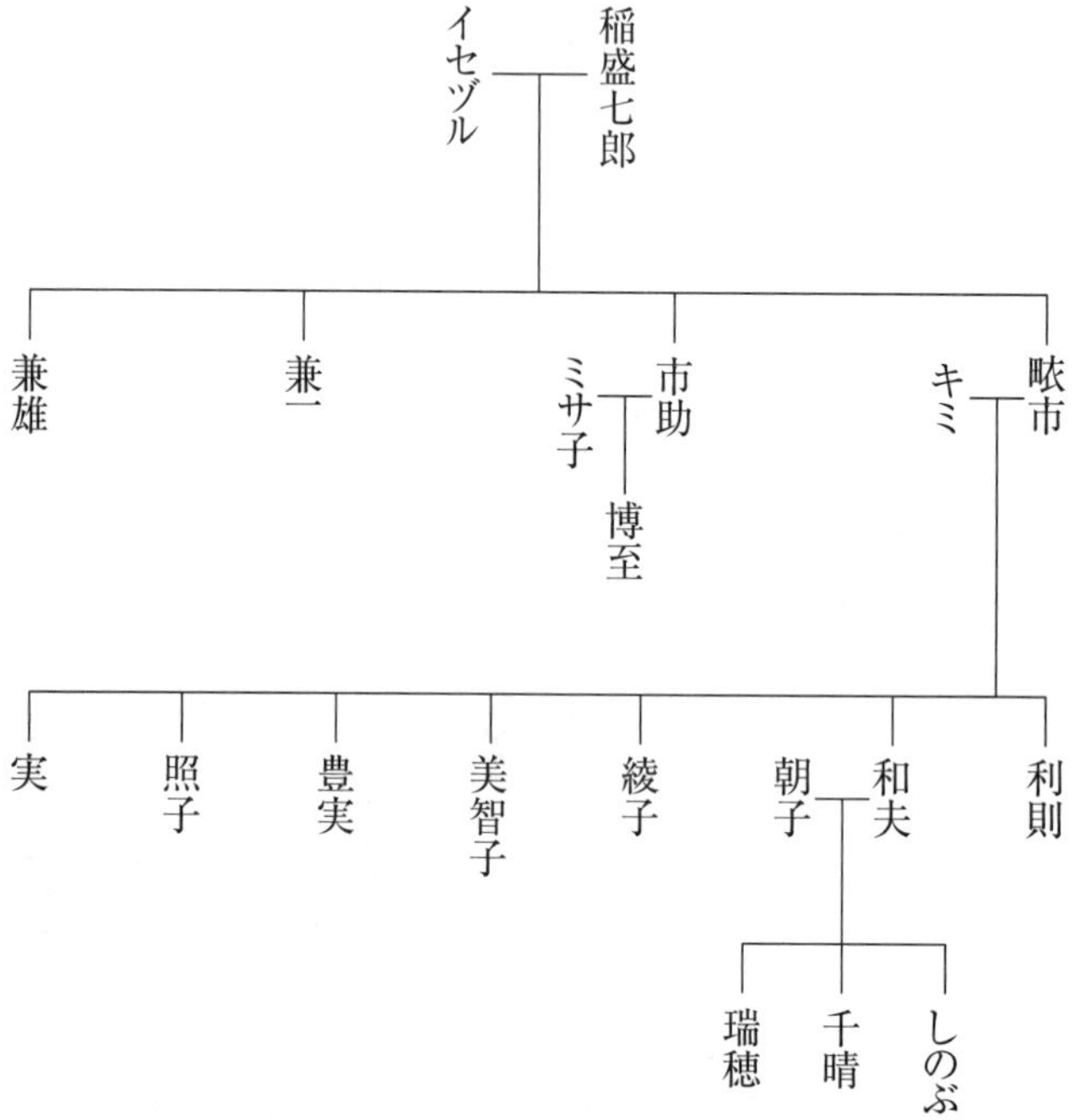

手がいないと困るだろうと縁談が持ち上がり、昭和三年（一九二八）、錦江湾に近い天保山《てんぽうざん》町に住む溜《たまり》家から三つ年下のキミが嫁いできた。畩市二一歳、キミはまだ一八歳という若さだった。

キミは小柄で華奢《きゃしゃ》だが、畩市はすらっと背の高い美男子だ。実直であることもすぐにわかる。

キミの父親は畩市を見るなり、

「この男なら将来ものになる！」

と太鼓判《たいこばん》を押したという。

だがキミにとってみれば、義理の弟がいきなり三人もできたわけで、食べ盛りでいたずら盛りでもある彼らの世話は大変だったに違いない。しかし貧しい家で育ったキミは、苦労を苦労と思わない気丈なところがあった。すぐに稲盛家に溶け込み、結婚した翌年には長男の利則が生まれた。

印刷工場で働く畩市の給料はさほど高くなかったから、帰宅後には様々な内職をしていた。そんなある日、出入りの紙問屋が中古の印刷機械を譲りたいと言ってきたのだが、これにはある事情があった。

利則の生まれた昭和四年（一九二九）は、一〇月二四日の米国株式市場大暴落（暗黒の木曜日）に端を発した世界恐慌の起こった年である。この影響でわが国も深刻な不況に陥っていた。

紙問屋は納入先の印刷会社が倒産すると、資産価値のある印刷機械を差し押さえる。だが紙問屋には無用の長物だ。畩市は紙問屋に見込まれ、あるとき払いという好条件で印刷機械を譲ってもらったのだ。

これを機に畩市は独立し、「稲盛調進堂」という看板を掲げた。大黒様を真ん中にして左右に稲穂が垂れている絵柄が商標だ。ついでに言えば、稲盛家の墓石に稲の図柄の珍しい家紋を見つけて調べてみたが、どんな家紋辞典にも載っていなかった。載っているはずがない。この家紋もまた、畩市が考案したものだった。

腕がいいから仕事は次々と舞い込んでくる。近くの鹿児島実業の印刷物も一手に請け負うこととなった。キミは家事や弟たちの世話だけでも大変なのに、畩市の仕事を手伝いはじめる。

そのうち隣家が空き家となり、不動産屋が買わないかと声をかけてきた。畩市は一旦は断ったが、言い値で家主と話をつけるとまで言ってきたので、ようやく折れて買うことにした。これまで住んでいた家を工場にし、新しく買った家を住まいにした。

ここで生まれたのが次男の和夫である。

実際の誕生日は昭和七年（一九三二）一月二一日だったが、戸籍上は一月三〇日となっている。忙しくて役所に届けるのが遅れたせいであった。

三時間泣きの〝ごてやん〟

子どもの出生届は遅れても、納期は徹夜してでも守る。それが畩市のプライドだった。

仕事は入念、工賃に不平を言わない。そんな彼に惚《ほ》れ込んだ紙問屋は、今度は自動製袋機《せいたいき》を持ち込んできた。

「福岡にいい機械があるんだが、みんな使いこなせなくて。ひとつ稲盛さん使ってみんかね。支払いは何年先でもかまわんし、紙袋の売り先も紹介するから」

ここまで言ってくれているのに畩市はなかなか承知しない。腕が立つのに欲がない。とにかく石橋を叩いて渡る性格なのだ。

結局、紙問屋は半ば強引にその自動製袋機を運んできた。それが結果としてはよかったのだ。紙問屋が見込んだ通り、畩市は器用で機械にも詳しかったので新しい機械をうまく使いこなした。そのおかげで稲盛家の生活には次第に余裕が生まれていく。

そのうち近所のおばさんたちに手伝いにきてもらうようになった。

キミは彼女たちにてきぱきと指示を出し、仕事の分担を行った。みんなから「おキミさん、おキミさん」と呼ばれ、慕われていた。

職人気質で無口な父に明るくて気丈な母。性格は対照的だったが、めっぽう夫婦仲がよく、家の中には笑いが絶えなかった。畩市の弟たちも成長するにつれ、印刷所の手伝いをしてくれるようになり助かった。

長男の利則は素直な性格で、幼い頃からおよそ手のかからない子どもだった。ところが、ここに一つ問題が発生する。和夫が二人分手がかかったことだ。とんでもない甘ったれだった。

鹿児島弁に〝ごてやん〟という言葉がある。〝ごてる〟とは〝ごねる〟ことであり、わがままをいってごねる子どもを〝ごてやん〟と呼ぶ。幼い頃の稲盛和夫は、まさに典型的な〝ごてやん〟だった。

四六時中、母親のあとを追いかけ回し、彼女の着ている着物の裾をつかみ、台所に行ったら台所へ、便所に行ったら便所までついていく。

「手元に何かあるなと思うと和夫ちゃんの手だったよ」

とキミに言われたというから、どれほどの甘えん坊だったかわかる。

一番周囲を困らせたのは、一度泣き出したらなかなか泣きやまないことだ。手足をバタバタさせてふすまを蹴り、障子《しょうじ》を破る。取材の際、稲盛は筆者にこう語った。

「和夫ちゃんが泣きだしたら〝三時間泣き〟だと言われるぐらい泣いておったんです。母親がつれなくしたと思うとすぐに泣きだす。家の八畳間の隅っこのほうに寝っ転がって、バタバタ手足を鳴らしながら泣くわけです。近所にもかっこうが悪いし、さすがに母親が来て『もう泣きなさんな』と言ってくれるのですが、なお甘えて泣くわけです。手に負えないものですからそのうち母親が行ってしまうと、今度は私を見捨てたといって泣くんですね」

〝名経営者としての片鱗がすでに幼い頃からうかがえる〟とはおよそ言いがたいエピソードだが、恵まれていたのは、周囲に〝一生懸命知恵を絞り汗をかいて働く〟人がたくさんいたことだ。

祖父の七郎は、働けるうちは働くという老人の鑑《かがみ》のような人だった。

昔は野菜の行商が中心だったが、稲盛が物心ついた時分には、夏はアイスキャンデーやスイカを大八車に載せて売り歩いていた。そんな七郎の行商姿を見るのが好きだった。もちろん、ときどき売れ残りをくれるからだったが。

「七郎じいさんは発明家でした」
稲盛は幼い頃の驚きそのままに、七郎がアイスキャンデーを作る様子を再現してくれた。
「四角い木枠に氷とともに海水（塩水）を入れまして、それに試験管のようなアイスキャンデーの型枠を差し込んで蜜をたらし込みます。そうしておいて、しばらくして型枠から抜くとアイスキャンデーのできあがりというわけです」

子ども心に、大したものだと心から尊敬の念が湧いてきたという。

稲盛調進堂の仕事はその後も順調に増え、近所のおばさんだけでなく、職工を雇うようになった。

当時の印刷屋というと、鉛《なまり》でできた活字を拾って並べ、活版を作る時代である。いろいろな活字が大きな木のケースに整然と並んでいる。文選箱《ぶんせん》を片手に、原稿を読みながら活字を拾っていく姿はまさに職人技の世界だ。

家の隣にある印刷所は稲盛にとって格好の遊び場であった。特に興味を持ったのが例の自動製袋機である。モーターの上が温かくて、冬になるとよくそこに乗っかって足を温めていた。ベルトに巻き込まれでもしたら大けがしかねない危ない行動だったが、怒られたことは一度もなかったという。

印刷所の仕事に興味を持ったから、忙しい父親の手伝いでもしたかというとそうではない。休むことを知らない仕事の虫である稲盛和夫の幼少期は、家の手伝いもろくにしない、やんちゃで甘えん坊の〝ごてやんの和夫ちゃん〟だったのだ。

いつも畉市は子どもたちが目覚める頃には仕事にとりかかっていたが、いくら忙しくても食事は家族そろってとるよう心がけていた。そうしたところは実に家族思いだった。

錦江湾に近い天保山町にあるキミの実家にも、稲盛たちはよく遊びに行った。中でもよく覚えているのは小学校一年生の頃、年始の挨拶に行ったことだ。まだ下の妹の綾子が生まれたばかりで、子どもは三人しかいなかったが、利則ともども晴着を着せてもらった。

それを見た近所の人たちは、

「キミちゃんはいいところにお嫁に行ったね」

とうらやましがっていたという。

キミの父蔵之助は血の気の多い豪快な人で、若い頃喧嘩《けんか》をしたとかで足が少し不自由だったが、稲盛はとりわけかわいがってもらい、一銭で駄菓子が買える時代に五〇銭もお年玉をもらったことがある。

質素な暮らしの溜家では異例のことだ。まだ嫁に行っていなかった叔母たちは、

「孫ばかりかわいがって」

とふくれていたという。

稲盛家付近から見た現在の甲突川（左上は城山、著者撮影）

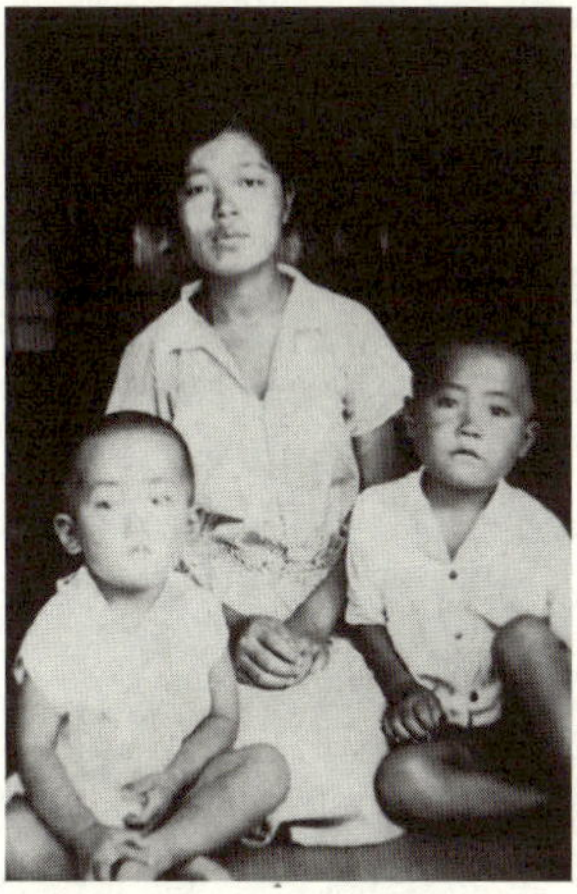

母と兄利則（右）とともに

鹿児島市内から見た桜島（著者撮影）

泣くよかひっ飛べ！

鹿児島市の人口は近隣町村との合併もあって現在約六〇万人だが、稲盛の幼い頃は一八万人ほど。市内でも中心部を少しはずれると、のどかな田園風景が広がっていた。

稲盛の生まれた薬師町はもともと薩摩藩の城下町で、町名は薩摩藩島津家別邸の薬草園があったことに由来する。

自宅からほんの目と鼻の先に甲突川《こうつき》が流れている。甲突川という名は甲冑《かっちゅう》を突き破るという意味から来ており、武張《ぶば》った土地柄にふさわしい。氾濫《はんらん》を繰り返す暴れ川でもあった。

甲突川へは、利則とよく魚獲《さかなと》りに行った。

「和夫、川に行くぞ！」

と言われると、さっとバケツを持って兄の後に続く。

川へ到着すると、利則はざぶざぶと川の中に入っていく。その様子は誠に勇壮だった。魚影を確認するように、腰のあたりまで水に浸《つ》かりながら悠々と川上に向かって歩いていく。ちょうど護岸工事のために杭《くい》が打ってあるあたりが〝漁場〟である。土砂がたまって魚たちの格好のすみかになっているのだ。

運動神経がよく、器用な利則は次々と獲物を仕留めていく。杭の間の隙間《すきま》に手を入れてエビやらフナやら、時には大きな鯉《こい》まで素手《すで》で捕まえた。

「そら、和夫！」

稲盛は土手で待っていて、兄のとる獲物を受けとる役だ。

「兄ちゃんが、私から見たらもう英雄みたいに見えて応援していました。手長エビをいっぱいとって帰っていくと、母が醬油《しょうゆ》と砂糖で甘辛く煮てくれて友だちと一緒に食べたことを思い出します」

まだ公害など縁遠かった当時のこと。川の水は清らかで、夏ともなればふんどし一丁で泳いだ。甲突川のすぐ向こうに見える城山は、歴代薩摩藩主の居城だった鶴丸城の後背地《こうはいち》だ。標高は一〇七メートルしかないが、高さからは想像もできない巨大な山塊を形成しており、天然の要害となっている。

城山は西郷隆盛終焉《しゅうえん》の地としても知られ、山中には明治一〇年（一八七七）の西南戦争の折、最後の出撃の直前に彼が野営した〝西郷洞窟〟が残されている。激しい砲撃のため長い間荒涼としたはげ山となっていたが、稲盛が生まれた頃には木々が鬱蒼《うっそう》と生い茂っていた。

冬になると城山にメジロとりに出かける。これがまた楽しい。おとりのメジロが入った籠と熟した柿、それにトリモチを塗った小枝を置き、メジロがとまるのを待つ。

「仕掛けにかかるのを待っている時のはやる気持ちといったら、今思い出しても心臓が高鳴るほどです」

そう語る稲盛の表情は少年の頃に戻っていた。

幼い頃は内弁慶で、外に出ると兄の後ろばかりついて歩いていた。

兄とその友だちと一緒に畦道《あぜみち》を歩いている時、小さな灌漑《かんがい》用水にさしかかった。それをみんな走って飛び越えていく。ところが小さい稲盛は自信がない。飛び越えようか迷っているうち泣きべそをかいてしまった。

すると、その様子を見ていた子どもたちが、

「泣こかい、飛ぼかい、泣くよかひっ飛べ！」

と囃《はや》しはじめた。

それは鹿児島に伝わる有名な言葉である。考えている暇があったら行動すべしという、陽明学の考えに基づく薩摩隼人たちの精神的バックボーンであった。

絶体絶命のピンチである。稲盛はその結末について筆者にこう語った。

「しょうがない、助走をつけて飛び越えようとしたんですが、見事に用水路にはまっちゃってですね。うぇーんと泣いたことを今でも鮮明に覚えています」

思い切ってうまく飛べたというエピソードより、こちらのほうがかえってほほえましい気がする。

日清・日露の戦勝の後、一時的な高揚感に包まれていたわが国は、軍部が力を持ちすぎたことに加え、外交的に孤立していった結果、無謀な戦争へと突き進んでいく。

昭和一三年（一九三八）一月、時の首相近衛文麿《このえふみまろ》は「爾後《じご》国民政府を対手《あいて》とせず」との声明を発表。和平への扉を閉じてしまったことで、日中戦争は泥沼化してしまう。そして五月には国家

総動員法が施行され、本格的な戦時体制に突入するのだ。

だが幼い稲盛には、そんなことが起こっていることなど知らないし、その意味するところがわかるはずもない。ただただ毎日を楽しく過ごしていた。

だが周囲に甘えまくって過ごしてきた稲盛の生活に転機が訪れる。この年の春、鹿児島市立西田小学校に入学することになったのだ。

入学式の日、彼はキミに手を引かれながら、恐る恐る小学校の門をくぐった。式が終わると各クラスに分けられ、自分の席につく。男女七歳にして席を同じうせずというこの時代、クラスは男女別だった。

「本日はお疲れ様でした。ご父兄の皆さんはここでお帰りいただいて結構です」

担任の先生の言葉でキミがほかの親と一緒に教室から出ていこうとしたその時、事件は起こった。

「おかあちゃん！」

稲盛が泣き声を上げながら、席を立ってキミにすがりついてきたのである。そんなことをするのは彼だけだ。みんな珍しいものを眺めるように二人の方を見つめている。

教室中の視線が集まる中、キミは真っ赤になって立ち尽くしてしまった。〝三時間泣き〟のスイッチが入ってしまっている。なだめても無駄だ。帰るに帰れなくなった彼女は、教室の後ろでたった一人、最後まで残ることとなった。

「あんな恥ずかしいことはなかったよ」

後々まで稲盛家の語りぐさとなった。

入学後一週間ほどはキミに連れられ登校したが、彼女も忙しい。四年生になっていた利則が連れていく日もあった。

「早くしろ!」

とせかすのだが、なかなかついてこない。そのうちしびれを切らして利則は先に行ってしまう。すると、

「うぇーん」

とべそをかく。

叔父の兼一がピンチヒッターとなり、泣いて嫌がる彼を自転車で学校に送り届ける日もあったというから手のかかる子どもである。

ところが一学期が終わったとき、その問題児がオール甲(甲乙丙丁の四段階)の通知表をもらって帰ってきたから大変だ。キミの喜びようといったらなかった。

「親戚にもこんなにできる子はいなかった!」

そう言って近所中に触れ回った。

「末は博士か大臣か」と夢は膨らんだが、全甲は小学校一年生の一学期止まり。遊びに熱中しはじめると、その形状から〝アヒル〟と呼ばれた乙が次第に増えていく。それでも両親から「勉強しなさい」と言われることは絶えてなく、のびのびと育っていった。

〝自由で平等〟な家庭環境

鹿児島では春になると木市《きいち》という催しがある。庭木や草花の鉢がずらっと並び、小鳥や駄菓子などを売る店も出るため、大人も子どもも楽しめる。

稲盛はキミとこの木市にやってきて、白い子ウサギを売っている屋台を見つけ足を止めた。キミは嫌な予感がしたが、それは的中する。

「飼いたい！」

そう言って、その店の前で動かなくなってしまったのだ。例によって言い出したら聞かない。

「必ず和夫ちゃんが餌《えさ》をやると約束するのなら……」

キミはそう条件をつけて仕方なく折れた。

意気揚々《いきようよう》とつがいのウサギを家に持って帰った彼は、たしかに数日は甲突川の堤防でハコベを摘んできたりして世話をしたが、後はほったらかしの三日坊主。ただでさえ忙しいキミの仕事が増えただけだった（加藤勝美著『ある少年の夢』）。

ウサギは繁殖力が強い。またたく間に増えていき、庭中ウサギが飛びはねるようになっていった。鶏も放し飼いになっている。山でとってきたメジロは籠につるされている。そのうちヤギもやってきた。まるで動物園だ。キミは裏庭で小さな畑をしていたが、傷《いた》んだ野菜は動物たちの餌になった。

当時は〝産《う》めよ殖《ふ》やせよ〟と政府が多子化を奨励していた時代。少子高齢化などとは無縁で、至るところ子どもであふれていた。稲盛家も例外ではなく、次々と妹、弟が生まれ、いつしか四男三女の大所帯になっていった。

長男利則（昭和四年生まれ）、次男和夫（昭和七年生まれ）、長女綾子（昭和九年生まれ）、次女美智子（昭和一二年生まれ）、三男豊実《とよみ》（昭和一六年生まれ）、三女照子（昭和一九年生まれ）、四男実《みのる》（昭和二三年生まれ）。

和夫たちの名前はみな親がつけたものだが、それぞれ姓名鑑定に出していたようで、分厚い命名書があったが戦災で焼けてしまったそうだ。

稲盛家は兄弟姉妹ともに仲がよかった。

長女の綾子が小学校に上がると、集団下校の時など、利則と和夫がいつも教室に行って綾子を連れて帰った。そんな時、和夫は教室の中までやってきて、利則は外で待っている。そして綾子をまん中にして三人手をつないで帰った。

戦時体制とは無縁な、ほほえましい日常が続いていた。

稲盛が小学二年生になった昭和一四年（一九三九）に第二次世界大戦が始まり、二年後の昭和一六年（一九四一）一二月八日の真珠湾攻撃により太平洋戦争の幕が上がった。

食糧事情は次第に悪くなっていったが、稲盛にその実感はまだない。彼が小学生だった頃は、稲盛家が最も豊かな時代だったからである。

社員旅行よろしく、働いてくれている近所のおばさんを連れて桜島へビワ狩りに行ったりもした。当時、桜島は山一面ビワ畑が連なっていた。まず木になっている実を手当たり次第に腹に押し込み、それからリュックサックいっぱいに詰め込んだ。

盆や正月になると家族みんなで湯治《とうじ》に行った。鹿児島県は温泉の数が大分県に次いで全国二位を誇る。温泉は稲盛家にとって身近なものだった。

行くのは決まって河頭《こがしら》温泉。畩市の故郷である小山田にあり、島津斉彬《しまづなりあきら》が開いたとされる由緒ある湯治場だ。畩市が「こがしら」と口にすると子どもたちは歓声をあげた。旅館に着くと必ずスキヤキが出たからで、これが稲盛家最大の贅沢だった。

稲盛は後年、牛丼を好物とし、吉野家の有楽町店にしばしば出没したが、稲盛家は肉の好きな家系のようだ。日頃贅沢をしなかった畩市だが、たまに手に入ったときは朝からでも肉を食べ、晩年までステーキが大好物だった。人生の辛酸をなめてようやくここまでになったご褒美《ほうび》として、若い頃には食べたくても食べられなかった肉を好んで食べていたのではないかと綾子たちは話していた。

だが当時、牛肉は高価だ。お祝いというと家で飼っている鶏をつぶすのが通例で、キミが得意なのも鶏料理だった。まずは新鮮なうちに鶏刺《とりさ》しにし、ばら寿司に入れ、残った骨でダシをとって大根の煮つけを作る。この三点セットが稲盛家の〝オフクロの味〟だった。

稲盛が小学校の二、三年だった時、甲突川の河原に、兄が鶏をつぶすのを手伝いに行ったことがある。和夫が首を絞め、首根っこを足で押さえて、利則が羽をむしる。

「子ども心に、あんまり絞めたらかわいそうやと思ったんですかね。少し緩くしとってですね。大半裸になった時に急に暴れてですね。私が手を離したもので裸のまま鶏が走り出して、兄貴と急いで追っかけた思い出がありますす」

幼い頃の愉快なエピソードには事欠かない。

〈両親によると、私は明るく、活発な子供で、たとえば親戚の人が集まることがあると、何かして笑わせるのが常だったそうだ〉（稲盛和夫著『人生と経営』）

稲盛が明るい性格に育った理由の一つに家庭内の雰囲気があるだろう。封建的な風潮の残る鹿児島では長男が特別扱いというのが普通だったが、稲盛家ではそんなことはまったくなかった。

家庭という小さな世界ではあったが、〝自由と平等〟を存分に満喫して育った彼は、長じて後も、これを束縛《そくばく》するものは断じて許せなかった。

〝義〟を大切にした郷中教育

弱虫で泣き虫で内弁慶であった稲盛が質実剛健《しつじつごうけん》の気風を身につけていったのには、この地に伝わる「郷中《ごじゅう》教育」で鍛えられた面がある。以前は子どもたちが地域ごとに集まって学問や武術の鍛錬をしていた。稲盛の頃は学校行事の一貫となっていたが、それでもまだ、〝学舎《がくしゃ》〟と呼ばれる施設で教育を受ける者もいた。

基本教材がいくつかあり、そのうちの一つが島津家中興の祖である日新公《じっしんこう》（島津忠良《しまづただよし》）の「いろは歌」である。

――いにしえの道を聞きても唱えても
　　　　わが行いにせずば甲斐《かい》なし

この「いろは歌」の最初の歌などは、〝理（理屈）を言わず実行あるのみ〟という陽明学の精神を端的に示している。それらを諳《そら》んじながら、信義を重んじ、礼節正しく、仁心《じんしん》を旨とする、かつての武士道の基本を叩きこまれた。

そして「いろは歌」と並んで大切にされたのが「三つの戒め」である。〝負けるな〟〝嘘をつくな〟〝弱い者いじめをするな〟という「三つの戒め」は、彼らの中では絶対だった。

初歩的な日本の歴史や中国の古典、そして薩摩が生んだ偉人たちについても学んだ。その最大の人物が西郷隆盛だったことは言うまでもない。稲盛の人生に、このわが国を代表する偉人の存在が色濃く投影されるのは、言わば必然であった。

西郷隆盛の言行録である『南洲翁遺訓《なんしゅうおういくん》』の中に、

〈己《おのれ》を愛するは善《よ》からぬことの第一也《だいいちなり》〉

という言葉がある。

後に稲盛が経営の意思決定をする際、自らに問いかけたという、

――動機善なりや、私心なかりしか

という言葉は、故郷の英雄西郷隆盛の無私の精神に照らして、自らの行動に恥ずべきところはないかという問いかけでもあったのだ。

勉強ばかりでなく、身体も鍛えられた。鹿児島で有名なのが示現流《じげん》で知られる剣道だ。稽古法《けいこ》はきわめて単純。立木をひたすらに打つ。

立ち会いの特徴は先手必勝。最初の一太刀（一《いち》の太刀）ですべてを決する。それをはずされたら死ぬまでだという潔さが彼らの誇りでもあった。

そのため新選組の近藤勇は、

「薩摩藩士を相手にする時は、一の太刀をはずせ」

と部下に徹底していたという。

冬の寒い日でも裸足で霜柱を踏みながら樫《かし》の木をたたき、友だちとどちらが早く折れるか競争していた。

「妙円寺詣り《みょうえんじまい》」「曽我《そが》どんの傘焼き」「義臣伝読み《ぎしんでん》」といった三大伝統行事もまた、士風を鼓舞する催しとして鹿児島で育った人間に共通する原体験である。

「妙円寺詣り」は関ケ原の合戦の折、島津義弘が敵中突破した時の苦難を偲《しの》ぶ行事で、長距離の行軍演習だ。鹿児島市内の照國《てるくに》神社から日置市にある徳重《とくしげ》神社（別名〝妙円寺様〟）まで片道約二〇キロの距離を往復する。昔はみな重い甲冑具足《かっちゅうぐそく》姿だったというから驚きだ。

「曽我どんの傘焼き」は曽我十郎、五郎の兄弟が親の仇《あだ》である工藤祐経《くどうすけつね》を討った故事にちなんだもので、毎年七月、稲盛家のすぐ近くの甲突川で行われた。

当時は川に中州があり、そこに台場という土の舞台を築いた。子どもたちは傘焼きが行われる一〇日ぐらい前から、いらなくなった番傘や正月のしめ縄を集める。どの郷中がたくさん集めるか競争のようなところがあるから必死だ。中にはまだ使えそうな傘も混じっていた。

そして祭りの当日になると、台場に傘を山積みし、薪《たきぎ》に火をつけて燃やす。手に持った番傘にも火をつけるといいやが上にも勇壮な気分になる。

「そもそも曽我のはらからわぁ～」

と大きな声で歌いながら踊り舞った。

昭和一六年（一九四一）三月に国民学校令が公布され、稲盛が三年生の時、西田小学校は西田国民学校となった。

赤穂《あこう》義士の討ち入りが行われた一二月一四日になると、全校生徒が講堂に集められ、いわゆる「義臣伝読み」が行われる。校長先生が「赤穂義臣伝」を読み聞かせ、彼らがいかに忠義の心に厚かったかを教えるのだ。

忠も大事だし孝も大事だ。しかし鹿児島の人間にとって何より大切なものは〝義〟であった。鹿児島とは関係のない赤穂四七士の物語を大切に語り継いでいったのは、そこに幕府という権威に刃向かってまで貫いた〝義〟があったからである。

「義臣伝読み」の日は必ずと言っていいくらい凍えるほど寒い。ところが学校への行き帰りはもちろん、校内でも靴下などはかずに素足に草履《ぞうり》ばきだった。おまけに板敷きの講堂では素足のまま正座である。長時間話を聞いているうち、足は冷たさや痛さを越えて麻痺していく。解放されると心底ほっとした。

そんな時、必ずキミは温かいぜんざいを作って待っていてくれた。火鉢に五徳《ごとく》が置かれ、その上に鍋が乗せられてぐつぐつ煮えている。

「寒かったやろう」

と言いながら、湯気がたっているぜんざいをよそってくれた。「義臣伝読み」は稲盛の中で、優しかった母親の記憶と深くつながっているのである。

鹿児島というところは、江戸時代からの伝統が美風となっている一方で、封建的な考え方が色濃く残っていた。小学校や中学校に行く時も、入学届に平民とか士族と書かないといけない。

畩市が平民と書くのを見て、

「なんでうちは士族じゃないの?」

と不平を言ったこともあった。

稲盛が住んでいたあたりは島津屋敷と呼ばれ、もともと薩摩藩の下級武士の武家屋敷が並んでいた場所だ。印刷屋で成功し、元武家屋敷を買っていた畩市は、言わば成り上がりといってもいい存在だった。

子どもは露骨に差別してくる。

〈中には私を「足軽の子」とばかにする子もいて、その悔しさといったらなかった。私の負けん気は、この頃の経験から来ているのかもしれない〉(稲盛和夫著『ごてやん』)

反骨心は稲盛和夫という人物を特徴づけるものの一つである。彼は鹿児島を愛しながらも、こうした封建的な風潮には強い反発を感じていた。

隠れ念仏

政治家や経営者には信仰心の篤《あつ》い人が多い。命を賭けて戦った戦国武将の鎧甲《よろいかぶと》に信仰の証しが見えるように、血の出ない戦いとも表現できる厳しい世界に身を置いている政治家や経営者が心のよりどころを宗教に求めるのは自然なことだろう。

稲盛もまたそうであったが、そこには家庭環境と故郷鹿児島の歴史が関係していた。

稲盛家では毎朝、両親とともに子どもたちも仏壇に手を合わせるのが日常の習慣であり、畋市は子どもたちが独立すると仏壇を買って持たせるのを常としていた。

稲盛は幼い頃、

「流しに熱湯を捨てないといけないときは、シジンさんに『ごめんなさい』と声をかけてから流しなさい」

そうキミから念を押されていた。シジンとは水神のなまった言葉である。万物には神が宿っている。そんな思いを抱かせるような教えが、日常の中に生きていたのだ。

「見てござる」

というのも稲盛家の庭訓《ていきん》である。

見てござるのは、浄土信仰の中心である阿弥陀如来《あみだにょらい》だ。

「阿弥陀さんは、あんたらがいくら嘘を言っても、ちゃんと見抜いていなさるんだからね」と諭しながら、キミはこう付け加えることを忘れなかった。

「お母さんもわかっているんだよ。前から見てるだけじゃない。後ろにも目があるんだから」

彼らにとって、阿弥陀さん以上にキミの目が怖かったのは言うまでもない。

幼い子どもの心は吸い取り紙のように何でも吸いとっていく。真っ白な心にシミがついてしまう前に、家庭でこうした道徳心を少し神秘的なたとえ話とともに語るのはとても効果的だ。

そして後年、出家さえする稲盛の原点には、さらにある特殊な宗教体験があった。それが「隠れ念仏」である。

その背景には、この地における浄土真宗（一向宗《いっこうしゅう》）の信仰と弾圧の歴史があった。

「阿弥陀如来の前では、すべての生きとし生けるものの命は等しく尊い」という教義は、為政者にとって大変危険なものであり、信仰の下での強固な結束力に、かの織田信長でさえ一向一揆《いっこういっき》や石山本願寺に苦しめられたことはよく知られている。

鹿児島でも慶長二年（一五九七）二月、第一七代島津義弘によって、領内の浄土真宗信仰が禁じられたが、それでも真宗信者は棄教《ききょう》しなかった。山深い洞穴などで集会を開き、信仰を守ったのだ。そのため「隠れ念仏」という名で呼ばれていた。

禁制下の慶応年間、小山田の村人の一人が隠れ念仏の番役であることが露見し、役所から呼び出しがかかったとき、稲森（ママ）長一という者がこれを庇《かば》ったとする文献があるという（粕谷昌志著『「隠れ念仏」について』）。

明治九年（一八七六）に真宗禁制が解かれると、もう信者であることを隠す必要などなくなったわけだが、これを守り続けてきた信者の人的紐帯《ちゅうたい》を確認し、宗教心をより強固なものにするため、一部の地域でその秘密めいた儀式が引き継がれていく。

中でも畋市の故郷である小山田は、隠れ念仏が根強く残る地域として知られていた。キミの祖母は小山田出身で、畋市との縁談が来たとき大変喜んだ。それは畋市が隠れ念仏を体験しているに違いなかったからだ。

隠れ念仏に参加することは一種の通過儀礼のようなものになっていた。稲盛は、自身が幼少期に体験した隠れ念仏の記憶を、自著『生き方』の中で次のように語っている。

〈他の何組かの親子といっしょに、日没後の暗い山道を提灯《ちょうちん》の明かりを頼りに登っていく。みんな無言で、恐ろしいような神秘的な思いに浸されながら、幼い私も必死で父親の後をついていきました〉

集会があることは秘密であり、そこに着くまで会話してはならないのが決まりなのだ。

筆者も、おそらく稲盛がそこに行ったと思われる栗《くり》ノ迫《さこ》という場所まで車で連れて行ってもらったが、細くて急な坂道をどんどんあがっていくのに驚いた。子どもが夜道を歩いたのだとすれば相当心細かったろう。

稲盛が行った先には一軒の民家があった。その中に入ると、押し入れの中に立派な仏壇が置かれており、その前で袈裟を着たお坊さんがお経を上げていた。小さなロウソクが数本灯っているだけで、ひどく暗かった。

子どもたちはお坊さんの後ろに正座させられ、静かに低い声で続くお経を聞いていたが、読経が終わると一人ずつ線香をあげて拝むよう言われ、稲盛もその通りにした。

この時、彼はお坊さんからこう言われたという。

「おまえはもうこれでいい。今日のお参りで済んだ。これから毎日、『なんまん、なんまん、ありがとう』と言って仏さんに感謝しなさい。生きている間、それだけすればよろしい」

中には「もう一度来るように」と言われている子どももいる。実はこれが大事で、「もう来なくていい」と言われないままにしていると縁談にも差し障《さわ》りがあったという。

稲盛は何か試験に合格したような、免許皆伝と認められたような気がして嬉しかった。ちなみに「なんまん」とは「南無阿弥陀仏《なむあみだぶつ》」がなまったものだ。

以降、稲盛にとって、

「なんまん、なんまん、ありがとう」

という言葉は特別な意味を持つようになった。

後年、ヨーロッパの聖堂を訪れてその荘厳さに心打たれた時も、思わずこの言葉が口をついて出た。〝内なる口癖〟と表現しているが、長い間に血肉となり、謙虚さと感謝を忘れないための祈りの言葉となっていった。

泣き虫からガキ大将へ

子どもたちには優しいキミだったが、父親の血を引いているのか、女丈夫と言える一面も持っていた。

稲盛が生まれる前の武勇伝が残っている。一番下の兼雄叔父がまだ小学生だった頃、顔から血を流して帰ってきたことがあった。

家から二筋離れたところに、旧制七高（現在の鹿児島大学）に通う学生が住んでおり、兼雄が友だちと騒いでいたところ、

「うるさくて勉強ができん！」

と言って殴られたのだという。

「まだ小学生の子どもを殴るなんて！」

キミは畩市に抗議に行くよう促したが、おとなしい性格の彼は、

「よほど大きな声で騒いでいたのだろう」

と、ものわかりのよすぎることを言うばかり。

納得がいかない彼女は畩市がいないのを見計らって木刀を持ち、兼雄の手を引いて七高生の家に乗り込むと、

「知識も教養もある人間がこんな小さな子どもがただ騒いだというだけで血が出るほど殴るとは

何事です！　私が相手になってあげるから出てきなさい！」

と胸のすくような啖呵《たんか》を切った。

その後の顚末《てんまつ》は不詳であるが、木刀を手に鬼の形相《ぎょうそう》で立ちはだかっているキミを前にして、七高生が平謝りだったであろうことは想像に難くない。

後年、稲盛が喧嘩に負けて泣いて帰ってきたとき、キミは理由を尋ね、

「自分が正しいと思ったのなら、どうして泣いて帰ってくるの？」

と叱りつけ、塀に立てかけてあったほうきを持たせて、

「もう一回やっておいで！」

とリターンマッチをけしかけられたという。

それ以来、どんな強い相手を前にしても、自分が正しいと思ったら敵に後ろを見せないと心に誓った。


稲盛は畩市に似て、ひょろっとした身体なのに頭が大きい。額が広くあごにかけてしゅっと細くなっているのも畩市譲りだ。家の中では〝和夫ちゃん〟と呼ばれていたが、しばらくすると〝仮分数〟というあだ名がついた。

鹿児島の素朴な自然の中を、ただでさえ少し色黒な稲盛は、さらに日焼けして真っ黒になりながら駆け回っていた。頭が天然パーマで特に幼い頃は縮《ちぢ》れが強かったことから〝エチオピア人〟というあだ名が加わった。

郷中教育にキミのスパルタ教育も加わって、学年が進んでいくと泣き虫の汚名を返上し、すっかりたくましくなっていく。子分のような友だちも四、五人でき、自身の自伝に『稲盛和夫のガキの自叙伝』と命名するほど、自他ともに認めるガキ大将へと変貌していくのである。

どんな遊びでも彼がリーダー。兵隊ごっこをするにしても、稲盛がストーリーを考え、彼らはその指示通りに動き、うまくできると褒美に草で作った勲章をつけてやる。

部下を守るのもリーダーのつとめだ。弱みを見せればすぐ子分たちから見放されてしまう。勝てそうもない相手でも、勇気を奮い起こして立ち向かっていった。妹の綾子によれば、子分がいじめられて助けに行った武勇伝を面白おかしく話していたという。

小学校から帰ってくる時間になると、忙しくてもキミはおやつを用意してくれていた。ふくれ菓子作りが上手だった。鹿児島特産の黒糖風味の蒸しパン風のお菓子である。

サツマイモをふかしてくれていることもあった。そこに友だちを連れてきて、みなで頬張ってから遊びに行くのだ。稲盛に逆らってはおやつにありつけない。食糧難になりはじめていた時期なだけに、これは効いた。

この頃、クラスにいつも仲間外れになっている子どもがいた。その子がある日、

「五〇銭銀貨を持っている」

と、妙なことをささやいた。

当時、稲盛がもらっていた小遣いは一日一銭だ。五〇銭は大金である。

最初は無視していたが、

「おばあちゃんからもらったお金だから、稲盛君が自由に使っていい」

とまで言う。

「それじゃあ、持ってこいよ」

と言うと、何日か経って実際に持ってきた。

「本当に使ってもいいのか？」

と念を押すと、

「使ってもいい」

と言う。

そこで駄菓子を買えるだけ買い、子分たちに分け与えた。痛快な気分だった。だが、その後が大変だ。翌日、学校へ行くと、その子のお母さんが来ており、職員室に呼びだされて、有無を言わさず先生から叱られた。

五〇銭はその子がお母さんの財布から抜き取ってきたものだったのだ。

そして、その子はあろうことか、母親と先生に
「稲盛が『持ってこなければいじめる』と命じて、むりやり盗ませた」

と嘘をついていたのだ。

また、こんなこともあった。同じクラスに、台湾から引き揚げてきたばかりの子どもがいた。額の上に、ちょうど一銭銅貨大のハゲがあって、みんなから〝一銭ハゲ〟と呼ばれていた。

ある日、その子が、

「家の柿が実っていて、おじいちゃんが『稲盛君たちを呼んで、みんなで柿をとって食べたらいい』と言っている」

と言ってきた。

五〇銭銀貨の子と同じだと思い生返事を返していたが、あまりしつこく誘うので、

「それじゃあ今日柿をとりにいってもいいか？」

と聞くと、

「今日はおじいちゃんが留守だからだめだ」

と言う。

次の日にまた稲盛が聞くと、別の理由をつけてだめだと言う。そうやって何度かはぐらかされたが、一度いいと言ったのだからかまわないはずだと、一〇人ぐらい仲間を引き連れて、たわわに実った柿をひとつ残らずとってしまった。

ところがこれもやはり嘘で、後になって、そのおじいちゃんがカンカンになって、学校に怒鳴り込んできた。

「柿をとらせなければいじめる」

と、その子を脅したことになっていて、先生からまたこっぴどく叱られる羽目になった。

えこひいきに燃えた反骨心

いたずらばかりで勉強には身が入らず、さえない成績のまま六年生になった。

残念なことに、六年生の時の担任の、青白い顔の陰気な男の先生とは決定的にそりが合わなかった。

学年の初めに家庭訪問があった。

ちょうど稲盛の家が学区の一番端にあったため、級友の家を回っていって最後が稲盛家になる。その日の放課後、学校から家庭訪問先の子どもたちが先生に付いてぞろぞろ歩いていった。途中に八百屋の息子がいたり、魚屋の息子がいたりする。そこへ寄ると、先生はしばらくその家の親と話をし、子どもたちは少し離れたところで待っている。

だんだん付いてくる子は減っていき、最後の稲盛家の前に、東京から引っ越してきた鎌田《かまた》直諒《ただあき》という生徒の家に立ち寄った。

勉強がよくできた裕福な家の子どもである。玄関から出てきたお母さんは、子ども心にもきれいだと思える女性で、礼儀正しい人だった。すると先生の態度が変わった。これまでは立ち話だったのに、家に上げてもらって話し込んでいる。

外で待っているよう言われたが、えらく長い。不審に思った稲盛は門の中に入って玄関を少し開け、そっと覗いてみた。すると先生がニコニコ笑いながらお茶を飲んだり、お菓子を食べたりしている。子ども心におかしいと思った。

結構待たされ、やっと先生は鎌田家を辞し、最後の稲盛家へとやってきた。キミは忙しく仕事をしていたが、わざわざ手を休めて先生を出迎えた。ところが先生は先ほどとは打って変わってそっけない態度を示し、挨拶程度で家庭訪問を切り上げてしまったのだ。キミはひっつめ髪で化粧っ気もない。しかし稲盛にとってはかけがえのない大切なお母さんだ。稲盛は、母親が侮辱されたように思えて不愉快であった。

（えこひいきではないか！）

子ども心にそう思った。

それからである。稲盛が鎌田君をいじめだしたのは。

弱いものいじめをするなというのは郷中教育の三つの戒めの一つだが、稲盛の中では彼は〝強者〟に映ったのだ。

しかし実際には、弱いものいじめ以外のなにものでもない。それもたちが悪くて、自分でいじめるのではなしに、自分の子分を使っていじめるのだ。鎌田君はこのことをずっと黙っていた。周囲に話せば、仕返しされるかもしれないからだ。

だが悪事はやがて露見する。

加藤勝美著『ある少年の夢』によれば、子分の一人が当時流行のメリケンサックをはめていじめているうち、鎌田君の頬にけがをさせてしまったのだという。これでは隠しようがない。母親に問い詰められ、それまでのいじめを洗いざらいしゃべってしまった。

翌日、稲盛が登校すると、いつもと雰囲気が違っている。普段ならすぐそばに寄ってくる子分たちの姿が見えない。おまけに始業時間になっても先生が教室に現れない。嫌な予感がしていたら、案の定、職員室に呼び出された。

子分たちが立たされ、先生の尋問を受けている。彼らは口をそろえて、

「稲盛君がやれと言うのでやりました」

と答えていた。

稲盛は『稲盛和夫のガキの自叙伝』の中で彼らの裏切りを非難しているが、あくまでも悪いのは稲盛本人だ。先生からこっぴどく叱られる羽目になった。

ところが彼は並の〝ガキ〟ではない。

「なんでいじめた？」

という問いに、持ち前の反骨心が頭をもたげた。

「先生がえこひいきしたからだ！」

何とそう言い放ったのだ。

さっと先生の表情が変わった。えこひいきだと思った理由を話そうとする彼にみなまで言わさず、いきなり鉄拳が飛んできて稲盛は吹っ飛んだ。

そもそも鹿児島では、年長者や目上の人に口答えをすると、「議《ぎ》をいうな！」と言われ、制裁を受けるのは常識だ。それに、子どもに図星を指された大人ほど恥ずかしい存在はない。

烈火のごとく怒った先生の顔は怖かったが、稲盛も負けていない。先生の顔をぐっと睨《にら》み返した。すると先生は暴走を始める。倒れている稲盛の襟首をつかんで引き起こすと、さらに平手打ちを加えたのだ。今なら完全に新聞沙汰だろう。

当時の一般家庭に電話などない。用務員が稲盛家まで出向いて、キミが学校に呼び出された。驚いて飛んでいくと、先生は今度はキミに向かって言葉の暴力を並べはじめた。

「お母さん、稲盛はわが校始まって以来のワルです。こんなワルは卒業させないでおきたいところです」

当時の先生の社会的地位は戦後の比ではない。〝モンスター・ティーチャー〟はいても〝モンスター・ペアレント〟などいるはずもない。キミは黙って聞いているしかなかった。

夕方、暗くなる頃になってようやく解放され、キミは和夫の手を引きながら家路についた。

道すがらキミは、

「和夫ちゃん、なんでそんなことしたの」

とは言ったが、叱らなかった。あくまでも優しい母であった。

稲盛にとって気が重かったのは父畩市のことだ。今度という今度は雷を落とされることを覚悟した。

案の定、食事の時、

「お前、今日何やったんだ？」

と聞かれたので、

「先生がえこひいきするからやったんだ」

と短く答えた。すると驚いたことに、

「ああ、そうか」

と言ったきりで、もうこの話に触れようとはしなかった。無言のうちに信じてくれたのである。

「大変救われた思いがしました」

稲盛はそう語った。

この話には後日談がある。稲盛がいじめた鎌田はその後鹿児島二中（現在の甲南高校）へと進み、その後は顔を合わせることもなかったが、アサヒビールに入社して総務や人事部長といった要職を務めていた。

そしてある日、稲盛に電話をかけてきたのだ。稲盛が驚いたのは言うまでもない。

当時、アサヒビールの業績は低迷しており、人員整理を担当することになった鎌田は責任を感じて退社を決意していた。そして京セラへの転職を打診してきたのだ。

すでに二人の間には何のわだかまりもない。そもそも稲盛は先生に腹を立てていただけなのだ。稲盛は鎌田の申し出を快諾し、京セラに入社してもらうことにした。彼は後に、稲盛が設立した携帯電話会社の一つである北海道セルラー電話の専務を務めている。実に気持ちのいい仲直りだった。


話は変わるが、鹿児島方言に〝ぼっけもん〟という言葉がある。

大胆で多少乱暴な人を指し、薩摩男児の典型とされる。稲盛も〝ぼっけもん〟の血を受け継いでいたが、その一方でまた大変慎重な一面を兼ね備えていた。畩市が慎重居士《こじ》であったことについてはすでに触れたが、ビジネスにおいてはある意味、父親に近い考えを持っていた。

京セラには「一升《いっしょう》買いの原則」なるものがある。

「一斗《いっと》（一八・〇三九リットル）買ったほうがお得ですよ」

と言われようが、当面必要な一升（一斗の一〇分の一）だけを買う。

こうした考え方の裏には、幼い頃のある体験があった。

小山田では、祖父の七郎がそうであったように、野菜を大八車で引いたり天秤棒《てんびんぼう》を担いだりしながら鹿児島市内を売って歩き、夕方帰るという行商をしている人が多かった。売れ残ったものを持って帰るのはばかばかしい。そこで買ってくれそうなところに残り物を安く置いていく。その格好の対象が稲盛家だった。

中には遠い親戚もいる。情の深いキミは気前よく買ってあげていた。

そんなキミの姿を見ていた稲盛は、

（お母さんはなかなかいいことをする）

と思っていたが、畩市は違った。

「また買いよって」

と叱ったのだ。だがキミも黙っていない。

「うんと安くしてもらっているんです。あなたの親戚も助かるし、こちらも安く買えるわけですから、褒《ほ》められこそすれ怒られる筋合いなんかありません」

と反論した。

このやりとりを聞いていて、

（お母さんの言うことが正しいな）

と思っていた。

ところがある夏の日、学校から帰ってくると、キミがお手伝いさんまで動員して庭先を掘っていた。食べ切れなかったサツマイモを埋めてあったのだ。

すると大半が腐っていた。腐った部分を包丁で削っていくと、大きなサツマイモがすっかり小さくなってしまい、まさに〝安物買いの銭失い〟である。

この時、稲盛にはわかったのだ。畉市の言いたかったことが。いくら安くても、当座不要なものは買うべきではない。「一升買いの原則」はこうして彼の中では絶対のルールになった。

『生命の実相』に学んだ心のありよう

利則は稲盛家の中で〝おっきい（大きい）あんちゃん〟と呼ばれ、その人徳ゆえに弟や妹たちの尊敬を集め、家の中をしっかりと仕切っていた。

年が離れている妹たちは食事の仕方などすべて利則にしつけられ、いわば彼らの親代わりであった。掃除の仕方も厳しく指導した。畳を掃くにも、丸く掃かず畳の目にそって隅々までしっかり掃くよう教え、彼女たちが掃除するのをしばしば後ろで立って監督していた。

小学校を卒業して鹿児島実業に進学してからも、利則は妹たちの憧れだった。

「おっきいあんちゃんは委員長をしていて、校内の弁論大会に出て優勝したこともあります。弁論大会のときなんか、家が近所なんで声が聞こえるんです。父や母なんか、『またやってる』って嬉しそうに言って。すごく活発だったって聞いてます。頭もよかったと思います。本当は大学に行きたかったんでしょうけど、自分で断念して……」

妹や弟から聞く利則評は、非の打ちどころのないものであった。

ところが、〝ちんき（小さい）あんちゃん〟と呼ばれていた稲盛のほうは気ままに育ち、年末の大掃除の時なども利則の目を盗んでいつの間にかいなくなるという要領のよさを発揮した。

そんな彼にも昭和一九年（一九四四）の春、進学の季節がやってきた。稲盛は迷わず名門鹿児島一中（現在の鶴丸高校）に挑戦しようとする。

兄の利則は小学校から鹿児島実業に進んだが、旧制中学となれば高校や大学への進学率は実業学校より格段に高くなる。中でも旧制鹿児島一中は県下ナンバーワンの進学校である。なんとか一中に入って両親を喜ばせてやりたいと思ったのだ。

ところが稲盛の成績は、一年生の時こそ甲ばかりだったが、六年になるとほぼすべて乙で〝まあできる子〟というレベルでしかない。おまけに例のえこひいきする先生の心証は最悪だ。

「一中を受けます」

と言うと、先生の顔に冷ややかな笑みが浮かび、

「お前みたいに悪さばかりしている奴《やつ》に、一中に合格できるような内申書を書けるはずなかろう」

とはっきり言われた。

だが稲盛はこうと決めたら聞かない性格だ。

「それでも受けます！」

と意地を通した。

当日の試験の成績さえよければなんとかなると思ったのだが、甘かった。結果は不合格。仕方なく国民学校高等科に進んだ。

受験の失敗などありふれたことだが、負けん気の人一倍強かった稲盛にとっては大変なショックであった。いじめていた鎌田君は鹿児島二中（現在の甲南高校）に進学している。彼らが胸を張って歩いているのを見ると、ここぞこそ隠れたくなるような惨めな思いにとらわれた。

後に稲盛は自分の人生を振り返って、こうした挫折こそ成功をつかむ上での大切な試練だと大悟《たいご》するのだが、若い彼にそんな大局観を持てというのは無理な話だ。ただひたすらに悔しくて、もう一度一中を受けてやろうと心に決めた。

稲盛が人生最初の失敗に心挫《くじ》けそうになっていたちょうどその頃、日本は敗戦への坂道を転がり落ちていた。昭和一九年七月七日にはサイパンが陥落し、ここを飛び立つB29が日本本土を直接空襲できるようになった。今はこれまでと、国務大臣だった岸信介が東条英機首相に降伏を進言したほどの危機的状態であった。

鹿児島には知覧《ちらん》、万世《ばんせい》、鹿屋《かのや》といった特攻隊の出撃基地がある。稲盛とさして変わらない年齢の若者たちが約二五〇キロの爆弾を抱え、往路のみの燃料を積んで出撃していったのだ。彼らの尊い犠牲もむなしく劣勢は覆らず、本土への空襲が本格化していく。

一念発起して稲盛は新聞配達を始めた。朝刊だけだが、毎日早起きすると勉強にも気合いが入った。ところがしばらくして、新聞配達どころではなくなる事態が出来《しゅったい》する。

それには畩市の二番目の弟である兼一叔父が関係していた。兼一は徴兵されて満州に渡り、除隊後は畩市の仕事を手伝っていた。

生真面目な人間が多い稲盛家にあっては珍しく少し軟派なところがあり、日曜ともなると、

「映画でも見にいこうか」

と誘ってくれたりした。

〈大げさにいえば、兼一叔父さんを通じて初めて外の文化と接したといってもいい〉（稲盛和夫著『稲盛和夫のガキの自叙伝』）

その後、再び満州に警察官として赴任していったが、向こうでアメーバ赤痢《せきり》にかかり、昭和一九年の暮れ、療養のため鹿児島に帰ってきていた。三カ月ほど畩市の家で養生し、ようやく体力も回復して満州に戻ることとなり、出発前日、世話になったというので利則と和夫を鹿児島一の繁華街である天文館通りの中華料理屋に連れて行ってくれた。

ところが兼一叔父は、とんでもない置き土産《みやげ》をしていくのである。

それはシラミだった。兼一の隣で寝た稲盛は身体中食われ、ただかゆいだけでなく発熱して寝込んでしまう。

（シラミにしては症状が重い……）

キミは鋭かった。母親の勘で異常を察知すると、彼を医者に連れて行った。

稲盛家のかかりつけは近くの草牟田《そうむた》にある植村病院である。子どもの頃から熱を出したりすると、ここに行くのを常としていた。歩いて一〇分ほどの距離だが、身体が重く、いつもの数倍遠く感じられた。

植村先生は聴診器を胸にあてると表情を曇らせ、

「これは結核の可能性があるな……」

とつぶやいた。

キミは真っ青である。戦後、特効薬のストレプトマイシンが普及するまで、結核は〝亡国病〟と恐れられていた死の病だった。

念のため、鹿児島市内の大きな病院へ行ってレントゲンを撮ってもらったところ、診断は肺浸潤《はいしんじゅん》。初期の結核である。ショックではあったが意外感はなかった。当時、稲盛家は近所から〝結核の巣〟と呼ばれていたからだ。

離れに住んでいた�下の弟の市助が昭和一六年（一九四一）一〇月に結核で亡くなり、忘れ形見を懐妊していた奥さんも結核で身体が弱っていた上に出産が重なって、わずか二カ月後の一二月、後を追うように息を引き取っていた。

悲劇はそれだけで終わらない。末弟の兼雄が喀血《かっけつ》。食糧事情の悪化もあってみるみる弱り、家の庭を青白い顔をしてふらふらするようになっていた。

稲盛はわずか一二歳にして、早くも死を意識することになるのである。

日当たりがよくて風通しのよい八畳間があてがわれ、特別に栄養のあるものを食べさせてもらってしばらく家で養生することになった。病状は一進一退。受験が目前に迫っているだけに気は焦った。

そんなある日、隣家の奥さんが庭の生け垣越しに声をかけてきた。

林田《はやしだ》バスの運転手をしていた長野さんという家の奥さんである。少し面長で和服が似合う美人だった。若くてきれいで心優しい彼女を、稲盛家の子どもたちはみな慕っていた。

その奥さんから、

「和夫ちゃん、ちょっと難しいけど、この本読んでごらん」

と渡されたのが「生長の家」の主宰者谷口雅春が著した『生命の実相』であった。黒革表紙の豪華本（一巻本）だったという。

生長の家は、昭和五年（一九三〇）に谷口雅春によって立教された新興宗教だが、谷口が膨大な著作でその内容をわかりやすく伝えたことや、ほかの宗教を排除するような過激なところがないことから、またたく間に信者数を増やしていった。

そして、その基本教典が『生命の実相』だったのだ。

鳩山一郎が信仰していたことでも知られ、広く全国に信者を持っていたから、稲盛家の隣家がその信者だったとしても何の不思議もない。

不安に駆られていた時でもあり、藁《わら》にもすがる気持ちでむさぼるように読んだ。そしてページをめくっているうち、こんなくだりに出会った。

――われわれの心の内にそれを引き寄せる磁石があって、周囲から剣でもピストルでも災難でも病気でも失業でも引き寄せるのであります。

(そう言えば……)

思い当たる節《ふし》があった。

結核は空気感染することを知っていた彼は、兼雄叔父が病臥《びょうが》している離れの前を通る時、感染するのが怖くていつも鼻をつまんで走り抜けていたのだ。

畦市からも、

「うつるからあそこを通ってはいけない」

と言われていたから、余計に意識してしまっていた。

だが、そこは子どもだ。通り抜ける前に息が続かなくなり、逆に思い切り深く息を吸ってしまったりしていた。

(そこから逃げよう逃げようとしていた自分がそういう目にあったのは、結核を気にする心が災いを呼び込んでしまったのではないか)

兄の利則は違う。

「そんな簡単にうつるものか」

と無頓着《むとんちゃく》だった。

畩市は兼雄のためにヤギを買ってきて血を飲ませ、肉を食べさせ、滋養《じよう》をつけさせようとした。高価な買い物だったはずだが、それでも兼雄は回復しなかった。

もう助からないと覚悟した畩市は、

「これから兼雄の世話は自分一人がするから」

と周囲に言い含めた。

結核の末期には菌の排出が異常に増える。それを承知で家族を遠ざけ、自ら看病すると宣言したのだ。

そんな畩市も、平然と歩いていた利則も、ともに結核にかかることはなかった。ところが誰よりも注意していたはずの稲盛だけがかかってしまったのだ。

『生命の実相』に書かれている通りだとつくづく思った。そして、自分が結核になるかもしれないのに弟の面倒をみる覚悟をした畩市の心の美しさを思った。献身的な自己犠牲をはらった父親に、死神はとりつかなかったのだ。

稲盛は子どもながらに深く反省した。

〈この本は心のありようを考えるきっかけを私に与えてくれた〉（稲盛和夫著『稲盛和夫のガキの自叙伝』）

そう述懐している。

鹿児島大空襲に見た生と死

そのうち空襲警報が頻繁に鳴りはじめる。

兼雄叔父はすでに死を覚悟して達観しており、

「病気をうつしてはいかんから防空壕には入らない。自分のことはかまわなくていいから」

と話し、空襲警報が鳴っても身じろぎ一つしなかった。

そんな中、受験失敗から一年が経ち、昭和二〇年（一九四五）春、再び鹿児島一中に挑戦する時が巡ってくる。担任の土井先生がわざわざ家にまで来て両親に再受験を勧めてくれ、稲盛の体調を気遣って代わりに願書を届け、試験場まで付き添ってくれた。

だが今回も、貼り出された合格者名簿に名前はなかったのだ。

目の前が真っ暗である。そのまま家に帰り、布団をかぶって寝込んでしまった。

まだ家の近所にある私立の旧制鹿児島中学（現在の鹿児島高校、略称鹿中）を受験することはできる。一中の合格発表日が鹿中の願書の締め切り日になっていることも知っている。だが自暴自棄になっている稲盛は、とても受験する気になれなかった。

（もう進学はあきらめよう……）

天井をぼんやりと眺めながら、そう思いはじめていた。

そして、この日も空襲警報が鳴り響いた。また防空壕に行かないといけない。けだるい身体を

昭和20年当時（焼失前）の稲盛家住居見取り図

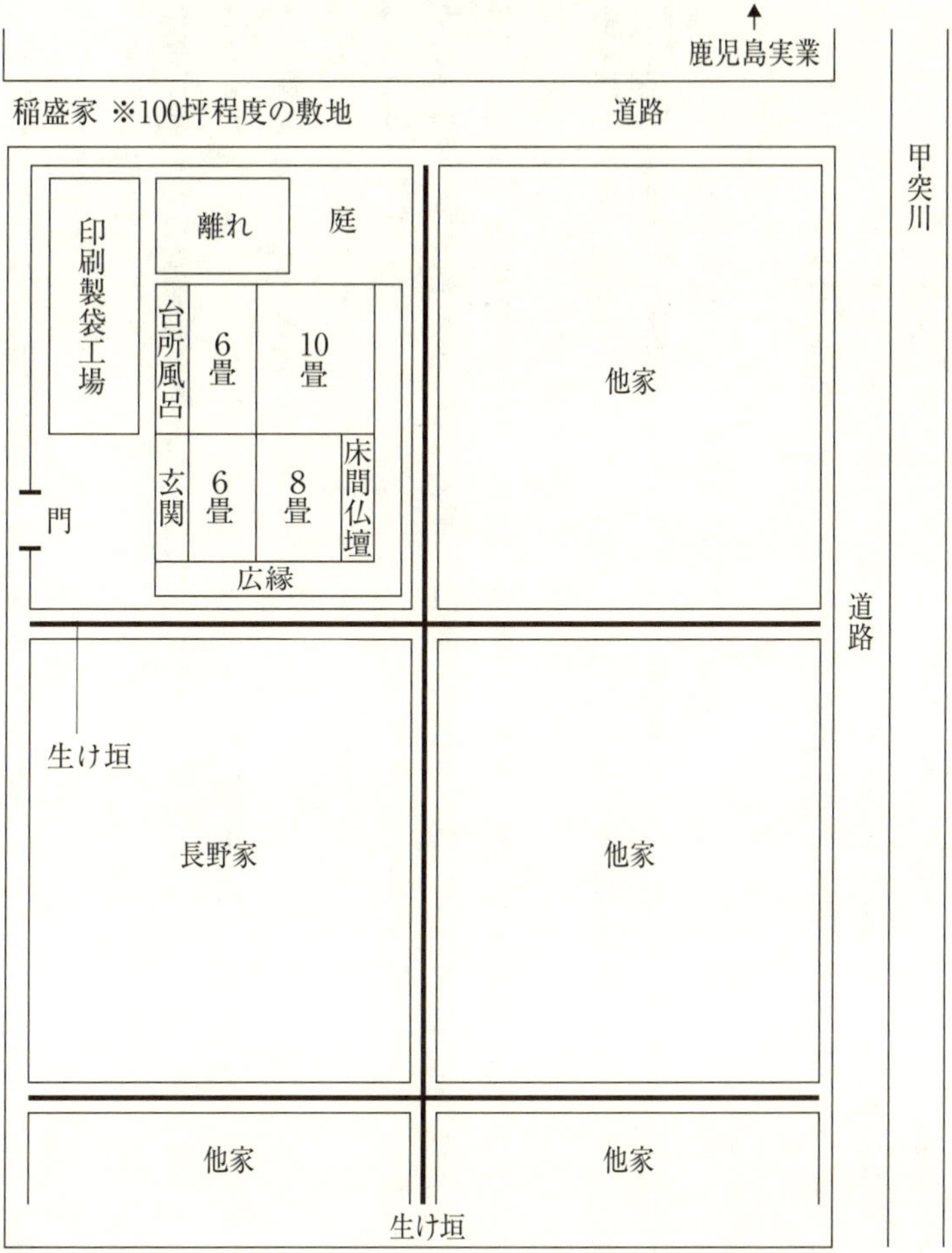

（京セラ資料をもとに作成）

ゆっくりと起こしかけたその時、彼の不合格を知った土井先生が、防空頭巾をかぶって家までやってきてくれたのだ。

「男ならあきらめるな！」

うつろな目をしている稲盛を励まし、両親に言った。

「どうしても和夫君は中学に行かさにゃいけません。まだ鹿中が残っています。願書は出しておきました。絶対試験に行かせてください！」

畩市はもちろん、稲盛自身、

「もうけっこうです」

という言葉が喉から出かかったが、先生の熱意に押し切られ、受験することになった。

今度は無事合格。土井先生が強引に説得してくれなかったら、彼は国民学校高等科を卒業して父親同様、職人になっていたかもしれない。

旧制中学以上に進学する者と高等科卒では、将来の進路にそれほど大きな違いがあったのだ。

そうなれば今日の稲盛和夫はなかっただろう。不運が続いているように見える彼の前半生だが、きらりきらりと大切なところで幸運な出会いがあった。

こうして昭和二〇年四月、稲盛は鹿児島中学に入学した。

家の裏だから、始業のベルが鳴ってから走っていっても間に合う。一中、二中を落ちた連中が多かったが、学力レベルは低くない。陸軍士官学校や海軍兵学校といった、今の東大よりも難しい上級学校に入る先輩も多かった。

だが受験失敗のショックは尾を引き、自分は運がないというマイナス思考が染みついてしまった。ある日も制服の配給切符の抽選に並んだが、当たらないという確信があった。福引を引いても当たったことがない。神社でおみくじを引いても、よかったためしがない。案の定、この日も抽選に漏れ、ため息をついた。

「なんまん、なんまん、ありがとう」

という言葉を口にする機会はなかなか訪れなかったのだ。

しかし暗い気持ちでいるときには、ちょっとした出来事や言葉が救いになることがある。一年の一学期の通知表に、担任で修身担当の斎藤毅先生が、

〈前途有望である。努力すればもっと立派になる〉

と備考欄に書いてくれたことが励みになり、ようやく前を向くことができた。

彼の将来の夢は、当時の軍国少年のほとんどがそうであったように、軍人になることである。陸軍航空士官学校からパイロットになり、お国のために尽くしたい。当たり前のようにそう思っていたが、戦争はすでに最終局面を迎えていた。

空襲警報が鳴るたび授業は中止となって下校を命じられ、防空壕に潜り込む。空襲の恐ろしさといったらない。結核で死ぬ恐怖など吹き飛んでしまい、いつの間にか体調が回復していることに気がついた。

――不幸は意識すれば来る。忘れれば離れる

という『生命の実相』の言葉そのままであった。

この頃、稲盛家には寝たきりの病人が二人いた。一人は祖父の七郎である。これまで元気に行商に出かけていたが寄る年波には勝てず、脳溢血で手足が不自由になっていた。兼雄叔父はもう命旦夕《めいたんせき》に迫っている。

当時の稲盛家は大所帯だ。利則と和夫のほか、綾子（一一歳）、美智子（八歳）、豊実（四歳）、生まれたばかりの照子、それに結核で亡くなった叔父夫婦の忘れ形見である従弟の博至《ひろし》（六歳）も引き取っていた。

これだけの大所帯だと逃げるのもひと苦労だ。そこで畩市はキミと妹たちを小山田の本家に疎開させた。

離れに堆肥《たいひ》小屋があり、そこを間借りした。良質な堆肥なので臭いはさほど気にならない。広さは二〇畳ほどあり、土台が石垣でできているしっかりした建物だ。稲盛本家も一〇人家族の大所帯だったが、キミたちに食糧を分けてくれたのはありがたかった。

そんな中、ついに兼雄叔父が息を引き取る。昭和二〇年六月一五日のことだった。

〈死期が近づき、ひなたぼっこをしている叔父は、本当に悟りを開いたような姿で、表情も透き通るようなすばらしいものに変わっていました〉（稲盛和夫著『君の思いは必ず実現する』）

兼雄叔父の葬儀のため、六月一七日、疎開していたキミが乳飲み子の照子と、長女の綾子に次女の美智子を連れて家に戻ってきた。

茶毘《だび》に付し、精進落《しょうじん》としの皿を囲み、思い出話で故人を偲びつつ、久々に家族そろって床についた。その夜のことである。キミが異変に気がついた。なにやら外が騒がしい。不審に思って障子《しょうじ》を開けると、甲突川の向こう岸の方向に火の手が上がっている。鹿児島最大の空襲の、それがはじまりであった。


障子の向こうに火の手が見えた瞬間、畩市は、

「逃げるぞ！」

と大声を出して全員を起こした。

片方の耳が聞こえないこともあって、畩市は召集されなかった代わりに自警団の団長をしていた。緊急の際の避難方法には通じている。少し離れたところにあった頑丈な防空壕に家族全員を避難させた上で、彼は家に残した精進料理を取りに帰り、風呂敷に包んで戻ってきた。これが後で大変役に立った。

そうこうするうち火の手が近づいてくる。

（ここにいては危険だ……）

再び畩市の冷静な判断により、避難した防空壕を出ることにした。

防空頭巾を水に浸してかぶり、畩市が七郎を自転車の荷台に乗せて押しはじめた。キミは赤ん坊だった照子を抱え、綾子には着物の端を握らせて後に続く。美智子は利則がおんぶし、和夫は毛布を水で濡らして頭からかぶっていた。

甲突川のほとりに出ると、対岸は火の海だ。多くの人が川を渡ってこちらに避難してきている。城山方面に無数の焼夷弾《しょういだん》が雨あられと降り注ぎ、ぶすっと鈍い音を立てて突き刺さると、中に入っている油脂《ゆし》が散って猛然と火を吹いた。堤防の向こう側の人が火達磨《ひだるま》になって転げまわる様子が黒いシルエットとなって見える。まさに地獄絵図だ。

いつこちらもやられるかわからない。彼らは甲突川上流の小山田を目指して歩きはじめた。堤防の上は市街地から逃れようとする人々でごったがえしている。途中で牛の群れと一緒になり、驚いた綾子が握っていたキミの着物を離してしまい、あっという間に人の波にのまれてしまった。あわやはぐれてしまうところだったが、五〇メートルほど先で一緒になり、ほっと胸をなでおろした。

小山田までは四、五キロの道のりだが、稲盛はほとんど夜通し歩いたように記憶しているという。疲労と全身を包む緊張感が、時間を長く感じさせたのだろう。

逃げながら彼は兼雄叔父のことを思った。

(苦労して最後は澄みきったような表情をしていた叔父は、今日の大空襲があることを知ったうえで、おととい死んでくれたのだな)

心優しい畩市のことだ、弟を置いて逃げることなどしなかったはずである。七郎だけならまだしも、兼雄までいたら逃げ切れなかっただろう。様々な思いが胸に去来し、稲盛の心の襞《ひだ》に深い陰影が刻まれた。

鹿児島は地方都市の中で最も空襲が激しかったが、中でもこの六月一七日の空襲は最大の被害をもたらし、駅前に落とされた一トン爆弾による大きな穴は、戦後もしばらく無残な姿をさらし続けた。

鹿児島の街は一面の焼け野原。鹿児島中学も講堂以外はみな焼けてしまった。城山の頂上に設置されていた高射砲陣地は完膚《かんぷ》なきまでに破壊され、米艦載機のグラマンが超低空で旋回するようになった。

学校の校庭で稲盛たちが野外授業を受けている時、突然背後の山の間からグラマンが現れて機銃掃射を受けたことがあった。焼け棒杭《ぼっくい》にしがみついていると、すぐ近くを銃弾が砂煙を上げていく。生きた心地がしなかった。

稲盛家の戦後

六月の大空襲でも稲盛家は奇跡的に焼け残ったが、喜んだのもつかの間、終戦の日の前々日の空襲で印刷機や自動製袋機もろとも焼かれてしまう。そして昭和二〇年（一九四五）八月一五日、日本は終戦を迎えた。

家を焼け出され、ついに家族全員、小山田へ疎開せざるをえなくなった。避難させておいた家財道具もあり、堆肥小屋だけでなく、隧道《ずいどう》（トンネル）に掘られたガマ（洞窟）も使わせてもらった。

筆者は現地を訪れたが、火山灰が堆積してできた凝灰岩《ぎょうかいがん》の天井が崩れ、裏道へ抜けていた隧道は行き止まりとなっていたものの、彼らがしばらくいたという洞窟は現存しており、当時の辛苦を偲ぶことができた。

小山田から鹿児島中学へは大変な道のりだった。国道を行き来するトラックの荷台に乗せてもらって通学するのだが、ただで乗せてもらえる場合もあればお金を取られることもある。運転が乱暴で田んぼに振り落とされることもしばしばだった。

東京で「食糧よこせデモ」が起きたほど食糧不足は深刻である。吉田首相がマッカーサーにかけあってGHQによる食糧放出が行われたのはこの時のことだ。

学校にも放出物資が回ってきた。ある日など半分に切ったドラム缶にお湯が入れられ、温めた牛肉の缶詰が一人に一個ずつ配られた。戦時中ではあり得ない贅沢《ぜいたく》だ。とろけるように美味しくて陶然《とうぜん》としながら、こんな国に勝てるはずがないとアメリカの豊かさを実感した。

授業は青空の下だ。農作業している時間のほうが長いのは戦時中と変わらない。畑仕事をしているときに悪友たちと示し合わせてサツマイモを盗みだし、焼き芋にした。煙が出ては先生に見つかるというので、あおいで煙を散らせながら焼いていたが、匂いで見つかりこっぴどく叱られた。

家の方も大変だ。本家に協力してもらい、七郎が相続していた土地に小屋を建てて移ることにした。孟宗竹《もうそうちく》を半分に切ったものを組んで屋根にし、近くの井戸から水を引いた。

親戚に頼ってばかりもいられない。畩市は焼酎を造りはじめた。サツマイモをふかしてつぶし、冷えたところで麹《こうじ》を混ぜ、床下に隠した壺に密封してしばらく置くと発酵してくる。頃合いを見

「生長の家」の主宰者・谷口雅春が著した『生命の実相』

妹綾子（右前）の七五三にて（左上稲盛、右上利則）

疎開先のガマ（洞窟）

はからって蒸留し、適当にブレンドするとできあがりだ。

水枕に入れると二升以上入る。それを前と後ろに腹巻のようにして腰に巻き、闇市に持っていくと面白いように売れた。

だが無免許の闇商売だ。警察の取締りに引っかかると逮捕される。普段の畦市なら絶対やらないことだが、そうせざるを得ないほど追い詰められていたのだ。

蒸留するときにカスが出るのだが、これが匂う。びくびくしながら畑の隅に穴を掘って埋めていたが、ばれると大変だという後ろめたさに耐えられず、しばらくするとやめてしまった。

そのうち畦市、利則、和夫の三人は海に近いキミの実家の一室を借りて自家製の塩を作りはじめた。ドラム缶を切って鍋代わりにし、廃材を燃やして海水を煮詰めていく。できた塩は農村に売りに行って食糧と換えた。だが、こんな生活を長く続けてはいられない。さすがに限界を感じ、一家は薬師町に戻ることとなった。

疎開先に建てたものをそのまま移築した。バラックだけに運ぶのは比較的容易だった。その上で部屋を増築した。

建て付けが悪いから台風が来ると大変だ。雨戸に竿を支えにして縄で縛り、風で持っていかれないよう工夫した。壁も薄いから、弟の豊実などは幼いながら壁を支えていたという。それでも外の塀が倒れたりして、いつも翌朝修理せねばならなかった。

昭和二二年（一九四七）、六月二一日には七郎が亡くなる。享年七〇。

身体が回復してくるとガキ大将の地が出てくる。

鹿児島中学一年のある日、ささいなことでクラス一の暴れん坊と喧嘩になった。動機はすこぶるばかばかしい。稲盛がセルロイドの下敷き飛ばしをやっていて、彼に当たりそうになったというのである。

鹿児島中学と鹿児島実業の間に細い道があり、そこで学校帰りに〝決闘〟することになった。稲盛のクラスはもちろん、隣のクラスの人間まで野次馬《やじうま》として集まってきた。

誰も稲盛が勝つとは思っていない。稲盛は二、三年から急に背が伸びはじめ、成人すると一七八センチという当時としては図抜けた長身になるのだが、この時はまだ平均的な身長でしかない。相手のほうがずっと大柄だった。

だが稲盛には秘策があった。

〈ここは先手必勝とばかり、思い切り飛び上がって顔面に一発見舞った。こちらはその反動でひっくり返ったぐらいだ〉（稲盛和夫著『稲盛和夫のガキの自叙伝』）。

「パンチが鼻に当たって血がワーッと出ました。そして相手がひるんだ隙に、さらに殴っていったんです。ケンカがそう強かったわけじゃないんですけれどね」

稲盛は取材の際、はにかみながら武勇伝を語った。

ところがここで、とんでもないことが起こった。逆上した暴れん坊が隠し持っていたドスを抜いたのだ。

「素手でこんかっ！」

とにらみつけているところへ、騒ぎを聞いた上級生が駆けつけてきてドスをとりあげてくれたので事なきを得たが、危ないところだった。

もっとも、生意気なやつらだというので二人ともさんざん上級生に殴られた。

稲盛は再び青春を謳歌《おうか》しはじめたが、畈市は違っていた。戦後すぐは焼酎を造ったり塩を作ったりしたものの、しばらくするとすっかり元気をなくしてしまった。

勤勉だった畈市はこれまでしっかり貯蓄しており、

「五〇になったら利息で食べていくんだ」

と夢を語っていたが、戦後のインフレと預金封鎖でお金の価値が暴落してしまう。真面目にこつこつ貯蓄していた人間ほどダメージは大きかった。

戦前、キミは畈市に、

「お金を半分残してあとの半分で土地か家を買っておきましょう。そうすれば貸家もできて万一の時には家計の足しになりますから」

と提案していた。

稲盛調進堂の景気がいいのを見て、不動産屋が安い物件をいくつも紹介してきていた。畈市に話してもだめだと知っているので、不動産屋はキミにそういった情報を吹き込んだのだ。

キミはすっかりその気になっていたが、畈市は頑としてきかない。

「何を言う。ものなどあてにならん。お金が一番。金には利子が付くが家や土地には利子など付かないではないか。何年経っても増えやせん」

仲良し夫婦の二人が、こと資産の運用に関しては意見が対立し、しょっちゅう言い争っていた。結局、これに関してはキミのほうが正しかったのだ。

「だから言ったでしょう……」

キミは時折愚痴をこぼしたが、畯市は言い返しもせずじっと黙っていたという（稲盛和夫著『ごてやん』）。

まだ四十前だったにもかかわらず急に老け込んでしまい、慎重な性格にさらに拍車がかかってしまう。キミがいくら印刷所再開を勧めても首を縦に振らなかった。

また印刷機械を買うとなると大きな借金を抱えることになる。それが嫌だったのだ。

その代わり稲盛調進堂の元店員で独立した人間のところに働かせてもらいに行っていたというから、キミからすれば何ともじれったかったに違いない。

当時を回想し、稲盛は筆者に、

「本当に自信を失っておったんです」

と当時の父親の心境を思いながらしみじみと語った。

ここで意外な頑張りを見せたのがキミだった。

郊外の農家に出かけていって、自分の着物を売り食糧に換えた。当時の都市部の人間なら多かれ少なかれみな経験したことだが、キミの場合、ひと工夫あった。交換した食糧の一部を闇市で転売したのだ。そのうち古物市で着物を仕入れ、それを農家に持っていって米に換える商才まで見せた。

彼女の頑張りで、稲盛家は粟を食べるような悲惨な生活をせずに済んだのだ。稲盛の商才は、あるいはキミ譲りのものだったのかもしれない。

終生の友

鹿児島中学に進んでよかったことは、終生の友と出会えたことだ。川上満洲夫《かわかみますお》である。後に機械メーカーのクボタで海外畑を歩み、常務取締役、クボタクレジット社長を歴任する人物だ。彼もまた一中受験に失敗して鹿児島中学に入っていたが、稲盛のように二度挑戦しなかったので年齢は一歳下であった。

川上の父、川上清志（第三航空軍参謀長・中将）は開戦時にドイツに派遣され、日本における空軍設立を研究したエリート軍人だった。終戦の前年、マレー半島上空で乗っていた飛行機が撃墜され戦死したが、階級が高かったので十分な恩給があり、比較的豊かな暮らしができていた。

川上家は近所の草牟田にあったこともあり、何をするのも一緒だった。二人でギターやマンドリンの上手な同級生に数カ月習ったがものにならなかった代わり、川上家にあった蓄音機で「ツィゴイネルワイゼン」などのクラシックをよく聴いた。

旧制中学といえば今でいう高校だから、中にはいきがって煙草を吸いはじめる者もいる。後にヘビースモーカーになる稲盛だが、二〇歳になるまで煙草を吸うことはしなかった。子どもの頃はガキ大将だったが、長じるといわゆる不良的なものとは無縁になった。

川上と稲盛に共通していたのが野球好きだったことである。たまたま川上がグローブを三つほど持っており、靴屋の息子が残り物の革切れで作ったボールを持ってきてくれた。バットは校舎の窓枠を拝借して代用した。用具代を稼ぐために粗悪な石けんを売ったりしたというから相当な入れ込みようだ。

ポジションの割り振りは稲盛が決める。自分はピッチャー。高校で野球部に入る川上から見ても、稲盛のアンダーに近いサイドスローでのピッチングはなかなかのものだったという。

放課後のグラウンドで毎日暗くなるまで野球ばかりしていた。

鹿児島中学三年になって学校制度が現在の六・三・三制に変わったが、畩市は高校進学に反対した。

利則は鹿児島実業卒業後、国鉄（現在のＪＲ）に就職している。兄同様、就職することを勧めたのだ。自分の経験から、学校で勉強することより、早く社会に出て手に職を付けることのほうが大事だと考えていた。

だが七割ほどの生徒がそのまま高校に進学する。川上も同様だ。ここでやめると中途退学のようなものになるだけに、なんとか畩市を説得しようと知恵を絞った。

そして小山田の小さな畑の扱いに畩市が苦慮していたことを思い出し、この土地を売って進学させてほしいとお願いした。親の財布の中身を詮索《せんさく》するとはとんでもない子どもである。

『ごてやん』によれば、

鹿児島中学時代（最前列中央が辛島先生、右から三人目が稲盛）

稲盛（左）と川上満洲夫

高校時代の級友たちと（後列左端稲盛）

「貧乏してでも私を高校まで進ませてくれるのは親のつとめではないか」

とまで言って畩市を珍しく怒らせ、稲盛の頬に平手打ちが飛び、家から放り出されたという。

それでも稲盛は粘った。

「高校を卒業したら就職するから」

という約束までして、なんとか進学させてもらった。

この約束も結局反故《ほご》にしてしまうのだが……。


公式の記録では私立鹿児島中学の二五〇名の三年生は、鹿児島市立高等学校第三部に編入されたことになっているが、実質的には市立鹿児島商業学校の普通科に編入され、ここで二年間を過ごしたということが川上への取材でわかった。普通科と商業科は仲が悪く、揉《も》め事があるといつも稲盛が仲裁に入っていたという。

鹿児島商業は鴨池《かもいけ》にあったから海が近い。夏など昼の休み時間に泳ぎに行き、午後の体育の授業に遅れて大目玉を食ったりもした。優雅な話である。

中学とほとんど同じことを教えていたので、授業など受けなくてもいいくらい。放課後はもっぱら草野球三昧《ざんまい》で、見かねたキミが苦言を呈した。

「和夫ちゃん、苦労して高校に行かせたのに遊びほうけて。うちは貧乏で困っているのだから、少しぐらい家のことも考えて手伝ってくれたらどう?」

母親の言う通りだ。これを機にぴたっと野球をやめ、その代わり何か家計の足しになることをと考えた。思いついたのが紙袋の行商だ。

「お父さん、また紙袋やろう。僕が売るから」

初めは相手にしてくれなかったが、何度も頼むうち重い腰を上げてくれた。古くからの知り合いの紙問屋に頼めば紙は手に入るという。

こうして再び袋作りが始まり、以前働いてくれていた近所のおばさんたちも集まってきた。自動製袋機は焼けてしまったのですべて手作業。自動製袋機が入るまではそれで紙袋をつくっていたから手慣れたものだ。

畳一畳分ぐらいの原紙を五〇〇枚ほど束ねて台の上に置き、大きな包丁に体重を預けて上に乗りかかりながら一気に切断する。大きい一号袋から小さい一〇号袋までつくって、家じゅうに広げる。稲盛調進堂というゴム判を押し、一〇〇枚ずつつくって束にしたらできあがり。畩市は手にマメができるぐらい紙を切りまくり、綾子たちも袋にゴム判を押すなどして手伝ってくれた。

平日は学校が終わるとすぐ行商に出かけ、日曜は朝から自転車のペダルを踏んだ。

当時の自転車は荷台が大きい。そこに大きな竹製の籠《かご》をくくりつけて山のように紙袋を積んだ。重さのあまり前輪が浮き上がるほどだ。

鹿児島市内には大きな闇市がいくつもある。初めは手当たり次第回っていたが、それでは効率が悪い。そこで鹿児島市内を七つに分け、曜日を決めてまわることにした。

当時、地元に紙袋をつくっているところはなく、福岡の紙問屋が鹿児島まで売りに来ていた。闇市のおばさんたちに、

「紙袋はいりませんか。福岡の紙屋さんよりも安く売ります」

と声をかけると、

「かわいい坊やがそう言うなら」

と言って買ってくれた。籠の中に袋が残っている時などは置いていくように言われ、〝袋売りの坊や〟として評判になっていく。

「お店に『こんにちは』と声をかけ、同じような年頃の女の子が出てくると、恥ずかしいものですから何も言わんと出てきたことを、よく覚えてます」

稲盛は当時を懐かしそうに語った。


ある日、菓子問屋のおかみさんがこんなことを教えてくれた。

「うちには串木野や川内《せんだい》のお菓子屋さんがみんな仕入れに来られる。だからうちに紙袋を置いて、おばちゃんがそれを売れば、おまえさんが一軒一軒売って歩かんでもすむようになる。これを卸《おろ》しというのや」

便利だなと思って言われた通りにしてみると、実際に売れた。今までは鹿児島市内を一軒一軒売り歩いていたものが、回らなくてもすむようになった。

当時、鹿児島にはボンタンアメをつくっている現在のセイカ食品をはじめ、三社ほどの菓子問屋があった。噂を聞いた他の菓子問屋から同様の注文が舞い込み、県下の菓子屋で広く稲盛調進堂製の紙袋が使われるようになる。

そうこうしているうちに、わずか半年ほどで鹿児島市内の紙袋は全部独占してしまい、福岡からの紙問屋を駆逐《くちく》してしまった。

素人商売とは思えない大成功だが、今度は大量の注文で手が足りない。そこで小学校を出たばかりの子を雇った。畩市がついているにしても、学生の身分で人を雇うという才覚がすごい。この場合常勤だから、アルバイトというより従業員といっていいだろう。

綾子たちに聞いたところでは、性格のいい子だったという。

その子のために新しい自転車を買った。当時の自転車は一万五〇〇〇円ほどする。小学校教員の初任給が四〇〇〇円という時代だから、今で言えば軽自動車を買う感覚だろう。

ところが、自転車に乗れるというので買ってやったのに、本当は乗れないことがわかって大あわて。商売を教えながら自転車の乗り方まで教えねばならなくなった。後ろの荷台の部分を持ってやり、家の裏の鹿児島実業の校庭で毎日練習させた。

それでなんとか乗れるようになって、二人で行商に出る生活が一年ほど続いた。

疲れると街角でアイスキャンデーを買って、

「一緒に食べよう」

と言って食べさせてやった。

この従業員第一号の名は、稲盛も弟妹たちも残念ながら思い出せないそうだが、彼は当時のことを振り返り、『稲盛和夫のガキの自叙伝』の中で次のように記している。

——私の事業の原点はこの行商にある

捲土重来《けんどちょうらい》を期した大学受験

市立鹿児島商業学校の普通科で二年間を過ごした後、新制玉龍高校で高校生活最後の一年を過ごすこととなった。

校名は玉龍山福昌寺から来ている。福昌寺は島津家の墓所がある名刹《めいさつ》で、島津久光の宏大な墓も、島津斉彬の質素な墓もここにある。明治維新後の廃仏毀釈《はいぶつきしゃく》で鹿児島市内の仏教寺院は徹底的に破壊され、北側の島津家墓所周辺はさすがに残ったが、南側の元境内地に玉龍高校の新校舎が建設中だった。

敗戦とともに閉校となった陸軍士官学校や海軍兵学校などの生徒が高校に編入されてきて、五歳年上の者がいるといったこともザラにある混乱した時代だった。放課後は校舎建設の手伝いでもっこ担ぎなどに駆り出され、勉強したいと思って親に無理を言って進学した稲盛は不満たらたらである。

しかし、こうしたときの稲盛は面白いもので、荷車を引く馬が落とす馬糞《ばふん》を拾うといった人が嫌がるような仕事でも、命じられると黙々とやった。

玉龍高校は統合でできたこともあって一学年五〇〇名の大所帯。最初のうち、鹿児島商業から合流した稲盛や川上たちは学力が低いと思われていたが、最初からトップクラスの成績を取り、先生にわざと難しい質問をして困らせる余裕さえ見せた。

かつては苦手だった数学も、このころにはすっかり得意科目となっている。数学の先生が鹿児島中学の校長だった辛島政雄先生だというのもやる気につながっていた。

そんな玉龍高校三年の夏、鴨池球場で鹿児島商業高校との試合があり、川上がピッチャーとして出場することとなった。

これは応援しないわけにはいかないと、家の近い一〇人くらいの仲間と球場に出かけることになった。ところが稲盛は家の近くの新上橋《しんかんばし》から玉龍高校の最寄り駅までの定期券しか持っていない。

「なあに、さっと見せれば大丈夫さ」

と言われ、仲間と一緒にキセル乗車した。

行きはうまくいって無事球場に着いた。試合は惜しくも負けたが、一緒に応援できたという充実感がある。いい気分で帰路についたが、そこで事件が起こった。

みんな定期券をパッパと出して下りていったが、彼らがどこで乗ったか車掌も知っている。最後にこわごわ出て行った稲盛が捕まり、買ったばかりの定期券を没収された上、正規料金の何倍かの罰金まで払わされた。

(やっぱり俺はついてない……)

妙な納得の仕方をした。

「見てござる」

そんな声も聞こえてきた。

新しい定期券を買う余裕はない。その日から歩いて通うことにした。一・五キロほどの道のりだった。

そこへ、

「お前一人を犠牲にするわけにはいかん」

と徒歩通学につきあってくれた男がいた。同じ薬師町に住んでいた川辺恵久《かわなべしげひさ》だ。

感激しきりだったが、後年、川辺が、

「実はあの時、僕もキセルしていたんだけど、君が捕まっている間に出たんだよ」

と告白してきたのには驚いた。一緒に通ったのは、実は罪滅ぼしだったのである。

ともかく二人は、高校三年の九月から卒業するまでの七カ月近くを徒歩で学校に通った。

畉市との約束もあり、高校卒業後は就職するつもりでいた。

ところがある日のこと、学校からの帰りに友人の一人が雑誌を持っているのが目に入った。それは何かと尋ねると、

「これか？　『螢雪時代《けいせつ》』やないか。なんや稲盛、知らんのか？」

と驚かれた。それは大学受験生なら知らない者のいない、旺文社が発行していた有名な受験雑誌だった。

周囲が進学準備していることに少なからずショックを受けた彼は、その友人から古い『螢雪時

代』を借りて目を通すうち、大学に進学したいという気持ちが頭をもたげてきた。そのためにはまず受験勉強だ。

そこでまず、利則に自分の思いを打ち明け、袋を売る仕事を彼に任せることにした。

利則はそれまで出水《いずみ》機関区の機関助手（蒸気機関車の缶焚《かまた》き）をしていたのだが、油負けなのか皮膚のトラブルに悩まされ、国鉄を辞めていた。利則ならうまくやってくれるはずだ。これで勉強できる環境が整った。

（俺には行商をしていたハンディがある。食事の時間も惜しんで勉強しないと）

そう考えた稲盛は、

「人の二倍は努力する。人が二倍だったら五倍する」

と心に決めた。

川上の家でよく一緒に難しい幾何《きか》の問題にも取り組んだが、稲盛の粘りはすごかった。考えに考えたあげく、

「おい、できたぞ！」

と笑顔を見せた彼のことを今でも思い出すと、川上は筆者に語った。

この当時の大学進学率は男性でもわずかばかりだった。狭き門ではあったが、成績からいえば行けないはずはない。目指すなら学部は決まっている。自分や家族が結核に苦しめられたことや化学が好きなこともあって、薬学の研究をしてみたいと思っていた。

だが気がかりなのは畩市と交わした約束だ。貧しい家庭事情を考え、心が揺れた。

一度はあきらめ、進路指導の時、

「やはり大学進学はあきらめて鹿児島銀行に就職しようかと思います」

と弱音を吐いたところ、担任の辛島先生に、

「お前は何を言っとるんだ！」

と目をむいて怒られた。

川上によれば、稲盛は全国一斉の進学適性試験で大変優秀な成績をとっていたというから、先生が怒るのも無理はなかった。新設の玉龍高校にとって稲盛は、有名大学への進学実績を残してくれるはずの期待の星だったのだ。

早速その翌日、先生が稲盛家を訪ねてきて、

「稲盛君は是非大学に進学させるべきです。お金の面なら心配いりません。奨学金がありますから」

と畩市を説得してくれた。

それが一度ならず、二度も足を運んでくれたので、さすがの畩市も進学させる方向に傾いていったが、彼は条件をつけた。

「和夫、大学に行くんだったら、九大ぐらい行かなきゃ」

大学を受験できるならどこでもいい。畩市に言われるまま、九州大学を受けたいと辛島先生に言うと、

「福岡に親戚でもおるのか？　いっそ大阪大学を受けてみたらどうだ？」

とアドバイスされた。

九大以上の難関だ。これなら畂市も文句なかろう。こうして大阪大学の医学部薬学科を受験することになった。当時は薬学部を持つ大学は少なく、薬科大学以外では、医学部か工学部で研究されているのが普通だったのだ。

当時の稲盛は、九州から出たことがない。これまでに行った一番遠いところは博多である。戦前、畂市が印刷組合かなにかの大会があるというので、連れて行ってくれたのだ。彼にとって大阪は、遠い遠いところだった。

稲盛家が親しくしていた新見《にいみ》さんという自転車屋の親戚が大阪の玉造《たまつくり》にいるのを頼っていくこととなった。だが手紙がうまく届いているかわからない。仮に届いていたとしても、うまく会えるかわからない。キミは餅をいっぱい作ってカバンの中に詰めてくれた。おなかが空《す》いたらしのぐためである。最悪、野宿する覚悟だった。

普通列車を乗り継いで大阪駅に着いた。当時は列車の本数も少なく、どれも満員だ。なんとか玉造にたどりつき、先方の住所を聞きながら家を探していると、向こうも稲盛を探しているところにばったり出会えてほっとしたが、うまくいったのはここまでだった。神経をすり減らし、疲労困憊《こんぱい》である。実力が発揮できず、結果は不合格だった。

若者に課せられた試練である受験に、稲盛は一貫して落ち続けた。

四〇代くらいまで、稲盛が過去について語ることはめったになかった。

青春の日々はほろ苦い思い出ばかり。それに仕事が忙しく過去を振り返る暇などなかったのだ。急成長企業としての京セラが有名になってからは新聞などから取材依頼が来たが、最初のうちは頑として受けなかった。

幼い頃のことがわかるようになったのは、加藤勝美著『ある少年の夢　京セラの奇蹟』が昭和五四年（一九七九）に出版され、好評を博してからのこと。ようやく彼は、自らの歩んできた道についてぽつりぽつり語りはじめた。

以前の稲盛を知る人からすれば、まさか彼が日本経済新聞に『私の履歴書』を書くようになるなどとは想像もできなかったに違いない。平成一三年（二〇〇一）に掲載された『私の履歴書』は、後に加筆訂正され『稲盛和夫のガキの自叙伝』として出版されている。

ここで大学受験に話を戻したい。

この時、川上も大阪大学工学部を受験したのだが、結果はやはり不合格だった。

当時の国公立大学には二期校という入試時期の遅い大学があり、一期校の滑り止めとなっていた。その二期校である地元の鹿児島県立大学工学部をともに受験し、二人とも無事合格する。ちなみに同大学は昭和三〇年（一九五五）七月の国立移管により鹿児島大学工学部となった（文中では鹿児島大学を併用する）。

九大くらいでないとだめだと言った畩市だったが、稲盛の合格を心から喜んでくれた。親戚中見回しても大学に行った人間など誰もいない。当時の四年制大学進学率は八％を切っている。五〇%前後に到達した今とは比較にならないエリートだった。

鹿児島県立大学

昭和二六年（一九五一）四月、こうして稲盛は鹿児島県立大学工学部に入学し、応用化学科で有機化学を専攻することを決めた。大阪大学医学部薬学科を目指した動機と同じで、製薬に携わりたいとの思いからだ。

「将来何かあったら、俺が薬を作ってやるから」

と、高校の同級生たちに将来の夢を語っていたという。

石油化学が全盛をきわめていたこともあって有機化学のほうが人気があり、次々に新しい物質が合成されて大変活気があった。応用化学科の七割が有機化学を専攻したというからその人気ぶりがうかがえる。

大学の授業料は安く、当初の計画通り奨学金をもらうこともできた。奨学金とアルバイトして稼いだお金の半分を学費に充て、残りの半分を食費として家に入れることに決めた。

（来年もう一度大阪大学を受けてやる）

落ちた当初はそうも思ったが、あきらめて前を向き、大学の勉強に集中することにした。

就職では絶対自分の夢を叶《かな》えたいと思い、一年の時から猛勉強を始める。お金がないから高価な教科書や参考書は買えない。大学や県の図書館を徹底的に利用した。図書館は宝の山だった。

以降、彼は大の読書家となり、毎晩寝るときには本を読みながら寝るようになった。勉強だけだと身体がなまる。そこで空手部に入った。

空手は道着一枚あればいいから貧乏学生向きだ。部と言っても部員は数名しかおらず、決まった流派もない。沖縄から来た人が少林寺拳法をアレンジした空手を教えてくれ、それを家で反復練習した。格闘技は大好きだから練習にも身が入る。庭に巻藁《まきわら》を立て、毎日蹴りと正拳突きを繰り返した。

ところがある時、友だちと練習していて稲盛の正拳突きがもろに相手の顔面に入り、前歯を二本折ってしまった。正拳で突いてきたところを払う練習だったのだが、相手が払い損ねたのだ。

彼は医学部の学生で、その後、鹿児島で開業したが、同窓会で会うたび、

「稲盛君には前歯を二本折られたからな」

と言ってくるのには閉口した。

この事件以降、空手部をやめ、試合などを見て楽しむ側に回った。

稲盛の格闘技好きはつとに知られる。格闘技のみならず、京セラがメインスポンサーである地元サッカーチーム京都サンガFCや京セラ陸上部の応援でも熱が入ると大変だ。とにかく勝ち負けがかかると血が滾《たぎ》るのだ。

実は畩市も、鹿児島市内でプロレスの試合があると見に行っていたことが最近になってわかり、

「大変びっくりしました。私が格闘技が好きなのは父親の血を引いていたんですね」

そう語る稲盛は、実に嬉しそうだった。

稲盛の結核は全快していたが、代わって昭和二七年（一九五二）、キミにその疑いが出た。彼が大学二年の時である。

三七度二、三分の微熱が続き、食欲を失い、次第に痩せていった。キミは自分で結核に違いないと確信していた。実際、検査を受けると鎖骨の下に影があると指摘され、抗生物質を処方された。ところがキミは胃弱のため強い薬が飲めず、肋膜《ろくまく》腔内に空気を入れることで病巣を縮小させる気胸療法でなんとか対処することとなった。

医療費は厳しい家計を直撃する。

「医者にかかって、たくさん借財をつくって死ねば後に残る人が気の毒だ。医者にもかからんし薬もいらん」

そうキミは言ったが、親孝行な利則が、

「金は作るから心配しないで」

と言って励ました。

珍しく家族一緒に照國神社に初詣に出かけた。除夜の鐘が鳴ると同時に参る〝二年参り〟である。

妹たちの記憶では、そのとき稲盛は珍しく袴をはいていたという。それは病に苦しむ母親の一日も早い回復を願う思いの強さゆえではなかったか。この時彼らは〝オッのコンボ〟を買って帰った。紅白の達磨さんのような置物である。起き上がり小法師《こぼし》がなまったもので、鹿児島に伝わる無病息災のお守りだった。

稲盛が大学に入った年、利則は警察予備隊（現在の自衛隊）に入隊していた。

彼は袋売りの仕事を引き継いだ後、それが縁で一時製菓会社の役員をしていたが、警察予備隊ができると聞くと軍国少年時代の憧れがよみがえっていてもたってもいられず、早速応募したのだ。当時は任期が短い代わりに待遇がよかった。

「利則もこれで軍人さんになったんじゃ！」

と畩市たちは喜び、出征兵士並みの祝宴を開いて送り出した。

一方で利則は警察予備隊からもらった給料のほとんどを仕送りして家計を支え、すぐ下の妹の綾子も高校をやめて家の仕事を手伝いはじめた。

稲盛が大学に入って大喜びしたのもつかの間、畩市は再び、

「大学やめて働いたらどうだ」

とささやくようになっていたが、キミは病床から、

「やめんでいいよ。面倒は見てやれんけどな」

と言ってくれた。母の愛が身にしみた。

ある日、近所の医者の奥さんが、キミにと言って『生命の実相』を持ってきてくれた。ところが彼女には読む体力がない。

「お母さん、僕が読んであげよう」

稲盛が代わりに枕元で読んであげた。

〈その内容をもとに母と自分の思いや考えを話し合った日々は、今でも忘れられない思い出になっている〉（稲盛和夫著『ごてやん』）

結核だと思われていたキミの病気だが、いくら検査しても彼女の身体からは結核菌が検出されなかった。実は結核ではなく、長年の疲労が蓄積したもののようであった。皮肉なことに、高価な気胸療法は肺機能を低下させただけに終わったのだ。

母親が大好きな稲盛にはつらい出来事だったが、キミは次第に健康を取り戻し、みなほっと胸をなでおろした。

相変わらず家は貧しく、冬でも着たきりのジャンパーと下駄《げた》で通しながら図書館に通い、勉学に明け暮れた。知識の吸収に貪欲になり、時には川上の実験の手助けもした。

機械科だった川上はガスタービンなどに使われる耐熱材料の研究をしていた。コバルトやニッケルから成る耐熱鋼のクリープテスト（試料に応力を加えてひずみを測定する実験）に参加したことは、後々大いに役立つこととなる。

どれだけ忙しくてもアルバイトは続けた。紙袋を売っていた時に知りあいになったお菓子屋さんのところに数カ月ほど雇ってもらい、あずきを煮詰めてアンコを作った。

学生課に来ていた求人に応募し、鹿児島の老舗《しにせ》百貨店である山形屋の夜間警備の仕事もやった。週に三日、夕方から翌朝まで勤め、百貨店の中を何度か巡回する。若いから体力はあるが、それにも限界がある。守衛室でよく居眠りをした。

だが朝になるとぱっと目覚め、そわそわしはじめる。店に勤めるのは大半が若い女性で、彼女たちが出勤してくるからだ。中に目立ってきれいな子がいて、その子の働いている売り場をつきとめ、そっと見に行ったりもした。見れば見るほど素敵な女性だ。

こうなればアタックするしかない。川上のまたいとこが山形屋にいたことから仲介役になってもらい、ついに彼女を映画に誘い出すことに成功した。いきなり二人で行く度胸はなく、川上と三人で映画館に出かけた。

ところが映画が終わった後も、気の利かない介添人がいつまでたってもついてくる。結局、食事をして家まで送り届け、二人きりになる機会はついになかった。

「くっついてきてどうするんだよ！」

稲盛から責められ、川上は反省したが後の祭り。しばらくして、

「お嫁に行くことになりました」

と告げられ、淡い恋に終わった。

こうして勉強を人一倍しながら青春も謳歌し、将来の夢に胸膨らませていた稲盛だったが、やがて就職という壁に直面し、厳しい現実を知ることとなる。

当時の稲盛は担当教官の竹下寿雄教授から、

「学科創設以来、学業においても人間的にも、もっともすぐれた学生だ」

と太鼓判を押されていたという（針木康雄著『稲盛和夫』）。

ところが当時の就職環境は最悪の状況だった。

大学に入った頃は朝鮮戦争特需に沸いていたが、卒業前年の昭和二九年（一九五四）から、その反動からくる不況が深刻化していたのだ。求人が減り、就職は一転して狭き門となっていた。たまたま筆者の父親は稲盛と同じ年に大学を卒業しているのだが、その就職の大変さは想像を絶するものだったと聞いている。

おまけに歴史の浅い鹿児島県立大学の認知度は低く、企業の設ける採用枠に名前のない場合が多かった。

困り果てた稲盛に、川上が助け船を出してくれた。

彼の叔父が通産省で鉱山局長をしていたのだ。後に中小企業庁長官、参議院議員となる川上為治である。川上は稲盛のことも含め、就職の世話を頼もうとした。

だが昔も今もそうだが、大学生は社会常識を知らない。先方の意向も確認しないまま、いきなり稲盛と連れだって上京してしまった。

夜行に乗って午前六時前に東京に着き、東京駅にある東京温泉に入ってさっぱりして朝食をとった。先方の戸を叩いたのはなんと午前七時半前後。いくら何でも早すぎる。しかも突然の訪問だ。叔父は怒って出てこなかった。

それでも叔母が気を利かして川上だけは寝室に通してくれたが、叔父は布団の上に起き上がって、川上の顔を見るなり、

「何しに来たんだ！」

と一喝した。

しどろもどろになりながら来訪の趣旨は述べたが、こんな状態で就職の世話などしてくれるはずもない。

一方の稲盛は、上がらせてももらえず玄関に立ったまま。奥のほうから漏れ聞こえてくる会話で、無理をして旅費を作ってきた東京行きがまったくの無駄足だったことを了解した。

申し訳なくて、川上はその後、その叔父とは疎遠になったと筆者に語った。

稲盛はすぐ頭を切り替えた。そして当初希望していた薬品会社はあまりに狭き門だったためにあきらめ、好調だった石炭や石油といった資源エネルギー産業に的を絞った。採用枠が大きいと踏んだのだ。

だが安全策をとったにもかかわらず、第一志望だった帝国石油に落ち、積水化学も落ち、受ける企業受ける企業ことごとく落とされてしまう。

（みすぼらしい格好で面接を受けたからだろうか……）

マイナスの想念が頭の中をぐるぐる駆け巡って精神的に追い詰められていく。

一方の川上も川崎製鉄、大阪ガスと立て続けに落とされ、大阪ガスでは、

「機械科は一人しか採用枠がないからなぁ」

と言われて愕然《がくぜん》としたが、なんとか久保田鉄工から内定をもらうことができた。

現在のグローバル企業であるクボタとは比較にならない小さな会社だったが、それでも戦後、耕耘機《こううんき》の製造販売を始め、東証一部に上場したところで勢いがあった。

こうして稲盛だけが取り残された。

運命が導いた無機化学への転向

働きたいのに働く場所がない。社会の不条理の壁を前にして、彼は世をすねはじめた。

（こうなったらインテリヤクザにでもなってやるか！）

そう思い詰めて、鹿児島市の天文館通りにある小桜組の事務所の前をうろうろしたことさえあった。

〈そのとき、ほんとうにその道を選んでいたら、そこそこ出世をして、小さな組の親分くらいにはなっていたかもしれません〉

と自身語っている（稲盛和夫著『生き方』）。

だがここで、竹下教授から救いの手が差し伸べられた。

「京城大学時代の友人が京都の碍子会社の部長をしている。そこならなんとか採ってくれそうだ」

そして先生が口にした会社名が松風《しょうふう》工業だった。聞いたこともない会社だったが、何でも京都の老舗企業だそうだ。

早く就職を決めて親を安心させてやりたかった稲盛はその場で、

「お願いします」

と頭を下げた。

碍子とは電線を電柱や鉄塔に固定するための絶縁体で、当時は陶磁器製が主だった。窯業となると無機化学の分野になる。実際、無機化学を専攻している学生が欲しいというのが松風工業の条件で、できればセラミックスを勉強しておいてほしいということだった。本来なら対象者ではないのに、稲盛を見込んで就職口を回してくれたのだ。

卒業論文をセラミックスに関連する内容にせねばならないというので、竹下教授は無機化学の島田欣二《しまだきんじ》教授に稲盛の論文指導をお願いしてくれた。

島田はまだ若く、研究者としては駆け出しだった。学生の卒論指導も初めてである。卒論準備に残された時間は半年ほどしかなく、それ以前に、稲盛に無機化学の勉強を一から教えねばならない。これは島田にとっても稲盛にとっても大変な試練だった。

就職先からの要望とはいえ、有機化学専攻の学生を途中で無機化学に鞍替えさせるなどということは今ならあり得ない。だが当時の鹿児島県立大学には、新しい大学であるがゆえの融通無碍《ゆうずうむげ》さがあった。

この強引な就職斡旋がなかったら、稲盛のその後はなかっただろう。これまで運命は稲盛に過酷だったが、この時を境に、急に幸運をもたらしはじめる。

ここで京セラの名前の由来ともなったセラミックス（ceramics）について解説しておきたい。言葉自体は、ギリシア語のkeramos（土を焼き固めたもの）に由来する。

陶磁器もガラスもコンクリートも耐火レンガも、広い意味ではセラミックスに含まれる。そのため長い間、セラミックスは焼き物にすぎず、高度な技術を要するものではないという誤った認識がされてきた。

　だが高純度の材料から耐熱性や絶縁性などにすぐれた製品が作られるようになると、それらは〝特殊磁器（ニューセラミックス）〟と呼ばれて脚光を浴びはじめ、やがてセラミックス製品とは、この特殊磁器を指すようになっていく。

　特殊磁器は現在では〝ファインセラミックス〟と呼ばれることのほうが多くなっているが、その名付け親はほかならぬ稲盛和夫なのだ。

　さてセラミックスに関する卒業論文に取り組むこととなった稲盛だが、研究テーマは島田と相談した結果、セラミックスの材料である粘土になった。

　鹿児島には今でも金鉱山がある。金鉱脈の近くにしばしば見られるのが白い粘土層だ。ちょうどこの頃、鹿児島県の入来《いりき》町で粘土鉱床が発見されたこともあり、入来粘土を研究することにした。

　入来は小山田からさらに北西の山奥に入った場所だ。島田とともにリュックサックを背負ってサンプルを取りに山に入り、分析した結果、ハイドロハロイサイトという種類の粘土であることがわかった。後にこれは工業材料として使われている。

　入来粘土の後、指宿《いぶすき》の粘土も調査した。こちらはもともと薩摩焼の原料として使われていたものだが、非常に良質で、昔の陶芸家の眼力に感服した。

　卒業論文の作成に費やしたこの半年間は、実験にフィールドワーク、図書館での文献渉猟《しょうりょう》、そしてアルバイトと、濃密すぎるほどの時間を過ごした。

実験室では猛烈な集中力を発揮した。今ほど充実した研究施設があるわけではない。質量分析の前に、まず測定器から作る必要がある。島田が他大学の測定器を見て描いたスケッチを参考にしながら、熱膨張計（熱による寸法変化を精緻《せいち》に計測する機器）などを見よう見真似で製作した。

超多忙な毎日ではあったが忙中閑《ぼうちゅうかん》あり。実験でいい結果が出たときなど、島田先生と一杯やることもあった。当時ビールは贅沢品だから、飲むのはもっぱら芋焼酎である。島田先生には本当に世話になった。稲盛はその恩を忘れず、後に先生に仕事をお願いしたり後輩を京セラで採用するなど、結んだ縁を大切にした。

こうして苦労の甲斐あって、「入来粘土の基礎的研究」と題した卒業論文が完成する。

昭和三〇年（一九五五）二月一七日、発表会が行われたが、発表の順番は一番目だった。その後の展開からも、評価が一番だったものと思われる。なぜならこの論文は、この年、鹿児島県立大学に赴任したばかりだった内野正夫教授の目に留まったからだ。

内野は稲盛より四〇歳も年上である。熊本出身で東京帝大工科大学応用化学科を卒業。古河鉱業に入社して銅の精錬法の開発に従事した後、商工省の技師などを経て満鉄中央試験所無機化学科長に就任。鴨緑江《おうりょくこう》水力発電所の電力を用いたアルミニウム精錬を指導し、満州軽金属製造（現在の日本軽金属）の理事長兼技師長を務めた斯界《しかい》の権威だった。

戦後は公職追放の対象となったが、解除後、友人だった福田得志《ふくだとくし》鹿児島県立大学学長の招きにより、教授として迎えられた。

その内野が卒論発表会に出席し、

「私は多くの論文を読んできたが、稲盛君の論文は東大生のより素晴らしい！」

と絶賛してくれたのだ。

卒業式の後の謝恩会でも、

「あなたは将来、立派なエンジニアになりますよ」

と声をかけられ、帰り際、

「稲盛さん、一緒にお茶でも飲みに行きましょう」

と天文館通りのモダンなフルーツパーラーに誘われた。

貧乏学生だった彼は、こんな場所に出入りしたことがない。緊張しながらついていったが、そこでエンジニアの心構えなど有意義な話を聞くことができ、先生の好意を痛いほど感じた。

内野にすれば鹿児島県立大学の学生のレベルがいかほどのものか不安だったはずだ。ところが稲盛のような高いレベルの研究をする学生がいた。安堵の気持ちを抱くとともに、この稲盛和夫という学生に強く惹《ひ》かれたのだ。

これが縁で、内野は何かと相談に乗ってくれる〝生涯の心の師〟となる。

第二章

ファインセラミックスとの出会い

松風工業入社

松風工業は大正六年（一九一七）、清水焼窯元の松風嘉定《しょうふうかじょう》によって創業された。

この当時、碍子の製造は陶磁器の窯元が取り扱う例が多く、松風工業が京都で創業したのも、焼き物の長い歴史があったためである。こうした京都という土地の持つ歴史的バックボーンは、今日《こんにち》の京セラにも引き継がれている。

高圧送電網が整備されていくにつれ、松風工業の得意とする高圧碍子の需要はうなぎのぼり。社業は大いに発展し、創業者松風嘉定のかつての財力は、今も残る邸宅跡・五龍閣《ごりゅうかく》（国の登録有形文化財）に見ることができる。

ちなみに現在の東証一部上場企業の松風は、三代目松風嘉定が設立した松風陶歯製造がその前身であり、松風工業の兄弟会社にあたる。


ところが稲盛が入社する頃には、かつての名門企業の面影はなくなっていた。戦後に入って労働組合運動が盛んになった上、創業家の間に経営権を巡る内紛が起き、幹部の多くが解任・退職するなどして取引先の信用も失ってしまっていたのだ。

加えて競合他社が力をつけてきていた。日本陶器（現在のノリタケカンパニーリミテド）から独立した日本碍子のほか、日本ステアタイト、河端製作所、鳴海製陶といったライバル会社の台頭もあって市場シェアは急低下していく。

稲盛の入社する二年前、三代目松風嘉定の弟にあたる松風憲二社長は、負債額が三億円あまりに積み上がった責任をとって辞任。メインバンクだった第一銀行（現在のみずほ銀行）の後押しにより、専務だった松風幸造が社長に就任して、銀行主導で本格的な経営再建が始まっていた。

そんな状況になっていることなど、当時の稲盛は知るよしもない。

京都の名門、それも碍子製造という堅い会社と聞いて両親はすっかり安心している。和夫を大学まで行かせた甲斐があったと、これまでの苦労の日々を思い起こしながら心底喜び、盛大な送別会を開いてくれた。兄の利則は背広を買ってはなむけとしてくれた。家族総出で鹿児島駅で見送られ、勇躍京都へと向かったのだ。

〈自分は大学では相当に頑張ったという自負がある。優秀な成績だったからこそ採用してくれたのだと確信し、少々誇らしくも思っていた〉（稲盛和夫著『稲盛和夫のガキの自叙伝』）。

東海道本線の神足《こうたり》駅（現在のJR長岡京駅）に降り立ち、本社で挨拶した後、会社の寮（松風園《しょうふうえん》常盤寮《ときわりょう》）に案内してもらった。

「これが君に入ってもらう寮や」

その建物を一目見て息をのんだ。古ぼけたあばら屋だったからである。夢から覚《さ》め、現実を知った瞬間だった。

部屋の中は外観以上にひどい。畳表が毛羽立《けばだ》ち、一面ワラくずだらけで畳の面影がない。近くの雑貨屋に行って花ゴザを買ってきて上から覆《おお》い、四方を釘で留めた。寮には食堂もない。だからといって外食は贅沢だ。七輪《しちりん》で炭に火をおこし、自炊を始めた。将来への不安で、胸が締め付けられる思いだった。

入社後、大卒の新入社員は、みな製造部研究課に配属となった。

同期入社のほかの四人は本業の碍子を研究することになり、稲盛だけは特殊磁器の中でも特に高周波絶縁性の高いフォルステライト材料の研究を任された。

セラミックスの製造過程は大まかに言えば、原料を混ぜて乾燥させ、まずは成形する。その上で炉に入れ、一四〇〇度くらいの高温で焼成《しょうせい》して完成だ。

原料の粉を混ぜ合わせるには、ボールミルという実験器具を使う。中に粉砕するためのボールが入っていて、そこに粉を入れて回しながら混ぜていくのだ。頭脳よりも使うのはもっぱら体力。しばらくすると鼻の穴にセラミック材料の粉末が詰まってきて閉口した。

最初は自分の鹿児島弁が恥ずかしかった。

彼が唯一話せた関西弁が「おおきに」。それ以外は話せないから、電話が鳴ってもなかなか出ないし、自分で電話するのも嫌だった。

稲盛が京都に対して抱いた第一印象は、陰気なとこやなというもの。

それは南国鹿児島との風景の違いだけではない。鹿児島の人間は底抜けに明るくおおらかだが、京都人には本音と建て前がある。京都人の県民性にはどうしてもなじめなかった。

陰気な土地で地味な仕事。なんともやりきれなくて、鹿児島が、故郷が、ただただ恋しかった。

〈会社での研究も、人間関係もうまくいかず、日が暮れると、寮の裏の桜並木が続く小川へ一人で出かけていきました。そして、小川のほとりに腰かけて、唱歌の「ふるさと」をよく歌ったものでした。心の傷みが積もり積もって、どうにもならなかったのです。私は思いきり歌うことで、自分を元気づけていたのです〉（稲盛和夫著『心を高める、経営を伸ばす』）

なんとも切ない光景である。

仕事が終わると夕食の準備のため最寄りの神足駅近くの商店街に買い物に行く。店が閉まる直前にしか行けないから、ほとんど売れてしまって品物がない。定番となったのがネギ、天かす、油揚げで作った味噌汁。天かすはボリュームを出すために入れるのだ。

毎晩それをおかずにご飯を炊《た》いて食べた。

ある日、総菜屋で声をかけられた。

「あんた、見ん顔やけど、どこの会社や」

「松風工業です」

「あんなボロ会社にいてるんか。どこからきたんや」

「鹿児島です」

「遠くからようきたもんや。あんな会社におったら、嫁もきよらんで」

この時に交わした会話を、後々まで忘れることができなかった。

その後も友人の川上とは、久保田鉄工のある大阪に行ったり向こうが京都に来たりしながら、三カ月ごとくらいに会っていた。

後には仕事での泣き言を一切口にしなくなる稲盛だが、当時はまだ若い。川上はよく彼の愚痴を聞かされたという。川上は川上で、入社してすぐ耕耘機の耐久試験をやらされ、毎日、朝八時から五時頃まで田んぼを掘り起こし、こんなことをするために大学を出たわけじゃないと辟易《へきえき》していたから、負けじと愚痴がこぼれでた。

それにしても松風工業の社内事情は想像以上だった。入社当初、給料というものは月に四回に分けてもらうものだと思っていた。給料の遅配や分割支払いが常態となっていたのである。

経営が思わしくないから自分のような地方大学の出身者まで採用したのだと気づいたときには遅かった。この会社に入るために必死に無機化学の勉強をしてきたことや、家族や友人たちの盛大な見送りを受けて鹿児島を後にしたことを思い、悄然とした。

五人いた大卒の同期も、一人辞め二人辞めしていった。一緒に面接を受けた京都工芸繊維大卒の男は松下電器に転職し、入社して半年も経たないその年の秋には、京大を出た天草出身の男と二人きりになってしまった。

「俺たちも辞めてやり直そう」

二人で相談して一緒に陸上自衛隊へ願書を出した。

伊丹《いたみ》駐屯地で試験を受け、二人とも合格したところまではよかったが、入隊に必要な戸籍謄本《こせきとうほん》を送るよう鹿児島の実家に依頼したところ、待てど暮らせど届かない。今のように簡単に電話で尋ねることもできないから、そうこうするうち提出期限がすぎてしまった。

後でわかったのだが、利則が、

「大学の先生のご紹介でようやく入れてもらった会社なのに、半年もしないうちに辞めるとは何事か！」

と戸籍謄本を送ることに反対したらしかった。

彼は退路を断たれたのだ。

もやもやした気持ちのまま、なけなしの金をはたいて自衛隊に入るその同期のために送別会をしてやったというから人がいい。そして彼は一人取り残された。

（しかたない。気持ちを切り替え、目の前にある研究開発に全力を傾けてみよう）

そう腹をくくった。

フォルステライト磁器とU字ケルシマ

稲盛が取り組んだフォルステライト材料の合成という研究課題には、松下電子工業（略称松下電子）という松下電器産業（現在のパナソニック）の子会社が大きく関係していた。言わずとしれた松下幸之助の設立した家電メーカーである。

戦後の混乱により、日本の電機メーカーと欧米メーカーとの間の技術力の差は、自社開発だけでは追いつけないところまで開いてしまっていた。昭和二五年（一九五〇）頃から国内電機メーカーは海外の大手電機メーカーとの提携を次々に進めていく。

松風工業全景

松風工業時代の同僚たちと

松風工業正門に立つ稲盛

東芝がGE、三菱がアメリカのウェスティングハウス、富士電機が西独のシーメンス。そして昭和二七年（一九五二）一二月、松下電器はオランダのフィリップス社と提携し、彼らとの共同出資で松下電子工業を設立し、昭和二九年（一九五四）三月には高槻《たかつき》工場を稼働させていた。テレビ放送が開始されたのは、稲盛が松風工業に入社するわずか二年前のこと。松下電子は、本放送開始に合わせて松下電器がいち早く発売した「ナショナルテレビ」の真空管やブラウン管といった主要部品を製作していた。

ナショナルテレビは、内閣総理大臣の月給が六万円という時代に、一二インチの卓上型が二三万円、一七インチのデラックス型が二九万円もし、他社も同様だったため、庶民は街頭テレビで力道山の活躍などを楽しんだりはしたものの、一般家庭に普及するのはまだまだ先と考えられていた。

ところが皇太子殿下のご婚約をきっかけとして、お二人のご成婚記念パレードをテレビで見たいというニーズが高まり、この高価なテレビが急に売れはじめたのだ。ナショナルテレビはフィリップスからの技術導入が功を奏して品質は高い評価を受けたが、問題は量産化だった。

部品をフィリップスから輸入するためには外貨での支払いが必要になる。

当時は一ドル三六〇円時代で、おまけに外貨規制があった。外貨が足りなくなると対外債務を払えなくなってデフォルト（債務不履行）に陥ってしまう。これは言ってみれば国家の倒産だ。そうならないよう政府は厳しい外貨割り当て枠を設けた。その制約があるため、松下電子は増産しようにも輸入に頼れない状況に陥っていたのだ。

そこで彼らは部品の国産化を模索しはじめる。

ブラウン管本体の製造を始めた日本電気硝子や旭硝子、カラーテレビ化後にシャドーマスクの製作を受注した大日本スクリーンや日亜化学など、松下電子からの発注のおかげで急成長を遂げた会社は枚挙にいとまがない。テレビの量産化は日本企業にとって、大きなビジネスチャンスとなっていたのだ。

そして松下電子が早い時期に国産化を考えた部品の一つが、ブラウン管の電子銃部分に使うセラミック製絶縁部品だった。断面がUの形をしてその溝にガラス半田《はんだ》が埋め込まれていることから〝U字ケルシマ〟と呼ばれていた。金額的にはテレビ部品全体に占める位置づけはごくごく小さいものだったが、テレビの性能を左右する大切な部品の一つだ。

同じ東海道本線沿線に工場がある縁もあって、昭和二九年九月、松下電子から松風工業にU字ケルシマの製作依頼が舞い込んできた。

だがどうやっても、ガラス半田を充填《じゅうてん》しようとすると、みな割れてしまって使いものにならない。膨張係数がガラスと違うためだ。

フィリップスの製品見本を調べてみた結果、フォルステライト磁器でできていることがわかった。当時はニューセラミックスの主流はステアタイト磁器であり、この時もステアタイト磁器で試作していたから割れてしまったのだ。

フォルステライト磁器は高温でも絶縁抵抗が高い上、電気の負荷をかけても発熱しにくい。おまけに膨張係数が金属やガラスに近いため、これらの材料と組み合わせて電子部品をつくるのに適している。一年前にGE社が実用化に成功していたが、製法は企業秘密だった。もし開発に成功したら起死回生の商品になるのは間違いない。こうして松風工業はU字ケルシマを製作するべく、フォルステライト材料の合成に挑戦しはじめた。稲盛が入社してきたのは、まさにこの時期だったのだ。

松風工業の現場から学ぶものが何もなかったかというとそうではない。

ある時、先輩が原料の洗い場に座り込んで、懸命にボールミルをたわしで洗っているのを見かけた。たまに欠けているものがあって、そのくぼみに前の実験で使った粉がこびりついていることがある。先輩はそれをヘラでほじくり、たわしできれいに洗っていた。

（大学まで出た男が、なんとチマチマしたことをやってるんだ……）

そう思いながら何気なしに見ていたが、実験で思うような結果が出なかった時、稲盛の脳裏にふとその先輩の姿が浮かんだ。

さっと洗っただけでは前の粉がどうしても残る。それが次の実験の際に混入すると、セラミックスの微妙な特性が変化してしまうのだ。先輩は実験器具を丹念に洗った後、さらに腰にぶら下げたタオルでボールを拭いていた。

（だから徹底的に洗い、きれいに拭き取っていたのか……）

先輩の後ろ姿は、現場の大切さを教えてくれた。〝知識より体得を重視する〟という姿勢は、その後、彼の一貫したフィロソフィの一つとなった。

稲盛の強みは人並み外れた集中力だ。何度も試行錯誤を繰り返しながら実験を行った結果、やがて彼の前に目指すものの輪郭が浮かび上がってくる。酸化マグネシウムと滑石《かっせき》（二酸化ケイ素や酸化マグネシウムを主成分とする鉱物）の粉末を混ぜ、これに焼結助剤として硼珪酸《ほうけいさん》ガラスを足せばフォルステライト材料の合成が可能なはずだというところまでわかってきたのだ。

だがメーカーは大学の研究室ではない。大量生産できなければ意味がない。その方法を考えるのが、またひと苦労だった。

原料の粉末がパサパサで、何で練り上げればいいかわからないのだ。伝統的な陶器の世界では粘土をつなぎに使うが、それでは不純物が混ざり、純粋な物性が引き出せない。来る日も来る日もその解決方法を模索し続けた。

そんなある日、実験室を通りかかった時のこと。考えながら歩いていたからだろう、何かにつまずいて転びそうになった。足もとを見ると、靴に茶色の松脂《まつやに》のようなものがへばりついている。それは先輩が実験で使っていたパラフィン・ワックスだった。

（これだ！）

その瞬間、閃《ひらめ》いた。

（粉末の原料の中にワックスをつなぎとして入れれば成形できるんじゃないか）

それこそ稲盛和夫をその後の成功へと導いた〝天の啓示〟だった。

早速、鍋に原料とワックスを入れ、チャーハンのようにかき混ぜ、型に入れて焼成してみた。するとで見事成形できたではないか。つなぎのワックスは焼成途中ですべて燃え尽き、完成品に不純物が残らない。

会社に精密な測定器がなかったため、最初は必要な物性が得られているかわからなかったが、調べてみるとU字ケルシマに十分使えることが判明した。

実用化レベルでのフォルステライト材料の合成は日本初の快挙だ。大学時代に夢見た新薬の発見ではなかったが、新薬発見にひけをとらない価値ある研究成果をあげたのだ。昭和三一年（一九五六）夏、稲盛はまだ二四歳の若さであった。

昭和三一年七月、『経済白書』が〝もはや戦後ではない〟と謳《うた》ったように、国民の生活様式は大きな変貌を遂げようとしていた。

それを可能としたのが高度成長である。国民の生活水準は向上し、テレビに続いて、洗濯機、冷蔵庫も庶民の手の届く値段になりはじめ、それらは〝三種の神器〟と呼ばれるようになっていった。この三つを買いそろえることが、国民の一つの目標となったのだ。まさに家電産業の一大ブーム期であった。

フォルステライト材料の合成に成功したと聞いて喜んだのが松下電子だ。早速発注があり、U字ケルシマの製造に乗り出すこととなる。

最初はプレス法で三本ずつ製造していたが、これでは大量の受注をこなすことはできない。そこで原料を真空土練機にかけ、U字形にところてんのように押し出していく製法を考えた。

最初のうちは思うようにいかず、何度も試行錯誤を重ねた。当時の製品はハンドメイドの味わいと言えば聞こえはいいが、わずかだがゆがみがある。製品の精度の向上も課題だった。時には徹夜もした。若いからこそ体力がもったのである。

松下電子の資材部長だった山口靖彦が、夏のある日松風工業に稲盛を訪ねてきた。

松下にしてもU字ケルシマの国産化は重要課題だ。成功したとは言っても、継続的に良質な製品の供給が不可欠である。そこで彼は現場を確認にきたのだ。

それは日もすっかり落ちた時間だった。松風工業のあったあたりは大変蚊の多い場所で、またその蚊が尋常ではなく、ズボンや靴下の上からでも平気で刺す猛烈な藪蚊《やぶか》だった。

そんな中、一カ所だけ煌々《こうこう》と明かりをつけている部署がある。それが稲盛たちであった。ものに憑《つ》かれたように、一心に仕事をしている。彼らの仕事ぶりを見ながら、山口は柿右衛門《かきえもん》の故事を思い出していた。

有田焼の名工初代柿右衛門が鮮やかな赤い色を出そうと日夜励み、夕日に映える柿の実のような赤絵磁器を作り上げたという伝説は、努力の大切さを伝える教訓として戦前の教科書ではおなじみの話だ。

「まるで昭和の柿右衛門ですなあ」

彼は思わず稲盛にそうつぶやいたという（昭和四七年一一月京セラ社内報『敬天愛人』）。

（この男なら信頼できる）

山口の目に狂いはなかった。

渦の中心で仕事をする

ゆがみのあったU字ケルシマも次第に形が整っていき、松下電子からガラス半田の調合も教えてもらい、完成品として納品するようになっていった。U字ケルシマの受注により、稲盛たちは赤字垂れ流しの松風工業の中にあって唯一の収益部隊となる。

稲盛の活躍を驚きの目で見ていたのが、製造部長の青山政次《まさじ》（後の京セラ社長）だ。稲盛が入社したときの面接官で、三〇歳年上である。面接の時はおとなしそうな印象だった若者の、どこにこんなバイタリティがあったのかと目を見張っていた。

〈その後の稲盛の仕事ぶりの素晴らしさに驚き、掃き溜《はだ》めに鶴が舞いこんだとはこのことをいうのだと思った〉（青山政次著『心の京セラ二十年』）

稲盛は後年、「渦の中心になれ」とよく口にした。

〈必ず自分から積極的に仕事を求めて働きかけ、周囲にいる人々が自然に協力してくれるような状態にしていかなければなりません。これが「渦の中心で仕事をする」ということです〉（稲盛和夫著『京セラフィロソフィ』）

彼はまさに松風工業の中で〝渦の中心〟になろうとしていた。そして青山もまた、知らず知らずのうちに、稲盛の起こした渦の中に、いい意味で巻き込まれていくことになる。

（彼は自由にさせたほうが力を発揮するタイプだ。上に人を置いてはいけない）

そう感じた青山は工場内を物色し、設計室の東側を整理すれば研究室を移すだけのスペースがあることに気がついた。専務に相談して賛同を得て、そこに研究室を移し、昭和三一年（一九五六）一一月、稲盛たちを研究課から特磁課として独立させた。

稲盛は年功序列の関係から課長にこそならなかったが、入社二年目にして、この課を仕切る若きリーダーとなったのだ。

テレビ市場は急成長しているから、U字ケルシマのニーズは高まる一方だ。受注と生産の追いかけっこが始まっていた。量産体制をとる必要を痛感した稲盛は、特殊磁器焼成用の電気トンネル炉を考案する。

これまではバッチ炉と呼ばれる、焼くものを入れて蓋《ふた》をし、焼き終わったら取り出すという単純な炉だったが、稲盛が設計したのは、炉の中でベルトが動き、トンネル内を移動させながら次々と焼いていける画期的なものだ。

自ら設計図を引き、東海高熱工業に頼んで作ってもらって大量生産にめどをつけた。大学時代に実験機器を自分で作っていたことが役立ったのだ。昭和三二年（一九五七）のことであった。

ところが、青山が『心の京セラ二十年』の中で明らかにしているところによれば、この時、部長の青山を唖然とさせることが起こっていた。稲盛から稟議が上がり、電気トンネル炉を発注した時には、もう東海高熱工業では炉が完成し、納入段階に来ていたのだ。

松風工業は赤字続きの会社である。資金繰りもぎりぎりで、わずかな設備増設も銀行の許可が必要になっている。あり得ない話だった。調べてみると、電気トンネル炉の設計打ち合わせに参加していた営業課長の北大路季正《きたおおじすえまさ》が、これは早急に手配が必要なものだと独断で動いていたのだ。結局、青山が東海高熱工業に頭を下げ、一年近く支払いを待ってもらうことで事なきを得た。

北大路は面倒見がよく、稲盛が大変頼りにしていた人物だ。稲盛の熱意が北大路を動かしたのだろう。結果として電気トンネル炉が早く完成したことで、松下電子には大変喜ばれ、早期増産につながった。

電気トンネル炉の購入のみならず、増員も許された。

松下電子からの受注をこなすには、ざっと見積もって二〇名から三〇名が必要になる。ここで稲盛はサラリーマンとしては考えられない驚くべき行動に出る。人事部が出してきた増員案を一蹴したのだ。

それには理由があった。その頃、経営側は碍子部門の人員を整理したいと思っていたが、組合の反対が強くて解雇できずにいた。そこで人事部は、碍子部門でいらなくなった人材を回そうとしたのだ。

ただでさえ社内の士気は落ちている。その中でほかの部署がいらなくなったような出来の悪い者たちを押しつけられてはたまらない。そこで彼は、何と自ら採用活動を始めたのだ。時には京都駅前の七条職業安定所にも足を運んだ。

当然のことながら、本来、採用は人事部の仕事だ。おかげで会社の人事部とは衝突の繰り返し。

彼の反骨心は、社会人になっても牙を抜かれることはなかったのだ。

毎度毎度白を黒というだけなら、それはひねくれ者だ。しかし軸のぶれない人間は、普通の人間が大人の対応をするときにも節を曲げない。稲盛の反骨心は、そういう類いのものだ。

昇格も昇級も普通人事部が決める。サラリーマンで人事部を敵に回す者などいない。だが稲盛はそうした〝権威〟におもねることを一切しなかった。自分が正しいと思ったら、対立することも辞さない。それこそが〝稲盛の反骨心〟だった。

青山はこう述懐している。

〈期毎に部長級が集まり部下の成績評価をした時、当然、私は稲盛に最高点をつけたが、稲盛をよく知らない部長の中には、「自分の範囲だけ固め、勝手なことをやる生意気なやつだ」と非難する者もいた〉（青山政次著『心の京セラ二十年』）

だが彼は妥協しなかった。登るべき山が峻険《しゅんけん》であっても、回り道することなく真っ正面からぶつかっていこうと心に決めた。安易な生き方は耐えられない。彼の言葉を借りるならば〝垂直登《とう》攀《はん》〟の道を選んだのだ。


企業の業績は人で決まる。

フォルステライト磁器材料の合成に成功した昭和三一年の八月には浜本昭市（後の京セラ専務）を、同年一二月には伊藤謙介（後の京セラ社長）を、翌年三月には徳永秀雄（後の京セラ常務）を採用した。

鳥取工業高校卒の浜本昭市は昭和一一年（一九三六）生まれだから稲盛より四つ年下だ。鳥取の実家は半農半漁《はんのうはんぎょ》。幼い頃から畑仕事で鍛えられ、腕力も体力もある。口数は少なく目立つのが嫌い。その代わり仕事は緻密《ちみつ》だった。

倉敷工業高校卒の伊藤謙介は昭和一二年（一九三七）生まれだ。浜本同様、無口だが忍耐強い性格。

稲盛がどういった人材を集めようとしたのかわかる気がする。

向学心旺盛な伊藤は、会社に入ってから同志社大学の夜間に通い始めたが、稲盛は、

「今さら大学など行かなくてもいいじゃないか。僕がいろいろ教えてあげるから」

と言ったという。

伊藤は不満だったろうが、稲盛からすればすでに彼らは、将来活躍するに十分な資質を持っていたのだ。

〈素人は一見不利に見えるが、自由な発想ができ、なぜと常に疑問を持つ。豊富な技術もないから常に危機感と飢餓感が社内に充満して、創意工夫を生んだ〉（『毎日新聞』平成八年七月一一日付）

彼らは従来の松風工業の社員たちの中では、いい意味で浮いた存在になっていった。

「稲盛の特磁課は特殊部隊やな」

そんな声が社内から聞かれた。

この頃採用した人材が、京セラ設立時の創業メンバーとなっていくのである。

稲盛も最初から人使いの名手だったわけではない。松風工業で初めて助手がついた時、彼には相当手を焼いた。家が貧しかったため大学には行っていなかったが大変頭の切れる男で、世の中の理不尽さを早くして味わった者特有のニヒルさがあった。

ある日、彼に任せた実験で期待した通りの検査値が出て、稲盛は思わず、

「やった！」

と跳び上がって喜んだが、彼は冷ややかな目で見つめるばかり。

「お前も喜べ」

と言っても、シラッとしている。そしてぼそっと、

「なんと軽薄な……」

と口にした。これにはさすがの稲盛も色をなしたが、彼は冷静にこう反論してきた。

「稲盛さんは実験がちょっとうまくいくとすぐに跳び上がって喜びますが、大の男が跳び上がって喜ぶなんてことは一生のうちにそうそうないはずです。なのにあなたは月に何度も跳び上がって喜んでいる」

「感動があるから、それがエネルギーとなって次の研究に進めるんじゃないか」

と言っても、納得する様子がない。

その時感じた絶望的な思いを、稲盛はこう述べている。

〈そのときに私は、京都の人々のしたたかさというか、冷淡さを知ったのです。そして、このままでは人を引っ張ることはできない、まして事業を行うなんてとても無理だと思いました〉（稲

盛和夫著『稲盛和夫のガキの自叙伝』）

この助手の反応を京都人の性格だと言い切ってしまうのはいかがなものかと思うが、陽性な鹿児島県人とは違うことを肌で感じたのだろう。そして、このままではリーダー失格だという危機感を抱いた。そこで稲盛はこう思ったという。

〈そもそも、「お前、アホか」と腹の底では軽蔑されているわけですから、尊敬させるなんてこともできません。そこで私は、「よし、それならひとつ自分も京都のしたたかさを学ぼう。もともと西郷的な明るさはあるんだから、それはおいといて京都の人が持つ論理性と合理性を徹底的に学ぼう」と考えました。それ以来、私の人間性は段々と変わっていきました〉（前掲書）

経営者として大成する者の多くは冷徹さを身につけている。それは〝西郷的な明るさ〟の対極にある大久保的なものである。若い頃は一般の鹿児島県人同様、西郷が好きで大久保は嫌いだった稲盛だが、やがてこう悟るようになった。

〈西郷隆盛の「志」や「誠」だけでは、経営はできないのである。しかし一方、大久保利通の「合理」や「論理」だけでは、人心を掌握し、集団をまとめていくことはできない。明治維新を成し遂げた、この二人の歴史的人物から、非情と温情、細心と大胆というように、両極端を同時に合わせ持たなければ、新たに物事を成し遂げることはできないということを私は学んだ〉（稲盛和夫著『人生と経営』）

稲盛がリーダーのあり方について思い悩んでいた頃、妹の綾子が兄のことを心配して鹿児島から出てきてくれた。たまたま松風工業の近くにあった明治製菓のキャラメル工場で包装工を募集していたことから、そこで働くことになった。

これまで彼女は山形屋に勤めて家計を助けていたが、大学生だった兄の和夫にさえお小遣いをくれる優しい妹だった。キミに似てしっかり者である綾子が来てくれたのは心強く、彼女に甘えて、食事の用意はもちろん家計のやりくりまでみんな任せてしまった。

とは言っても、予算を決めて渡すのだ。それはやっていけるぎりぎりの額であったと、綾子が当時の苦労話をしてくれた。すべては両親への仕送りのためであった。

当時の稲盛の楽しみは、意外にも焼酎ではなくウイスキーを飲むこと。

「小さなボトルを机の中に入れていて、ときどきとり出しては蓋にちょっと入れて飲んでました」

小さなペチャッとしたボトルだったそうだから、寿屋（現在のサントリー）のトリスだったのではないか。

だが結局、綾子は一年ほどで鹿児島に帰ってしまう。キミの身体がまだ本調子でなく妹の美智子に負担がかかってしまったこともあるが、何より京都の冬の寒さに耐えられなかったのだ。

稲盛は少々無理をして、髙島屋でイージーオーダーのダブルのオーバーコートを作ってやることにした。

もう帰るのだから、そんなものはいらないと綾子は言ったが、

「お前は今まで難儀してきたのだから、これだけは作ってやる」

と言ってもたせてやった。

兄の優しさの詰まった思い出のコートを、綾子はその後も長く大切に使い続けた。

特磁課を〝経営〟する

悩みつつも稲盛は次第に自分の仕事に自信を持ち始め、若さに似合わぬ強烈なリーダーシップを発揮して特磁課を〝経営〟しはじめた。

当時、松風工業には十分な設備がなく、粉末を混ぜるなどの作業は、汚れ仕事と言っていいほどだった。そんな労働環境で課員の士気を保つのは難しい。そこで稲盛は毎晩のように彼らを集め、自分の思いを語って聞かせた。

「我々は今、東大でも京大でもできないような高度な研究に従事している。実践なくしてセラミックスの本質は見えてこない。世間をあっと驚かせるような、素晴らしい製品を世に送り出していこうじゃないか」

自分の持つエネルギーを分け与えるようにしながら熱く語りかけた。

「これまで何の関係もなかった我々が一緒に仕事をする。これは何かの縁だと思わないか？　ただ一度しかない人生だ。一日一日を無駄にすることなく力いっぱい生きていこう！」

中には、話はいいから早く家に帰りたいと思っていた者もいたかもしれない。しかし情熱は伝染する。稲盛の話を聞くうち、一人一人の心に熱い炎が灯りはじめた。

仕事帰りに飲みに行くこともある。松風工業の正門を出て二、三〇〇メートルほど行った神足駅の近くに一杯飲み屋があった。よく仕事帰りに部下をそこに連れて行き、素うどんと焼酎のお湯割りをもらって語り合った。

そんな時、稲盛は必ず今抱えている仕事上の課題に触れる。それについて徹底的に議論し、最後には、

「よし、では明日はその方法でやり直してみよう！」

と結論を出して締めるのが常だった。

アルコールを入れたほうが話が一方的にならず、部下から普段聞けない話が引き出せる。気分も高揚しやすい。感動が翌日まで尾を引き、士気も上がる。

そのことに気づいた稲盛は工場での訓話を減らし、飲みながら語り合う時間を増やしていった。後に彼はこれを〝コンパ〟と名付け、経営ノウハウの一つにまで昇華させていく。その最初の一歩は、神足駅近くの飲み屋にあったのだ。

当時の稲盛の給料は手取りで八〇〇〇円。国家公務員の初任給が九〇〇〇円という時代だから思ったほど低くはないが、うち二〇〇〇円を実家に送り、残った金を若い連中との飲み代につぎ込むと、当然生活は苦しくなる。

会社に前借りをすることさえあったが、みんなとの一体感は増していく。彼言うところの〝ベクトル〟がそろいはじめたことが嬉しくて、少しも金が惜しいとは思わなかった。すでに彼にとって働くことは、生活の糧を稼ぐこと以上の意味を持っていたのである。

特磁課を経営しようとする稲盛の試みはその後も続いた。次なる経営改革は残業をなくすことだ。

給料の遅配が常態化しているような会社だから、残業代が生活給の一部と化してしまっていた。そのため定時の勤務時間中はあまり身を入れず、残業時に頑張るという妙な行動が散見された。だが自分が率いる特磁課はそうあってはならない。そこで彼はこう宣言した。

「今後、残業は禁止！」

仕事の効率を上げて定時退社を目指そうとしたのだ。これで一気に生産効率が上がった。

それでも稲盛自身も含め、残業をまったくなくすことはできない。ただこれまでと違うことは、残業代を稼ごうとして残業するのではなく、〝できれば残業したくないが、目標としている仕事を達成するために、やむをえず残業する〟という本来あるべき姿に戻ったということだ。

すごいのは、こうした活動を彼は課長でも係長でも主任ですらないのに、自分が経営者のつもりになって実行したことである。彼はまさに、後に彼が編み出した「アメーバ経営」の責任者（リーダー）だったのである。

彼の上司だった青山はこう記して、当時感じた驚きを伝えている。

〈当時松風は、前に述べたように経済状態が悪く、従業員の給料も低い。皆当然のように残業稼ぎをやる。仕事があって残業するのであれば文句ないが、昼間働きさえすれば済むものを無理に引き延ばし、職長も一緒になって残業する。係長や課長は何もよう言わない。部長、重役は、一応口ではけしからん厳重にやめさせなさいと課長に言うが、一向に規正されない。かく言う私も部長の一人で恥ずかしい次第。言い訳のようだが、松風へ帰って、再建に取り組み現場は次長にまかせ切り。だが私も規正するだけの力がなかったことになる。稲盛は違う。最初から特磁製造をひっかぶってやっている。主任でも係長でもない。課員が五人から一〇人、一〇人から二〇人と増えてゆく中で、常に自分が先に立って身を粉にして仕事に取り組む、課員もいやおうなしについてくる。一糸乱れずというか、自分の思うままに課員を引っ張ってゆく。時間中力いっぱい働かせ、仕事が残れば残業させるが、仕事がなければスッパリと定時で打ち切る。他の碍子部門が残業稼ぎをやっていても、自分の所は全然やらせなかった〉（青山政次著『心の京セラ二十年』）

稲盛の頑張りがきいたのか、松風工業に明るい兆《きざ》しが見えはじめていた。

昭和三一年（一九五六）一〇月、第一物産（現在の三井物産）が松風工業の輸出総代理店となり、第一銀行とともに三社協定を結んで経営再建への資金拠出に応じてくれることとなったのだ。

その少し前のこと、第一物産が実態調査のため松風工業を訪れた。調査団の団長は顧問の吉田源三。戦前にはニューヨーク支店長を務め、一家言ある大物として知られた人物だ。松風側は緊張して出迎えた。

その吉田が調査も終盤にさしかかったところで突然、

「こちらには鹿児島大学を出た稲盛という若い社員がいると聞いています。是非会ってみたい」

と言い出した。

これにはみな驚いた。どうして一介のヒラ社員のことを知っているのか。役員は稲盛を呼びに行かそうとしたが、吉田は制止し、自ら研究室に足を運んだ。

稲盛が出てくると、吉田は丁寧な口調で話しはじめた。

「あなたが稲盛さんですか。実は鹿児島大学の内野君は東大の同級生でね。彼と東京で会うたびに君のことを聞かされてたんです。ついては、今晩ゆっくり話したいので、泊まっている新大阪ホテル（現在のリーガロイヤルホテルの前身）まで来ていただけませんか」

こうして稲盛は、指定された中之島の新大阪ホテルに出かけていくことになった。戦前、大阪の財界が総力を結集して建てたホテルだけに風格がある。立派なロビーに驚き、思わず立ちすくんでしまったほどだ。

緊張している彼に気を使ってくれたのか、

「どうぞ気楽に。私のことは吉田さんと呼んでいいから」

と言ってくれた。

それでいて吉田は稲盛のことを〝稲盛技師〟と呼び、一人前に扱ってくれた。

思わず雄弁になり、入社以来、フォルステライト磁器の開発に取り組み、事業化して軌道に乗ってきたこと。エレクトロニクス産業には将来性があり、そこに松風工業の生き残る道が残されていること。この会社を立て直すにはこの分野に集中投資をし、進むべき方向を社員に明確に指し示すべきだということなど、日頃抱いている思いの丈《たけ》をぶつけた。

すると黙ってニコニコしながら聞いていた吉田が突然、

「いやあご立派。若いのにあなたはフィロソフィを持っている」

と感嘆の声を上げた。その声は大変大きかったという。

不覚にもフィロソフィという単語の意味を忘れていた稲盛は、吉田と別れた後、

「フィロソフィ、フィロソフィ……」

と何度も忘れないように声に出しながら帰った。

〈寮に帰って辞書を引き、そこに「哲学・信念」という言葉を見出したとき、何かしら強く胸を打つものがあったことを覚えている〉（稲盛和夫著『人生と経営』）

スト破り

U字ケルシマの生産に追われ、忙しいさなかの昭和三二年（一九五七）五月、賃上げ交渉と人員削減問題がこじれ、松風工業に大規模なストライキが発生する。

戦後、全国的に労働組合運動が活発化していたが、京都は蜷川虎三《にながわとらぞう》知事の革新府政が長期（昭和二五年～昭和五三年）に及んだことでもわかるように左翼勢力が強く、労働組合運動の激しさは全国でも指折りであった。

ことに松風工業は業績が悪化していたこともあり、労使交渉はしばしば激しいものとなったが、折も折、稲盛が松下電子からの受注に応えるべく頑張っていた時に交渉が決裂し、ストライキに突入したのだ。

稲盛は後年、革新系政党を応援している。労働組合運動に理解のない人間ではけっしてない。

むしろ体制の上に安住したり、権力を独占している人間に批判的だ。企業経営に関しても、資本主義より社会主義に近いのではと思える手法をしばしばとる。

だが同時に、思想によって行動をしばられることもない。この時も彼は自身の〝素直な心〟に従って行動しようとした。

ストに入れば、U字ケルシマの生産はストップする。テレビブームのまっ最中に部品を供給できなくなったら、松下電子に大変な迷惑をかける。これが原因で取引を止められたら、松風工業は倒産しかねない。冷静に考えればわかる理屈である。

（休んでる暇などあるか！）

稲盛は経営陣に頼まれたわけではなく、自発的にスト破りを決意するのである。

組合幹部からは、

「会社のイヌ！」

「ええ格好するな！」

と罵倒《ばとう》された。

だが彼はひるまない。〝大義は我にあり〟との確信があった。信念を曲げることなく、スト破りを決行するのである。

ストに入ると、組合はスト破りが起こらないよう会社の玄関にピケ（座り込みやスクラムを組むなど）を張って、工場に入れなくする。そこで周到な準備をした。缶詰などの食料を買い込み、鍋釜に燃料や布団まで持ち込んで、四、五〇人の部下と一緒にストが行われる前日から工場に泊まり込むことにしたのだ。

問題は製品をどうやって出荷・納品するかだ。

松下電子のブラウン管工場は高槻市にある。U字ケルシマは小さくて軽い部品だから一〇〇〇個単位でも電車で運べるが、ピケを張られているから手渡しできない。そこで稲盛は、特磁課にいた女性課員に頼むことを思いついた。名を須永朝子《すながあさこ》といった。

彼女にはスト破りに参加してもらわない代わり、毎朝決まった時間に、工場裏に来てもらうことにした。

壊れないよう厳重に梱包した製品を塀の向こうに放り投げると、塀の外で待ち構えている彼女が受け取って、松下電子の高槻工場まで届けてくれるというわけだ。塀越しのやりとりはまるでロミオとジュリエットだが、この女性が後に彼の伴侶《はんりょ》となるのだから不思議な縁である。

儲《もう》けるという漢字は〝信じる者〟と書くと稲盛は言う。それはまさしく商売の基本である信用を意味する。稲盛がスト破りをしてまで松下電子に迷惑をかけまいとしたことは彼らの耳に伝わり、大いに感激させた。

松下という会社は創業者の薫陶《くんとう》もあって情に篤い会社だ。この時に築いた信頼関係が、後に京セラと松下電子との太い絆となっていくのである。

稲盛のスト破りは経営者におもねったわけでも何でもなかったが、経営者側は稲盛の意図を誤解した。

工場に常務がやって来て、感激の面持ちで、

「ありがとう！」

と稲盛の両手をつかんで握手するなり、ポケットに何枚かの紙幣をねじ込んだ。

「何されるんですか！」

反射的に拒否反応を示し、すぐにその金を突き返した。

「こんなものもらうためにやったんじゃありません。我々の仕事を守るためにやったんです」

後年、生意気だったと述懐しているが、若者ならではの正義感が伝わってくる。そんな稲盛の男気に部下たちも共感し、結束は否応なく高まっていった。

パキスタン行きの誘惑

ストがようやく終わった昭和三二年（一九五七）六月、松風工業に新しい社長がやってきた。第一物産が推薦した元京阪電鉄社長である。六四歳だった。入社挨拶も堂々たるもので、素晴らしい社長が来たと、みな感激の面持ちで期待を抱いた。

新社長はいつも電車通勤だ。松風工業は神足駅の西側にあるのだが、駅の出口は東側にあるため、いつもぐるっと回って五〇〇メートルほど歩かねばならない。六四歳になる社長も毎日社員たちと一緒に歩いていた。

稲盛はその姿を見て気の毒に思い、ある日社長に、

「今に私が儲けて車を買ってあげますよ」

と言って慰めたという。

青山政次は『心の京セラ二十年』の中でこのエピソードを紹介しながら、

〈自分が頑張って必ず車ぐらい買ってあげますよと言う自信と気迫、単に一社員であるというチッポケな考えなんかみじんも持ち合わせていない。すでに自然に経営者としての資質が備わっていた。わずか大卒二年後の社員が冗談にならともかく真剣な気持ちで社長に向かってこんなことを言いうるだろうか？　我々とは一味も二味も違う〉

と絶賛しているが、〝超生意気〟な若手社員であったことは間違いあるまい。


昭和三二年の夏、第一物産の紹介でパキスタンから碍子会社の御曹司《おんぞうし》が松風工業へ視察にやってきた。ちょうど稲盛がU字ケルシマ大量生産のための電気トンネル炉を開発した頃のことである。

パキスタン人はそれを見て一目で気に入ってしまった。改良すれば碍子の大量生産も可能だからだ。そこで東海高熱工業に頼んでパキスタンの電力事情に合った低圧仕様に改良してもらい、できあがった炉を八〇〇万円でパキスタンへ輸出することになった。

昭和三三年（一九五八）春にいよいよ完成し、出荷する段になって、電気炉だけ輸入しても取り扱いがわからないと向こうが言い出し、技術指導者として稲盛に来てもらえないかという話に

なった。

条件が破格である。松風工業では月給が少し上がって一万数千円になっていたが、パキスタンへ行けばなんと九万円払うという。心動かないはずがない。稲盛は迷ったあげく一旦は会社を辞めることを決意して辞表を提出したが、工場長に一日がかりで説得される。

「今君に辞められたら特殊磁器部門は閉鎖になってしまう。そうなれば君を頼りに集まった二〇数名の社員や設備はどうなる。君の将来とこのことを引き替えにはできないかも知れないが、君ならどんな立派な会社でも行けるだろう。会社を助けると思って、いや僕の片腕がなくならないように是非思いとどまってくれ」

このパキスタン行きの件は、やがて青山にとばっちりが飛んでくることになる。

青山はこれまで松風工業の再建に注力してきた。そして新社長に期待していたのだが甘かった。こともあろうに新社長は、就任後二、三カ月ほどしたところで、とんでもない人物を引っ張り込むのである。

社長の元の職場の研究所長だった。生来の趣味人で、骨董はもとより碁や将棋や音楽などには人並み外れた才能を発揮したが、一般常識には疎《うと》い。趣味が高じて骨董屋の主人になっていたところへ、松風工業に来ないかと社長が声をかけて嘱託《しょくたく》とし、その後よりによって技術部長に据えたのだ。

〈M氏は入社するや次から次へと碍子製造に関する設備や方法に対し、改良案を出し、社長即決でどんどん実行し、今までの製造技術者は全然無視、無能者扱いされ、彼はついに技術部長に抜《ばっ》擢《てき》された。ところが、その改良たるや素人だましの理屈はあるが、噴飯《ふんぱん》もので全部失敗し、何一つ実らない。そんなこと一向お構いなしに次々と改良案を出す。専務も常務も技術者も黙って見ているだけ〉（青山政次著『心の京セラ二十年』）

このままでは大変なことになると思った青山は、社長にその失敗例を一つずつ説明し、

「こんなことをやらせておけば、今に松風は潰れてしまいます」

と忠告したが、逆に社長から、

「君は黙っていなさい。彼がもし失敗しても僕が責任をとるから」

と言われる始末。これはだめだと本人に直接問いただすことにした。

「君は次々と改良案を出すが一つも実っていない。一体どういうつもりだ？」

と詰問すると、

「改良案なんてものは一〇のうち一つでも成功すればいいんですよ」

という返事が返ってきて唖然とした。

その後も諫言《かんげん》を繰り返した青山は、やがて社長から疎まれていく。兼任していた管理部長も特需部長も解任され、社長室付に左遷《させん》されたあげく、何とパキスタン行きを命じられるのだ。

「稲盛君に今抜けられたら困るが、君はどうせ暇だろう」

こうして昭和三三年七月、青山は羽田から現地に向かった。日本に帰ったら退社してやろうと決意しての出張だった。そして例の新任技術部長は特磁課も管轄することとなる。稲盛が衝突するのは時間の問題だった。

同時に決意した結婚と退社

この頃、稲盛の頭の中を珍しく仕事以外のことが占めていた。結婚のことである。相手は須永朝子。スト破りの時に活躍してくれた例の女性だ。

社会人になってから、稲盛にまったくロマンスがなかったわけではないが、最初につきあった女性は結婚には至らなかった。そして朝子のことを意識しはじめた裏には、ほほえましいエピソードがあったのである。

会社に寝泊まりしていた頃、机の上に弁当が置いてあった。普段の貧しい昼食と違って、おかずたっぷりの豪華な中身だ。感動しながら一粒残さずありがたく頂戴《ちょうだい》した。

すると次の日も置いてある。誰の仕業《しわざ》か詮索《せんさく》することもなく毎日いただいているうち、ようやく彼女の差し入れであることがわかった。

研究室には机が三列並び一〇数人の課員がいたが、その中の一人が朝子だった。年は稲盛より二つ下。京都府立西京大学（現在の京都府立大学）を卒業後、自宅で家事手伝いをしていた。当時、女性の四年制大学進学率は二％台だったから大変なインテリである。

たまたま近所に住んでいた青山の奥さんが朝子の母親に、

「お嬢さん、ぶらぶらさせといたらいけませんよ」

と言って松風工業に入社させ、研究室の事務手伝いをするようになった。

その当時、稲盛は鍋釜七輪を持って来て、お昼になると研究室の中でご飯と味噌汁を作って食べたり、日の丸弁当を用意したりしていた。それを見ていた朝子が、家に帰って母親にその話をしたところ、

「それはかわいそうや」

というので、弁当を二つ持たせてくれるようになったというわけだ。

妹の綾子が京都にいた頃、稲盛と町を一緒に歩いていて朝子とすれ違っても、彼女は二人に会釈しなかった。それは礼を失しているということではなく、大変控えめな女性だったからだ。お弁当を持ってきているのは自分だということを、彼女がずっと黙っていたというのも、何となくわかる気がする。

取材の際、デートのことだけは聞き出せた。

「たしか映画を見に、京都市内に何回か行った気がしますね」

でもどんな映画だったかは覚えていないという。

「そのうちに家内のお母さんが、夜も寮に帰って自炊しているらしいと聞いて『かわいそうだからうちに連れてきなさい』と言ってくれて、夜もど厚かましく食べさせてもらうようになりました。なかなか優しいお母さんだったんです」

朝子の母親が稲盛家に宛てて書いた手紙を読ませてもらったが、それは達意の文章で、深い教養と優しさを感じさせるものだった。

ついでに調子に乗ってプロポーズの言葉を尋ねてみたが、

「いや、プロポーズっていうのは……」

とはぐらかされた。さすがにそこは二人だけの思い出なのだろう。

仲人は北大路にお願いすることにして、結婚時期をいつにするか相談し、一旦は昭和三四年（一九五九）二月としていた。ところが急に、結婚式を早めることとなる事態が持ち上がるのである。


新部長の迷走もあって松風工業の業績は低迷し、人員整理を余儀なくされていた。

碍子部門のあまりのていたらくに、稲盛は社長や部長クラスを前にして、

「特殊磁器の分野はこれからまだまだ伸びます。ここで稼がねば会社は黒字体質にはなりません。是非体制の見直しをしていただき、特磁課に思い切って人員と設備を集中的に配置してくださ い！」

と猛烈な発破《はっぱ》をかけた。このまま足をひっぱられ続けては共倒れになってしまうからだ。それだけに思いは切実だった。

だが縮小を余儀なくされる碍子部門には京都大学などの一流大学を出た人間が多く、これまで会社を支えてきたという自負もある。みな素直には体制見直しに同意しなかった。

そのうち彼らは妙なことを言い出す。

「特殊磁器をこれから発展させるのは我々が受け持とう。稲盛君は試作だけしてくれればいい。研究も研究課でするから」

話が変な方向に行っている。両腕をもぎ取ろうとするこの提案に、稲盛は猛然と反発した。この妙な流れの裏には、例の新部長の存在があったのである。そして起こるべくして事件が起きた。

それは稲盛が大きな仕事を引き受けたことが発端だった。

かつて米国のGEが主導し、日本テレビの正力松太郎《しょうりきまつたろう》が参加し、吉田茂首相も支援していたマイクロ波通信網計画があった。民主主義諸国を広くカバーする通信網を構築することで、共産主義勢力に対抗しようというアメリカの世界戦略の一環だと言われている。

高周波のマイクロ波を出す真空管は、従来のようなガラスのチューブではだめで、フォルステライト磁器を絶縁体に使う。GEと組んでいた日立製作所は、国内でそれを作れそうな松風工業に製作を依頼してきた。

日立製作所からの受注に成功したらU字ケルシマ同様、大きな事業の柱となるという期待から、松風工業の上層部は再びその開発を稲盛に託した。

試作を繰り返したが、今回の製品に要求される技術レベルは格段に高く、容易にはできない。日立からは矢の催促だ。ただでさえカリカリしていた稲盛の前に、例の新部長が現れた。そしてあろうことか、こう口にしたのだ。

「君の能力では無理やな。ほかの者にやらせるから」

「これは、ほかの人たちじゃできません」

そう言っても聞く耳を持たない。

「いやいや、うちの会社には京大の工学部を出たのが何人もおるから、そういう連中にやらせるよ」

それを聞いた瞬間、全身の血が逆流し、自然と次の言葉が口をついて出た。

「そうですか。それならけっこうです。もう私はいらんということでしょうから、きっぱりと辞めさせてもらいます」

気持ちいいほどの啖呵を切って席を蹴《け》った。

結論を先に言えば、マイクロ波通信網計画自体はアジア諸国の経済力を考えても時期尚早であり、日本テレビがＮＨＫより先にわが国最初のテレビ放送の免許を取得するという結果を残したものの、さしたる盛り上がりを見せずに終わる。

まさかこの二六年後に、稲盛自身が第二電電を立ち上げ、日本中に中継基地を設けてマイクロ波による通信網を構築する側に回るとは、神ならぬ身の知るよしもなかった。

新会社設立へ

稲盛和夫という人材の真の価値がわかっていないその新任技術部長は、稲盛が辞めると言い出しても平然としていたが、社長に報告したところ烈火の如く怒られた。

「バカもん！　稲盛君を辞めさせてどうする！」

稲盛という若者がそれほどこの会社で重用されているとは知らなかった。ここで初めてその部長は、自分のしたことの愚かさを知る。と同時に社長もまた、これまでの青山の諫言が正しく、この部長は松風工業を倒産の道に導いていることに気づくのである。

社長は必死に慰留《いりゅう》を始めた。何度となく自宅に呼ばれ翻意《ほんい》を促されたが、稲盛は首を縦に振らない。慰留を重ねることが逆に彼に自信を持たせているという皮肉な事態に、社長は薄々気づきながらも慰留を続けざるを得ない。そんな悲喜劇が展開していた。


稲盛が辞表を叩きつけたという噂は、すぐ社内に広まった。

「稲盛さんが辞めるなら僕たちも辞めます!」

浜本や伊藤たちは口々にそう言ってきたが、みな同じ問いを投げかけてきた。

「辞めてどうされるんです?」

辞めるとは言ったが、正直その後のことはあまり考えていなかった。かと言ってライバル会社に行くのは気が進まない。

青山に相談すると、例のパキスタンの会社の話になった。

青山は猛暑の中、二カ月間パキスタンで技術指導に当たっていたが、その間にもしばしば稲盛の名が挙がり、

「日本に帰ったら、是非パキスタンに来るよう勧めてください」

と懇願されていたのだ。その時は青山も是非一緒に来てほしいという話だった。

これを聞いた稲盛は悪い気はしなかった。

「青山さん、こうなったら一緒にパキスタンに行きましょうか!」

と盛り上がったが、利則に相談してみると、

「内野先生にご意見をお伺いしてみてはどうだ？」

という冷静な意見が返ってきた。

稲盛も内野に全幅の信頼を置いているから異存はない。大学卒業後も、先生とは頻繁に連絡を取りあっていた。

〈所用で上京するたびに、「何時何分に京都駅に停車する」という電報を打って私を呼び出し、夜行列車の短い停車時間の間に、私の研究の進み具合を聞き、アドバイスしてくださった。そして必ず、「頑張りなさい」と励ましてくださることを忘れなかった〉（稲盛和夫著『人生と経営』）

機会はすぐに訪れ、早速京都駅で会って相談してみた。すると意外な言葉が返ってきた。

「それはいけません！」

いつになく厳しい調子である。

「パキスタンの碍子屋さんの技師になって、なけなしの技術を切り売りするようなことはやめなさい。ニューセラミックスの世界は日進月歩です。向こうに行っている間にあなたの技術は使いものにならなくなっているかもしれない。せっかく頭角を現しているのにもったいない」

自分の志が低かったことを思い知らされ、悄然と頭《こうべ》を垂れた。目が覚めた稲盛は、パキスタン行きをきっぱりとあきらめた。

その間にも松風工業は稲盛の引き留め工作を続けている。

彼らは一計を案じた。昭和三三年（一九五八）九月、稲盛を製造部技術第二課長に昇格させたのだ。実態はこれまでの特磁課主任と変わらないが、第二課長という名前だけの課長職を作り出して抜擢したのだ。稲盛はまだ二六歳の若さであった。

だが退職の意思は固い。そこで彼は、会社側に自分の退職時期を明言することにした。

「引き継ぎなどもありますから、本年末（昭和三三年末）に退職させていただきます」

こうして退路を断った。

自分の内なる声に耳を澄まし、

（自分の技術がどこまで通用するか腕試しをしてみたい……）

そう漠然と考えはじめた。

そこへ稲盛が辞表を出したという噂を聞きつけ、かつて銀行から出向してきていた松風工業の元常務が、

「稲盛君、特殊磁器の新会社を設立しないかね」

と話を持ちかけてきた。

だが一人では無理だ。かわいがっていた部下たちに、新会社設立を計画していることを、一人ずつ呼び出して酒を飲みながら打ち明けた。

「もしうまくいかなくても、我々がアルバイトをしてでも稲盛さんには研究を続けてもらいたいです」

そんな嬉しいことを言ってくれる者もいるのには感動した。青山も北大路も一緒にやりたいと

言い出した。

「泣こかい、飛ぼかい、泣くよかひっ飛べ！」

幼い頃からなじみの言葉に背中を押されるようにして、稲盛の新たな挑戦が始まろうとしていた。

創業の恩人西枝一江

退社を決めた稲盛は、松下電子の山口資材課長には事前に話しておくことにした。新会社でもU字ケルシマの発注を継続してもらえないと経営のめどが立たないからだ。

京都駅で待ち合わせをした。指定の時刻に山口は着いたが、稲盛がいない。きょろきょろしていると手を挙げた男がいる。その方向を見た山口は、思わず吹き出しそうになった。

稲盛は変装のつもりか、大きなマスクをしていたのだ。

そのまま近くの中華料理屋の一室に行き、近く退社することを打ち明け、

「新会社でもこれまで通りU字ケルシマを買ってほしいのですが」

と切り出した。

本来ならそんな大事なことを個人的判断で回答できるはずがない。ところが山口はその場で即答した。

「買いましょう」

稲盛がこれまでどんなに努力してきたかはよく知っている。組織を飛び出すという大きな決断をした彼を応援してやりたいという気持ちが、山口にそう言わせたのだ。

こうして創業時から毎月二〇万本のU字ケルシマの発注が来ることになった。

だがしばらくすると、松風工業元常務の話の雲行きが怪しくなってきた。京都の洋服屋だか呉服屋だかをスポンサーに付けて新会社を設立するということだったが、よくよく話を聞いてみると出資者を募って一儲《ひともう》けしようとする意図がわかってきた。

稲盛は新会社で自分の技術を世に問いたいのだ。それを投資話扱いされるのは許せない。そこで稲盛のほうから断りを入れることにした。

——動機善なりや、私心なかりしか

そう言葉に出さずとも、会社設立の第一歩を踏み出そうという時点から、彼はこの言葉を行動の基準にしていたのだ。

こうして新会社設立は白紙に戻ったが、心強かったのは経験豊富な青山の存在だ。

「僕に心当たりがある」

そう言って紹介してくれたのが、宮木《みやき》電機製作所専務の西枝一江《にしえだいちえ》だった。

新潟の浄土宗のお寺の息子で、青山と同じ京都帝国大学工学部電気工学科卒。一〇歳年上の姉さん女房と学生結婚している。親分肌で、筋の通らないことは大嫌い。青山より一年早く松風工業に入社したが、その性格ゆえに社長とぶつかり、稲盛が生まれるより前の昭和五年(一九三〇)

に退社していた。

当時は京都大学の工学部を出ると弁理士資格を取得できたこともあって、松風工業を辞めてから西枝は弁理士として独立した。その時の最初の顧客が宮木電機だったのである。この会社は宮《みや》木男也《きおとや》社長が京都で創業した高圧用油遮断機や配電盤の製作をしていた会社で、主に軍需関係の仕事をしていた。宮木社長は温厚で威厳のある紳士。西枝のことを深く信頼していた。

松風工業の技術部長だった青山もまた、松風工業の特許出願のすべてを任せ、応援した。その後、西枝の顧客は増え、資産家になっていく。家には職員やお手伝いさんなどが多いときで一二、三人もいたという。

そして戦時色が強まった頃、西枝は宮木電機の専務取締役に就任していた。

宮木電機にはもう一人、青山の知人がいた。東京駐在常務の交川有《まじかわたもつ》である。商工省特許局に勤務していたことから、特許関係を通じて交友を持っていた。

交川は西枝のさらに上を行く資産家だ。戦後、軍需関連の受注がなくなって宮木電機が資金繰りに困った時、西枝は特許局を辞めていた交川に頼んで宮木電機の株を半分買ってもらい、彼を東京駐在常務ということにした。

青山はまず西枝に会社設立を相談に行った。昭和三三年（一九五八）一〇月のことである。西枝は話を聞くには聞いてくれたが、まだ半信半疑といった様子だ。ともかく交川の意見も聞いてみようということになった。

数日後、月に一度の役員会で京都に来る交川のスケジュールに合わせ、西枝家の応接室で話し合いの場を持った。この時は稲盛を連れて行った。

青山は前にも増して熱弁をふるったが、交川はいきなり厳しい言葉を浴びせかけてきた。

「稲盛君がどれほど優秀かしらんが、二六、七の若造に何ができる！」

交川に悪意があったわけではない。彼は宮木電機以外にも出資している先があり、企業経営の難しさをわかっていたのだ。

西枝も厳しい言葉を口にした。

「青山君、ただ、ものを売ったり買ったりするような、商社みたいな会社を作るというのでも大変なのに、そんな難しい技術を駆使しなきゃならない会社を、ことに開発を中心にするような会社を、簡単に作ってみると言ったって、うまくいくはずないやないか」

これはきわめて常識的な意見だ。技術開発が必要な会社には資金力がいる。そのことを西枝は指摘したのだ。

「稲盛君の情熱は並外れています。必ず大成します」

青山が反論しても、交川がすぐに言い返す。

「情熱だけで事業は成功するのか？」

それまで稲盛はじっと黙って三人の話を聞いていたが、さすがに我慢できなくなって口をはさんだ。近年の電気機器の発達と、それにともなってセラミックスの需要がいかに大きくなってきているかを熱く語ったのだ。そしてこう断言した。

「将来きっとセラミックスの時代がきます！」

だがそれでも交川たちを納得させることはできず、とりあえずその日は辞去することになった。

思惑が外れて申し訳なさそうにしている青山を前に、稲盛はこう言って慰めた。

「たしかに僕は若造です。それに僕の技術をそう簡単に理解してもらうのは難しいでしょう。とにかく何度も通ってみましょう」

話し合いはその後も行われた。あるときは熱く語り、あるときは頭を下げた。現場を見たいというので、日曜日にそっと松風工業に交川たちを連れて行き、設備や製品を見せたりもした。

たしかに、当面U字ケルシマの受注が見込めそうだというのは大きな安心材料だった。人材もある程度確保されている。時あたかも岩戸景気に突入したところであり、テレビの販売台数はこれからも増えていくことが予想できる。起業するには絶好のタイミングだ。

そして最後には、稲盛の燃えるような情熱と揺るぎない信念が西枝たちの背中を押した。

それはかつて吉田に、

「それはフィロソフィだね」

と言ってもらった彼の信念だった。

ついに西枝たちは出資に応じることとなり、宮木電機の宮木男也社長もまた、出資・協力してくれることになった。協力すると決まってからの彼らは本当に心強かった。

西枝は宮木社長にこう言ってくれた。

「稲盛君の会社は宮木電機の子会社にするのではなく、自由にやらせたほうがいいと思います。

特磁課の仲間たちと。右端から稲盛、徳永、浜本（後ろにいる）、北大路、須永朝子、前列左端は伊藤

青山政次（京セラ二代目社長）

鹿児島大学時代の恩師
内野正夫先生

無論成功するかどうかはやってみないとわかりません。出資金が無駄金になることもご覚悟願います」

その上で彼は稲盛にはこう語った。

「どうせ三年くらいは赤字だろう。我々（西枝・交川）は非常勤役員となっても報酬はいらない」

いかに純粋な気持ちで稲盛たちを応援してくれたかがよくわかる。

「何事にも筋を通せ」

というのが西枝の口癖であったが、支えると決めたら徹底的に支えると決めたのだ。涙が出るほどありがたかった。

新発見の手紙

平成二九年（二〇一七）秋のこと、

「先日、実家の仏壇の下からこんなものが出てきましてね」

稲盛がそう言いながら筆者に手渡してくれたのは、日焼けした封書の束であった。さりげなく渡されたそれは、なんと創業を目前に控えた彼が実家に宛てて書いた手紙だった。

その瞬間、同席されていた京セラの方の顔色が変わったのがはっきりとわかった。稲盛は多くの著作を出している。新資料などもはやないと周囲は思い、おそらく彼自身そう思っていたはずだ。それがたまたま、このタイミングで見つかったのだ。

そのうちの一通をまずはご紹介したい。それは独立を決めた直後に出された父畩市宛ての手紙である。

稲盛にとって独立を決意するまでの日々は、胃の痛くなるような思いの連続だった。家族思いの彼が、手紙を書く暇さえない。いや、状況がめまぐるしく変わるので、何を書いていいかわからないのだ。

そうこうするうち畩市から手紙とともに、これから寒くなるだろうと布団と丹前《たんぜん》が送られてきた。さすがにお礼の手紙も書かないままでは申し訳ないと腹をくくって出したのが、ここにご紹介する畩市に宛てた昭和三三年（一九五八）一一月一五日付書簡である。

前略　秋も深まり、朝夕は肌寒さを感ずる様《よう》になって来ました。上京后《ご》、全《まった》く御無沙汰《ごぶさた》致して申訳ありません。お父さんの便り確かに拝受《はいじゅ》致しました。

又、フトン・タンゼンも確かに受とりましたので御安心下さい。小生其《そ》の后、大元気にて勤《きん》ム致して居りますので御休心《ごきゅうしん》の程《ほど》。

上京后、東京へ三回、名古屋へ二回と各一週間くらいの予定で出張し、それに来年の大学卒の面接試験等、を東京・名古屋でしたり致しましたので非常に忙がしく便りも書けない有様《ありさま》でした。

其の后、社長以下より非常に良く期待されて居り、会社を一人で背負っている様な状態です。

パキスタンからは其の后も便りが来まして、やはり来てくれと云《い》って来ますが、行かない事に致しました。

会社は其の后、相変らず好転せず、年末を待たずに首切り（大量）をする予定です。先般来《せんぱんらい》、会社建直し策を検討して居りましたが妙案がありません。小生の特殊磁器部門が忙がしいのみです。最后的には小生の所だけにして会社を閉め様と云ふ様な事迄《まで》出る有様です。今月初旬より其の様な空気になって来ますと、色々の人が小生の所へ目を付けて色々ともめ事もあり、全くわずらわしい事でした。

しかし小生の所ものんきに仕事をして居れる時ではありません。日進月歩の今は人材の件、合理化の件等、山積《さんせき》して居ります。其の点を強く要望してをりましたが、会社が苦しいから出来ない訳です。

しかし出来ないと云ってしなければ〝ジリ貧〟に追い込まれるのは必然です。それ故、社長・部長クラスへものすごいハッパをかけました。

会社全体の空気からすれば、その様な事を云ふ人はいないと云っても良いくらいの所ですから、其の反響はものすごくなり、重要会議を何回も開きました。

この件が決定すると、小生の部門が好調の上に、人材の点、設備の点等ですごく発展する事になり、これだけで会社を再建出来る様になる訳です。

その様に小生の部門が発展するのを心良く思わない少数の部長・課長が（彼等は技術屋として長年やって来たのに担当している部門が少も良くならないのに反して、入社后四年課長となり発展につぐ発展をする小生をねたましく思っているのでしょう）、

「それは良くない。特殊磁器の発展の部分はこちらでする。稲盛氏は試作をして出来る様になれ

ば我々がそれをする方法が一番よいと思ふ。又同時に研究は稲盛氏の所でしないで研究課でする」との意見が出て非常にもめました。

彼等は自分達の今迄の仕事は全《す》べてだめにして（五十年も續《つづ》いて来た仕事）、今度は小生のもの迄取り、かつ試作だけにして命とも思ふ研究もさせないとは何と云ふ事だと思い、同時に五十年もやって来た仕事を失敗させた様な連中に（小生を除く全べての技術屋と云っても良い）製造から研究をまかせてもけっしてやれないだらうから、その案には不賛成だと云いました。

わづか四年足《た》らずで完成したので、簡単にやれると思っているのです。碍子の方がやれない連中に、この仕事がやれる訳がありません。

それに小生の今迄の研究を横取りして五〇〇〇万円研究助成金をまんまとる様な道義心のない連中に研究すべてを取られるのなら、何をもって今日迄頑張って来たのか意味がありません。

全べて会社が良くなる事だから、自我本位の〝おれのものだ〟式の考へ方は止めなければいけないのでしょうが、しかしそれでは小生が余りにもかわいそうです。

そのかわりに、抜《ばつ》ぐんの課長への出世であり会社幹部対等で相談其の他が出来るようにしたと云へばそれ迄ですが、それよりも彼等と一緒に仕事をするならば、又つぶしてしまふと思へますので、断然反対をして、その意見が通らないので、ここ迄して来た仕事を部下を〝ジリ貧〟に追込むのを見るのはしのびないからと云って辞表を提出しました。

所が会社幹部並びに社長が驚いて、君が辞めると会社全部がつぶれるから思ひ直してくれと再三再四云はれ、社長の家にも数回呼ばれてさとされ、又重役クラスからも何回となく云はれました。

社長も君を失ふ様な事になると社長の世間への面目が立たない、どうか思ひ直してくれと云はれて居ります。

社長も又同時に松風全体の再建は不可能かも知れないが、其の時迄おってくれと云はれました。辞表出した直后、前部長が小生と同一意見であったので二人でパキスタンへ行く計畫《けいかく》をして居りましたが、小生の辞める事を聞いた外部の人及び元常ムが動き出して、特殊磁器の新会社設立を持出して来ましたので会社に思ひ直したと返事が出来なくなりました。又、辞表迄出してすぐに引込めてと云ふ事は余りにも軽率に見へます。

其の間、新会社設立の方はどんどんと進み、今月末から建設にかかる様になる見込です。会社は本日総ム部長が呼びまして、月給を二万一千円にするからとの事でした。

給料が上がって会社に残ったら小生の信念がすたります。ことわりました。しかし上げるつもりらしく〝けろり〟としていました。

今夜から新会社の建設図面を作る事にして居ります。

現在の状態から行きますと、今月で会社を辞めて一旦故郷に歸《かえ》り、十日くらいして再度上京して建設にかかる様になる予定です。

今迄に育てて来た部下の主なる連中（全部で六十名いますが）八名は小生について出て来ます。（松風では特殊磁器はつくれなくなるでしょう）

男子一生の仕事、精魂《せいこん》をつくしてやってみるつもりです。資金は建物・土地を別にして八百万

〜一千万円の予定です。

メンバーは前常ム、前部長（青山）、北大路の他、資本家です。これをはじめるとなると一度かへりますのでその時に詳しく話します。

さて朝子の件ですが、十一月は早すぎると云ふので二月と云ふ事になっていましたが、今度この様に事情が変化して来ましたので十二月初旬に結婚してはと考へて先方にも云ってあります。明日頃、返事をもってくる事になっています。

それから上京后一万五千円貯金をしました。会社からは后の分は借りませんでした。借りた金は三万円だけです。

家の方はどんな具合ですか。送金しておりませんから苦しからうと思ひますが、今度十五日に三〜四千円送金したいと思っています。

結婚式の費用は全く簡單にしたいと考へています。お父さんお母さんの上京の金が出せませんかもしれません。

その時は借りてでもして来て下さい。なんとか出す様に工夫してみますが、結婚の件に関しては后日詳細にお知らせ致します。

以上
和夫のする事です。かならずなしとげます。御心配なく。安心しておって下さい。二〜三年先には立派になります。それ迄のしんぼうです。

又色々と意見もあるかと思ひますが、兼一おじさんと兄さんにもこれを見せて意見を聞いて下さい。意見を拝見する日を待っています。

手紙を書く時間もないくらいの上に筆不精故《ふでぶしょうゆえ》心配をかけました。今后はなるべく少しづつでも御連絡するつもりです。

お母さん美智子によろしく御傳《おつた》へ下さい。　敬具

父上様　和夫より（裏にかく）

本日金が入りましたので四千円同封致します。

又同時に須永さんが来ましたので、話し合った結果、会社を辞めて新会社をするとなれば十二月に結婚式を上げる事に致しました。

新会社を作る件は今月末迄に決定致しますので、決定しだい連絡致します。新会社を作らない事に致しますと、会社に残る事になります。

稲盛畩市様
京都府乙訓《おとくに》郡長岡町神足
松風園常磐寮

稲盛和夫

（ルビ句読点筆者）

この手紙は、普通の便箋《びんせん》でなく〝報告〟と印刷された松風工業の業務日誌か何かの用紙に記されている。これまで会社を一人で支えてきたという誇り、上司の無理解に対する怒りなど、辞表を出すに至った若き日の稲盛の心の動きが率直に伝わってくる貴重な資料だ。

『稲盛和夫のガキの自叙伝』に記されている新部長との激しいやりとりに触れられていないのは、できるだけオブラートに包んだ形で家族に伝えようとする心配りのようにも感じられる。

投函《とうかん》しないままになっていた結婚式と新婚生活の青写真の書かれた九月二八日付の手紙が同封されている。

また紹介した一一月一五日付の手紙自体、前半と後半で書いた時点にやや時差があるのがわかり、めまぐるしく状況が変わって混乱していた当時の様子が伝わってくる。

手紙に書きたくなかったこともたくさんあった。

〈大元気にて勤ム致して居りますので御休心の程〉と冒頭に書いているが、本当は問題山積だった。手紙の最後で〈新会社を作らない事に致しますと、会社に残る事になります〉と、ぽろっと弱音を吐いているのはそのせいだ。

〈新会社の建設図面を作る事にして居ります〉と威勢のいいことを言っているが、実際には新会社の工場を新設する資金など集まらなかった。

彼はとにかく両親に心配をかけたくなかったのだ。手紙の中にお金の話が頻出するのは、彼が金銭に卑しかったからではなく、両親を安心させるためである。

そして彼は、手紙の中で両親に誓った。

――和夫のする事です。かならずなしとげます。御心配なく。安心しておって下さい
やがて宣言通り、彼は京セラを日本を代表するグローバル企業へと育て上げていく。稲盛和夫の伝説は、まさにこの手紙から始まったのだ。

昭和三三年（一九五八）一二月、創業メンバーが稲盛の住む社員寮に集まった。伊藤謙介、浜本昭市、徳永秀雄、岡川健一（後の京セラ専務）、堂園保夫、畔川正勝、そして青山政次。五六歳の青山は別にして、稲盛が二六歳、ほかは二一歳から二五歳とみな若い。

「今日の感激を忘れんよう誓いの血判をしよう！」

という稲盛の呼びかけに反対する者がいるはずもなく、早速岡川健一が誓詞を書いた。

岡川は高知大学文理学部で地球物理学を専攻したが、就職先がなくて困っていたところを稲盛に採用してもらった。ここに集う者はみな岡川同様、それぞれに稲盛への感謝と深い敬意を胸に抱いている男たちだ。

――一致団結して、世のため人のためになることを成し遂げたいと、ここに同志が集まり血判する

誓詞にはそう記されていた。

まず稲盛が署名して血判を押した。そして彼はこの時、次のように語ったという。

〈世の中は厳しい。心正しくとも志の通りにいかない時もあろう。その時は一緒に駅の赤帽（筆者注：駅構内で乗客の荷物運びをしてくれる人）をしてでも耐え抜いていこうと思う。その気持ち

だけは持っていてくれ〉（青山政次著『心の京セラ二十年』）

この段階ですでに〝心正しく〟というフレーズが出ている。創業時から彼の中には〝思い邪なし〟の精神が宿っていたのだ。

そして昭和三三年一二月一三日、稲盛は宣言通り、松風工業を退社するのである。

朝子との結婚

稲盛は退職する日を決めたとき、朝子との結婚をそれに合わせようと決めた。新しい人生をともに歩んでいってほしかったからだ。そして朝子は、躊躇することなく稲盛の気持ちを受け止めた。

こうして二人は、稲盛が松風工業を退社した翌日に結婚式を挙げるのである。

会場は京都・東山の蹴上《けあげ》にあった京都市長公舎（現在の京都市国際交流会館）。朝子は当時まだ珍しかったウェディングドレス姿である。血判状の七人のほか、鹿児島から両親と美智子が、大阪からは川上が参列してくれた。

披露宴はケーキとコーヒーだけの質素なものだった。祝辞を含め、話題は新会社のことばかり。稲盛にかかれば、結婚式までコンパになるらしかった。

両親には先に帰ってもらい、この日の夜一〇時すぎ、特急の三等寝台に乗って、郷里鹿児島への新婚旅行に向かった。夜遅かったので見送りは青山だけである。途中で別府と霧島に二泊した。

先ほどご紹介した昭和三三年一一月一五日付の手紙には〈お父さんお母さんの上京の金が出せませんかもしれませんせん〉と記しているが、式に列席した二番目の妹の美智子によれば、両親を見送る際、彼はちゃんとお金を渡して帰らせていたそうだ。

京都で苦労している稲盛のことが心配でならなかった両親は、きちんと式を挙げただけでなく、自分たちの交通費まで用意してくれていたことに感激し、

「和夫は本当によくしてくれた」

と、鹿児島に帰ってから嬉しそうに話していたという。

そして筆者は、青山の『心の京セラ二十年』の中に、この時、稲盛が交通費を渡せた理由を見つけた。

〈式場費用二千円、鹿児島まで二人の往復旅費、郷里での披露宴と、新居入りの準備金のすべてを宮木電機から借りた六万円で賄《まかな》った。両親には一切心配をかけないのが、稲盛の信条であった。思うだに稲盛らしい、素晴らしい誇りうる結婚式ではなかろうか〉

この一節に胸打たれ、何度も読み返した。

新居は近くに白川疏水が流れる京都市左京区田中東高原町の鴨東《おうとう》荘。朝子の伯母が持っていた二DKのアパートを礼金・敷金なしで貸してもらった。

いくら身近で彼の優秀さを見てきたとはいえ、今まさに会社を飛び出そうとしている男と結婚するのは、よほどの信頼関係がなければできることではない。この夫にしてこの妻あり、そんな思いを深くする。

朝子の聡明さや芯《しん》の強さを語るには、彼女の家庭の事情について説明する必要があるだろう。朝子の父親須永長春《すながながはる》（本名禹長春《ウジャンチュン》）は〝韓国近代農業の父〟と呼ばれ、韓国の教科書にも載るほど有名な農学者だった。

ここで少し、この人物の数奇《すうき》な人生について触れておきたい。

須永長春は朝鮮人の父禹範善《ウボムソン》と日本人の母酒井ナカとの間に生まれた。長春の父は朝鮮軍の大隊長で、日本人に協力して閔妃《ミンピ》（李氏《りし》朝鮮第二六代王・高宗の妃）暗殺に関わったとされ、日本に亡命していた。

ところが長春が五歳の時、父は朝鮮からやってきた閔妃の元家臣の手で惨殺される。その報復は徹底的で、短刀によってのど笛を切られ、頭部を金槌《かなづち》でめった打ちにされたと伝わっている。

その後の一家の生活は苦しく、辛酸をなめた。

それでも優秀だった長春は、苦学して東京帝国大学農科大学実科へと進む。卒業後、農林省に入省した彼は、長岡師範学校を出て小学校の先生をしていた渡辺小春と出会い、恋に落ちた。二人の愛は世間の偏見のために引き裂かれそうになったが、小春は実家の反対を押し切り、親との縁を切ることまでして長春と一緒になるのである。

結婚する際、須永元《すながはじめ》という、福沢諭吉の教え子で朝鮮独立運動を支援していた人物が、二人を夫婦養子にして須永姓を名乗らせた。差別から彼らを守ってやりたかったからである。

その後も長春の人生は苦労の連続だった。農事試験場でアサガオを題材にした論文を完成させたが、試験場の火事でその力作が燃えてしまう。だが彼は研究対象をアブラナに切り替えて研究を続け、「禹長春のトライアングル」と呼ばれる世界的発見を行い、遺伝学や育種学の分野に大きな足跡を残した。

戦後、京都のタキイ種苗《しゅびょう》の農場長をしていたが、ある時、GHQの憲兵がジープに乗ってやって来てこう告げた。

「日本で素晴らしい業績をあげている禹長春に帰国してもらい、キムチの材料である白菜の改良に取り組んでほしいと韓国政府から要請が来ている」

長春は日本語しか話せなかったが、父の母国のためならばと朝鮮半島に渡ることを決め、小春もこころよく送り出した。そして彼は現地で期待通りの活躍を見せ、韓国の人々から大いに感謝された。

ところがしばらくして、最愛の母が死去したという知らせがもたらされる。すぐに日本への帰国を願い出たが、この時に限って許されなかった。李承晩《イスンマン》大統領にまで直訴したが結果は同じ。彼が戻ってこなくなるのではないかと懸念したからだ。

しかし長春は韓国政府を恨むことなく、その時の香典で干害に悩む人々のため井戸を掘り、その井戸を母と思って毎日の掃除を怠らなかった。それは、したくてもできなかった母親への孝行の代わりだった。

やがて長春は病を得、危篤《きとく》だという報せが日本にもたらされる。小春は迷わず韓国に渡り、その最期を看取った。

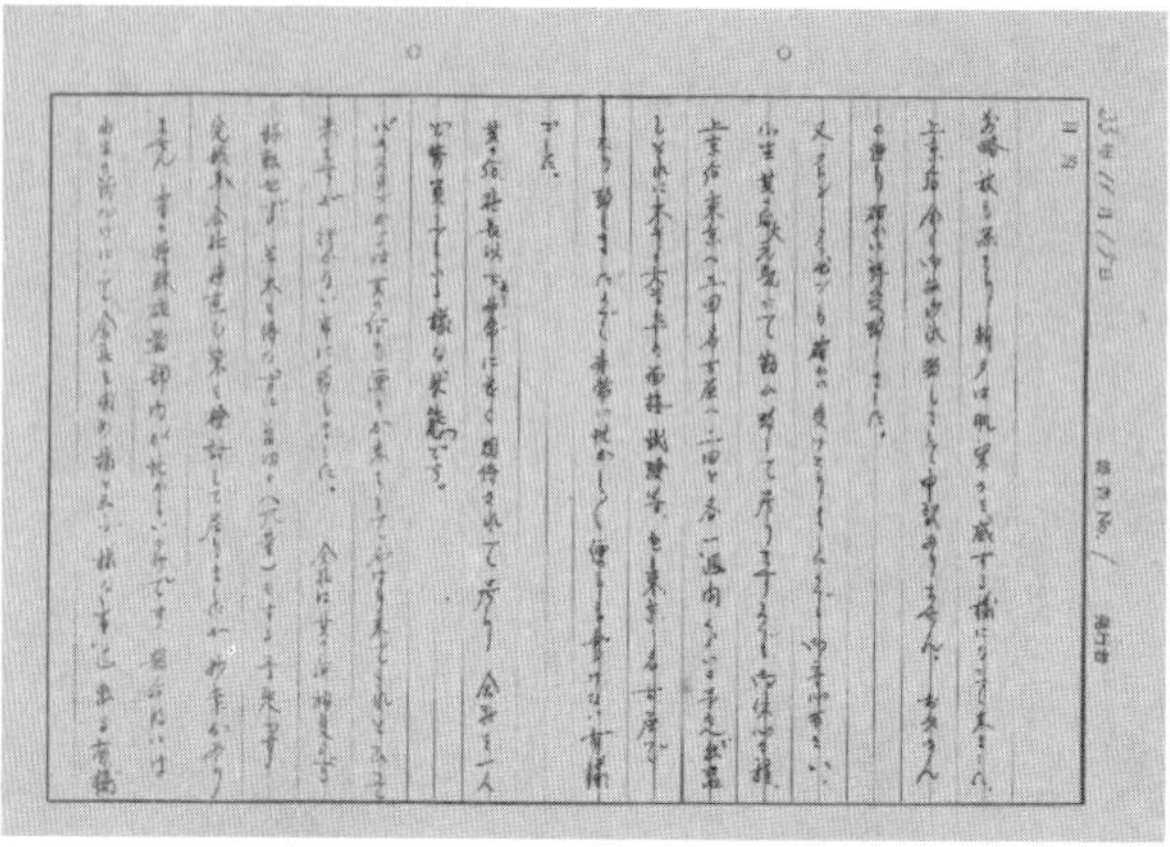

稲盛が父畩市に宛てた手紙

披露宴の様子

韓国政府は彼の功績をたたえ、亡くなる直前に最高の栄誉である大韓民国文化褒章を授与している。

釜山郊外の農事試験場近くには禹長春博士記念館が建てられ、彼が掘った井戸も残されており、今なお韓国の人々の敬慕を集めている。

稲盛は婚約するまで、朝子の父親がそんな人物だということはまったく知らなかった。だが彼は義父に一度だけ会っている。たまたま帰国していた彼と自宅で会うことができたのだ。

「研究者同士、大いに話が弾んだことを覚えています」

と稲盛は話した。

二人が結婚した翌年の夏に亡くなるのだが、会った時はまだ元気そうだった。

そして長春はこの時、稲盛の印象を、

「彼は彼なりの哲学を持っている。将来、何かをする男だろう」

と上機嫌で語ったという。

第一物産の吉田もそうだが、稲盛と会ったひとかどの人物が、稲盛が「フィロソフィ」を口にしはじめる前から、すでに彼の中に哲学があることを感じとっていたというのは興味深い。

長春と小春の間には二男四女が生まれ、朝子は四女だった。長男の須永元春は京セラに入社。次男季春《すえはる》は鹿児島で「王将」という餃子《ぎょうざ》チェーンの経営者となり、それを後に稲盛の末の弟の実が継いでいる。

〈姉たちは、私の生き方が一番母に似ていると言います。母を真似《まね》ようと思ったことはありませんが、目標に向かって突き進んでいく夫を持てば、それを貫かせたい、家庭がじゃまになってはいけないと自然に思うようになる、その結果が母と似てくるのかもしれません。また母も、そういう気持だったのでしょう〉

そう朝子は語っている（角田房子著『わが祖国―禹博士の運命の種』）。

〈私たち姉妹はみな不出来ですが、お婿さんはいい人ばかりそろっています。死んだ上の姉智子の主人も、本当にいい人でした〉

とも語っているが、〝不出来〟というのは大いなる謙遜である。朝子は良妻賢母の鑑《かがみ》のような女性だった。稲盛が仕事に打ち込めたのは、間違いなく彼女のおかげである。

稲盛は夫人について筆者にこう話した。

「結婚してから今日まで、ただの一回も不平不満を漏らしたことがありませんね。しょっちゅう京セラの社員を家に呼んで、家でどんちゃん騒ぎでお酒を飲んだりしたのですが。それに、あれを買いたいとかっていうことも言ったことがありません」

そもそも家庭での稲盛は、仕事中と人が変わったように完全に弛緩《しかん》しきっている。洋服選びも自分でせず、朝子任せの着せ替え人形状態。

電球が切れて取り替える際など、背の高い稲盛なら簡単だが、これも朝子が脚立《きゃたつ》を持ってきて取り替える。

稲盛家は鴨東荘に始まって、市営住宅、分譲住宅と移り、その後、今の伏見の家に住むことになるが、分譲住宅に住んでいたとき屋根瓦が割れて雨漏りがしたことがあった。その時も朝子がズボンにはき替えてそろそろと梯子《はしご》を登っていったという。

毎晩夫は遅くに帰ってきて早くに家を出るわけだから、近所の人はあまり見かけない。

「朝子さんはまるで後家《ごけ》さんみたいやね」

と言われていた。

家計は全部朝子任せで給料も全部渡していた。だからこういう会話もあったという。

「だいぶ前になりますが、『おまえ、お金、今なんぼ持っとんや』と言ったら、知らんちゅうんですよ。『知らんって、おまえ、どこに預けてるんや』とさらに聞くと、伏見の京都銀行に預けとると言うんです。それで一度残高を調べてこいと言ったことがあるんですが、滅多《めった》に贅沢もしないものですから、いっぱい貯まってました」

取材の際、こんなのろけも聞かされた。

「今でもそうですけれども、本当にうちの家内は心優しい、素晴らしい女性ですよ。だから、うちにクウという猫がおるんですが、これなんかでも、家内にはぞっこんです。私が抱っこしようとすると、バーッと行ってしまうんですが、家内には背中に乗っかって、うろうろしても背中に抱きついたまま離れない。やっぱり動物でも優しい人は知ってるんですね。だから私は、おのろけみたいに言いますけど、本当に家内がおってくれるんで、今日があると思って感謝してますね」

京都セラミック創業

ここで話を、新会社立ち上げに向けて奔走中の稲盛に戻したい。

〝奔走〟とは言っても、会社設立は西枝と青山に任せている。稲盛自身は、製造体制の確立に全精力を注いでいた。

初代社長は、筆頭株主の宮木社長にお願いすることになった。今以上に社会的信用が大事だった当時のこと、社長を地位のある人物にお願いするのはよくあることだ。だが肩書がどうであれ、実質的には稲盛の会社であることを疑う者はいなかった。

創業時の役員は宮木社長以下、青山が取締役専務、稲盛が取締役技術部長、西枝が取締役（翌年から交川も取締役に加わる）、監査役に野村秀雄（宮木電機製作所経理部長）と決まった。

宮木電機製作所と兼務している三人を除けば、社員は血判状に署名した八名と、平安伸銅から転職してきた樋渡眞明（後の京セラ専務）、松風工業を辞めてきた北大路ら二名を含む一一名が幹部社員。そして新たに採用した中卒男子社員一一名と女子六名の一般社員を合わせて総勢二八名である。

社名については、宮木社長、青山、稲盛、西枝、交川という、当時いつも重要事項を決めていた五人の会合で検討されることとなった。

稲盛がまず口火を切った。

「セラミックという言葉は是非入れたいです」

彼の思いは、そこにいたみながわかっている。異議なく承認された。

問題はその上に何を乗せるかである。大日本セラミックや東洋セラミックといった構えの大きな名前も挙がっていたが、宮木社長が京都に大変思い入れがあったこともあり、最終的に京都セラミックに決まった（本書では、当時からの通称であり、その後正式名称となる京セラを使用していく）。

京都のKとセラミックのCを組み合わせた商標を早速登録した。

資本金は三〇〇万円。宮木社長と同社関係者が一三〇万円出資してくれ、西枝が四〇万円、交川が三〇万円、あとの一〇〇万円は青山や稲盛たちで出すことになった。

とは言っても稲盛には金がない。ここで西枝が助け船を出してくれる。

「技術出資株主ということにしよう」

会社法でいう〝現物出資〟である。特許権やノウハウを現物出資の対象とするのは今でも価値算定が難しく例外的なことだが、西枝は弁理士資格を持ち、交川は商工省特許局勤務の経験もある。この分野に精通している彼らだからこそ出てきた知恵であった。後年、稲盛は会計にも大変詳しくなるが、この時はただ西枝たちの説明をうなずいて聞いているだけであった。

それでも運転資金などを入れると、現金で拠出《きょしゅつ》された資本金以外に少なく見積もっても一〇〇〇万円は必要だ。あとは銀行から借りるしかない。信用のない新会社が借り入れをするには担保が必要だが、資本金も出せない稲盛に、担保になる資産などあるはずがない。

ここでまたしても西枝が助けてくれる。驚いたことに、彼は自宅を抵当に入れると言ってくれたのだ。

「この家、銀行に取られることになるかもしれんが、稲盛君に賭けてみたいんだ」

奥さんにそう話すと、

「男が男に惚れてやったことなら、失敗したって本望じゃありませんか」

と逆に勇気づけられたという。

日本経済新聞の名物コーナーに「交遊抄」がある。

この依頼を受けた人はみな誰を取り上げようか悩むのを常とするが、稲盛は昭和六二年（一九八七）六月一〇日付のそれに、内野先生と並んで西枝一江夫妻を挙げ、先述の西枝夫人の言葉を限られたスペースの中で紹介して、心からの感謝の気持ちを表している。


最初は工場の新築も夢見ていたが、先立つものがない。そこで宮木電機製作所の道路を隔てて南側にあった木造スレート葺《ぶ》きの古い建物二棟を借りることにして、そこを本社兼工場とした。昔の小学校の木造校舎のような建物だ。それもそのはず、二階は戦時中、青年学校（尋常小学校卒業後、すぐ働きに出た子どもたちへの社会教育を行っていた施設）だった。西枝はここで一時教えていたのだ。結局ほとんどそのまま、間仕切りを直す程度で使うこととなった。

会社を辞めた翌年（昭和三四年）の一月六日から本格的な新会社設立準備が始まった。

徳永、岡川、浜本、伊藤、畔川、堂園はまだ松風工業に勤めたままで、まるまる三カ月間、毎日曜日に神足の独身寮から西ノ京原町の宮木電機にはせ参じ、朝から晩まで準備を手伝った。無論無報酬で、往復の交通費を支給してもらう程度だ。

一度に辞めては松風工業に迷惑がかかるというので、そろそろと辞表を出していき、最後に伊藤謙介が退社して全員がそろった。青山だけはしばらく社宅に黙って居座っていたが、ほとんどが鴨東荘に住んで設立事務所に通うこととなった。

〈よく創業の精神に立ち帰れと言われるが、これは実際に、創業に携わった者しか分からない。松風に勤めたままで日曜ごとに欠かさず、宮木電機内の設立事務所へ駆けつける、夕食も夜鳴きうどんで済ませ、夜一〇時頃まで頑張る、これを三カ月続けて、ようやく四月一日の会社設立までこぎつけた。しかしこの苦労は苦しい苦労ではない。いやいやする苦労ではない、先に希望の持てる苦労である。皆三月中に松風を辞めたので、ここからの収入はなくなる。今日からは自分で働いて、儲けて、食べていかねばならない。真剣そのものである。とにかく、力いっぱい働いて食べられればよい。月給の多い少ないのなんか言っておれない。何とか会社を軌道に乗せたい一念の者ばかり、自分のことは顧みず、時間を考えず、働けるだけ働いて会社を盛りたてたいという心、これが創業の精神ではなかろうか〉（青山政次著『心の京セラ二十年』）

稲盛もいろいろな本で当時について言及しているが、稲盛は創業者だから当然必死だろう。しかしそれ以外の者も、完全に心を一つにしていたことが伝わってくる。

新会社設立は一切秘密裏に動いたため、松風工業にはまったく気づかれなかった。

例の技術部長は稲盛の仕事などほかの優秀な人材で代替できると豪語していたが、実際には彼の代わりができるはずもなく、松風工業は五年を経ずして倒産してしまうのである。

借り物社屋から世界一を目指して

昭和三四年（一九五九）四月一日、京都市中京区西ノ京原町一一―二番地の借り物社屋の二階事務室で創立記念式典が行われた。

この日は朝から雲一つない青空が広がっていた。京都地方気象台の記録では最低気温三・九度、最高気温一六・二度。北風が吹いてやや肌寒かったようだ。だが晴れ渡った空は新会社の成功を予感させ、いやが上にもみなの心を奮い立たせた。

宮木社長が電気炉に火を入れ、ヒマラヤ杉を記念植樹し、京セラは待望のスタートを切った。総勢二八名での船出だった。

創立記念式典当日の夜、河原町三条近くの中華料理店に役員、幹部が集まり、門出を祝う宴《うたげ》が催された。なんとかこの日を迎えることができたという安堵《あんど》感に加え、これから暴れまくってやるという高揚感も手伝って、稲盛は突然立ち上がると気炎をあげた。

「今にきっと原町一になってみせようやないか。原町一になったら、西ノ京一の会社を目指そう。西ノ京一になったら、中京区一を目標にしよう。次は京都一、京都一が実現したら日本一になろう。日本一になったら、もちろん世界一だ！」

小山倭郎《こやましずお》（京セラ元取締役）によれば、後年、稲盛は次のように語ったという。

〈不言実行という言葉があるけれど、私は有言実行のほうが上だと思う。不言実行では周りの人に自分の誓いはわからないから、逃げ道が用意されている。しかし、有言実行なら絶対に成し遂げなければならない〉（北方雅人・久保俊介著『稲盛流コンパ』）

会社を発展させるための青写真や戦略があったわけではない。それでも、

「今にきっと日本一、世界一になるぞ！」

と言い続けた。

聞いている部下たちも最初のうちは、また始まったくらいに考えて本気にしてはいなかったが、稲盛は誰よりも強くそれを思った。思い続けた。

その強烈な思念は、やがて夢が実現する方向へと現実を動かしはじめるのである。

製造設備を松風工業から持ち出すわけにはいかない。使えるものはできるだけ中古機械を買い集め、大切なものは自分自身で設計し直して発注し、生産体制を整えた。

フォルステライト磁器の材料も自力で調達せねばならない。滑石は比較的安価だが、問題は高価な酸化マグネシウムである。

ここで稲盛は一計を案じた。塩田で塩を作る時、にがりが出る。その主成分が酸化マグネシウムだというので、稲盛自身、赤穂の塩田組合まで出かけて価格交渉した。これで相当な節約ができた。

本社社屋のスペースは限られている。考えに考え抜き、効率的に設備を配備した。

東端の平屋を原料室とし、西側二階建ての一階に箱型電気炉、電気トンネル炉、乾燥機などの

ある焼成室とし、外付け階段を二階に上がったところには応接室兼社長室などの事務所、二段ベッドを置いた休憩室にし、その奥に成形作業場や検査室、一番奥の壁際には押し出し土練機や製品置き台、ハンドプレス機三台を並べた。

安普請のため二階でハンドプレス機を使うと床がしなった。一階の天井がそのまま二階の床になっていたから、誰かが歩けば板張りの隙間《すきま》からゴミがぽろぽろと落ちてくる。そんな劣悪な環境だった（伊藤謙介著『リーダーの魂』）。

創業に当たって稲盛は、全員に以下のことを言い渡した。

一、社用でない電話料金は必ず各個人で支払うこと
一、時間中に私用の電話はかけないこと
一、時間中によそからかかってきた私用電話は、緊急と認められるもの以外は、一切とりつがないこと
一、各個人が専《もっぱ》ら自分で使う、自分の商売道具に類すると見なされる、そろばん・計算尺・製図用具などは自分で整えること、会社からは支給しない
一、自分が仕事を全うするに必要な参考書は自分で買うこと
一、一切業者の接待を受けてはならない、もし今後も業者に協力を願いたいと思う場合は、業者といえども、こちらから接待しなさい

（青山政次著『心の京セラ二十年』）

電話に関する注意事項が三点もあることは、後に稲盛が第二電電を設立したことと考え合わせると興味深い。私用電話も禁じられているが、いかに稲盛が公私混同を嫌ったかについては、多くのエピソードが残されている。

メーカーが物品を発注する窓口は〝購買〟と呼ばれ、出入りの業者に対して絶大な力を持っていた。京セラにも購買係はあり、担当していた社員がたまたま退社時間になった時、打ち合わせをしていた業者から、

「もしよければ私の車に乗られませんか？」

と声をかけられた。

せっかくの好意でもあり、

「ではお言葉に甘えて」

と返事をしたところ、横で聞いていた稲盛からこっぴどく叱られたという。

創業して初めての夏、仕入れ先などからお中元が会社宛、社長宛、担当者宛にたくさん贈られてきた。どこの会社でもよく見かける光景だろう。稲盛は個人宛に贈られてきたものでも、すべて庶務で一括プールさせ、公平に分配した。

会社の規模が大きくなるにつれ、中元歳暮の贈り物も倍々ゲームで増えていったが、それでも全従業員に抽選で分配したりと工夫を凝らした。

些細《ささい》なことが大きくなって贈収賄などの問題は起こるものだ。稲盛はそのリスクを芽のうちに摘んだのである。京セラには役得などというものは一切なかった。

ライバル会社の日本碍子や日本特殊陶業には博士号を持つ社員が一〇〇人以上いると言われていたが、京セラには博士号を持った人間など一人もいない。一生懸命努力し、思いを一つにすることで彼らに追いつき追い越していくしかないと腹をくくった。

「自分の思いを、白黒で描いているようでは話にならない。天然色で描けるようになれば、八割方は成功しているはずだ」

「思いというのはエネルギーだ。自分は今こうやってしゃべっているが、そのぶんエネルギーが転移している。聞いている君たちの顔が赤くなっていくのは、自分のエネルギーが君たちに転移しているからだ」

そんな刺激的な表現を用いながら熱く語った。

稲盛は必ず相手の目を見て話す。目を見ながら反応を探り、

「俺の言うことをまだわかっていない」

「わかったような顔をしていない」

などと言いながら内容を掘り下げ、さらに熱く語っていく。彼言うところの〝わかった顔〟にならないと話は終わらない。コンパでも徹底的に議論する。それは魂が共振するようになるまで続いた。

「京セラでは稲盛の魂が社員に乗り移っている」

と感嘆されるようになっていく。

少ない人数で最大限の効果を出すため、〝ベクトルを合わせる〟のは必須の作業だった。

「長丁場だからこのくらいでボチボチ行こうなんて、新参者にペースを考える余裕があるものか。我々は、業界全体のマラソンのなかで、後発のビリもビリ、問題にならない素人ランナーだ。全力疾走でも追いつけるかどうかわからない。一生懸命走っても勝ち目はないのかもしれないが、せめて最初の一〇〇メートルだけでもダッシュで行けるところまで行こうじゃないか」

そう言って鼓舞したが、スタートダッシュの機会はすぐにやってきた。

ネバーギブアップ

創業した翌月、松下電子からカソードチューブの製作を依頼された。

U字ケルシマ同様のブラウン管部品である。松下電子は当初、東京のメーカーに依頼したが、待てど暮らせど製品化に至らない。業を煮やし、京セラに頼んできたというわけだ。

「成功したら月五万から一〇万本の注文を出すよ」

と言われたものの、東京のメーカーが音《ね》を上げた理由はすぐにわかった。

中が空洞であるため、軟らかい状態で切ると空洞がつぶれる。かと言って焼成した後に切ると割れてしまうから厄介《やっかい》だ。外径一・六一ミリ（誤差〇・〇三ミリ以内）、内径一・二二ミリ、長さ六・五ミリ（誤差〇・二ミリ以内）という数字を見れば、いかに精密なものかわかるだろう。

原料は純度一〇〇％のアルミナ（酸化アルミニウム）である。フォルステライト磁器より三五

○度高い焼成温度が必要となるため、炉の作成から始めねばならない。
成功すれば、創業して初の新商品となる。みな必死だ。就業時間は基本的に朝八時から午後四時四五分となっていたが、深夜までの残業が日常化していった。中でも松風工業以来のメンバーは徹夜もいとわない仕事の虫ぞろい。目の前の壁が高いほど燃える者ばかりである。

「もうダメだというときが、仕事のはじまり」

とは稲盛の言葉だが、残業代が出ないことなど承知の上で必死に取り組んだ。

やがて彼らは試行錯誤の末、奇想天外な製法を考案する。

焼き上がったカソードチューブを弁当箱ほどの容器に並べて液状のワックスを流し込んで冷却し、カステラ状に固めるのだ。それをまさにカステラを切る要領で切断していけば、空洞をつぶさず割れることもない。切断後、温めた軽油につけてワックスを溶かせばできあがりというわけだ。

これは後に〝ケーキ切断法〟と命名されるが、松下電子から、

「フィリップス社のものよりもいい。さすが京セラさんだ」

とお褒めの言葉をいただいた。技術者冥利《みょうり》に尽きる瞬間だった。

その後、日立からも発注が来て、カソードチューブはロングセラー商品となっていく。他社が作れないのでしばらくは京セラ独占だ。特許出願すると公開されて真似される恐れがあるので、敢えて出願しなかった。

それからも京セラは、こうしたノウハウの積み重ねで勝負していくのである。

創業時の商標とロゴ

創業当時の稲盛
（取締役技術部長）

宮木男也宮木電機社長
（京セラ初代社長）

創業当初は松下電子からのU字ケルシマとカソードチューブの受注に支えられていたわけで、それ以外の販売先は抵抗器のトップメーカーであるヤギシタ電機のホーロー抵抗器用櫛《くし》型チューブくらいしかなかった。いつまでもこのままではリスクが大きすぎる。新しい取引先を開拓することが急務だった。

松下電子の山口資材課長も、

「うちだけじゃなくて、他社に売ってもいいですよ」

と言ってくれた。そうすれば生産量が増えて単価が下がり、松下電子としても好都合だ。

だが実際に他社に売りに行ってみると買ってはくれなかった。京セラのブランド力など無に等しかったからだ。松下電子のありがたみが身にしみた。

そんな時である。青山がとんでもないものを受注してきた。

創業翌月のこと、まずは地元関西の企業から回ってみようと考えた青山は三菱電機伊丹製作所を訪問。

「どんな注文でもくれというなら、これ頼むよ」

という話になり、磁器製の送信管冷却用蛇管《じゃかん》を受注してきたのだ。複雑な形状から、高い技術力のある碍子メーカーさえ辞退した代物だった。

〈直径五〇センチメートル、長さ一メートルの焼き物の土管で、中に壁にそって二重ラセンの水冷パイプが通っている。おそらく戦前につくられたもので、寿命が尽きたのだろう。だれがつくったかもわからず、設計図も残っていなかった〉（『日本経済新聞』平成五年八月二五日付「創業のころ」）

もし作れたら最低月に一〇本発注してくれるという。一本五万円だから月に五〇万円。月商が二〇〇万円ほどしかなかった時代だけに魅力はあったが、いくら何でも難しすぎる。

だが稲盛は勇気を振り絞ってこの難題と向き合った。

問題は二重ラセンの水冷パイプである。粘土の押し出し機を借りてきて、大きな柱に粘土を巻きつけ、中空のラセン状パイプをつくってみた。ところが粘土が硬すぎると乾燥の過程でひび割れを起こすし、軟らかすぎるとラセン状のパイプが垂れさがってしまう。

どうやら外側に張力《ちょうりょく》が、内側に圧縮の力が加わるため、乾燥速度を変えないと均等に乾燥しないことがわかってきた。そこで外側にぞうきんをあてるなど工夫を凝らし、最後には土管を抱いて少しずつパイプを回しながら乾かしてみた。親鳥が卵をかえすようなものである。そのままの姿で夜を過ごした。すると一〇本中、七、八本まで良品が取れるようになり、やっとの思いで一五本ほどの冷却装置を完成させた。

〈注文を受けて三、四カ月もかかったろうか。この時の私の執念が二〇数名の社員にある種の感銘を与え、〝ネバーギブアップ〟の社風をつくったように思う〉（前掲記事）

そう稲盛は述懐している。

創業した昭和三四年（一九五九）の九月、役員会の席上、宮木社長から西郷隆盛の言葉として知られる「敬天愛人《けいてんあいじん》」の書を贈られた。複製ではあったが大事に表装し、応接室に掲げた。

後に「敬天愛人」は京セラの社是となり、本社はもとより、工場などすべての施設にこの文字が彫られた碑が置かれ、西郷が説いた無私の精神の大切さを語りかけている。

そして翌一〇月、画期的な出来事があった。

この頃、稲盛が取引を獲得したいと狙いを定めていた会社。それがソニーだった。この前年(昭和三三年)に東京通信工業からソニーと改称し、東証一部上場を果たしていた。日本初のトランジスタラジオを発売して勢いに乗るソニーと取引ができれば、それだけで宣伝効果がある。

東京に出張してソニーの購買を訪ねてみたが、担当者はセラミックスに明るくなく、すぐに追い返されそうになった。

だがここで稲盛は粘り腰を見せる。

「とにかく一度技術者に会わせてください」

必死に頼み込んだ。会えなければてこでも帰らないと頑張ったのだ。

すると技術課長が出てきてくれた。

「君の所はアルミナ磁器はできるかね?」

と言いながら設計図を示し、直径七ミリ、厚さ〇・六ミリで小さな穴が四つ、中央にスリット、縁に切れ込みのある製品がもしできたら三〇〇〇個発注しようと言ってくれた。

実は半年前、ソニーはこの製品を他社に発注していたのだが、先方が提示してきた価格が高い上に完成が遅くカリカリしていた。そこで京セラを試してみようと考えたのだ。

宮木社長から贈られた敬天愛人の書

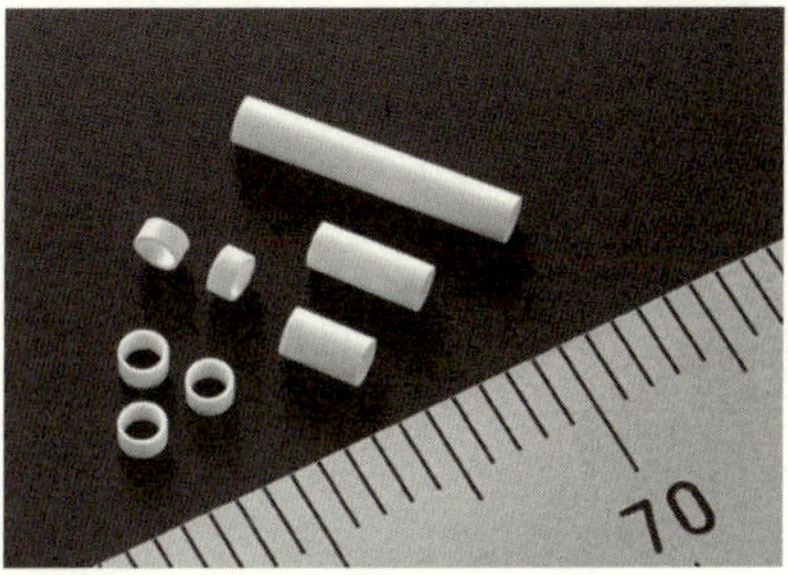

カソードチューブ

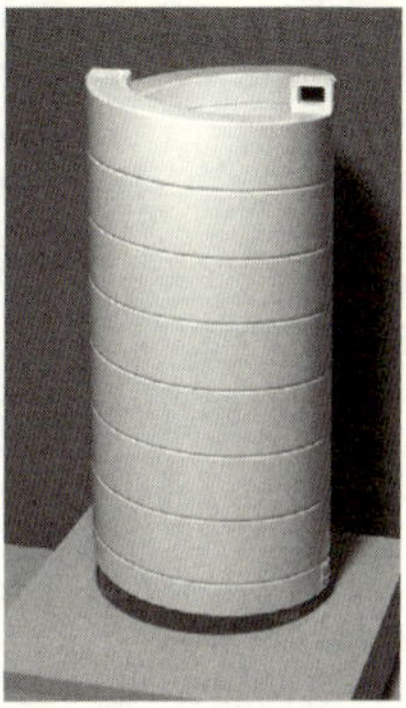

送信管冷却用蛇管

「ただし納期は二カ月、将来大量に必要になるので単価は一〇円以下で頼みたい」

難しそうな製品である上、価格面でも厳しい条件だ。

ところが稲盛は、

「単価九円八〇銭、金型代を入れて四万円でいかがでしょう？」

とその場で即答し、受注した。

相手は天下のソニーである。気合いが入った。金型を三、四回作り替え、押出法を使ったりプレス成形したりと苦心惨憺《くしんさんたん》した末、まだ二五〇〇個しかできていなかったが、納期の五日前の一二月二〇日、ソニーに試作品を持参した。

すると例の課長が出てきて、

「心配になり、どんな会社か担当者に見に行かせようかと相談していたところでしたよ」

と言いながら製品をチェックしはじめた。稲盛の顔にも緊張が走る。

やがて課長は顔を上げると、それまでの険しい表情が嘘のようなにこやかな笑顔となり、

「合格です」

と言ってくれた。

この瞬間、これまでの苦労が吹き飛んだ。

残りの五〇〇〇個も納期までに納めることができ、大いに面目を施した。ソニーはこれを機に、これまでの仕入れ先を切り替え、すべて京セラに発注してくれるようになったのである。

この二五年後、稲盛はソニー創業者の盛田昭夫とともに第二電電（ＤＤＩ）を立ち上げること

になるのだが、当時の彼にとって盛田は遠く仰ぎ見る存在でしかなかった。

手の切れるような製品

稲盛はベンチャー企業の心得として、後年、驚くようなことを口にしている。

〈現在の自社の製品群に存在しなくても、また技術力が不足していたとしても、まずは「できます」と受注してしまうことが大切である。まず、受注してしまい、それから「いかに開発するか」「いかに短期間で納品するか」を検討し、発注いただいたお客様に迷惑をかけないために、死力を尽くして開発に取り組む。そういう姿勢が特にベンチャー企業には必要なのである〉（稲盛和夫著『敬天愛人』）

三菱電機の送信管冷却用蛇管もソニーのアルミナ磁器も、できたからいいようなものの、常識的に考えれば製造できるめどがないのに受注するのはリスクが大きすぎる。だが一般の〝常識〟と稲盛の〝常識〟の差こそ、この不世出の経営者の非凡さを示すものなのかもしれない。

「自分の能力を、そして企業の力を、未来進行形で考えるんだ！」

そう稲盛は語る。

メーカーには技術の壁ともう一つ採算の壁がある。小さいロットでは採算が合わない。ところが稲盛は小ロットの受注でも、

「やらせてください！」

から始めた。

そのためにも生産工程は小回りがきかねばならない。後述する「アメーバ経営」は、小ロットでも受注できる体制をとるための一つの帰結だった。

その代わり、受注をとるのに相手を接待するなどという営業スタイルは京セラでは存在しない。あくまでも品質と価格と納期の早さでの勝負だった。

「お客様に対する態度、サービスには限界がない」

ことをみなで肝に銘じ、

「なんとしてもあの会社の製品を買いたいとお客様に思わせる境地にたどり着こう」

と努力し続けた。


ソニーとの取引がとれた興奮もまだ醒《さ》めやらぬ昭和三五年（一九六〇）正月、稲盛は初詣に出かけることにした。

一番近いのは車折《くるまざき》神社だ。最近は境内社《けいだいしゃ》である芸能神社にジャニーズの人気者などがお参りに来ることで一気に名が知られるようになったが、当時は参詣客もまばらだった。

車折神社の西隣に住んでいる青山と示し合わせ、両家の夫婦でお参りすることにした。

ところが彼はこんな時にもこだわりを見せる。鹿児島でもしばしばしていた二年参りをしようと言い出したのだ。四人は零時少し前に神社に集まり、時計の秒針を見ながら、ちょうど零時を指した瞬間、一緒に鈴を鳴らし、柏手《かしわで》を打ち、京セラの発展を祈願した。

〈神様がまだ誰の願いごとも聞いておられないうちに、一番に聞きとどけていただくよう、お耳に入れたわけである〉（青山政次著『心の京セラ二十年』）

この時、朝子のおなかには長女しのぶが宿っていた。

ソニーとの取引ができて喜んだのもつかの間、簡単に受注先は増えなかった。

その後も稲盛は青山とともに営業の先頭に立って見本箱を下げ、ブラウン管、送受信管、真空管といった電子部品を研究開発しているメーカー、研究所を回った。

忘れもしないのは、富山県立山のふもとにある抵抗器メーカーを訪れたときのことだ。注文をもらえても数万円であることはわかっていたが、わざわざ足を運んだ。よりによって真冬だった。稲盛は南国の生まれだから寒さに弱い。靴の中を雪だらけにし、しもやけを作りながらようやくたどり着いたが、

「うちはけっこう」

の一言で門前払い。寒さと空腹で口をきく元気もなくなり、二人とも無言のままとぼとぼと富山駅まで戻っていった。

だがやがて勘をつかんだ稲盛は、営業面でも抜群の才を見せていく。

それはそうだろう。学生時代に袋売りで大成功したような天性の商才が彼にはあったのだ。その後もすぐれた営業マンが京セラから育っていったが、稲盛以上の営業マンはいなかったと言っていい。技術者としても営業マンとしても、彼は社員のお手本であった。

世の中の会社の多くは営業担当者に営業日誌を付けさせたりしているはずだ。あるいは担当者から報告を受けたりもするだろう。しかし稲盛の場合、通り一遍の報告では満足しない。

「話はわかったが、もう一度、君が『こんにちは』と言って、客先を訪問したところから詳しく聞かせてくれないか」

そう言って、顧客との会話内容のすべてを再現させることもしばしばだった。

途中で稲盛はコメントをはさむ。

「その説明は違う」「その結論の出し方はおかしい」等々。

部下の指導に手抜きはない。顧客に新商品の説明をしに行かせるときも、

「自分をお客さんと思って説明してみろ」

と言って、目の前で予行演習させた。

稲盛と出張に行くと大変だ。せっかく旅費をかけて来ているのだからなんとか少しでも取引をとりたいと、食事する時間も惜しんで取引先を回る。そのため昼食をとり忘れるのは日常茶飯事。ひどいときは昼食だけでなく夕食までとり忘れ、最終列車の中で、夕食兼夜食として車内販売の菓子パンを買って食べるということもあったという。

そもそも普段でもまともに昼食をとらない。とるとしても仕事の話をしながらだ。その代わり仕事が終わると猛烈に腹が空いてくるらしく、夜中でも食事をした。身体に悪いことこの上ない。

京セラの強みは、今も昔も原料から製品を作る内製率の高さにある。

セラミック製品だけでなく回路の印刷やリード付けなども納入先のメーカーに任せず、メタライズ技術まで動員し、完成品に近づけて納品した。これこそが競争力と付加価値の源泉だった。

京セラの技術は職人技的なノウハウなので、他社が真似しようと思っても真似しにくい。そもそもセラミックスは焼成すると体積が大きく減少するため、微小な穴をみな同じに合わせるのが難しいのだ。そのため実験室段階で京セラ製品に勝る製品が作れたと思っても、いざ生産ラインに乗せてみると往々にして歩留《ぶど》まりが低くなってしまう。採算の取れる大量生産を実現するのは至難の業《わざ》だった。


他社ができなかったものに挑戦し、それを実現していくことでオンリーワンの技術を身につけ、市場評価を高めていく。そうした過程で獲得していった職人技的ノウハウと不断の努力により、京セラの技術は確実にレベルアップしていった。

松下幸之助の名言に、

「君は商品を抱いて寝たことがあるか？　夜抱いて寝るとな、商品はしゃべりよるのや」

というのがあるが、稲盛も、

「製品の語りかける声に耳を澄ませ！」

と面白いほど似たことを言っている。

「手の切れるような製品でなくてはならない」

というのも、稲盛が創業期から繰り返した言葉だ。真新しい紙幣のような手触りを感じさせる、見たものを感嘆させるような高品質の製品を作れという意味である。

松下幸之助は、部下が持ってきた製品に、

「これは重すぎる」

と性能でなく重量でだめ出しをすることがあった。彼は知っていたのである。店頭から持って帰れる重さのもののほうが、配達が必要なものよりはるかに売れるということを。

同じように稲盛は、

「色が違う！」

というのでだめ出しをすることがあった。

部下の持ってきた製品が、頭に思い描いていたものと色が違うというわけである。稲盛には、製品開発を命じた時点で、そのセラミックス製品の色がどうであるかまで予見できていたのだ。

紙切れではなかった京セラ株

矛盾することを言うようだが、稲盛は何にでも手を出したわけではない。

一般的に、社史などに登場するのは成功したものや撤退したものだけで、最初から手を出さなかったものは書かれていない。しかし、すぐれた経営者の特徴的行動は、「○○をやらなかった」という不作為にこそ表れる。

稲盛の例で言えば、創業初期にラジオやテレビの電子部品である酸化チタン系コンデンサ（略称チタコン）に手を出さなかったことが挙げられる。

チタコンは京セラ創業前から出ていた商品であり、市場自体もどんどん大きくなっていたため、村田製作所、太陽誘電、河端製作所といったライバルメーカーはみな主力商品として取り扱いをしていた。むしろ京セラが取り扱わないのが不思議な商品だ。たとえ後発でも追いつき追い越し、商品ラインナップに加えようと考えるのが自然だろう。

ところが稲盛は、この市場は競争が激しすぎると冷静に見切り、セラミックスの新素材に特化することを決めた。今で言う〝ブルーオーシャン戦略〟をとったのだ。この潔いほどの決断力は、老練な経営者のそれを思わせる。

こうして彼は主力商品をフォルステライト磁器に絞ったが、同時に競争相手が少ない分野には果敢に挑戦していった。それがカソードチューブのところで触れたアルミナ磁器である。

当時、わが国でアルミナ磁器が作れるのは日本特殊陶業だけと一般には思われていた。同社は早くからアルミナ磁器製のスパークプラグを作っており、この市場を独占していた。アルミナ磁器は焼成温度が高く、焼成炉の設備投資が大変で、相当量の需要がなければ採算が合わない。そのため他社がこれまで参入してこなかったのだ。

だが稲盛は、まず普通の炉である程度焼成しておいて、次にモリブデン炉でさらに高い温度で焼くという解決方法を編み出し、この参入障壁を乗り越えてみせた。こうして彼らはアルミナディスクなどの分野にも参入を果たしていくのである。

仕事の虫である稲盛には、一つ気がかりなことがあった。通勤時間である。

稲盛の住んでいる鴨東荘と京セラの工場は京都の東の端と西の端。通勤時間が惜しくてならない。そこで当時流行しはじめていたスクーターを買いたいと言い出した。

役員はみな反対した。けがでもされたら大変だ。だが稲盛がどうしても買いたいと言い張り、スクーターの一番大きいのを買って、毎朝近所に住む青山を乗せて会社に通うようになった。もちろん営業にもフル回転で使った。

〈京セラ創業当時の私は、京都から大阪の伊丹にある三菱電機の研究所に製品を届けるのに、毎日スクーターで通ったんです。雨が降ろうとヤリが降ろうと。運転が下手くそなものですから、途中でアスファルトの溝にはまってひっくり返る。ずぶ濡れになっても品物だけは壊さないようにしました〉（『サンデー毎日』平成一四年五月一二日号「福島敦子のトップに聞く」）

だがそのうち、会社の近くに引っ越そうと考えはじめた。

京セラ創業以来、松風工業を辞めた面々は稲盛の住んでいる鴨東荘に集まっている。これでは甘い新婚生活どころではない。そもそもスクーターを買うより、先に引っ越しを考えるべきだったのだ。

嵯峨《さが》の鹿王院《ろくおういん》の北約五〇〇メートル、新丸太町通《しんまるたまちどおり》の近くにちょうど市営住宅が建ち、入居者の募集をしていたので申し込んだところ、倍率が高かったにもかかわらず運よく一発で当選した。若い頃はこうした抽選の類いはことごとく外れ、自分は運がないとため息をついてきた稲盛だったが、人生の運は平等にできている。彼の後半生は幸運続きだった。

「なんまん、なんまん、ありがとう」

そう口の中でつぶやく回数も格段に増えていった。

創業一カ月目から黒字を計上した京セラは、そのまま突っ走り、年間売上高二六三〇万円、経常利益四三〇万円と、初年度から黒字決算にすることができた。

最初の数年間は赤字補てんやむなしと覚悟していた宮木社長や西枝たちにとっては嬉しい誤算だ。無償でいいと言ってくれていた西枝たちに役員報酬を出し、株主に二割の配当を支払った。

利益が出たとき、稲盛が最初に考えたのが借金の返済だ。畩市譲りの借金嫌いが身体に染みついている上、西枝の家が担保に入っていることもあって気になって仕方ない。ところがこの時、税金を払わねばならないことを勘定に入れていなかった。すると残るのは一〇〇万円ほどにしかならない。

これでは借金返済には回せないと肩を落としている稲盛に、西枝はこう言って諭した。

「銀行借り入れなんてもんは、そう焦って返さんでもええんや。利子だけ払い、また銀行から新たな融資を受けて事業を発展させていく。元金を返すのはそれからで十分や。すぐに返す返すと言っているようじゃ、大きな事業家にはなれないよ」

自分の家が担保に入っているというのに余裕の発言である。これほどありがたい言葉はない。だが西枝の言葉に甘えることなく、早く借金を返済しようと収益積み上げに邁進《まいしん》していくのである。

業績を大きく飛躍させる上で、東京の市場開拓は大命題だ。そこで創業から一年が経った昭和三五年（一九六〇）四月一一日、中央区銀座東五丁目の三原橋ビルにあった宮木電機製作所東京営業所内に京セラの東京出張所が開設され、東京進出の橋頭堡《きょうとうほ》が築かれた。

ところが当時の実態は、本社社屋同様、お寒い限りであった。

そもそも宮木電機の東京営業所自体、営業マン二人と女子事務員一人が八畳ほどの部屋に机三つと書類棚一つを置いていたにすぎなかったのだ。その狭い部屋に無理矢理机一つを置かせてもらい、岡川を駐在させたのが京セラの東京出張所だった。

部屋から机がはみ出しそうで、出入りするにも身体を横にせねばならない。その後、現在の品川にある東京事業所に至るまで、実に六回も移転を繰り返すことになるが、それはまさに「一升買いの原則」よろしく、必要最小限のスペースでの営業を継続してきた結果だった。

六月には初の社用車スバル360を購入した。〝てんとう虫〟の愛称で親しまれた軽自動車だ。軽自動車ながら大人四人が乗れるということで、昭和三三年（一九五八）に発売されるやいなや爆発的な人気を博した。京セラの原点として、いろいろな写真にこのスバル360のかわいい姿が登場する。

ところがしばらくすると、稲盛が考え事をしながら運転するので危なくて仕方ないと、同乗した者たちが口々に言いはじめ、運送会社にいた人を運転手として雇った。すると今度は、その運転手がこんな不満を口にしはじめた。

「国道を走っているとトラックが幅寄せしてくるんです。小さいからと馬鹿にしてる。怖い思いをするのは嫌なんで辞めたいです」

稲盛がなだめても言うことを聞かない。しばらくは、その運転手を横に乗せて自分が運転するという冗談のような姿も見られたという。部下には「辞めてしまえ！」などと平気で口にするくせに、こういう人にはべらぼうに優しいのだ。


昭和三五年七月一日、三〇〇万円の第三者割当増資を行い、資本金を六〇〇万円とした。

「みんなに株を持たせてあげれば、やる気も出るから」

という西枝のアドバイスに従い、増資の一部を、役員のみならず全従業員に功労株として割り当てた。

配当を二割という高水準にしたにもかかわらず、当初の評判はさんざんだった。

「こんな紙切れになるかもしれんもんもらっても……」

幹部クラスでさえそう口にした。ところがその後、この株が何倍にもなって彼らを億万長者にしていくのである。

値決めは経営だ

創業期からの取引先である松下電子とのつきあいは、親しい仲にも絶えず緊張感を伴うものであった。

松下電器と言えば、厳しい原価管理で有名な会社である。その子会社である松下電子も同様で、フォルステライト磁器が一般的な製品になるにつれ、値下げ圧力は熾烈《しれつ》なものとなっていった。

しかし感心させられたのは、理屈なしに値引きしてくれとは決して言ってこなかったことだ。必ず値引き要求には理屈があった。

当時の松下電子を知る方から話を聞く機会があったが、

「今で言うところの三方よしじゃないですけど、ｗｉｎ・ｗｉｎにならなきゃいけないというイメージですよね。だから自分たちだけが儲かって、下請けが疲弊してしまったのではどうしようもないということは、しょっちゅう言ってましたですね」

それが彼らのプライドでもあったのだ。

テレビをつくっている松下電子にとって、部品に占める価格から言えば日本電気硝子や旭硝子が製造していたブラウン管のウェイトが大きく、Ｕ字ケルシマはほんの小さな部品にすぎない。

それでも彼らは手を抜かなかった。山口資材課長はまだ稲盛に優しかったが、その上司が強烈な人だった。

「仕入れ数量がこれだけ増えたのですから、もっと値段を下げられるのでは？」

「製造開始から年数が経って製造過程も合理化されているわけですから値段も下げられるでしょう」

ありとあらゆる理屈をつけて値下げが求められた。要求された値引率が半端ではない。

「去年は二割安くしていただきましたが、今年はさらに一割五分下げていただけないでしょうか？」

などと平気で言ってくる。

「もう無理です」

と悲鳴を上げても無駄だ。ここから、彼らはさらにすごみを見せてくる。

「それでは決算書を見せていただけますか？」

そして一般管理費の数字を見て、

「京セラさんのような規模の企業で八％もいらないでしょう。三％にしてはいかがです。そして五％分負けてください」

と言ってくる。たしかに八％はやや高いかもしれないが、それにしても三％とは極端だ。

「それでは赤字になってしまいます」

などと泣きついても、泣き落としが通用する相手ではない。

「値引きが難しいとおっしゃるのなら、フィリップスのを使うことになりますね」

という決めぜりふを突き付けられ、

「それはご勘弁ください」

と白旗を揚げざるを得ないのだ。

本当に松下電子は厳しかった。そして、その後ろにいる松下幸之助という経営者がどういう人間かは会わずとも伝わってきた。稲盛が財務に強くなるのは、この頃鍛えられたからである。

考えに考えた末、腹をくくった。

「もういくらでも結構です。値段はそちらで決めてください。その代わり一度決めたら、それ以上の値引きはご勘弁願います」

するとべらぼうに安い値段を提示されたが、黙ってその条件をのんだ。そして、どうやったらその値段で採算がとれるかを必死に模索した。


稲盛が普通の経営者と違っていたのは、これを〝下請けいじめ〟とは捉えなかったことだ。松下は京セラに対してだけでなく、ほかの下請けに対しても同様に厳しかったから、彼らの中には不満を持っている人も多かった。

同業者の会合に出ると、

「松下もちょっと前までは中小企業やったんやないか。それがちょっと大きくなったからって威張りくさって」

などという恨み節も聞こえてくる。だが時間が経つと、そうしたところはたいてい潰れていった。

むしろ京セラが今日、世界の電子部品メーカーとして力を蓄えられたのは、松下のあの厳しい購買姿勢に鍛えられたからだと稲盛は言う。

最初のうちこそ苦しんだが、そのうち感謝の気持ちさえ抱くようになっていった。下請けに対する厳しい要求を、恨めしく思うか感謝するかで、企業の道も、経営者人生そのものも変わってくる。

「自分たちはお客様の召使いであるべきだ」

と徹底した顧客志向を目指したのは、誇りを捨てろという意味ではない。謙虚にお客様のニーズに応えようという教えだった。

そうした延長線上に京セラの強みが形成されていく。京セラの強みは、先述した内製率の高さや高度なノウハウに加え、製品の値段の決め方にある。

「値決めは経営だ」

稲盛はそう言い続けた。

京セラは原価計算システムを入れていない。そのため値段設定は融通無碍《むげ》であり、プライシング（値決め）こそが彼らの経営戦略の核であった。

市場価格より低い価格で受注した後に、いろいろと理屈をつけて値段交渉して値段を上げていくこともある。また逆に高付加価値商品の場合、驚くほどの利ざやを確保していても買ってもらえることもある。粗利率はいくらをめどとするといった線引きなどしていないから、いくら利益が出ようが儲けすぎなどと考えることはない。

「うちの売値はお客様が決めてきた」

という稲盛の言葉は事実なのだ。顧客が値段を決めてくれれば、後は徹底的に原価を下げて収益の極大化を図るのみなのである。

若手社員の反乱

順調に見えた京セラに、その後立て続けに危機が訪れる。その一つがフォルステライト磁器に代わるマルチフォームガラスの台頭であった。

セラミックスのみならず、鉄にしてもガラスにしてもカーボンにしても、時代の流れとともに研究が進み、素材としての性能は日進月歩である。フォルステライト磁器を上回る性能の素材が開発されるのも予想されていたことだった。

稲盛はこれから後も、最先端の技術を持っていないと時代に置いていかれるという世界で戦い続ける。そのことに恐れを抱かず、絶えず挑み続けていくものだけが生き残れる過酷な世界だった。

マルチフォームガラスはガラス製絶縁部品である。ガラス棒の一部を過熱したときにひびが入らないよう、熱膨張係数の小さいガラスを使い、独立気孔（つながっていない微小な気泡）をたくさん残して焼結させる高い技術が要求される。

開発されたばかりで量産できるメーカーは少なかったし、製品としての信頼性に未知数のところもあったが、すでに日本電気はU字ケルシマをマルチフォームガラスに切り替えはじめており、従来硬質ガラスを使っていた日立、三菱、東芝などはもとより、松下電子も遅かれ早かれマルチフォームガラスに切り替えてくることが予想された。

松下電子からのU字ケルシマの受注がなくなれば、あっという間に京セラは倒産の危機に瀕《ひん》する。アメリカから見本を取り寄せ、研究に取りかかった。そして試行錯誤の末、ようやく昭和三六年（一九六一）一月、松下電子から合格点をもらえる製品ができあがる。危ないところだった。

創業の翌年度（昭和三六年三月期）は売上、利益ともに倍増の勢いで、全社一丸となった成果だと自信が芽生えた矢先、思わぬ事態に直面する。京セラのような小さい会社にも労働問題が勃発したのだ。

振り返れば設立二年目の昭和三五年（一九六〇）、高卒の新入社員を二〇名迎え入れた。元気があって優秀そうな少年たちが入ってきてくれて喜んでいたのだが、彼らは入社直後から、

「こんな会社とは知らなかった」

と不満をこぼしはじめる。

理由はあった。採用の際、宮木電機の立派な事務所を借りて面接をしたのだ。当然彼らは試験会場を本社だと思い込んでいる。ところが入社してみると、古ぼけた倉庫のような建物が自分たちの会社の本当の姿だった。一階の焼成炉の出す熱が二階にまともに上がってくる。夏は猛烈な暑さの中、下着姿で汗だくになって働かされた。

（詐欺《さぎ》に遭《あ》ったも同然だ！）

憮然《ぶぜん》とせざるを得なかった。

だが当時の若者は我慢強い。それでもしばらくは耐えていた。しかし一年が経ったところでそ

れは爆発する。

昭和三六年（一九六二）四月二九日のこと、前年に入った高卒社員のうちの一一人が稲盛のところにきて〝要求書〟を突きつけたのだ。

内容は次の通りだ。採用時に一年経てば月給制にすると約束していたことの速やかな履行（それまでは日給制で、遅刻・早退・欠勤があるとその時間分を基本給から差し引かれていた）。そして毎年の昇給とボーナスの支払いなど将来の保証である。

「この二点を了承していただけなければ全員辞めます！」

彼らはまなじりを決して稲盛に迫った。

前年五月、岸信介内閣が強行した安保改定に反対するべく、デモ隊が国会周辺を埋め尽くした記憶も新しい。若者たちの反権力的風潮は一つの頂点に達していた。

加えて、京都が革新府政の下、労働組合運動が激しい土地柄だったことについてはすでに触れた。高卒の新入社員には京都西陣の織工の子弟が多かったが、リーダー格の青年の父親は西陣の共産党のオルグの中核をしており、夜な夜な父親たちが労働争議の相談をしているのを聞きながら育った。

労働問題が発生した昭和三六年春は、ちょうどマルチフォームガラスの量産化を開始した時期であり、フォルステライト磁器に並ぶ主力商品に育てようと全社一丸となって生産増強に取り組んでいた。当然、工場は毎日フル回転である。

中卒の社員は夜間高校に通わせていたから定時に帰っていく。ところが高卒ともなると一人前扱いで、当然のように何時間でも上司につきあわされ、土曜祝日は基本的に出勤。時には日曜まで駆り出される。不満が積み重なっていた。

「一生懸命、人間とはというようなことを説いてですね、みんなをこちらのほうに向けさせるよう頑張っておったんですけれども……」

当時を思い出して筆者に語る稲盛の顔に、悔しそうな表情が浮かんだが、ここまで労働環境が悪ければ爆発するのは当たり前だ。労働組合運動はまさにこうした労働環境改善のための運動でもあったわけで、若い社員たちの怒りは十分理解できる。

稲盛も松風工業入社の際、だまされたような思いを抱いたはず。設立間もない会社で優秀な人材を採用しようとしたために、無理をしたところがあったのだ。

聞けば、脱落者を出さないために血判までしているという。おそらく創業時の血判状の話を聞き及んでいたのだろう。

だが彼らは創業メンバーが、会社がうまくいかなかった時にはアルバイトをしてでも稲盛に研究を続けさせたいという思いで会社を立ち上げたのだということには考えが及ばなかった。創業メンバーと彼らとでは、稲盛との一体感に大きな差があったのだ。

彼らの二つの要求のうち、一年経てば月給制にするという約束を履行していなかったのは会社側のミスとして素直に認め、四月にさかのぼって改めた。だが毎年の昇給とボーナスを将来にわたって保証するというのは、創業したばかりの会社に確約できるはずもない。彼らを引き留めるために約束するというのはあまりに不誠実だ。

狭い社内での交渉は、話が筒抜けになって士気に関わる。そこで彼らを家に連れ帰って話の続きをした。当時、稲盛は嵯峨野の広沢池の近くにある二間の市営住宅に住んでいた。そこでひざを突き合わせて話し合ったが、夜通し話して翌朝になってもなお、

「資本家は、うまいことを言って労働者をだましますから」

と不信感を口にする。

「将来のことは確約できないと正直に言う人間と、簡単に口約束をしてその場を収める人間と、君らはどちらが信頼できるんだ？　私は自分だけがうまくいけばいいという考えは毛頭持っていない。入社したみんなが心からよかったと思ってくれる企業にしたいと願いながら心血を注いで経営している。それが嘘か真か、辞める勇気があるのなら、だまされる勇気をもってついてきてみてはどうだ？」

冷めた魂を情熱の力で揺り動かすべく、思いのすべてを言葉に込めた。そこには駆け引きなどない。ただただ誠意だけだ。やがて彼らはかたくなな心を開いていき、一人、また一人と納得してくれた。

そして最後に例のリーダーの青年だけが残った。

「男の意地です！」

彼との話し合いは三日に及んだ。

（どうして気持ちが伝わらないのか……）

京セラ創業当時の社屋

箱型電気炉と電気トンネル炉

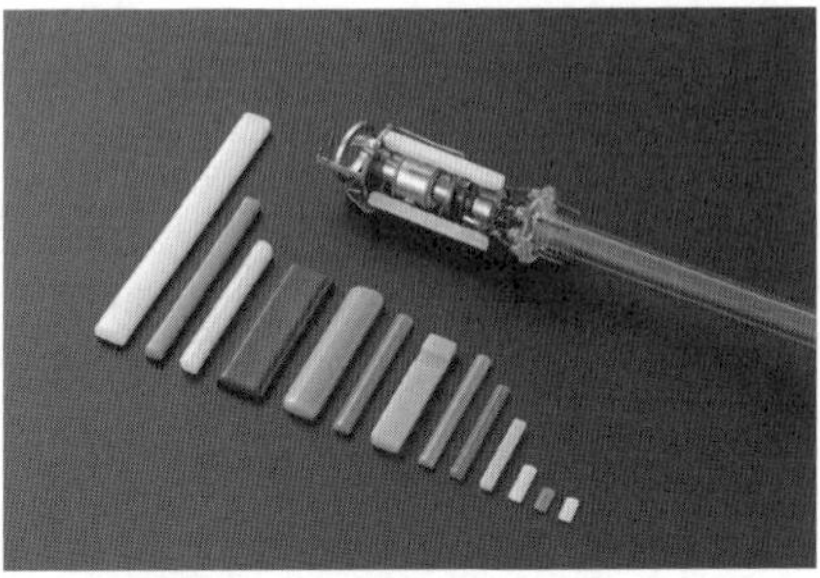
マルチフォームガラスを使った製品

悔しくてならない稲盛は、ついにこんな言葉を口にした。

「私は命を賭《と》してこの会社を守っていく。もし私がいい加減な経営をし、私利私欲のために働くようなことがあったら刺し殺してもいい！」

それは魂の叫びだった。裂帛《れっぱく》の気合いが彼の心を覆っていた氷を溶かし、ついに彼は稲盛の手を取って泣き出した。

こうして反乱を起こした若者たちは、再び職場へと戻っていった。先輩たちも気持ちよく受け入れてやった。すっかり稲盛に心酔した彼らはベクトルを一つに合わせ、京セラの大事な戦力となってくれるのである。


この一件は、稲盛が単なる事業リーダーから真の経営者になる一つの契機となった。

稲盛自身、明日のことなどわからない。にもかかわらず、従業員は何年も先までの待遇改善を期待し、家族の生活を含めた将来にわたる保証を会社に求めている。そのことを、この事件により思い知ることになった。

（とんでもないことを始めてしまった……）

そうつくづく思った。

それまでの稲盛に足らなかったのは、経営者としての覚悟であった。

今回の教訓を踏まえ、稲盛は次のような経営理念を掲げるようになる。

――全従業員の物心両面の幸福を追求する

京セラは生まれ変わったのだ。後に彼はこう振り返っている。

〈この経営理念に従い、「人の心」をベースに経営を進めてきたことが、現在の京セラをもたらしたのだと私は信じている〉（稲盛和夫著『敬天愛人』）

第三章

世界の京セラへ

ＩＣ誕生で開けたビジネスチャンス

販路拡大は、引き続き京セラにとっての悲願だ。

ところが当時の日本には企業系列の壁があった。三菱は三菱、住友は住友と、その系列会社の中で部品調達をする閉鎖的な商慣習がまかり通っていたのだ。

そこで稲盛は海外に着目する。

〈もし、海外の有力エレクトロニクス企業に京セラの製品を採用してもらえるならば、たとえ無名に近い存在であろうと、一も二もなく日本の大手企業でも使ってもらえるだろう〉（稲盛和夫著『敬天愛人』）

昭和三七年（一九六二）七月、常務に昇格していた稲盛は、一カ月の予定で単身アメリカに渡った。

彼には見ならうべき関西の先輩経営者がいた。松下電器の松下幸之助とワコールの塚本幸一である。昭和二六年（一九五一）、大の飛行機嫌いだった松下が、その五年後の昭和三一年（一九五六）には塚本が、それぞれ欧米視察を行っていた。その結果、松下はフィリップス社との提携を果たし、ワコールもビジネスを大きく発展させた。

彼らに負けてならじと、塚本の六年後、稲盛も海外を目指したのだ。

当時の外為相場は一ドル三六〇円の固定レートで、なおかつ外貨持出制限があった。航空運賃も今の比ではない。小学校教員の初任給が一万二九〇〇円という時代に、約一〇〇万円もの渡航費用をかけての渡米となり、必ずや大きな収穫を得てみせると心に誓った。

羽田空港から出発する前日、洋式トイレが備わっていると話題だった千葉県松戸市の公団住宅に住む友人のもとを訪ね、使い方を練習させてもらっている。海外に行くとなると遺書を書く人も多かったくらいだから、気合いが入るのも当然だった。

出発当日には家族と幹部社員全員が見送りに来てくれた。

中には工場から作業着のまま夜行列車に飛び乗ってきてくれた者もいる。日の丸の小旗を打ち振り横断幕を持つ彼らに向かい、タラップの上から大きく手を振りながら機中の人となった。席に座っても興奮は収まらない。自然と頬を涙がつたった。


ニューヨークに到着し林立する摩天楼《まてんろう》に感動したが、観光などしている暇はない。

翌朝には早速、事前の根回しをお願いしていた極東貿易の米国事務所に出かけ、担当者の永井《ながい》立昇《りゅうしょう》（後に京セラ入社）をせっついた。

稲盛のことだ、必死にお願いしたであろうことは容易に知れる。だが永井はほかに大きな商談をいくつも抱えている。彼にとって稲盛は、ようやくこれから市場開拓を始めようとしている中小企業の一役員にすぎない。どうしても後回しになる。商談はおろか会社訪問のアポすら入らないまま、時間だけが過ぎていった。

気は焦るばかりだ。英語が話せないから食事も満足に取れない。肉体的にも精神的にも追い詰められていき、夜中にうなされて跳び起きることもしばしばだった。

さすがにそのうち、何社かの電気機器メーカー幹部と面談ができ、工場見学をさせてもらえることになった。

ある工場ではドイツ製のプレス機械がずらっと並び、電動でリズミカルに動いていた。スピードといい性能といい申し分ない。その頃の京セラはハンドプレスで製造していたわけで、彼我《ひが》の差がある。だが彼は冷静だった。

「この機械は一台いくらするんですか?」

そう尋ねると、向こうの工場長は驚くほど高額な値段を口にした。

そのとき稲盛は、頭の中で一分間で何個作っているかを冷静に計算してこう思った。

(投資効率から言えばうちのほうが勝っている)

欧米崇拝で最初から参ってしまっている人間とは少し違っていた。

だが見学だけではビジネスには結びつかない。何の成果も出せぬまま帰国の途についた。

〈「もう二度と米国なんかに来るものか」と真剣に思った〉(稲盛和夫著『敬天愛人』)

という言葉が、この時の悔しさを伝えている。

摩天楼や近代的工場がまだ網膜に焼き付いている中、再びおんぼろ倉庫で働く生活に戻ってきた。

西ノ京原町の工場は狭かったから昼休みに野球はできず、せいぜいキャッチボールだった。それも往来を気にしながら道路でやるしかない。あるときボールが逸《そ》れて向かいのたばこ屋に飛び込み、壁に当たってはがれ落ちた漆喰《しっくい》がおばさんの作っていた味噌汁の鍋に入ってしまった。申し訳ないことをしたと、稲盛は彼らに代わって謝りに行った。だが気分転換に身体を動かすことはさせてやりたい。

「一生懸命仕事をすれば、今に必ず運動場を買ってやる」

そう稲盛は約束した。

（また夢みたいなことを……）

みんなそう思っていたが、ほどなくして本社工場は手狭になり、移転先を探しはじめる。

そんな時、工場誘致に力を入れていた滋賀県の蒲生《がもう》町（現在の東近江市）から打診があった。七八〇〇坪（約二万五七〇〇平方メートル）のまとまった土地があるという。早速、例のスバル360に乗って見に行った。

軍の射撃練習場だった高台の丘陵地だ。二年後には北側に名神高速道路が通る計画で、八日市《ようかいち》インターチェンジ予定地に近い。宮木社長も勧めてくれ、心が決まった。

昭和三七年（一九六二）一〇月一九日、滋賀工場第一次土地買収の契約書に調印。翌年五月二四日には第一期工事を終え、無事竣工式を迎えた。そこには約束の運動場はもちろんプールまで造った。かつては夏休みに名神高速を走ると、京セラのプールで社員や家族が楽しそうに泳いでいる光景が見られたという。

職場とコンパだけでは話し足りないのか、稲盛家には従業員がしばしば遊びに来た。すでに市営住宅から建て売りの家に移っていたから一〇人くらいはなんとかなった。

しばしば彼らは生きた鯉をさげてくる。最初は洗いなどにしてみんなで食べていたが、それがあまりに頻繁になり、鯉がかわいそうだから庭にあった小さい池に放そうかと話したのも、今となっては懐かしい思い出だ。

昭和三九年（一九六四）二月には社歌を制定し、社内報を創刊した。

そして四月には創業五周年を迎える。会社も立派に独り立ちできたということで、五月二八日、宮木社長は会長に退き、青山政次が二代目社長に就任。稲盛は専務に昇格した。

二八人で発足した会社は一五〇人を数えるまでになり、全員で和歌山の白浜温泉に行って盛大に五周年を祝った。

この頃から、社内行事が増えていく。

前年一〇月、第一回運動会を西京極《にしきょうごく》グラウンドで開催したのを手始めに、新年会や誕生会、成人式、盆踊り大会、創立記念式典、クリスマスパーティーに忘年会。身体を動かすものとしてはハイキング、海水浴、宝ヶ池一周のマラソン大会。それらは基本的に全員参加である。心を一つにし、ベクトルを合わせるための工夫だった。

この二〇年後に社会人となった筆者の世代でも、日本企業の多くで同様のことが行われていた。京セラのこうした試みは珍しいことではなかったのだ。

京セラの創業期は、ちょうどエレクトロニクス産業の勃興期にあたる。

まずは真空管がトランジスタに代替され、次に複数のトランジスタやダイオードをできるだけ小さく組み上げようとしてIC（Integrated Circuit：集積回路）が生まれた。

するとICが実用化される過程で、今度はそのICを守るものが必要となる。それがICパッケージと呼ばれるものだ。ファインセラミックスは絶縁性と密閉性に優れている。京セラにとって、大きなビジネスチャンスが到来したのだ。

米国西海岸のシリコンバレーに続々と半導体関連企業が誕生していった。IC技術において米国は圧倒的に先頭を走っていたが、日本企業もやがて追随しはじめる。

そのうち東芝がマイクロ・モジュール用メタライズ基板の製作を依頼してきた。携帯用無線機に使う部品で、ICパッケージの先駆的な商品だ。大きさは約八ミリ角、厚さ〇・二ミリほど。各辺に刻みを三カ所ずつ計一二カ所入れ、そこにトランジスタなどの電子部品を装着する設計になっている。

東芝も頼みっぱなしではない。担当者が何度も京セラの工場に来て一緒に考え、議論し、時にはともに徹夜しながら、米企業に追いつき追いこそうと必死に頑張った。やがて京セラはICパッケージの分野で世界シェアの七割を占めるまでになるが、その原点がここにあった。

ICに用いられる半導体に関しては、東芝のほか、日立、富士通、NEC、沖電気、この五社が関東の雄である。関西は三菱電機と松下電子だったが半導体では出遅れており、京セラの主な顧客という意味では圧倒的に関東の五社との取引がドル箱だ。京セラ東京営業所に配置する営業マンの数も増加の一途をたどった。

技術力に自信を付けていた稲盛は、前回渡米の二年後、早くもリベンジを図ろうとする。昭和三九年一〇月、香港経由で欧米を回る視察旅行に出たのだ。東京オリンピック開催で日本中が沸いているさなかだったが、稲盛には浮かれている暇などない。今度こそ成果をあげてみせると勇躍旅立った。

今回は強力な助っ人がついていた。松風工業で貿易部長だった上西阿沙《じょうにしあーさー》（後の京セラ副社長）が、この前年に入社してくれていたのである。稲盛より一一歳上の上西はカナダのバンクーバー育ち。英語のネイティブスピーカーである上、貿易業務に精通し、各国に人脈があった。

それでも最初は商談がまとまらず、前回の悪夢が胸をよぎった。

「みんなに申し訳ない」

そうつぶやきながら涙ぐんでいる稲盛を見て、海外生活が長い上西は信じられないという顔をしている。

稲盛はそんな上西に、

「ともに涙し、ともに笑う会社を目指そうじゃないですか。あまりのひたむきさに神様が哀れに思い、かわいそうだから注文をあげよう、と思われるぐらい努力するしかないんです」

と熱い思いを胸に仕事をしようと語り、来る日も来る日も取引先開拓を続けた。

そしてついに、米国の有力エレクトロニクスメーカーであるテキサス・インスツルメンツ（TI）社からアポロ計画に使用する抵抗器用セラミック・ロッド（棒）の受注に成功する。

昭和三九年一二月には貿易部を発足させ、米国における代理店契約を丸紅飯田との間で締結した。トランジスタ用セラミックビーズの量産化に成功したこともあり、海外勢からの引き合いが相次いだ。数年前のことが嘘のようだ。

ここからは一気呵成《いっきかせい》に販路が世界へと広がっていった。昭和四〇年（一九六五）三月、香港のマイクロエレクトロニクス社から、七月には米国のフェアチャイルド社から、相次いで大量の受注があり、貿易部は大忙しになった。

稲盛は確実に世界を視野に捉えていたのである。

米国出張時、ＴＩ社の技術者から、

「こういうものをつくれないだろうか」

と見せられたのが、二枚のセラミック板を重ね合わせた、ＩＣを保護するためのパッケージの試作品だった。それを見た瞬間、稲盛はセラミックスの歴史が新しい一ページを開こうとしているのを感じたという。

これこそがセラミック積層ＩＣパッケージだった。電卓用のＩＣに使われ、やがてコンピュータの心臓部であるＭＰＵ（Micro-Processing Unit：マイクロプロセッサ）や通信用半導体のパッケージとしても使用されるようになる。

帰国後、稲盛は全力でこれに取り組み見事完成させた。京セラが製作に成功したという噂はすぐに広まり、モトローラ社、インテル社、アメリカン・マイクロシステムズ社といった超一流企業から次々と注文が舞い込んできた。

アメーバ経営

昭和三八年（一九六三）に滋賀工場の操業を開始した際、押出、プレスといった量産の前工程は滋賀工場に移し、メタライズ、切削《せっさく》・研磨加工といった量産の後工程と開発・試作部門は本社工場に残した。

稲盛は新しい工場を建てるたび、「隅《すみ》から使え」と口にした。広いスペースがあるからといってゆったり使っていては、一事が万事で経費削減に対する意識が希薄になってしまう。

だが経費削減ばかり言っていても企業は強くならない。稲盛は従業員数とセクションが増えたこの時期、何を目標にして社員の心をまとめ上げるかを徹底的に考えた。

よくやったら褒め、だめなら叱咤《しった》するのはリーダーの基本である。それを漠《ばく》としたイメージやそのときの気分でやってしまっては従業員は納得せず不満が残る。できれば経営者の目指している方向がわかる明確で合理的なものとして目標を数値化したい。

そこで稲盛は、全社に共通した経営指標づくりに着手した。社員すべてがベクトルを合わせるためにも、これは必須の作業だった。

そして昭和四〇年（一九六五）一月から導入されたのが、「時間当り採算制度（時間当り付加価値）」である。計算方法はきわめてシンプル。生産高（売上高）から経費（人件費を除く原材料費など）を引き、総労働時間（定時間＋残業時間）で割る。この時間当り付加価値を指標としたことで可能となったのが、あの「アメーバ経営」であった。

会社全体を工程別、製品群別にいくつかの小さな組織に分け、それぞれが一つの中小企業であるかのように経営を任せ、時間当り採算制度によって独立採算で運営する。

自己裁量権を持つが、同時に利益責任を負うこの小集団は、会社の指示でなく現場の判断によって形を自在に変えていく。ひとつひとつが環境の変化に適応して、発生したりくっついたり離れたり消滅したりするのだ。

「まるでアメーバですなあ」

説明を聞いた銀行員が、感に堪《た》えたようにそう口にしたのがきっかけで、アメーバという呼び名が定着していった。

現場に任せ、責任を持たせ、人を育て、現場から会社全体を活性化させる、いまや京セラの代名詞となった社内制度だ。間接部門も対象である。京セラにコスト意識を持たない人間などいない、全員が必死に儲けようとする会社なのだ。

アメーバ経営の確立には、当時まだ珍しかったコンピュータ導入が大きな役割を果たした。時間当り付加価値の算出がもし手計算であったなら、その労力たるや大変なものであったろう。

ここで森田直行という社員が登場する。稲盛と同じ鹿児島大学工学部で有機化学を学んだ直系の後輩だ。

「ウチのＯＢが作った面白い会社がある」

と教授に勧められ、昭和四二年（一九六七）、設立八年目だった京セラに入社した。

入社してすぐ滋賀工場の生産管理部に配属されたが、それはちょうど時間当り採算制度が始まって二年目にあたり、いろいろと模索していた時期だった。

そして昭和四四年（一九六九）、富士通のホストコンピュータ（ＦＡＣＯＭ２３０—10）が導入される。ベストセラーとなったＦＡＣＯＭ２３０シリーズの最小型機種だ。

ところが生産管理部門は文系の社員ばかりでコンピュータがうまく使いこなせない。これでは宝の持ち腐れである。

そこで入社二年目の森田に、

「理系のお前が何とかしろ」

と命令が下った。

入社早々、フォルステライト磁器の研究に取り組まされた若き日の稲盛を彷彿《ほうふつ》とさせる。

森田は大阪にあった富士通の事務所に通いはじめた。そしてコンピュータの使い方を習得した彼は、二年がかりで業務管理の枠組みを作り、見事期待に応えるのだ。

これで時間当り付加価値の算出ははるかに楽になった。コンピュータを用いることで営業、納品、製造といった各部門間の帳簿上の整合性も保たれ、タイムリーで正確な情報が集まり、時間当り採算の精度は格段に上がった。

アメーバの責任者はリーダーと呼ばれる。稲盛は高い志と闘志を持ち、私心なく集団を引っ張る指導者をリーダーと呼び、決してマネジャー（管理者）とは呼ばなかった。この二つを区別することに大きな意味があったのだ。

後年、ＪＡＬ再建の際、経営管理手法を教えるマネジメント教育ではなく、指導者としての心構えを作るリーダー教育を最初に導入した点は示唆に富んでいる。

アメーバリーダーには二〇代の若者もいれば女性もいる。すぐれた提案をした社員には、それに見合うだけのやりがいのある地位と人的・物的リソースを与えられるから、さらにやりがいが増していく。

そもそも京セラには越権行為とか下克上《げこくじょう》とかいった言葉がない。営業が資材部の仕事をまとめたり、製造部門の人間が営業をしたりすることは普通の光景だからだ。

「常に創造的な仕事をし、与えられた仕事さえやればいいという安易な考え方を捨てよ」

とは京セラフィロソフィにもある言葉だが、権限を与えられるまで何もしない人間より、権限を奪い取ってでも仕事をしようという人間が優先される。

そうするうち、他のアメーバを吸収してしまうこともあり得る。上司が承認したら切り取り自由なわけだ。それでも敵対や対立はない。みなフィロソフィをしっかりと共有し、会社のためという大義のために頑張っているからだ。

アメーバ経営にとって一日の始まりは掃除であり、その後の朝礼である。工場単位、事務所単位で行われるそれは、やがて京セラ名物となっていく。

出社するとすぐに上下の別なく掃除を行い、朝礼の時間になると点呼がある。そして社歌の斉唱。その後、経営成績の発表があり、アメーバ単位の打ち合わせが終わると全員がさっと職場に散る。筆者も滋賀工場で実際の朝礼を見学したが、ピンと張りつめた気迫が伝わってきた。社員全員が、自らの属しているアメーバの目標を把握し、その達成に向けて努力している。その結果、個人の能力は向上し、生きがいを持って働くこともでき、会社全体のモラルがあがっていく。

経費節減を稲盛自身がうるさく言っていた時代は意外と短い。後は従業員の自発的な活動だった。

機械設備も新規購入は極力抑え、現在ある機械に創意工夫を凝らして改良する。創業当初は事務用机、椅子等も中古品で我慢していたという。

公共交通機関があればタクシーは使わず、出張の際も始発で行けるなら前泊を許さない。間接部門の経費は極力抑え、一人何役もこなす。長い間、間接部門の経費は金融利息の範囲内でまかなうという時代が続いた。現在の低金利下ではとても無理な話だが。

月末の納期近くになると生産の現場はまさに戦場になる。工程管理の人間も、場合によっては事業部長も応援に行く。部長が旋盤を回して加工したり梱包を手伝ったりしている姿は、大企業ではまず見られない光景だろう。

月末に集計された成績は翌月初日に発表される。目標に届かないと悄然とするし、大きく数字を伸ばすと職場にビールを持ち込んで乾杯し、万歳三唱だ。京セラはほとほと飲むのが好きな会社である。

昭和八年（一九三三）五月、稲盛が敬愛する松下幸之助は、門真《かどま》への本社移転を機に、松下電器の社内組織を三分割し、それぞれ別個の事業部とした。事業部では独立採算制が採られ、研究開発から製造、販売、宣伝に至るまですべて事業部ごとに行うこととなった。

伝説の「事業部制」の誕生である。

事業部制はその後、松下電器の勝利の方程式として定着し、今では日本企業の多くで採用されている。世界を見渡すと、その一〇年ほど前にアメリカの大手化学メーカーのデュポンが同様の社内制度を採用しているが、この松下幸之助という尋常小学校四年中退の創業者は、誰に教わるでもなく、自らの知恵と経験でこの経営手法を編み出したのだ。

アメーバ経営と事業部制にはいくつか共通点があるが、欧米型会社組織との相違点という意味で、業績と報酬がリンクしないことが際立った特徴だろう。

欧米企業のプロフィットセンター型経営管理の基本は、プロフィットセンターの業績と責任者の報酬をリンクさせることによって、労働意欲を引き出そうとするところにある。業績が上がらなければ収入も減る。

ところが松下電器でも京セラでも、事業部やアメーバの業績を給料とかボーナスとかに連動させていない。ボーナスの増減を行うと、業績が上がるときはいいが下がるときは大きくモラルダウンしてしまうからだ。後者のマイナスのほうが前者のプラスよりはるかに大きいことに、彼らは気づいていたのである。

稲盛はこう考える。

立派な業績を上げたということは、それだけみんなのために貢献した（利他）ということであり、素晴らしい業績を上げたアメーバに対して与えられるのは、名誉と誇りである。みんなのために貢献したという満足感と、信じ合える仲間から寄せられる感謝や賞賛こそ、最高の報酬であるはずだ。

そういう精神状態になってもらえなければ、本当の意味でのアメーバ経営は成立しない。この点、彼は決して譲ることはなく、業績がいいときには、全社員にボーナス増額を行うというやり方で報いた。


アメーバ経営は事業部制をそのまま模倣したものではない。しかし、独立採算の社内組織という事業部制の発想が参考とされたのは間違いないだろう。

経営者は得られるすべての情報を吸収し、プラスになると思ったものは取り入れるべきだ。経営理念や会社組織や働き方に特許などない。まして松下は〝経営の神様〟と呼ばれた人物だ。稲盛自身はまさにアメーバのように松下の経営手法を吸収し、取り込んでいったのである。

ただ日頃から、彼がこう思っていたことは重要である。

「松下幸之助は不世出の経営者だ。しかし、松下幸之助の真似をしていたのではいつまで経ってもその境地にはたどり着けない。自分なりの独創を加え、松下幸之助を超えようと頑張って初めて、松下幸之助の境地にたどり着けるのではあるまいか」

松下幸之助の名言に、

「富士山は西からでも東からでも登れる」

というのがある。

経営の頂きに登る道は、松下の言う通り一本ではないのだろう。そしてそれは時代によって、環境によって変わるに違いない。稲盛は先人のたどった道を参考にしながらも、また別の〝道〟を見出したからこそ、頂きに立てたに違いないのだ。

アメーバ経営は、松下電器の事業部制以上に分権化が下部組織に及んでいる。設立も容易だが解散も容易だ。撤退の決断と実行は時代の変化が早くなるほど重要になる。

アメーバ経営は、稲盛による経営イノベーションだったのだ。

一方で、アメーバ経営のすごさは認識できても、それを実際に導入している企業は少ない。それはこれまで見てきたように、日々の時間当り付加価値の算出ができる体制になっているのはもとより、社員全員が参加するモラルの高さと指導者のリーダーシップが要求されるからである。

アメーバ経営の導入には、経営者の不退転の覚悟と、会社の持っている力のすべてが試されると知るべきだろう。

〈経営者の人格が高まるにつれ、企業は成長発展していきます。私はそれを、「経営はトップの器で決まる」と表現しています。会社を立派にしていこうと思っても、「蟹《かに》は自分の甲羅《こうら》に似せて穴を掘る」というように、経営者の人間性、いわば人としての器の大きさにしか企業はならないものなのです〉（稲盛和夫著『「成功」と「失敗」の法則』）

THINK（考えよ）！

従業員を大切にする会社は京セラだけではない。ことに人不足の昨今、人材は会社の宝、すなわち〝人財〟であるという認識を持つ会社は多い。そしてその大切にするやり方も様々だ。大阪のキーエンスのように、利益は株主よりもまず従業員に還元し、日本一の高給であることもあって離職率がきわめて低い会社もある。京都のワコールのように、激しい労働組合運動の中で、組合側から出てきた要求はすべてのむという異例の決断をし、今も〝信頼の経営〟を掲げている会社もある。

だが京セラの従業員第一主義は、また別の道を行く。彼らにとって、従業員の持っているやる気や能力を最大限に引き出し、経済的な安定と精神的な成長の場を与えることこそが、従業員を大切にしているということなのである。

かの松下幸之助が従業員に、

「松下電器は何を作っているか尋ねられたら『松下電器は人を作っています。あわせて電気製品も作っています』と答えなさい」

と語っていたように、京セラもある意味、人を作る会社なのだ。

そして人を作る上で大きな役割を果たしたのが「コンパ」だった。

松風工業時代から始めていたコンパは、京セラになってからさらにその重要性を増し、進化を遂げていた。全員参加が大原則。その日のテーマを決め、時間割と座席表を決めるところからすでにコンパは始まっている。

京セラでは上司が部下に酒をつぐのは当たり前、それどころか上司が鍋奉行を買って出たりする。上司から気配りを学ぶ場でもあるのだ。手酌《てじゃく》は御法度《ごはっと》だ。周囲の杯に気配りをしてさっとつぐ。そうすれば自分の杯を自分でつぐ必要もなくなる。

普通の会社の飲み会なら締めは一本締めなどであろう。ところが京セラのコンパの締めはその日の議論の内容の総括だ。そして、コンパで飲んでいくら遅くなっても「翌日は時間に寸秒も遅れずに出社すべし」というのが不文律だった。

稲盛は部下たちとそうした時間を持ちながら言葉を磨いていった。それは酔いながら聞いても、翌日以降までその余韻《よいん》が嫋々《じょうじょう》と響くような〝力を持った言葉〟である。

——言葉は神なりき

とは聖書の言葉だが、名経営者の言葉は独特の力を持っている。彼らは既存の言葉で伝えられないと思うと、自分なりの造語を生み出す。実際、「フィロソフィ」にしても「アメーバ」にしても「コンパ」にしても、それは字義通りのものというより、稲盛の〝思い〟が塗り込められた造語といっていいだろう。

「『私たちは今後どうなりますんや』と部下に聞かれたら『我々はこうなるんだ』と間髪入れずに答えられるようでなければ経営者失格である」

稲盛は絶えず鮮明な将来のイメージを抱き、それを部下たちに聞かれる前から語ろうとした。将棋や囲碁の世界でも、プロは想像を絶するほど先を読む。ビジネスの世界でもプロの経営者は同様でなければならないはずだ。

「見えてこにゃいかん」

「お前にはまだ見えていない」

稲盛はよくそう口にしたが、それはほかでもない。彼には、はっきりと見えていたからなのだ。

創業当初は、人材の採用に苦労した。社歴も採用実績もないため、大学の就職課に行っても相手にしてもらえない。その点、まだ松風工業時代のほうが楽だった。

「京都セラミック？　何してる会社？」

と会社のやっている仕事から説明しなければならない。

就職課の人にわかってもらえないのだから、学生にわかってもらうのはもっと難しい。だから入社してもすぐに辞めていく。納得ずくで来てもらわないといけないと考えた稲盛は、昭和四〇年（一九六五）頃から、夕食をともにしたり酒を酌み交わしたりしながら面接するようになっていった。インターンシップのコンパ版といったところか。こうしてようやく優秀な人材が採れるようになっていった。

だが京セラは厳しい会社であり、コンパで本音をぶつけ合っても納得できず、ベクトルを合わせる気になれずに職場を離れていく者も多かった。

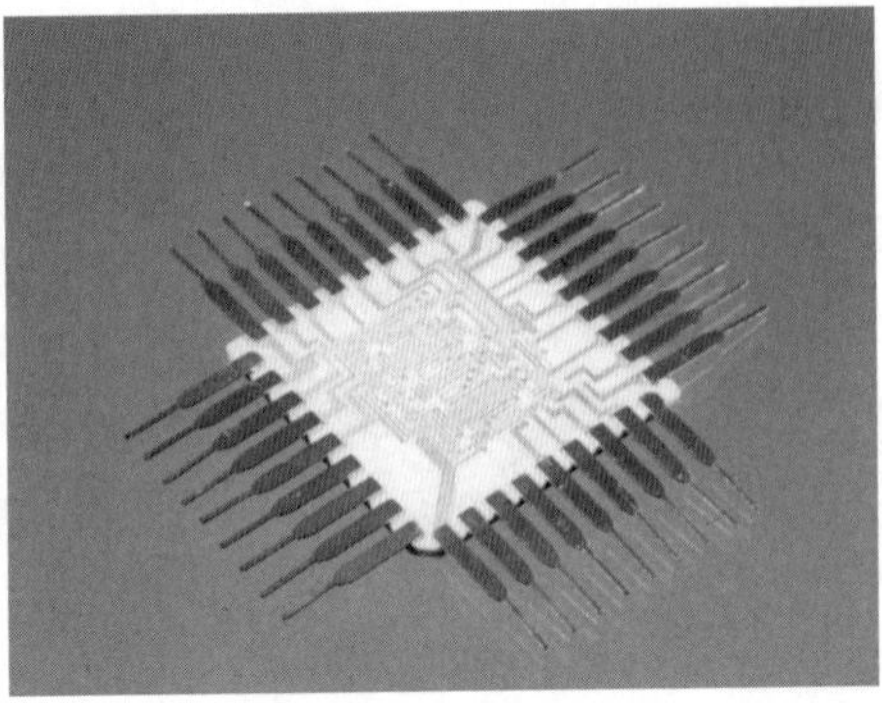

初めての積層ICパッケージ

操業開始当初の滋賀・蒲生工場

コンパ風景（昭和四三年〈一九六八〉六月、滋賀の懐石料理店招福楼にて）

だが妥協は一切しない。

「京セラのフィロソフィに共感できず、私と心通じ合えない人は辞めてもらって結構。むしろ辞めてもらいたい。残っておられては禍根《かこん》を残す」

この考え方は終始一貫していた。

離職率も高い代わりに、心を一つにした者たちのモラルは高い。

今、京都の南の郊外にある京セラ本社を訪ねると一階のエレベーターホールに稲盛のブロンズの胸像が飾られている。これは会社が設置したものではない。従業員からの感謝の気持ちとして稲盛に贈られたものなのだ。


稲盛に取材した際、採用で何を重視したかと聞くと、

「人柄です」

と即答であった。大学時代の専攻なども参考にしたのではと重ねて聞いても、

「人柄です。一点張りですね」

と強調した。

採用時に学歴を重視しないことは、稲盛と松下幸之助の共通点だろう。

稲盛は次のように語っている。

〈有名な呂新吾《りょしんご》（筆者注：中国明時代の政治家・思想家）の『呻吟語《しんぎんご》』には、「聡明才弁は第三等の資質なり」とあります。つまり、頭が良くて、才能があって、弁舌が立つというのはリーダー

の三番目の資質であるといっているのです。第一等の資質とは「深沈重厚、公平無私」である。つまり一番立派な人格とは、常に深く考えて、慎重で、重厚な性格で、しかも公平無私であるといっているのです（中略）私があまり才子を買わないのは、才子というのは往々にして、今日をおろそかにする傾向があるからです。才子はなまじ先が見えるから、つい、今日一日をじっくり生きる亀の歩みを厭《いと》い、脱兎《だっと》のごとく最短距離を行こうとする。しかし、功を焦るあまり、思わぬところで足をとられることも、また少なくありません〉（稲盛和夫著『実践経営問答』）

京セラが有名企業になると、優秀な社員も入ってくるようになった。だが役員選考の際、どうにももの足りないものを感じはじめる。

〈大学を出て、いっぱしの理屈をこねる社員を役員にしていって、本当に会社がうまくいくものだろうか。やはりビジネスの本質がわかっている社員を役員に選ぶべきでは……〉

そんな思いから、役員候補に〝夜鳴きうどん屋〟をやらせてみようと本気で考えた時期があった。

〈夜鳴きうどんの屋台をつくって、五万円ぐらいを元金として渡す。昼だろうが夜だろうが、毎日その屋台を引っ張って売り歩き、何カ月か後にその五万円をいくらにして持って帰ってくるか試験をしよう。その間、会社には一切出てこなくてよろしい。ちゃんと給料は払う〉（稲盛和夫著『京セラフィロソフィ』）

実現はしなかったが、ここで稲盛が一番体得してもらいたかったのは、やはり〝値決めは経営〟ということだという。どんな鰹節《かつおぶし》や昆布を使ってダシを取るのか。材料費はトータルでいくらにするのか。それらの原価に対し売値をどうするのか。

「値決めの中に経営者の才覚があらわれる」

そう稲盛は確信している。


海外からの受注に沸く中、いつまでも宮木電機に間借りした本社のままというわけにもいかない。昭和四一年(一九六六)三月、創業から八年目を迎えようというタイミングで、ようやく本社機能を京都から滋賀に移すことに決め、一億円を投じて滋賀工場の増設に踏み切った。現在の貨幣価値に直して四億円と言ったところか。決して大きい数字ではない。

四月には工場二棟、二階建て社員寮などが完成。これまで工場一棟と木造平屋建ての寮があるきりだった滋賀工場が、にわかに活気づいていった。

そして昭和四一年四月、嬉しいニュースが飛び込んでくる。

IBM社向けIC基板アルミナサブストレート(厚膜《あつまく》集積回路用基板)、二五〇〇万個を受注することができたのだ。当時の京セラはまだ年商五億円でしかない。そこへ一億五〇〇〇万円の大口注文が入ったのだ。彼らが興奮したのも無理はない。

稲盛は珍しく家族で福井に海水浴へ出かけており、そこで連絡を受けた。大急ぎで本社に戻り、

「お祝いだぁ!」

と奮発してコンパをスキヤキにし、その後も八日市の飲み屋街に繰り出して喜びを爆発させた。

それにしてもIBMという会社の懐の深さには感心させられた。サブストレートが組み込まれ

るのはＩＢＭの大型汎用《はんよう》コンピュータ「システム／３６０」である。コンピュータの歴史上最も有名な機種のひとつであり、ＩＢＭの代名詞とも言えるこの最重要製品の心臓部を、名もない日本の中小企業に任せてくれたのだ。

この時競り勝った相手は、ローゼンタール社やデグサ社といったドイツを代表するセラミックメーカーだった。彼らは過去の実績やネームバリューにとらわれず、その技術力を公平に評価してくれたのだ。

これを機に稲盛はＩＢＭの歴史や企業理念について学び、彼らのモットーである〝ＴＨＩＮＫ（考えよ）〟と書かれたプレートを、机の上に置くようになる。それは彼がＩＢＭという世界一のコンピュータ会社に対して抱いた、深い敬意の表れであった。

ＩＢＭからの受注に応えるべく、自動プレス機三〇台、大型電気炉二基、精度測定用の万能投影機など、必要な最新機器をそろえ、原料の調合、成形から焼成まであらゆる工程において稲盛自身が陣頭指揮に当たった。

実はここからが問題だった。受注段階で彼らの要求している製品ができていたわけではなかったのだ。先方からの仕様書をもとに、これから製作にかからねばならない。そしてＩＢＭの要求水準はケタ違いに厳しかった。

何度試作してもはねられる。喜んでいたのが嘘のように、みな青くなり出した。

京都から通う時間が惜しくなった稲盛は、滋賀工場内の寮に泊まり込んだ。二段ベッドの置かれた二人部屋で、下段にはこれまた京都に家のあるはずの杉浦正敏常務が寝ていた。

来る日も来る日も試作が続く。

「できた！」

と躍り上がって喜ぶと、果たしてそれは夢だった——そんな作り話のようなことが現実に起きた。

ショックのあまり、

（そうだ、あの調合の比率を変えてみよう）

と、稲盛が寝ぼけて起きたまま工場に向かうと、深夜だというのに電気炉の前に人影があった。みな遅くまで必死に挑戦を続けていたのである。

それでも思うような結果が出ない。あれこれ試した末に万策尽きたと肩を震わせて涙している担当者に稲盛は、

「君は神に祈ったか？」

と問うたという。

やるだけやったのだからあきらめがつく。普通の人間ならそう思うはずだ。ところが彼は、それもまだ甘えだと戒めたのだ。〝ネバーギブアップ〟のハードルは以前より上がり、もはや異次元の高さになっていた。

稲盛は部下にも厳しかったが、自分にも厳しかった。

京都の町をたまたま部下と歩いていた時、デパートの壁に紳士服新春バーゲンの大きな垂れ幕が下がっているのをちらりと見た。

ただそれだけのことだったが、そのあと彼は、

「俺は馬鹿だ。バーゲンの垂れ幕を見てしまった。仕事に集中していない。恥ずかしい」

とつぶやいたという（大田嘉仁著『JALの奇跡』）。

それほどまでにストイックに集中し、神にも祈る気持ちで取り組んだ結果、ついに彼らは見事製品を完成させるのである。稲盛の〝思い〟が結晶し、製品の形になって現れたのではないかという気さえする。

無事IBMから合格通知をもらい、量産体制を整え、IBMへの納品が終わったのは二年後のことだった。

〈我が社があのIBMから高い評価を得たという噂はたちまち国内の電機、電子メーカーを駆けめぐった〉（『日本経済新聞』平成一三年三月一五日付「私の履歴書」）

社長就任と京セラ会計学

二度の海外視察を終えてからの稲盛は、猛烈な焦燥感を抱きはじめていた。

毎年黒字を続けているとはいえ、売上は昭和四〇年三月期が二・四八億、昭和四一年三月期が二・九八億と伸び悩んでいる。昭和四二年三月期でやっと六・四四億円。世界の市場拡大のペースにまったく追いついていない。

（のんびりしていると世界の動きに取り残されていってしまう……）

そしてついに彼は行動を起こす。意を決して青山社長のところへ行き、自分に社長をやらせてほしいと願い出たのだ。

普通の会社ならこんなことはあり得ない。後継社長は社長が本人に打診し、その上で取締役会に諮《はか》って承認を取り、株主総会の決議を経て就任が決まるものだ。まして青山の任期はまだ一年残っている。

しかし青山はすぐに了解した。いつか稲盛を社長にするというのは、会社立ち上げの時から創業メンバー全員の合意事項だからだ。

こうしてIBMからの大型受注の翌月にあたる昭和四一年（一九六六）五月二三日、満を持して社長に就任する。時に三四歳、創業して八年目のことであった。ちなみに青山には稲盛と同い年の息子（令道《よしみち》）がいたが、彼は京セラに入社し、後に専務として稲盛を支えることとなる。

稲盛は社長に就任するやいなや、ギアチェンジして不連続への挑戦に着手する。手始めに新たな人事を行った。高橋基、上西阿沙、西田富三郎（後の常務）の三名を取締役に、北大路を監査役にして役員の数を倍増させ、役割分担と責任の明確化を行った。中でも上西の取締役昇格は、海外ビジネスの拡大に注力することを内外に示す狙いがあった。

七月には一〇〇〇万円増資して資金を用意し、滋賀工場の増産体制を整え、受注連絡効率化のため滋賀工場と東京営業所の間にテレックスを導入。東京営業所を銀座三丁目のビルに移転して販売体制を強化した。

翌年一月の経営方針発表会で月産一億円、時間当り付加価値一五〇〇円という意欲的な目標を掲げた。これを早くも同年六月に達成する。だが彼はこれしきのことで満足しない。八月七日に月産一億円達成の祝賀式典を開くと同時に、月産二億円を新たな目標として掲げ、それを翌年の一二月に達成するのである。

稲盛が社長になってからの売上の伸びのすさまじさは、昭和四二年度一〇・四億円、昭和四三年度一九・二億円、昭和四四年度四四・二億円、昭和四五年度七〇億円という数字がはっきりと示している。業容が倍々ゲーム以上のペースで拡大していったのは、稲盛が営業と研究開発と生産手法のすべてにおいて、従来の手法に改良を加えたからだ。

強力なリーダーシップによるトップダウンとアメーバたちによるボトムアップが、大きな歯車となってかみ合い、ダイナミックな動きを見せはじめた。

稲盛はあれほど将来の夢を語ることを大切にしながらも、経営目標に関しては短期的なものしか立てなかった。

〈なぜショートタームの計画しか立てないのかというと、中長期の計画を立て、それに基づいて売上が増えていくなら、そのために人がいる、設備もいるということになって、投資だけが先行してしまうおそれがあるからです〉（稲盛和夫著『従業員をやる気にさせる7つのカギ』）

それは「一升買いの原則」と通底《つうてい》している。目の前の市場が急速な変化を見せていただけに、このことは有効に機能した。当時よりさらに変化が早くなっている現代にも通用する考え方だろう。

後年、第二電電を設立した際も、短期目標の積み重ねをやめなかった。ライバルであるNTTが超長期の壮大な計画を立てていただけに、アナリストたちから「第二電電にはビジョンがない」と、あたかも見識がないから将来像を描けないかのように批判された。

では一〇年後にどうなっていたかといえば、予想もつかない環境の激変により、NTT自身、自分の目指していたものとまったく違う方向に進まざるを得なくなっていたのである。

稲盛はこう語っている。

「考えて考えて、本当に一歩一歩真剣に働いてきたら明日が自ずから見える。しかし、あさっては見えない。見る必要もない。一歩進めば一歩先が見える。その一歩一歩の延長で未来のことが成し遂げられる」

稲盛が社内の仕事のすべてをコントロールするのは不可能だ。任せるものは完全に任せる。例えば、創業時から一度も自分で金庫の中の金を数えるということをしなかった。小切手に捺印《なついん》することもしない。だが資金の管理ができなければ事故につながる。そこで絶対に不正が起こらないよう励行させたのが〝ダブルチェック〟だった。

普段、銀行印の入っている印鑑箱は金庫に収められている。経理責任者は印鑑箱の鍵は持っているが、金庫の鍵は持っていない。経理責任者が決済する際、別の担当者が金庫から箱を出してきて、経理責任者が捺印するのを確認し、また金庫にしまうのである。その間、二人は一緒に行動する。そのうち金庫の開閉についても一人でできないよう、金庫の鍵所持者とダイヤル番号を知っている者とを別々にした。

京セラは創業時から、不正が行われそうな部署に関しては、こうしたダブルチェック体制を敷いた。物品の購入についても、購入希望者と購入者と検収者（購入したものに間違いがないか点検する人）とは、三人とも別の人間になるようにした。

従業員を信じていないからではない。不正ができないような仕組みを講じてやることは、従業員に妙な気持ちを起こさせない親心だと考えていた。

一方で、財務に関しては決して他人任せにしなかった。

この分野には特殊な知識がいるから、これに詳しい人間を今風に言うＣＦＯ（最高財務責任者）に指名し、自分はＣＥＯ（最高経営責任者）として経営に専念するのが普通である。京セラも斎藤明夫という優秀な経理部長を創業八年目に採用していた。旧制神戸商大卒で、入社当時すでに五〇歳。戦前から上場企業の経理を担当していた経理のプロだ。

稲盛はよく斎藤を質問攻めにした。

「売上が上がって利益も出ているのにあなたは現金がないと言う。儲かったお金はどこにいったんですか？」

「それは一言では言えません。設備になったり、在庫になったり、売掛金になったりしています。手元に現金がありませんから、銀行から借りてくる必要があります」

「銀行から借りなければいけないようなら、儲かったとは言えないのでは？」

「いいえ、経理上は儲かっています」

最初は斎藤を辟易させるような基本的質問をしていたが、原理原則から言えばどういうことかを問い続けるうち、企業財務の核心へと迫っていく。

資金調達と資金使途を明確にする「資金運用表」を作らせ、手元流動性を明確にした。今も昔も赤字で倒産する会社より運転資金不足で倒産する会社のほうが多い。いわゆる資金繰り倒産（流動性倒産）である。稲盛はこの点を経営者として細かく把握しておくことの重要性に、素人ながら気づいたのだ。

最近、急成長を遂げて注目されている米IT企業のアマゾンは貸借対照表や損益計算書以上にキャッシュフロー計算書を重視し、財務三表の冒頭に持ってくることで知られている。稲盛の考え方に、ようやく時代が追いついてきたということなのかも知れない。

そして〝素人〟の稲盛は、従来からの日本の商慣習に異を唱えた。

手形払いをやめ、すべて現金で払うと宣言したのだ。その代わり当然安く買える。

「前金を入れますから、もう少し値引きしてください」

という交渉は、材料調達時に絶大なる威力を発揮した。

現金払いにすると運転資金が必要となり、それこそ資金繰り倒産の危険性が増す。しかし資金繰りをしっかりと把握しているからこそ、〝現金払い〟という武器を手に入れることができたのだ。

最初は、幼稚とも言える質問に頭を抱えていた経理部長の斎藤も、〝本来どうあるべきかを、常識にとらわれず自分の頭で徹底的に考える〟稲盛の姿勢に気づき、教科書的に事務をこなしていた自分の不明を恥じるようになる。しかも財務に詳しくなることで稲盛は営業上の武器まで手に入れた。彼が経営者として成長していく姿に、ただただ目を見張るばかりであった。
やがて稲盛の考え方は「京セラ会計学」と呼ばれるようになる。すぐれた経営者は独自の経営学を創始するものだ。稲盛もまたそうであった。

稲盛は技術的には最先端を追求しながらも、経理処理や財務面では徹底的に保守的で堅実にいこうとした。

まず経理処理に関しては、現金の動きと伝票を一対一対応で処理することにこだわった。決して丼勘定で処理してはならないというわけだ。

また損失として挙げるべきものはなるべく早く挙げるよう努力した。

具体的には、繰延が認められている試験研究費、開発費、新株発行費等についても、できるだけ繰延を行わず直ちに費用として落とした。不良資産についても、万一発生した場合はすみやかにこれを損金処理するよう命じた。

堅実だから税務署が喜ぶかというと実はそうではない。彼らは前倒しで税金を払ってほしいから、収益も前倒しで計上してほしい。そのため健全経営を目指す稲盛との間でしばしば論争が起きた。

資産評価も厳しくその実態を把握しようとしたが、その代表的なものの一つに〝セラミックス石ころ論〟がある。

「当社のセラミックスは、高技術のもとに特殊の用途に適するために作られるものであるから、その用途に適《かな》ってこそ高い付加価値を生み出すが、ひとたびその用途をはずれた場合はまったく使い途がなくなってしまい、石ころ同然で捨てるにも困るものである」

とし、基本的に過剰品、長期在庫品は資産計上するべきではないと指示した。

棚卸しも人任せにせず、稲盛自身がやった。担当者と一緒になって倉庫で検品をし、

「この商品は三年前から一向に売れていないではないか。もう捨てなさい」

などと具体的に指示しながら見て回った。

機械には一〇年という償却《しょうきゃく》期間が税法上決められていたが、これにも疑問を持った。

「ダイヤモンドに次ぐ硬度を持つセラミックスを削る機械は、どうしても摩耗《まもう》するのが早い。だから一〇年でなく三年で償却することにしよう」

一〇年で償却したほうが利益は大きく出る。それでも三年で償却する道を選んだ。

金型も同様に考えた。税法では一〇万円以上のものは固定資産に計上し、二年で償却する取扱いになっていた。しかしセラミックスは硬度がきわめて大きいため、一年以上の使用に耐え得ない。その特性を税務署に説明し、交渉の結果、京セラの金型は金額のいかんを問わず、取得と同時に経費処理することが認められるようになった。

こうすれば財務諸表が現実を正確に反映したものとなる。姑息《こそく》に利益を出すことよりも〝自分の会社の今の姿〟を正確に把握したいという気持ちのほうが強かった。これはとても大事なことだ。本来、自分の会社の今の姿がわからなければ、経営判断のしようがないはずなのだ。

「京セラ会計学」には、上述の点以外にも様々な工夫があるのだが、財務内容をよくする基本は、何はともあれ〝売上を極大化し、経費を極小化する〟ことに尽きると稲盛は言う。

経費の中でも固定費の増大となる設備投資や人員の増加にはとりわけ慎重であった。通常、来年度の事業計画を立てる場合、売上は前期の何％増にしよう、それに伴って人員は何人増やそう、事務所は借り増ししようというふうに予算を組む。だが稲盛はそのやり方を禁じた。

人は増やしても、売上が伸びず、

「いやあ、頑張ってはいるんですが、今ちょっと不景気でなかなかうまくいきません」

と言い訳をする。

使う方の予算だけは確実に使っておいて、入ってくる予算については言い訳ばかりして増えていかないのが予算制度の実体だと見切った彼は、必要な金は稟議を出させてその都度決済し、余分な出費を抑えるようにした。

後に稲盛がＪＡＬ再建に乗り出したとき、同社ではまさにこの予算が既得権益化していた。そこで彼は〝予算〟という言葉を使わせないようにする。その考え方は、すでに京セラ時代にあったのである。

大衆向けの部品を販売していないこともあるが、広告費にカネをかけない。平成九年（一九九七）頃、こんなやりとりが行われたという。

副社長だった山本正博が中国の上海に出張した帰り、空港に向かう道路沿いに並ぶ広告塔を見て、

「京セラは中国で知名度がまだ低いですから、うちも広告塔を立てませんか」

と稲盛に話したが、彼は一顧だにしなかった。

「そんなもん必要ない。そういう考えは覇権主義だ。俺は世界中の空港で、日本企業の大きな広告が並んでいるのを見て苦々しく思っているんだ」

「会長、そんなことを言ってたら、製品が売れませんよ」

と粘ってみたが、

「そこまでして売らなくていい」

と最後はぴしゃりとやられた（『日経ビジネス』平成一一年一月一八日号「実像は頼まれると断れぬ気配りの人 神格化しすぎる周囲に問題あり」）。


「決算書は経営者の意思と実行力の所産であり、その経営に対する考課状でもある」

とは稲盛の名言である。

京セラに三〇の部門があるとすると三〇の損益計算書がある。そのすべてに稲盛は目を通した。するとと部門ごとの従業員の仕事ぶりやリーダーの姿までもが浮かんでくる。

「先月の会議の時に私がああいうふうに言ったのを、あの時あいつは神妙に聞いておったが、ははあ、こういう手を打ったのか。なかなかやるじゃないか」

などと思うのである。

だから業績報告会で役員が、

「私は技術屋です。工学部で物理学しかやっていません」

などと言い訳することを決して許さなかった。帝王学と称して役員たちに財務諸表の見方を解説することさえあったという。

内部留保を厚くすると同時に、資本の充実にも意を用いた。創立一〇周年を迎えるまでに実に一〇回の増資を繰り返したのは、借り入れを増やしたくないという思いと、将来の上場への手応えを感じていたからだろう。

彼はまさに経営の王道をまっすぐに歩んでいた。事業を急拡大しながら健全経営を同時に達成することは至難の業だ。だが稲盛和夫は敢えて二兎《にと》を追ったのである。

自分の才能を一〇〇%会社につぎ込む

日本で初めて警備会社を立ち上げたセコム創業者の飯田亮は、日頃稲盛のことを、

「あの人は経営の天才だ」

と評していたという。

稲盛自身、自分の経営の才に自信を持ちはじめると同時に、こう周囲に語っていた。

「自分の才能を一〇〇%会社につぎ込まんと悪い気がします。一億何千万の国民の中で、何人かは経営者としての才能のあるやつが生まれてくるようになっていて、自分はたまたまその一人だった。そんな自分が会社のことを考えなくてどうする。少しでも会社のことを考えていないと、

会社の生命が消えるような気がする。会社はトップが絶えず生命を吹き込んであげないと」

だがずっと会社のことを考えていてはオーバーヒートしてしまう。だから名経営者と言われる人たちは、しばしば心を鎮《しず》める時間を持った。松下幸之助も余暇にはお茶や瞑想に沈潜し、夜は女性に安らぎを求めた。

京都と言えば花柳界《かりゅうかい》があることで知られるが、稲盛の兄貴分であるワコールの創業者塚本幸一もまた、会社経営のストレスを祇園で発散した口であった。ただ彼の場合、少々発散しすぎて〝祇園の夜の帝王〟と呼ばれるまでになるのだが。

年齢的に稲盛よりちょうど一回り上にあたる塚本は、稲盛のよき理解者であるとともに、後輩である稲盛に深い敬意を抱いていた。

塚本と稲盛がほかの経営者たちと一緒に酒を飲んでいたときのこと。例によって稲盛は、自らのフィロソフィについて〝ど真剣〟に語っていた。

するとある若い経営者が軽い気持ちで、

「いや稲盛さん、私はそうは思いませんね。私の人生観は稲盛さんが言っているものとは違います」

と横から口を出してきた。その瞬間、それまでニコニコしながら酒を飲んでいた塚本の表情がさっと変わり、店中響き渡るような激しい叱責《しっせき》が飛んできた。

「オイッ！　おまえごときがそんなこと言えるレベルか！」

塚本の声はただでさえ大きい。その青年は雷に打たれたように身体を硬直させた。

「俺でも稲《いな》ちゃんには一目も二目も置いて、経営哲学といったことに関しては何も言えんと思ってるんや。それなのに『私はそうは思わない』だと？　そんなことよく言えたもんや！」

塚本がいかに稲盛を高く評価していたかが伝わってくるエピソードである。

ここで稲盛と深い友誼《ゆうぎ》を結ぶ塚本幸一について触れておきたい。

塚本は太平洋戦争で最も悲惨な作戦と言われたインパール作戦の生き残りである。彼の小隊五五名中、生還したのはわずか三名にすぎなかった。

「死んでいった戦友の分までしっかり生きなければという思い、戦後の日本を自分が作っていくんだという思い、塚本さんの願望には純粋さがある」

そう稲盛は語る。

塚本は、戦前にはなかったブラジャーやコルセットといった体型矯正《たいけいきょうせい》のための女性下着を世に広めていった。男性からすれば少し気恥ずかしく、強い覚悟なしには扱えない商品だ。それを保守的な土地柄の京都で創業したというだけで、その度胸のほどがしれる。〝女のふんどし屋〟などと陰口を叩かれたが毫《ごう》も気にせず、

「エロ商事のエロ社長です」

と開き直って笑いをとった。

それは戦前、〝贅沢は敵だ！〟というスローガンが掲げられ、髪にパーマをあてることさえ禁止された反省の上に立ち、戦後の日本は美しくありたいとする女性の思いを叶えられる国家であるべきだという確固たる信念があったからである。

戦争で死線を越え、起業してからも幾度もの経営危機を乗り越えながら、ワコールは日本を代表するグローバル企業へと成長していった。

オムロン、任天堂、堀場製作所、村田製作所、ローム等々、ユニークな優良企業が多いことで知られる京都にあって、やがてワコールはこれら戦後ベンチャー企業の旗手となり、塚本は京都商工会議所会頭として〝文化首都・京都〟を標榜《ひょうぼう》し、関西経済圏の活性化に力を尽くしていく。

俳優のような男前であることから、祇園の芸妓《げいこ》の間では一、二を争う人気を誇った。この京都一の遊び人である塚本と京都一堅物と言ってもいい稲盛は、妙なことにえらく気があった。

「稲ちゃん、今日、夜空いてへんか」

と声がかかり、花柳界にも本格デビューを飾った。ところが稲盛はいくら祇園に連れてきてもらっても、塚本のようには遊べない。要するに遊びベタなのだ。

財界活動にも消極的だ。ところが塚本は稲盛の財界デビューのお膳立てもする。

塚本の人脈は京都に限らず幅広い。彼から一流の政財界人を紹介され、交流を持つことができた。稲盛人脈はほとんどが塚本人脈と言っていい。

ソニーの盛田昭夫、ウシオ電気の牛尾治朗《うしおじろう》、セコムの飯田亮、サントリーの佐治敬三、村田機械の村田純一、ヤクルトの松園尚巳《まつぞのひさみ》など。

彼らとの社交クラブを作ろうと言い出した塚本から、

「稲ちゃんも金を出してくれないか」

と頼まれ、祇園の花見小路《はなみこうじ》に「イレブン」という店を開いた。

儲けようとしていないから、当然維持費がかかり当初から赤字続き。閉店しようということになったときすでに塚本はこの世になく、清算金のほとんどを稲盛が負担することとなった。だが後述する第二電電設立の際など、このメンバーの中から稲盛を支えてくれる人が現れるのである。

昭和四三年（一九六八）、嬉しいニュースが飛び込んでくる。京セラが第一回中小企業研究センター賞を受賞したのだ。通産省の外郭団体である財団法人中小企業研究センターが全国の中小企業を対象にした表彰制度で、その栄えある第一回に選ばれたのだ。公的な表彰はこれが初めてだった。

数年後、受賞会社の集まりで賞金の使途《しと》が話題になった。

「研究開発費の一部として使わせていただきました」

という優等生的な発言が多い中、稲盛は、

「社員の苦労に報い、ありがたく飲んでしまいました」

と答え、みなの笑いを呼んだ。だが本人はいたって真面目。それこそが生きたお金の使い道だと確信していた。

技術開発にはメーカーの特色が出る。創業期のソニーや早川電機（昭和四五年にシャープと社名変更）はしばしば革命的商品を生み出したが、時代の先を走りすぎ、松下電器に出し抜かれることが多かった。

「ソニーは〝モルモット〟でシャープは〝早まった電機〟。結局〝マネシタ〟の一人勝ちやな」

では京セラはどうであったのか。彼らは顧客からのオーダーに基づいて試作品を作り、その上で現場の声を聞きながら改良を加え、満足してもらえるものに仕上げていった。ソニーやシャープが新商品を開発し、それを改良した松下電器の製品が売れていくという構図を一社で完結させたのだ。

だから研究開発費も節約できる。京セラの研究開発費は昭和五〇年代になっても売上対比一パーセントほどにすぎず、先端技術の会社にしてはきわめて少なかった。一方で収益機会は絶対に逃さない。

開発した商品が顧客ニーズを満たさなかった場合でも、

「別用途だったら売れるんじゃないか？　とにかく売りに行ってみようやないか」

という声が自然と出てきた。

がむしゃらに努力し続けた彼らに神は微笑んでくれる。

昭和四三年春、フェアチャイルド社からＬＳＩ（Large-Scale Integration：大規模集積回路）用高密度パッケージの試作依頼を受けたのだ。それは以前ＴＩ社の技術者に見せられ、試作したものとは比較にならない複雑な構造を持った積層（マルチレイヤー）ＩＣパッケージだった。

〈縦横二五ミリ、厚さ〇・六ミリの電子回路が印刷されたセラミック板を二枚重ね合わせ、その二枚の電子回路基板間が〇・二五ミリの穴九二個を通じて電気的に接続されており、さらには三六本のピンが周囲に引き出されているというものである。それは当時の京セラの技術水準をはるかに超えていた〉（稲盛和夫著『敬天愛人』）

それを三カ月で開発してほしいと言われた稲盛は、例によってとにかく引き受けた。直径〇・三ミリほどの穴をセラミック板にあける技術など確立していなかったが、驚異の粘りで次々に課題を解決していく。それでも微細な九二個の穴を通して電気的接続を確保するのは至難の業だ。セラミック板を焼成する工程で電気回路が燃えてしまう。特に厄介なのが、二枚のセラミック板を密着させることだった。どうしてもわずかに反りが出てしまうのだ。

〈緊迫感を伴った状況の中でしか、創造の神は手を差し伸べないし、また真摯《しんし》な態度でものごとに対処しているときでしか、神は創造の扉を開こうとはしない。暇と安楽から生まれるものは、単なる思いつきでしかないのである〉（前掲書）

とは稲盛の名言の一つだが、この時も神は創造の扉を開いてくれた。

悪戦苦闘の末、なんとか試作に成功する。そしてこの部品開発を通じて得た積層技術が、主力商品ＩＣパッケージに生きていくのである。

怒濤の世界進出

昭和四三年（一九六八）二月、初の海外駐在員をロサンゼルスに派遣して事務所開設準備をさせ、同年八月、ロサンゼルス丸紅飯田内に米国駐在員事務所をオープンすると、ここを拠点として怒《ど》濤《とう》の海外進出が始まった。

翌年七月二日には現地法人京セラインターナショナル（ＫＩＩ）をカリフォルニア州の北にあるサニーベイル市に設立。同じ日に竣工した川内《せんだい》工場で作るＩＣパッケージを世界中で販売する体制を整えはじめた。

そして大阪万博に沸く昭和四五年（一九七〇）、フェアチャイルド社からサンディエゴ工場売却を持ちかけられたことが本格的な米国進出につながる。

サンディエゴ工場は、フェアチャイルド社が約一〇〇万ドルの資金を投じた最新鋭の設備を持つ近代工場であった。ところが半導体不況を契機として合理化に踏み切り、ＩＣパッケージを京セラから安定供給してもらう見返りに同工場を売却したいと申し出たのだ。

最初のうち稲盛は買収に乗り気ではなかった。この工場は月一〇万〜二〇万ドルという多額の赤字を出していたからだ。ところが渋っているうち、売値をどんどん下げてきた。

折しも貿易摩擦が激化しつつあったことから、将来アメリカが電子部品の輸入制限をかけてくる可能性もある。そのためのリスクヘッジとして、現地調達の拠点を持っておくのも悪くない。自分のやり方なら絶対黒字にできるという自信もあることから、買収に踏み切った。そして昭和四六年（一九七一）三月、ＫＩＩサンディエゴ工場として再出発させることとなる。

ちょうどこの年、マクドナルド日本一号店が銀座三越にオープンしている。戦後二六年が経ち、折しも両国の垣根は低くなってきていたが、残念ながら稲盛は日米の経営スタイルの違いを痛感することになる。

海外出張に出発する稲盛

塚本幸一（ワコールホールディングス提供）

KIIサンディエゴ工場

稲盛が渡米し、作業状況を視察したときのこと、

「ちょっとそれはおかしいからこうしなさい」

などと、いつもの調子で気づいたことを注意していった。

稲盛は国内でもよく現場を見回ったが、工場の床にものが落ちていると、すぐ拾うよう命じた。材料の場合はもったいないし、ゴミの場合は混入する危険性がある。それに職場は真剣勝負の場であり、神聖な場所。そこが汚れているのは許せない。

「粗雑な人は粗雑なものしか作れない」

というのが彼の信念だ。書類が整然と置かれていないだけで雷を落とした。

そういう意味ではいつもの行動だったのだが、それを工場長から聞きとがめられた。

「現場で直接仕事を指図したりするのは親会社の社長のすることじゃありません。社長は我々工場長以下の幹部を指揮してくれればいいんです。アメリカであなたのようなことをやっていたら現場の人間になめられるし、この工場で働くことへの誇りまで失ってしまう」

有色人種で敗戦国でもある日本人は、ただでさえアメリカ人から下に見られている。オーナーである稲盛がなめられると工場長までやりづらくなる。そう思っての忠告だった。

だが稲盛には納得できない。価値観や習慣の違いはあるかもしれないが、守るべきことは守るべきだ。

だが結果は工場長の危惧《きぐ》した通りになっていった。

海兵隊員として沖縄駐留の経験を持つ従業員が、

「どうしてジャップに叱られねばならない！」

と食ってかかってきた。

すぐに辞めてもらったが、工場長からすれば、それみたことかである。

それでも稲盛は考えを変えるつもりはなかった。〝原理原則で考える〟という京セラ流は、世界で通用するという確信が彼にはあったからだ。

ここで代わりに踏ん張ったのが京セラの駐在員たちだ。サンディエゴ工場再建のため、日本から長谷川桂祐《はせがわけいすけ》（後の専務）ら五名が派遣されていたが、彼らは昼夜休みなしで懸命に働いてくれた。

だが工場はなかなか黒字にならない。意思の疎通も思うに任せない中、ストレスは極限に達している。夜のコンパの席になると、長谷川たちは悔しがってぼろぼろ泣いた。

（こんなに苦労しているのなら、いっそ連れて帰ろうか……）

とも思ったが、長谷川が続けさせてくれと懇願してきたので、まだしばらく任せてみることにした。

帰国するとき、空港に見送りに来てくれた彼らを前にして、

「失敗を恐れるな。ＫＩＩに投資した五〇〇万ドルは君らの教育のために使ったと思えばいい。京セラ精神でベストを尽くせ。正しく振る舞い続ければ、アメリカ人も最後には君たちに従ってくれる」

と言って励まし、一人一人と力強く握手した。

「その言葉を、われわれは死ぬまで忘れることはないでしょう」

そう長谷川は語っている（加藤勝美著『京セラ・超成長の秘密』）。

肌に粟するような感動は深く心に刻まれ、彼らを支え続けた。そして長谷川たちの執念が実を結ぶ日が来る。買収三年目の昭和四八年（一九七三）、ついに黒字化に成功するのだ。そこから経営は軌道に乗っていった。

アメリカでは日常的に行われていたレイオフを決して行わなかったことから、従業員第一の経営が彼らにも理解されるようになり、深い信頼につながった。そのためには三年という時間がどうしても必要だったのだ。

稲盛イズムが単なる精神論ではなく実は合理的な裏付けがあることを理解しはじめた彼らは、やがて京セラ流の朝礼などにも抵抗なく参加するようになった。これまでのことが嘘のようだ。彼らの顔にＫＩＩで働くことへの誇りが浮かぶようになった頃には、〝ＫＹＯＣＥＲＡ〟の名は全米に知られるようになっていった。

アメリカで一つ驚いたことがあった。

京セラ設立時に私用電話を禁じたように、稲盛は無駄な電話を嫌う。ある時、サンディエゴ工場で長電話をしている男を見つけた。様子を見ていると明らかに私用電話だ。稲盛は日本と同じ調子でその社員を叱った。

「どこに電話してたんだ？」

と問い詰めると、

「ニュージャージーです」

と答えたのに仰天した。

彼はアメリカ大陸の西の端から東の端に電話していたのだ。距離にして約四五〇〇キロ。東京・大阪間が約四〇〇キロだから、約一一倍の距離である。

ちなみに日本の電話料金は、昭和五一年（一九七六）一一月に東京・大阪間で四秒あたり一〇円という史上最高値を記録していた（『NTT社史』）。

おそらく稲盛がこの男を叱ったのは、その少し前のことと思われるが、仮にこの料金テーブルに基づいて、彼が少なめに見積もって一〇分間電話していたと仮定して計算したら、東京・大阪間で一五〇〇円、サンディエゴ・ニュージャージー間では一万六五〇〇円ほどかかったことになる。稲盛が仰天したのもうなずける。

ところが彼はこう言い返してきた。

「ボス、電話代なんてたかがしれていますよ」

実際、聞いてみると日本の電話料金の九分の一でしかなかった。

だからといって私用電話をしていいわけではないと叱りはしたが、内心アメリカの電話料金の安さに驚かされた。この驚きは長く尾を引いた。

故郷への恩返し

例のICパッケージの生産拠点として、新たな工場用地を物色しはじめた稲盛が選んだ場所は、京都から遠く離れた鹿児島県川内市（現在の薩摩川内市）だった。稲盛家のルーツである小山田から、さらに北西に行った地域である。

製品のほとんどが海外に輸出されるわけで、そういう意味では工場が消費地の近くにある必要はない。むしろ地価が安いといった条件のほうがありがたかった。ただ、日本中に工場誘致をしているところがある中で鹿児島を選んだのは、無論、故郷への恩返しの気持ちがあったからだ。

キミは大変喜んでくれた。後年、雑誌の取材に対し、彼女はこう答えている。

「『お母さん、こっちに工場を作ろうと思うんだ』と息子に打ち明けられたときは、夢のようだったとですよ」

一方の畩市は相変わらずで、

「そんな大きいことをして大丈夫か？」

と心配していたという（稲盛和夫著『ごてやん』）。

工場建設に先立ち、何度も鹿児島に通ったが、キミの手料理が食べたくていつも実家に泊まった。同行した幹部社員も一緒だ。床の間と仏壇がある八畳間に枕を並べて寝た。肺浸潤になったときに寝ていた部屋だ。大体四、五人だったが、多い時は一〇人も泊めた。

それでもキミは嫌な顔一つせず食事を用意してくれた。

操業開始は昭和四四年（一九六九）七月二日。あいにくその日は土砂降りで、川内川が増水し、橋は通行止めになっていた。だが竣工式の主役が欠席するわけにはいかない。

すでに鉄橋の上まで水があふれて来ていたが、危険を顧みず欄干《らんかん》につかまりながら渡っていた。すると驚いたことに、後ろから若い女性がついてくるではないか。

「危ないから戻りなさい！」

自分のことは棚に上げて制止したが、どうしても行かねばならないのだと言ってきかない。

「一体どこへ行くの？」

と尋ねると、

「京セラです」

と思いがけない答えが返ってきた。

〈こういう従業員がいる限り、立派な工場になると確信した〉（稲盛和夫著『稲盛和夫のガキの自叙伝』）

感激した稲盛は、彼女の手を引きながら橋を無事に渡りきった。

だが残念ながら、川内工場が黒字化するまでの道のりは決して平坦なものではなかった。砂漠に水をまくように川内工場は追加投資を必要としたのだ。それでも不良品が出るなどして赤字が続いた。

「先月は二〇〇〇万円損した！　今月は三〇〇〇万損した！」

なかばやけになって損をした金額を口にしながら、現場に発破をかけ続けた。

稲盛が、ただ現場に圧力をかけ続けただけだったかというと、そうではない。川内工場の立ち上げに参加した小山倭郎はこんな思い出話を語っている。

小山は表示プレートの製品開発のチームリーダーを任されていたが、試作品が思うようにできず夜も寝られなくなっていた。するとある日、稲盛が京都から飛んできた。

そして一通り話を聞くと彼はいきなり、

「泳ぎにいこう！」

と言い出した。

「納期が迫っていてそれどころじゃありません」

と渋る小山を、

「いいから行くぞ！」

と無理矢理引っ張っていき、現場のリーダークラスの人間と一緒に近くの海に行き、浜辺でアサリを捕ってたき火で焼き、缶ビールを飲みながら食べた。

「どんなに仕事のことで頭がいっぱいになっても、心の余裕を失ってはいかんぞ」

と、気分転換することの大切さを、浜辺でコンパをしながら稲盛は語ったという（北方雅人・久保俊介著『稲盛流コンパ』）。

黒字に転じたのは昭和四五年（一九七〇）一二月のことであった。わずか一七カ月ではないかと言うなかれ。毎月黒字が当然とされる京セラにとって、それは気の遠くなるような長い時間だった。

そこからは一気呵成だ。昭和四六年（一九七一）、川内工場は月に一〇〇万個を生産する世界一のセラミックICパッケージ工場となった。川内工場がなければシリコンバレーの発展ははるかに遅れていただろうと評されるほどであった。

この工場で確立された量産技術（大規模集積回路用セラミック多層パッケージの開発）により、昭和四七年（一九七二）、京セラは日本の製造業最高の栄誉である大河内《おおこうち》記念生産特賞を受賞する。

この頃、恩師の内野正夫先生は重い病の床にあった。

八〇歳になっていた内野は、前立腺がんのため東京の三井記念病院に入院していたのだ。それでも、しばしば病床で付き添っている家族に稲盛の話をしたという。かわいくて仕方なかったのだ。

そして大河内賞受賞の翌年、米国出張中に内野がいよいよ危なそうだとの知らせを受けた稲盛は、羽田空港から病院に直行した。

病室に入ると、ベッドの上にはすっかり痩せ細って別人のようになった内野がいた。

それでも久々に稲盛の姿を見ることができて嬉しかったのだろう。大きな目を見開き、病人とは思えぬ張りのある声で、

「稲盛君、大したもんじゃ、大したもんじゃ」

と繰り返したという（加藤勝美著『ある少年の夢』）。

大河内賞の名前の由来となっている大河内正敏《おおこうちまさとし》がいかにすぐれた科学者であったかを、仕事の上でも接点のあった内野は熟知している。稲盛がそんな素晴らしい賞を受賞したことが痛快でならなかったのだ。

昭和四八年（一九七三）八月一一日、内野は八一歳でこの世を去るが、鹿児島大学で稲盛和夫という教え子と出会えたことを生涯誇りに思っていた。


川内工場が操業開始した三年後には国分《こくぶ》工場が建設された。これまた鹿児島県だが、今度は鹿児島湾の最深部に位置する町だ。

国分に工場を建設することになったのは、時の鹿児島県知事金丸《かねまる》三郎から熱心に勧誘されたためだった。元自治省次官で後に総務庁長官になる大物だ。国分市に四ブロックの工業団地を建設し、企業誘致に動いていた。

「花は霧島、たばこは国分」と「おはら節」にも唄われるように、国分は鄙《ひな》びた農村で、人口減少に苦しんでいた。工業団地建設は地方活性化に向けての賭けだったのだ。

鹿児島空港が近くに開港することとなったのは朗報だった。通産省がテクノポリス構想を推進していたこともあり、政府も様々な優遇措置をしてくれた。稲盛は金丸からの熱いラブコールに応え、一ブロック買うことを決めた。

ところが知事から、

「一つも四つも同じでしょう」

と言われ、強引に押し切られてしまう。「一升買いの原則」を旨とする稲盛にしては珍しいことだ。これまた故郷鹿児島のためにほかならなかった。

ところが、その後土地が値上がりしたため、

「京セラは知事と結託して工業団地を買い占めた」

とあらぬ噂を立てられたのには閉口した。

そもそも京セラでは投機は御法度だ。資金が潤沢になり運用する必要が出ても、元本保証の運用でなければならないと厳命し、株式投資も禁じた。高度成長期には、銀行からボウリング場、ゴルフ場等への投資勧誘があったが、耳を貸さなかった。それだけに土地投機の噂は不快だったに違いない。

京セラの進出により、国分市には劇的な変化が訪れた。

一番落ち込んだときの法人税収は一〇〇〇万円もなかったが、京セラが工場進出してからというもの、昭和五五年（一九八〇）には七億四〇〇〇万円になり、昭和六〇年（一九八五）には一四億円を超えた。それからは記録ラッシュである。地方税収の伸び率日本一、工業生産出荷額日本一、人口の伸び率日本一、いろいろな点で日本一になった。

一時は、市民所得が鹿児島市を抜いて県下トップになったほどである。国分市民が喜んだのは言うまでもない。まさに京セラ様々であった。

こうした工場の立ち上げの陰には、兄利則の力も寄与していた。

利則は川内工場操業開始の年、京セラに入社していた。自衛隊仕込みの規律正しさを職場のすみずみにまで徹底し、それでいて情を失わない指導に部下の厚い信頼が集まった。

だが稲盛は、彼を入社させたことを内心後悔しはじめる。

公私の別を付け経営に私情を入れないというのは絶対のフィロソフィである。兄だからといって特別扱いできない。稲盛は痛々しいばかりのストイックさを見せた。それがいかにつらいことであったか。

あれほど敬慕していた兄である。幼い頃は川で魚を捕る勇壮な姿に憧れ、地元に残って家族を支えてくれた頼もしい兄。稲盛も何かあるたび助言を仰いできた。松風工業をすぐに辞めようとした時、自衛隊に願書を出すことを許してくれなかったからこそ、今の自分がある。

そんな兄を、業績が伸びないときには満座の前で叱責せねばならなくなってしまった。フィロソフィを守るということは、大変な痛みを伴うものだったのだ。

稲盛は親友の川上にも京セラ入りを打診していたが、彼は首を縦に振らなかった。

クボタで順調に出世していたし、京セラに入ればこれまで通りの友情関係を続けていけるかわからないと考えたからだ。川上の判断は正しかったのである。

利則はその後も、工場新設を担当する。

昭和五四年（一九七九）には専務取締役に就任。その翌年にはすべての工場を統括する責任者となり、労働問題などにおいても手腕を発揮。平成元年（一九八九）には監査役となり、六年間務めて退任した。

平成一五年（二〇〇三）、脳腫瘍《のうしゅよう》で急逝《きゅうせい》するが、告別式の際の「真の勇気とは何かということについて学ばせていただいた」という伊藤謙介会長の弔辞には、社員一同からの敬意と感謝の気持ちが込められていた。

銀行に頼らない経営

松下幸之助も「成功するコツは、成功するまでやり続けることだ」という言葉を残しているが、稲盛の執念深さは松下のそれを上回る。

普通の会社なら開発テーマを設定しても、そのうちの一つか二つが成功すればいいという考え方でいくが、稲盛の場合、取り上げたものはすべて成功させないと気が済まない。それは槍《やり》一本持って、獲物の足跡を見つけると何日も何日も追い続け、最後には追い詰めて仕留める〝狩人《かりうど》〟を彷彿とさせる。

狩猟に似ているという意味では狩猟型経営なのかもしれないが、実はむしろ日本人の得意とするこつこつ長時間かけて育てていく農耕型経営の要素を強く有しているところが興味深い。実際、バイオセラム（人工骨、人工歯根）の開発には六年、クレサンベール（再結晶宝石）の開発には五年かかっている。

研究期間が長く収益化までに時間がかかるとなると、問題になるのが資金繰りだ。京セラ設立時、西枝の家屋敷を担保にして銀行借り入れしたことについては先述したが、その後もしばらくは資金調達に苦労させられた。

中小企業金融公庫の京都支店長に直談判し、京セラの利益率の高さを訴えて納得してもらった時も、結局、機械設備に担保設定をしてようやく融資が下りた。融資が下りた後もある程度預金を拘束され、実際に使える資金は目減りしてしまう。この歩積《ぶづ》み両建《りょうだ》てほど腹立たしいものはなかった。

稲盛の銀行に対する不信感はその後も払拭《ふっしょく》されなかった。住友銀行から取引を持ちかけられた際には、

「貴行の頭取に会わせてほしい」

と申し入れた。トップの考え方を聞きたかったのだが、そんなことは前代未聞である。

だが特別に許され、だだっ広い応接室で待っていると頭取が現れた。〝天皇〟と呼ばれて住友銀行に君臨した人物だ。

「稲盛さんというのはあなたですか。今日は私を面接されるそうですな」

開口一番皮肉を言われた。そして話題が稲盛の大切にしているフィロソフィに及んだ時、彼はこんな言葉を口にした。

「まだお若いのに、松下さんのように老成した理念や考え方を口にされるのはいかがなものですかな」

稲盛は落胆の色を隠せなかった。

（フィロソフィこそ京セラの経営の軸だ。それを否定し、尊敬してやまない松下さんのことを揶揄《やゆ》するとは）

実は住友銀行本店には〝松下ルーム〟があったという伝説があるほど、松下電器のメインバンクとして松下幸之助を大事にしていた。頭取の言葉は決して松下を揶揄するものであったはずはない。しかし若く繊細な稲盛の神経に障《さわ》った。

彼の気持ちは決まった。天下の住友銀行だろうが関係ない。結果として住友銀行のライバル行である三和銀行（現在の三菱ＵＦＪ銀行）が京セラのメインバンクとなるのである。

だが、銀行に頼らねばならない時代は、さほど長くは続かなかった。

昭和四五年（一九七〇）頃から京セラは高収益企業として世間の注目を浴びはじめる。売上高は前年度比五〇％前後の成長を続け、経常利益率も約四〇％。こうなると逆に銀行の方からすり寄ってくる。京セラでは銀行員を応接室に通すことは少なく、ロビーの椅子で面談することが多かった。

借金の嫌いな稲盛は、銀行に頼らない経営を心がけた。そのうち直接市場から調達することを考えはじめる。株式上場や社債発行などのエクイティ・ファイナンスだ。

実は、市場からの調達はメリットもあるがデメリットもある。上場すれば社会的信用は増すが、情報開示などの事務負担が大きい。社債発行コストは銀行融資以上に経営内容によって調達コストが大きくぶれる。特に業績が悪化した際に頼れるのは、市場ではなく銀行だ。情報収集力のある銀行とうまく付き合っていけばいろいろとメリットもあるのだが、稲盛は銀行に口を挟ませない自由度を選択した。

こうと思ったら頑として信念を曲げない、損得よりも考え方を大事にする稲盛の特徴がここでも発揮されたのだ。

ちょうど企業の上場がブームとなっており、いくつもの証券会社から勧誘が来ていた。中でも大和證券（現在の大和証券）と波長が合い、彼らを主幹事として上場することを決意した。稲盛は一度信頼するとその絆を大事にする。大和證券は後々まで京セラ関連のエクイティ・ファイナンスの際に指名され続けることになる。

上場準備をする中で、大和證券ともう一人、深い縁を結んだ人物がいた。

京都銀行の支店長に紹介してもらった会計士の宮村久治である。後の中央監査法人名誉所長だ。彼に上場前監査をお願いすることとなるのだが、会うなりガツンと言われた。

「『これくらいはいいじゃないか、そう堅いことを言うな』とか言う人がいますが、そんな方とは一切おつきあい致しませんので」

いきなりで驚いたが、むしろ望むところだと胸をはって答えた。

「厳しく見ていただくのは願ってもないことです。どうかよろしくお願いします」

そしていよいよ上場するという時、宮村が一番最初に監査したのは本社の目の届きにくい米国サニーベイル事務所だった。そこの経理担当は技術畑出身である。必ず問題があるだろうとにらんだのだ。

ところが、いざ調べてみるとすべてが整然と処理されている。現金と帳簿を照らし合わせたが一円の狂いもない。

「これはすごい！」

思わずうなった。宮村はこの後、

「京セラの経理は舌を巻くほど素晴らしい」

と公言し、稲盛に心酔していく。

こうして昭和四六年（一九七二）一〇月一日、無事大阪証券取引所第二部、京都証券取引所に上場し、資本金は五億六〇〇〇万円となる。創業一三年目、稲盛が社長になって五年目のことであった。

稲盛は企業と経営者の関係についてこう語っている。

〈経営者は、個人であると同時に法人の代表、つまり企業の代弁者でなければならない。耳をそばだてて、企業の語る声を聞かなければ〉（稲盛和夫著『敬天愛人』）。

そして会社の声に耳を傾けた結果、上場に際し会社の利益を最優先させた。自分の所有している株を上場時に売って創業者利潤を得ることをせず、全株式を新株で発行したのだ。会社の資金調達額を最大にすることを優先したというわけだ。

創業時から自分を支えてくれていた支援者たちも大株主だったが、将来の株価を上げることで報いることができると信じていた。実際、みな稲盛に賛同してくれた。

好業績に加え、経営陣のそうした姿勢を市場は好感し、公募価格四〇〇円に対し、五九〇円で寄りついた。

稲盛は上場の翌年、年頭の経営方針会議の場で、

「京セラ第二の発展期を築こう！」

と力強く呼びかけた。実際、株式上場は京セラ躍進の大きなステップとなる。

昭和四七年（一九七二）だけで、積層ＩＣパッケージの開発による大河内記念生産特賞受賞、川内に続く国分工場建設、新本社建設とビッグニュースが続いた。

京都の南東にあたる東海道本線山科《やましな》駅から徒歩一五分の場所に建てた新本社は、国道一号線に面し、かつ東海道新幹線沿いという〝縁起のいい〟場所であった。

縁起がいいと言われるようになったのはワコールの快進撃による。同社は昭和三九年（一九六四）九月、京セラより一足先に上場し、上場の翌月に新幹線が開通したことに目をつけ、昭和四二年（一九六七）、新幹線沿いに本社を移転していた。

新幹線の車窓からワコールの看板はひときわ目立ち、大きな宣伝効果があった。そうしたことも寄与してワコールブランドは飛躍的な発展を遂げ、昭和四五年（一九七〇）の大阪万国博覧会にはワコール・リッカーミシン館を出展するなど、〝世界のワコール〟への階段を駆け上っていく。

稲盛はワコールの塚本社長がそうしたように、新本社二階の新幹線が眺められるところに社長室を置いた。実際には一番うるさく労働環境のよくない場所なのだが、むしろ社長はそうしたところにいるべきだというわけである。

本社の五階には大きな和室があり、コンパができるようになっていた。

しかし毎晩ここでコンパをやるわけではない。火曜と金曜日の九時半ごろになると、京セラの社員たちが駅近くの中華料理店「珉珉《みんみん》」に出没するようになり、時には稲盛も顔を出した。ラーメンと餃子に焼酎が定番だ。芋焼酎が好きだが、銘柄にはこだわらない。

グルメにはほど遠いが、一つだけこだわりがあった。それは〝食べ物は温かくなくてはだめ〟という点である。

「新幹線で京都に帰る時も駅弁は食べない。冷たい食べ物は寒々とした感じがして好きになれないから」

天ぷらそばは食べるが、もり、ざるそばはだめ。そこは譲らなかった。彼の牛丼好きについてはすでに触れたが、それと並んで好きなのがラーメンだ。

「東京のラーメンはおいしくない。ラーメンは京都が一番です」

と京都愛を見せた（『文藝春秋』平成七年三月号「ＰＥＯＰＬＥ 意外に庶民的⁉な京セラ・稲盛会長の『食い道楽』」）。

ポーズでも何でもなく、料亭や高級レストランは居心地が悪いと敬遠した。祇園もなじみの女性がいる場所以外、足を向けなかった。

昭和五六年（一九八一）一月、東京八重洲のケイアイ興産東京ビルの三階から七階に京セラ東京営業所が入居したときのこと、同じビルに「ゆたか」という有名なステーキハウスが入っており、京セラ社員のためにビーフカレーを格安で提供してくれていた。

稲盛も時々行ったが、あるとき、

「ソースないかな?」

と尋ねたことがあった。

関西ではカレーにウスターソースをかけるが、東京にはそんな風習などない。しかし稲盛が言うならと、一〇分ほどかけて特製ソースを作ってくれた。

ところがウスターソースを思い描いていた稲盛は、

「こんなもん言ってない」

と不満顔。やはり彼と有名レストランの間には埋められない溝(?)があった。

恩人の死を乗り越えて

コンパについては再三触れてきたが、それが忘年会となるとさらに盛り上がる。最初の忘年会は、まだ社員が四〇名ほどだった昭和三四年(一九五九)一二月のことで、それから毎年開かれるようになった。

会社が大きくなると、部署ごと工場ごとに忘年会が開かれる。川内工場が操業しはじめた昭和四四、五年頃ともなると、全社で二〇~二五の忘年会が一二月に集中した。つまりは毎日。稲盛はすべての忘年会に顔を出すことになった。風邪で高熱を出しても出たというから徹底している。

そんなハードだった昭和四四年（一九六九）の忘年会も終わり、久々に家で寛《くつろ》いでいた昭和四五年（一九七〇）一月二日、突然悲報がもたらされ、おとそ気分が吹き飛んだ。

ある係長が交通事故で亡くなったというのだ。

「お子さんはいるのか？」

心配したのは遺族の将来だ。

これからも、こういうことが起きるかもしれない。この年、彼は京セラ遺児年金制度を発足させた。今も従業員が不慮の事故や病気で亡くなった場合の遺族への手厚い対応は他社に例を見ないものがある。

従業員を思う彼の気持ちと、会社のことを思う従業員の気持ちは、見事なまでに一つになりはじめていた。

ところが従業員の家族のことはこれほどまで心配りしたにもかかわらず、自分の家族のこととなるとてんでだめだった。

昭和三五年（一九六〇）七月四日に長女しのぶが、昭和三七年（一九六二）九月一七日には次女千晴が、昭和三九年（一九六四）一〇月二九日には三女瑞穂が誕生していたが、自分の子どもたちには十分なことをしてあげられなかった。

稲盛は三人の娘にこう言って謝ったことがあるという。

「父親らしいことを一つもしてやれず、本当にひどいお父さんやった。しかしお父さんには何百人という子どもがおるんや。わかってくれ」

稲盛は三人の娘の小学校の入学式にも、授業参観にも一度も行ったことがない。

家で食事する時、

「こうしてご飯が食べられるのも、会社のみんなが頑張ってくれてるからだ」

と話し、それから「いただきます」と手を合わせることもしばしばだった。

仕事を家庭に持ち込まない経営者もいるが、稲盛の場合、家庭は職場の延長線上にあった。

「今、こんなものを作ってるんだ」

と言って、ICパッケージなどを見せたりもした。話に熱中してしまって深夜になり、翌日、娘が学校に遅刻したこともあるという。会社でも家庭でも〝ど真剣〟だった。

家族旅行はできるだけ行くようにした。青山に名付け親になってもらった三女の瑞穂が小学校の頃、家族全員でサンフランシスコからロサンゼルスへ回ったのが一番の思い出だ。

「親はなくとも子は育つ」というのはいささか言い過ぎかもしれないが、果たして三人の娘は立派に成長してくれた。

しのぶは同志社大学経済学部に進んで大学院まで行き応用経済修士号を取得。学生時代は山登りやスキーサークルに所属。大学院を卒業後、半年間設計事務所に勤務した後、現在では副理事長として稲盛財団の運営に携わっている。

千晴は帝塚山大学へ、瑞穂は大阪芸術大学に進んだ。

稲盛は社員に夢を持たせることも忘れなかった。

「月商一〇億円を達成してハワイへ行こう」

そうぶちあげたのは山科に本社を移した昭和四七年（一九七二）のことである。前年は月商五、六億円だ。一億から二億にするのは易しいが、五億を一〇億にするのは難しい。あまりに高い目標だったことから、

「二等賞はないのですか？」

との声が出て、

「それなら九億円で香港。ただし八億円だったら京都の禅寺で座禅だ」

ということで落ち着いた。座禅というのはもちろん冗談だったが。

「トリスを飲んでハワイへ行こう！」という寿屋（現在のサントリー）のキャッチコピーが流行語となってから一〇年が経っていたが、まだまだ海外旅行は高嶺《たかね》の花。社内が大いに盛り上がったのは言うまでもない。

結果は輸出の好調もあって九億八〇〇〇万円と、目標まであと一歩というところに迫った。約束通り二等賞の香港旅行がプレゼントされ、翌年一月、一三〇〇人の社員が大阪と鹿児島の空港からチャーター便で次々と離陸していった。

社員全員を香港旅行させせられるまでになったのは、稲盛としても感慨深かった。

一方でこの年、悲しい出来事があった。

昭和四八年（一九七三）三月一五日の一時半頃、トイレに立った稲盛はふと仏壇に目をとめた。

畷市が結婚祝いに持たせてくれた、あの仏壇である。

夕方になると仏壇を閉める家庭も多いが、稲盛家では常時仏壇の扉を開けておくのを慣例としている。ところがその日に限って閉まっていた。気になって扉を開き、灯明と線香をあげて手を合わせたのが二時すぎ。その朝、京セラ創業の大恩人である西枝一江が亡くなったと連絡があった。聞くと、西枝が息を引き取ったのはちょうど一時半頃とのことだった。

創業時、家屋敷を抵当に入れて銀行から金を借りてくれた恩は忘れたことはない。毎年黒字決算を続け、上場も果たした。京セラの行く末に安堵したかのように、西枝はこの世を去っていったのである。

稲盛が悩んだり苦しんだりしていると決まって、

「ちょっと飲みに行こうか」

と誘ってくれた。

西枝と同郷の新潟出身の元芸者姉妹がやっている祇園の小料理屋に連れて行って、元気づけてくれた。まさに稲盛がコンパをされていたのだ。

西枝は京セラ設立の恩人であると同時に宮木電機の元社長だったこともあり、葬儀は京セラと宮木電機の共同社葬となった。

西枝の霊前で、稲盛は感謝をこめてこう語っている。

「西枝さんは私どもの会社を実質的につくっていただいた恩人であり、京セラ創業の精神の源でもありました……」

西枝の通夜でのこと、かねて西枝からしばしばその名を聞いていた一人の僧侶と出会うことができた。臨済宗妙心寺派専門道場達磨堂円福寺の西片擔雪《にしかたたんせつ》老師である。通夜の導師を務めていたのが西片老師だった。〝老師〟とは臨済宗寺院の住職に与えられる敬称である。

二人の出会いについて、西枝一江の養子である西枝攻《おさむ》（弁護士、後に京セラ監査役に就任）は次のように述懐している。

〈御勤めが終わって、老師が皆さんのほうを振りかえられ、お斎《とき》（仏事で参会者に出す食事）を出していたときのことです。稲盛さんが私を呼び「あの方が擔雪さんか？」とたずねられました。「そうです。えっ、会ったことがないんですか」とお答えすると、「お目にかかったことはない。紹介してほしい」といわれました。これがお二人の最初の直接の出会いでした〉（『盛和塾七八号』西枝攻著「あの日、あの時　稲盛和夫氏」）

西枝の葬儀から日をおかず、稲盛は京都の南の郊外にある円福寺に赴いた。ここは西枝が檀家総代をしていた寺だ。西枝の奥さんから、

「後をよろしく頼みます」

と言われていたこともあって、彼は亡き西枝に代わって檀家総代を引き受けることを自ら申し出たのだ。

それから深い交流が始まった。

西片擔雪は新潟県栃尾町（現在の長岡市）の出身である。本名を西片安次といい、昭和一二年（一九三七）頃、同郷の西枝を頼って京都に出て、書生として住み込むようになった。

当時エンジニアを希望していた彼は京都の旧制三高を目指していたが、二回受けて二回とも不合格。結局、立命館大学理工学部へ進学するが、結核に罹患したことから死を意識するようになる。どこかで聞いたような話である。

「どうせもうすぐ死ぬ身体だ。僧侶になって精神修行をしたい」

そう考えた彼は大学を中退し、仏門に入ることを決意する。

折しも食糧不足のときだけに、

「それは無茶や。本当に死ぬぞ」

とまわりから諭されたが、誰も彼を止めることはできず、西枝の親しかった円福寺の泥龍老師について修行をすることとなった。すでに片方の肺は切除して失っていたが、不思議なことに、この寺に入ったとたん病気の進行が止まったという。

優秀さを見込まれ、昭和三〇年（一九五五）頃、熊本の寺の経営立て直しに赴き、昭和四〇年（一九六五）頃に円福寺で土地問題が起こると、戻ってきてこれに対応した。

地方出身、理系志向、受験の失敗、死と向き合った経験、宗教への傾倒、経営問題への関与など、稲盛と西片は違う世界に住みながら驚くほど共通点が多い。話が合うのは自然な流れだった。

西枝はこの世を去るにあたって、自分に代わる心の支えを稲盛に残してくれたのだ。

だが西枝がこの世を去った同じ年、京セラ創業のもう一人の恩人である交川有も、そして大学

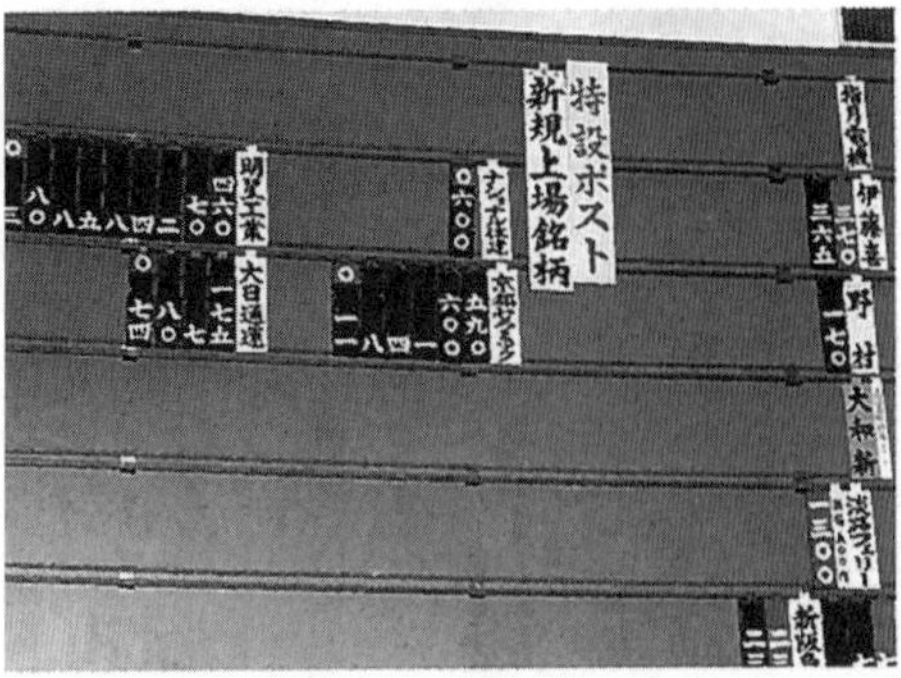

株式上場

操業開始当初の鹿児島・川内工場

鹿児島大学工学部に稲盛奨学資金を贈呈

時代の恩師の内野先生も相次いで他界し、稲盛にとって寂しくも悲しい年となった。

第一次オイルショック

企業には必ず、成長する過程で越えていかねばならない壁がいくつも立ちはだかる。

昭和四八年（一九七三）、経済界を震撼《しんかん》させる大事件が勃発した。それが第一次オイルショックだった。

一〇月に起こった第四次中東戦争の影響で、ペルシア湾岸の産油国が原油生産の削減に踏み切り、世界的に原油価格が高騰。国内でも〝狂乱物価〟と呼ばれる急激な物価上昇を引き起こし、物資不足となる懸念から、トイレットペーパーの買い占めという奇妙な現象が各地で発生した。

消費者マインドは当然冷え込む。企業は設備投資を控え、戦後初めてのマイナス成長を記録。高度経済成長にピリオドが打たれた。

京セラにとっても、このことは大きな衝撃だった。まさに半年前、彼らはかつてない目標を自らに課していたからである。

昭和四八年四月一日の創立記念日に、

「月商二〇億円を達成し、今度こそハワイに行こう！」

という目標を立て、同月の取締役会で、東証と大証の二部から一部への指定替えを目指すことを決めていた。一部上場の要件は資本金一〇億円以上だが、当時は七億七〇〇〇万円しかない。

急いで増資が必要となった。

月商二〇億円達成も一部指定替えも、きわめて困難な挑戦である点において、翌年の創業一五周年を迎えるにふさわしい目標だった。

従業員はハワイ目指して目の色変えて営業に奔走し、生産ラインをフル回転させた結果、七月には早くも目標を達成する。翌昭和四九年の年始から憧れのハワイに出発することが決まり、社内は沸き立った。

役員は役員で一部への指定替えを目指し、これまた知恵を振り絞って一般公募と無償交付を実施。資本金を一〇億四四〇〇万円まで積み上げて一部上場の条件をクリアした。

そこに降ってわいたのがオイルショックだったのだ。月によっては受注が一〇分の一に落ち込むという異常事態に、社内は緊張に包まれた。

残念ながらハワイ旅行どころではない。旅行の中止と創立一五周年事業の自粛を決めた。

だがせっかく準備した東証・大証一部への指定替えだけは、年が明けた昭和四九年（一九七四）二月一日に行った。大証二部、京都証券取引所に上場して以来わずか二年半。東証二部に上場してから一年半。急成長を遂げてきた京セラだったが、喜びをかみしめる間もなく、正念場にぶつかったのだ。

事態は思った以上に深刻だった。日立、東芝、富士電機、三菱電機の四社だけで七万人がレイオフされ、京セラの役員会でも人員削減が何度も議題に上がった。しかし京セラは従業員第一を掲げている会社だ。稲盛は必死に踏みとどまり、こう宣言した。

「わが社は創業以来、常に全社一体となって苦楽をともにしてきた。運命共同体である以上、雇用は死守する！」

彼は有言実行の男である。すぐにアイデアを出した。総務部の下に開発部というグループを新設し、受注減による余剰人員をここに異動させたのだ。人員がだぶつくと士気が下がり業務の効率が下がる。そこで現場は少数精鋭のままにした。海外の工場も同様だ。

開発部には、これまで外注していた仕事をしてもらった。塗装を担当したり、床掃除をすることもあった。昭和五〇年（一九七五）、他社に先駆けて週休二日制を導入したのも、余剰人員を抱えていたからこそであった。

開発部が最近問題になっている〝肩たたき部屋〟のようなもので、自主的に退職を促そうとしていたのなら従業員第一とは言えまい。稲盛はそんな考えは微塵も持っていなかった。早く彼らに働きがいのある場所を与えたいと、以前から温めていた新事業立ち上げに乗り出したのだ。社内で新規雇用を創出しようとしたわけだ。

太陽光発電、再結晶宝石、人工歯根……こうした新分野への進出は、第一次オイルショックという戦後最大級の経済危機に直面してもなお、従業員第一という信念を曲げることなく貫いた稲盛の意地が、そのスタートラインだったのである。

太陽光発電は今では再生エネルギーとして我々になじみのあるものとなっているが、当時はまだ発展途上の技術であった。

にもかかわらず稲盛が挑戦しようとしたのには理由がある。

余剰人員問題に悩まされた元凶は、なんと言っても憎《に》っくきオイルショックだ。原油価格の高騰に振り回された教訓から、石油依存型社会からの脱却が必要だと考えたのだ。言わばオイルショックへのリベンジだった。

昭和五〇年（一九七五）、京セラが五一％を出資し、シャープ、松下電器、アメリカのモービルオイル、タイコ・ラボラトリーズの計五社が共同出資する形で、ジャパンソーラーエナジー株式会社（ＪＳＥＣ）が設立された。

この当時、太陽光発電は一ワット当たり二万から三万円と発電コストが高く、宇宙開発や孤島での灯台といった特殊な用途に使われていたにすぎなかった。一般に普及させるためには、少なくともコストを一〇〇分の一以下にしなければならない。気の遠くなるような話だった。

だが彼は、いつものように未来志向で考える。この事業を時代が必要としているという確信が彼に力を与えていた。京セラ本社で研究を開始し、手狭になると伏見の東土川《ひがしつちかわ》に専用の社屋を設けて開発に打ち込んだ。

ところが第一次オイルショックの影響が癒《い》えて石油が再び安定供給されるようになると、太陽光発電への世間の関心は急速に低下していく。京セラ以外の四社が次々と撤退していく中、稲盛は他社の株をすべて買い取り、単独で事業を継続していく。

昭和五五年（一九八〇）には、滋賀蒲生工場の近くに八日市工場を設け、本格的に太陽光発電とその応用機器、そして太陽熱利用機器の研究・開発・製造を開始。平成五年（一九九三）には業界に先駆け、住宅用ソーラー発電システムを発売する。

そして今、時代がようやく稲盛に追いついてきた。これらの事業は現在、京セラソーラー事業に引き継がれている。

第一次オイルショックのまっただ中に東証一部に上場した京セラだったが、逆風をものともせず、昭和五〇年（一九七五）九月二三日、二九九〇円の株価（額面五〇円）をつけ、それまで長く株価日本一の座に君臨していたソニーを抜いてトップに立った。

京セラと稲盛和夫の名前が、優良企業ランキングや名経営者ランキングの常連となる時代がやってきたのだ。その後も株価は上昇を続け、翌年三月には上場来高値の五四七〇円に到達。株価日本一は昭和五六年（一九八二）の初め頃まで続いた。

ところが当の本人はいたって冷静。株価がソニーを抜いた時も、新聞、雑誌等で見て、

（ああそうなんだ）

と思ったぐらいで、朝礼で社員に報告することもしなかった。

創業時、日本一、世界一を目指そうと檄《げき》を飛ばした稲盛であったが、まだ日本一になったという実感はない。

時価総額や売上高で言えば、新日鉄やトヨタ自動車、電電公社、電力会社やガス会社など、世の中には京セラよりはるかに規模の大きな企業が存在している。高みに上れば上るほどさらなる

高みが見えてくる。これしきのところで満足するつもりはなかった。

京セラが目指した次の目標は、米国預託証券（ＡＤＲ：American Depositary Receipt）を発行することだった。

最近でこそニューヨーク証券取引所に上場する日本企業も出てきたが（京セラも後にそのうちの一社となる）、当時、ＡＤＲはアメリカ以外の国の株式を米国証券市場で流通させる唯一の方法と言ってよく、昭和三六年（一九六一）にソニーが第一号で発行して以来、松下電器やホンダ、東京海上火災なども発行しており、グローバル企業の登竜門となっていた。

もし実現したら、アメリカで京セラの名をＰＲすることができるし、社員のモチベーションも上がる。上場審査は当然厳しかったが、昭和五一年（一九七六）二月、京セラはＡＤＲ発行に成功する。

京セラが発行した翌年、ワコールもわが国で八社目となるＡＤＲ発行を行った。上場はワコールのほうが早かったが、ＡＤＲは京セラが先。塚本と稲盛はいい意味で互いに競い合っていた。

そしてこの二人が尊敬してやまなかった先達こそ、ほかならぬ松下幸之助であった。

松下幸之助との対談

昭和五四年（一九七九）四月七日、『Ｖｏｉｃｅ』（ＰＨＰ研究所）の企画で、稲盛は松下幸之助（当時、松下電器相談役、ＰＨＰ研究所社長）と対談することになった。大阪府門真市にある松下電器本社に向かう稲盛は、いつになく緊張した面持ちだ。憧れの経営者と対談するのだから当然だろう。

この対談が掲載された『Voice』昭和五四年六月号を見ると、冒頭、稲盛のほうから次のように問題提起したことになっている。

「日本の経済はオイル・ショック以降かなり低迷混乱し、また円高などもあって、私たち経営者は、なんとなく右往左往しているように感じます。これは企業経営というものの本質をつかまず、通り一ぺんの経営学の常識というもので経営をやっているからではないか」

ところがPHP研究所のご厚意で、当時のテープ起こし原稿を拝見させていただいたところ、実は松下幸之助のほうから稲盛にこう語りかけていたのだ。

「まさにあなたのやり方は、一歩先を見てやっておられる。あなたは切り開いてやっていってはる。ところが一般は、時代とともに、あるいは一歩後に下がってついていくというところですな。あなたのお会社は自動的な事業をやっておられる。我々は普通の経営やってる、という違いがあるわけや」

〝お会社〟などという表現は初めて聞いた。独特の言い回しがあってわかりにくいが、要するに松下のほうから「あなたの会社は先を見て経営しているが、松下電器は普通の経営しかやれていない」といきなり下手《したて》に出られたのだ。

これにはさぞ面食らったことだろう。驚いた稲盛は滅相もないと言下に否定し、自分がいかに松下の教えに導かれてきたかを堰《せき》を切ったように語りはじめた。

「いいえ、そうではございません。私がそういうことに目を開かしていただいたのは、実は幸之助さんのお話を京都で聞いたことがあるからなんです。もう一七、八年前でございましょうか、たしか京都銀行さんかどこかで〝ダム式経営〟という話を聞かしていただきました。そのときにガツーンと私は感じました。余裕のない中小企業の時代から『余裕のある経営をしたい。俺はこういう経営をしたい』と、ものすごく強い願望を持って毎日毎日一歩一歩歩いていると、何年かの後にはそうなるんであって、『やろうと思ったってできゃせんのや。なにかやれる簡単な方法を教えてくれ』というふうな、そういう生半可な連中ではできない。できる、できないではなしに、まず『そうでありたい。俺は経営をこうしよう』ということを本当にものすごく強い願望を胸に持っとったら、自然にそういう方向に行くんだということを教えていただいたのです。なのに、そういう精神的なものはみんなあんまし好きじゃないもんだから、なんかもっとアメリカ的な経営のノウハウを教えてもらって、こうこうやったら余裕ができますよと教えてもらえるのかとみんな期待しとった。それで非常に失望していた。実は素晴らしいことを教えてもらっとるのに、感じてない。ものすごい強い願望といいますか、そういうふうなものを持って、俺は自分の企業というものをこういう企業にしていきたいということを、できればそれを非常に純粋なまでに高めた状態で持ち続けておれば、そうなるんだろうなあというふうな気がしまして、そういうことをそのときに教わったもんですから、実は私はそういうことで経営をやっておるんです。ですから、環境がこうだからこうしようというんじゃなしに……」

「あれは倉敷のときでしたかな」

「いいえ、京都でやったときです」
「一五年ほど前でしょう」
「はい、そうです。最初言われて、新聞、雑誌にちょっと載った頃でした」

あんまり興奮気味に稲盛がまくしたてるので、松下が途中で「あれは倉敷のときでしたかな」と言葉を挟んだことがわかる。だが松下はきっと嬉しかったに違いないのだ。自分の思いが、わかる人間にはわかってもらっていたということが。

実は、この一五年ほど前に京都で松下がダム式経営の話をした記録は残っていない。時期が確かなら、松下が言っているように「生産性本部関西財界第三回倉敷セミナー」での講話（『松下幸之助発言集ベストセレクション2』所収）が最も内容が近く、ダム式経営に関する質疑応答もあった。ただ、創業二、三年の時に稲盛が果たして生産性本部の関西財界のセミナーで倉敷に足を運んだだろうかという疑問も一方ではある。

当時八五歳の松下幸之助とかたや四七歳の稲盛和夫。どちらの記憶が正しかったのか興味の湧くところではあるが、こればかりは証明が難しいので結論は出さずにおきたい。

松下の話に感動し、全社員で『ＰＨＰ』の購読を始めたことを感慨深げな表情で語る稲盛に、松下は優しくうなずきながらも決して師匠面《ししょうづら》はしなかった。

「私は学問のない人間です。是非いろいろと教えてください」

〝経営の神様〟と呼ばれてなお、彼は稲盛から学ぼうとしたのだ。この謙虚さはどこからくるのかと感じ入った。深い感動が稲盛の身体を包み込み、二人の対談は大変充実したものとなった。稲盛が、松下言うところの〝考えて考えて考え抜いて、血の小便を流すところまで頑張ってきた〟経営者であることは、少し話をしただけでもわかったはずだ。松下はおそらく稲盛の中に、自らの正統な継承者の姿を見出していたのだろう。

平成元年（一九八九）四月二七日、松下幸之助は九四年の偉大な生涯の幕を閉じた。

その少し前、稲盛は、初めての著書『心を高める、経営を伸ばす』を世に問おうとしていた。出版に際し、出版元のＰＨＰ研究所から松下の推薦文をいただけると連絡を受けた。稲盛が喜んだのは言うまでもない。

そして無事推薦文が届き、本が書店に並ぶまさに直前、訃報に接したのだ。

今、改めて『心を高める、経営を伸ばす』の帯を見ると、そこにはこう書かれている。

――日頃すぐれた経営者のお一人として敬意を表している稲盛さんがさまざまな体験の中から自ら感得された人生観、経営観をこのたび一冊の本にまとめられた。全編を通じ、〝人間に与えられた無限の能力を信じ、その能力を存分に発揮して充実した人生を味わおう〟と訴えかけておられるが、その情熱と信念には心打たれるものがあった。特に若い人たちに是非ご一読いただきたい書である。

それはまさに、松下が稲盛に託した〝経営の神様〟のバトンをつなぐ推薦文だった。

さらに時は流れ、平成一〇年（一九九八）五月五日、稲盛は「松下電器産業　創業八〇周年記念講演」の講師に指名を受け、幹部たちを前にして壇上に立っていた。

この時、彼は次のように語りはじめた。

――今日、このような場で話をすることになって、私は家で二、三日前から目をつぶって、かつて幸之助さんがおっしゃったことを思いだすままに列挙してみました。

「素直な心で」

「反省のある毎日」

「自由な発想」

「自分自身で考えること」

「常に公明正大であれ」

「感謝の心」

「世のため、人のため」

私は、幸之助さんがおっしゃった言葉、教えというものをベースに、私自身の体験を加味しながら、『京セラフィロソフィ』をまとめたのです。

その頃の私は、毎日のように高槻にある松下電子工業さんの所までスクーターで製品の納入に行ったり、技術的な打ち合わせに行ったりしておりました。ですから、朝早く、まだ仕事が始まる前に松下電子工業さんに入って受付の所で待っている時に、社員の方々が朝礼で「松下の七精神」というのを唱和していらっしゃるのをしょっちゅう聞いていました。また、応接間に入ると、

「松下の七精神」を書いた掛け軸がありました。幸之助さんが言っておられた言葉をベースに、『京セラフィロソフィ』をまとめようとしていた時、ふっと、松下の七精神の中に、そうしたことが全部入っているんだな…と気がついたわけです。

私は、会社を始めた頃、自分でも社会的な正義感はあるほうだと思っていましたが、そういう時に「企業というのは、常に利益追求が目的ではないか」といったようなことが新聞・雑誌に出ました。自分が技術者の時には、さほど思わなかったのですが、経営者となった時に、そのことが非常に気になりだしました。私はそういうダーティーなことをするために経営をしているのではないと思っているのに、世間では、そういうふうに見ているということが、どうしても納得できませんでした。

そのように思い悩んでいる時、幸之助さんの講演だったか本だったか、よく覚えていませんが、「企業の利益は社会への貢献の結果だ」と高らかに謳われたのを見て、私は、わが意を得たりと思いました。

つまり、「企業というのは、良い商品を安く供給して社会を豊かにする。そのように社会に貢献した結果として、我々は利益を頂戴しているんだ」と、利益を得ることの正当性を松下幸之助さんが声高らかに主張されましたので、私は大いに救われた感じがしました。

松下幸之助さんもそうですが、欧米の多くの企業人は、成功されてから多くの社会的事業に寄付等をたくさんしておられます。たしかに、幸之助さん自身も欧米の多くの成功者も、社会的に多くの還元をしておられます。

我々企業人は、一生懸命に働いて利益を追求し、多くの従業員を雇用し、その家族を守り、同時に利益の半分以上を税金として納めて国家の運営に役立っているわけですから、もっともっと、立派なことをしているという自覚をもってほしいのです。

そうしていたならば、今日のバブル経済の崩壊もなかったでありましょう。また、昨今の経済界における不祥事等もなかったであろうと、まことに残念に思っております。

紙幅の関係で一部しかご紹介できないのが残念だが、それは松下への深い感謝の気持ちのこもった名講演となった。

そしてその一〇年後、『同行二人　松下幸之助と歩む旅』という著作のある私が松下電器創業九〇周年記念講演をさせていただき、こうして稲盛和夫の評伝を書いている。縁というものの不思議を感じずにはいられない。

松下幸之助のそば近くに長く仕えた江口克彦ＰＨＰ研究所元社長（後の参議院議員）は、稲盛についてこう語る。

「稲盛さんは今、『平成の松下幸之助』といわれて、マスコミからいろんな形で取り上げられています。雑誌等でもしきりに、『稲盛和夫は松下幸之助に学んだ』『松下幸之助の著書をもとに、稲盛哲学を築きあげた』『稲盛という人間は、松下幸之助に私淑した。いわば経営学の弟子である』といったようなことが書かれていますが、私はそうは思いません。

稲盛さんは松下幸之助に接せられた時、おそらくある種の悟るものがあったのでしょう。しかし、松下幸之助の真似をしている、模倣をしているとか、あるいは本を読んでそれを自分の思想体系のなかに取り込んでいるといったことはない、と断言できます。

稲盛さんの哲学、考え方は、稲盛さんご自身が、自分の足や頭で考え、手でつかみ取られたものです。従って、『平成の松下幸之助』とか、『松下幸之助の思想的弟子』というような言い方は、私は稲盛さんに対して失礼なことではないかと思っております。つまり、稲盛さんは自分自身で格闘しながら自らの哲学を築き上げ、松下幸之助と同じところにたどり着かれたのです」

松下幸之助の経営手法や考え方を稲盛は吸収し、肥やしにし、自分なりにアレンジして生かしていった。今、我々はその稲盛を肥やしにしようとしている。時代はそうして世代を紡《つむ》いでいくのである。

クレサンベールとバイオセラム

稲盛にとって従業員は家族である。

それは二八人で京都セラミックを立ち上げた日から、グループ会社数二六五社、従業員数七万五九四〇名（平成三〇年三月三一日現在）を数えるに至った今でも同じである。

大企業になると、時として不祥事も起こる。

「本人は懲戒免職としました」

などという報告が上がったりすると決まって、

「残念だな。何とかならんのか？」

と無茶なことを言い出す。

「いいえ、もうなんともなりません。社の規定通りで特別扱いできませんから」

「退職金ももらえないのか？」

「懲戒免職ですから、当然退職金はありません」

と言うと、実に寂しそうな顔をした。

それがたとえ会ったこともない従業員であっても、〝正しい考え方〟を胸に一緒に頑張れなかったことが悲しかったのだ。


稲盛は昭和五四年（一九七九）、京セラ創業二〇周年記念行事の一つとして、円福寺に「京セラ従業員の墓」を創建した。

早い頃から稲盛はこの構想を持っており、最初は有名な名刹である三井寺《みいでら》か仁和寺《にんなじ》に作ろうと思っていたのだが、生前の西枝から、

「円福寺に作ればいいじゃないか」

と勧められたのだ。

「せっかくですし、セラミックスで作りませんか？」

という意見も出たが、御影石《みかげいし》に落ち着いた。

京都府八幡市にある円福寺の境内は三万坪と広大だ。山門を入って左に広がる鬱蒼とした竹林

を上がっていった先に京セラ従業員の墓はある。この寺は修行の場であり、一般の観光客は訪れない。常に静謐《せいひつ》が保たれている。

墓に刻まれた建立誌の結びにはこうある。

――願わくば皆さんの霊魂が成仏され　彼岸《ひがん》にあっても幸せであり　時には此地に現世の如く集い　談論風発《だんろんふうはつ》　酒を酌み盃《く》を交わす場でもありますように願っております

向こうでもコンパかと、これを読んだとき不謹慎だが吹き出しそうになった。だがおそらくこれは、稲盛が心から願っていることに違いない。

第一次オイルショックでも首切りをせずに踏ん張った稲盛が、余剰人員問題解決の切り札として新事業に乗り出したことはすでに触れた。その一つが再結晶宝石事業だった。

仕事以外には読書と付き合いゴルフくらいでさしたる趣味を持たず、なにか収集するといったこともない稲盛だが、彼の世代に共通した感覚として、宝石には一種独特の憧れがあった。とりわけエメラルドの深いグリーンには惹きつけられた。宝石もセラミックスも同じ鉱物結晶であり、興味が湧いた。

京セラは安価な材料から高価な製品を作る付加価値の高さでここまでになった会社だが、セラミックスと同じ材料で宝石ができるとなると大変な利益率だ。まさに究極の付加価値と言えるだろう。事業としても魅力的だと感じた。

天然物は年々入手困難になっており、石の質も下がっている。そのためひび割れや不純物の入ったものでも高価で取引されている。

（どうしてそんなキズ物が珍重されるんだ。うちなら純粋な傷のない宝石が作れるんじゃないか……）

そう一念発起したのは昭和四五年（一九七〇）のこと。そして四年近い歳月をかけ、昭和四九年（一九七四）、酸化アルミニウムを精製して二〇〇〇度以上の高温で結晶化させ、天然物と同じ化学成分と結晶構造を持った再結晶エメラルドが誕生した。

売れるかどうか目利きしてもらおうと思ったとき、すぐにある男の顔が浮かんだ。ワコールの塚本だ。できたてのエメラルドを二粒ほどガーゼに包んでポケットに忍ばせていき、目の前で見せた。

すると塚本は大きな目をさらに見開いて驚き、

「稲ちゃん、これは大変なことだ。こんなものがどうしてできるんだ。お前の会社、もう電子部品やめてこれ作ったら大儲けできるぞ！」

と心から祝福してくれた。

「しかし、いろんな方の意見を聞いてみないと。塚本さんのお知り合いに聞いてみてもらっていいですか？」

「わかった、任せとけ！」

塚本の知り合いといえば、無論、祇園の芸妓たちである。彼女らは宝石に詳しい。潜在的顧客という意味でも市場調査の対象としては格好の相手だ。

それから数日後、塚本から会いたいと電話がかかってきた。調査結果の報告に違いない。だが祇園のお茶屋で待っていた塚本の返事は意外なものであった。

「こりゃあかんわ……」

預かっていたエメラルドを返しながら首を振った。

「天然の宝石を高い値段で買ったのに、こんな美しいエメラルドが安く世の中に出まわるのは困ります！」

「私が形見でもらったエメラルドの値打ちが下がるのは絶対に許せまへん！」

などと、口々にしかめ面で言われ閉口したというのだ。

「稲ちゃん、これは絶対うまくいかんわ。こんなん売ったら、女性の恨みを買うぞ」

塚本の評価は一八〇度変わってしまった。ほかの人にも聞いてみたが、芳しい反応は返ってこない。

ここで稲盛の負けん気が首をもたげてきた。

（傷もなく純粋に美しいものが売れんはずがない！）

あきらめることなく改良に改良を重ねていった。商品になるものができあがったのは二年後の昭和五〇年（一九七五）春のこと。輝き、色合いなど、すべての点で最高品質のできばえで、〝日本初の快挙〟と新聞でも大きく報じられた。

素敵なブランド名を考えた。クレサンベール（CRESCENT VERT）――フランス語で〝緑の三日月〟という意味のロマンティックなネーミングだ。

問題はどこで販売してもらうかだが、宝石業界は冷ややかだった。

「それなら自前で売ればいい!」

東京・銀座と京都・四条に直営店を開くことにした。

事業開始のパーティーの席で、塚本が来賓として祝辞を述べた。

「宝石を門外漢が扱って成功した試しはない。どうせ失敗するならやけどの小さいほうがいい。最初のうちにできるだけ大きく失敗するように」

これには稲盛も苦笑いだ。

だが彼は強気で押した。昭和五五年(一九八〇)には海外直販店「イナモリ・ジュエリー」の第一号店をアメリカの超高級住宅街ビバリーヒルズに開店。オープニングセレモニーでは白いタキシード姿で登場するパフォーマンスを見せた。

値段は決して安くはない。最高品質なのだから当然だという矜持《きょうじ》もある。それに値段を安くすればクレサンベールの商品価値は一気に下がる。値付けは経営だと稲盛は言うが、まさに値付けの妙がクレサンベールの命なのだ。

残念ながら大ブームを起こすまでには至っていないが、京セラ製品の品質の高さを示すシンボリックな事業として、今でもしっかりと黒字を出し続けている。

新事業進出は誠に難しい。後にワコール二代目社長の塚本能交《よしかた》が女性下着から一歩踏み出し、メンズのアウターやスポーツカーなどに進出した際、父親代わりを自負していた稲盛は本業回帰を強く勧めた。

実際、ワコールは新規事業で赤字を出し続けた。そしてそのすべてから撤退して以降、第二創業的快進撃が始まるのだ。積極的な海外展開や機能性下着の開発で業界をリードし、今日の隆盛に至っている。

ところが当の稲盛本人は、経営多角化を否定しているわけではない。適切なタイミングではむしろそのリスクをとるべきだとし、始めた事業は成功するまでやるというくらいの姿勢は必要だとしている。

言っていることが矛盾をはらんでいるのは、まさにケース・バイ・ケース。時代の流れを読み、自社の蓄えたノウハウと財務体力を勘案しながらの微妙なさじ加減が必要だからだろう。

そしてクレサンベール同様、ファインセラミックスの応用で医療分野に進出したのが、人工歯根の開発であった。

人工歯根とは、義歯をあごの骨に埋め込んで固定させるものだ。今ではインプラントという言葉で広く知られ一般的なものになっているが、当時は特殊な医療技術だった。

「セラミックスで人工歯根をつくれませんか？」

昭和四七年（一九七二）、大阪歯科大学の教授が訪ねてきて、そんな相談をもちかけられたのがきっかけだった。

それまでは金属が使われていたが、セラミックスなら接触する歯肉への負担が少ないだろうということで研究開発に着手。クレサンベールで培《つちか》った再結晶エメラルドの技術を応用できることがわかり、大阪大学、国立大阪南病院などにも加わってもらい商品化にこぎ着けた。

昭和五三年（一九七八）から、バイオロジー（生物学）のバイオとセラミックスの合成語である「バイオセラム（BIOCERAM）」という商品名を商標登録して販売を開始。当初は高純度アルミナ、その後はジルコニアも使用し、人工歯根から膝、肘、肩、足などの人工関節・人工骨にまで対象を広げていく。

品質が良かったことから好評を得、海外での販売にも力を入れはじめた矢先、悲劇が起こった。昭和五五年（一九八〇）一一月八日、アメリカで池田雄吉という若い社員がピストル強盗に遭い、撃たれて死亡したのだ。海外の歯科医への普及活動中のことだった。

池田への思いを胸に、みなバイオセラムの拡販に全力を傾けていったのだが、そこには思わぬ陥穽《かんせい》が待ち受けていた。そのことについては後に触れる。

サイバネット工業、ヤシカ、ＡＶＸ社買収

稲盛の名声が高まるにつれ、彼のもとには経営難に陥った会社から経営再建依頼が舞い込むようになってくる。昭和五四年（一九七九）には、サイバネット工業の友納春樹社長（後の京セラ副社長）からの支援要請があった。

同社はＣＢトランシーバーを主力商品とする無線機のトップメーカーとして、かつては隆盛をきわめていたが、米国のトランシーバーブームに乗って設備を拡張したのが裏目に出、ブームの終焉により一気に破産寸前の状態に追い込まれていた。

松下幸之助

京セラ従業員の墓

もともと電子機器の生産能力は高い会社だが、労使関係は荒れに荒れていた。業容拡大のために増員した人材を、一年も経たないうちに人員整理したのだから無理もない。

新本社建設のために買った土地も手つかずで、塀には「友納追放！」と赤ペンキで描かれ、近くを国鉄南武線が走っていたのだが、その寒々とした風景が車窓から三年間もさらしものになっていた。

結局、サイバネット工業は京セラで買収することに決め、京セラから四〇名の支援部隊が派遣されたが、彼らは想像以上に苦労した。

〈人間関係のあまりの悪さに、「よくこんなところで息をしてられるな」と感じ入り、京セラに戻ると「京セラはハシがころんでも楽しい」と思った〉（『週刊東洋経済』昭和五八年四月一六日号「京セラ〝稲盛イズム〟の実相」）

というややオーバーな言葉からも、その過酷な日々がリアルに伝わってくる。

サイバネット工業従業員一五〇〇名のうち、三〇名ほどからなる少数組合が過激だった。再建を拒否して徹底抗戦の構えを見せ、京セラ本社や稲盛の自宅周辺にまで押しかけ、近隣の塀や電柱に〝悪徳経営者〟呼ばわりするビラまで貼り出す始末。だが京セラ流の経営手法を採用すると目に見えて業績が上がってきたため、ほどなくして白旗を掲げた。

従来のCBトランシーバーのほか、グループ内の技術を有機的に組み合わせて新技術・新製品を生み出し、複写機、ビデオディスクなど多彩な電子機器が京セラの生産ラインナップに加わった。

そして昭和五七年（一九八二）には、サイバネット工業、クレサンベール等四社を合併し、社名を京都セラミック株式会社から、すでに通称として広く使われていた京セラ株式会社へと変更する。まだ稲盛は五〇歳という働き盛りだった。

昭和五八年（一九八三）二月には、長野県岡谷《おかや》市に本社を置くカメラメーカーのヤシカから支援要請がきた。

京セラの名は知らずとも、ヤシカという社名やコンタックスというブランド名は誰もが知っている有名メーカーだ。昭和三〇年代に急成長し、一時期、大衆向けカメラで市場を席巻《せっけん》。西独のカールツァイスとも技術提携し、高級一眼レフにも進出するなど、当時は順風満帆と思われていた。

ところが創業家の専務の麻薬常習と女性問題というスキャンダルが発覚。会社の私物化もあって業績は低迷、赤字無配に転落する。

負の連鎖は止まらない。組合が相次いでストを起こし、メインバンクの第一銀行や日商岩井、通産省から再建チームが送り込まれた矢先の昭和四五年（一九七〇）、今度は経理部長が会社の金を無断で流用して商品相場に手を出し、五億円の穴を開ける横領事件が起きた。昭和四九年（一九七四）五月の株主総会の直前には、粉飾決算をしていたこともわかり、ついに創業者が会長職を追われる事態に発展する。

サイバネット工業でこりている稲盛は、支援要請を一旦は断った。

だが重ねての要請に、気が重いながら東京本社と主力工場だった長野県の岡谷工場を見学してみることにした。すると意外な発見があった。研究室の技術者や生産ラインの従業員たちは実に素晴らしいのだ。モラルも高い。

要するに経営者と幹部に問題があったのだ。

〈現場の従業員に罪はない。なんとかこの人たちを救ってあげたい〉

そう思った稲盛は、一転して支援を引き受ける気になった。

ヤシカの遠藤良三社長（後の京セラ副社長）はもちろん筆頭株主の日商岩井、第一銀行に代わってメインバンクとなった太陽神戸銀行からも了解を取り付け、昭和五八年一〇月一日をもってヤシカを吸収合併することが発表された。

こうしてヤシカは京セラの一事業本部となった。

〈京セラに吸収されるヤシカからは、役員として残れるのは遠藤良三社長ただ一人。ほかの役員は全員降格というから、部長、課長は推して知るべし、八〇〇人のヤシカ社員はかつての〝栄光〟を思い出して悲哀をかこっているのではないかと思いきや、「良かった、良かった」の大合唱〉（『週刊新潮』昭和五八年六月三〇日号）

〈良くはなっても、これ以上悪くなるはずがない〉

それがヤシカ社員の共通した思いだった。

果たしてヤシカ社員に、やりがいを感じる活躍の場は確実にあった。京セラの電子回路技術とヤシカの精密機械技術のシナジーは思った以上に大きかったのだ。それらをバネにしてOA分野や産業用ロボットへの進出を果たしていく。

広告宣伝活動を一本化することでコスト減も実現できた。海外の約一〇〇店舗を含むヤシカの二〇〇〇店に上る販売代理店網を、京セラでも活用できるようになったこともメリットの一つだった。

ヤシカ事業本部は六億円の経常利益を半年で計上し、新聞紙上に、

――合併半年早くも黒字に　減量化で〝奇跡〟呼ぶ

という見出しが躍った（『産経新聞』昭和五八年一二月二三日付）。

ヤシカが抱えていた借入金約六〇億円もすぐに返済し、経営を黒字基調に変えることができた。稲盛は救済合併のお手本のような仕事をして見せたのだ。

サイバネットの時もヤシカにしても、彼らが集まるコンパの場に率先して出かけていった。彼らを異分子扱いするつもりはない。同じ京セラ社員として遇していきたいと心底思っていた。

昭和五九年（一九八四）四月、京セラは創立二五周年を祝ったが、その際、変わった永年勤続表彰があった。会社の歴史が二五年なのに三〇年勤続表彰者がいたのである。

ヤシカ事業本部の社員だった。みんなで大いに祝福したのは言うまでもない。全従業員の物心両面の幸福がそこにあった。

コンデンサは一時的に電気を蓄える性質を持つ電子機器には欠かせない部品だが、昭和四七年（一九七二）頃、稲盛はすでにセラミックスの積層技術を応用した積層セラミックコンデンサの

将来性を確信していた。

そして、その分野の先進企業であった米国エアロボックス社から技術を導入する。その際のライセンス契約では、京セラが日本で製造した積層セラミックコンデンサは、日本国内で独占的に販売できることになっていた。

ところが二年後に同社は二社に分かれ、積層セラミックコンデンサを扱う会社がAVX社となる。するとある日、そのトップに就任したマーシャル・バトラーから書簡が送られてきて、そこにはこう書かれていた。

〈日本市場で我々が販売できないという条項は、アンフェアなので削除していただけないでしょうか〉

会社は二つに分かれても契約は継続しており、アンフェアでもなんでもない。言いがかりだと突っぱねるのが常識的対応だろう。

ところが稲盛は、あっさりと了解した。

これには逆にバトラーが拍子抜けし、

「フェアな態度に感銘を受けました」

と驚きを伝えてきた。

この結果、京セラとAVX社の間には目に見えない信頼関係が築かれた。これが一五年後に合併の話が持ち上がった時、友好的な雰囲気で話がまとまる素地となるのである。

AVX社はタンタルコンデンサでは世界第一位、酸化ニオブコンデンサでは唯一のメーカーとして確固たる地位を持つ電子部品メーカーに成長し、世界八カ国に一八の生産拠点を持つニューヨーク証券取引所の上場企業となっていた。

タンタルコンデンサは小型大容量。一方、高周波特性に優れた積層セラミックコンデンサは引き続き京セラも健闘していたが、世界のトップシェアは村田製作所が握っている。

ここで稲盛はＡＶＸ社の買収を検討しはじめた。彼らを買収し、タンタルコンデンサのトップシェアを握ったら、国際的総合電子部品メーカーとしての京セラの地位は盤石《ばんじゃく》なものとなる。

慎重に検討を重ねた上で、稲盛はＡＶＸ社会長のバトラーに話を持ちかけた。その結果、平成二年（一九九〇）一月、ＡＶＸ社を買収することに無事成功するのである。珍しく稲盛自身が積極的に動いた買収案件であった。

ＡＶＸ社側にいて後に会長となったベネディクト・ローゼンは、この買収がうまくいった理由について稲盛にこう語っている。

「あなたはＡＶＸとの関係を、acquisition（買収）とせずmerger（合併）と言ってくれた。この二つの言葉は、アメリカ人にとってはまったく別のものだ。acquisitionは一方が一方を買い取って組織の中に飲み込んでしまうという意味になる。mergerは二つの組織が一つになるということだ。つまりmergerにはパートナーとして見ているというニュアンスがあり、acquisitionには買収された側が卑屈にならざるをえないイメージがある。実際はacquisitionなのにmergerと表現してくれたことの意味は、ＡＶＸにとって実に大きかった。あなたは、ＡＶＸの株主や従業員に対して寛容であり、その誇りを大切にしてくれた。だから株主も従業員もみんなハッピーであり、このM&A（企業の合併・買収）はうまくいったのだ」

これで国内で生産した電子部品を、AVX社の販路に乗せて全世界に販売することができるようになった。従来のAVX社製品の国内販売にも成功し、まさにwin・winの理想的M&A案件であった。

第四章

第二電電への挑戦

電気通信事業自由化

成功している企業に共通するのは、地獄を味わっていることだ。

パナソニックの松下幸之助のように、敗戦による公職追放・財閥解体という予期せぬ事態によって絶体絶命の状況に置かれる場合もあれば、サントリーの佐治敬三のように、ウィスキーが売れて売れて仕方がないときにビール業界に殴り込みをかけ、自らを窮地に追い込むことで強くなっていった企業もある。

稲盛の場合、明らかに後者であった。

京セラの場合、様々な苦労はあったものの、比較的順調に業容は拡大してきた。特に創業直後の二〇年間、平均約四九パーセントずつ年間売上が伸びていったというのは尋常なことではない。昭和五九年（一九八四）度日経優良企業ランキングでは、堂々の国内上場会社部門第一位に輝いている。

だが稲盛は現状に満足せず、たとえ地獄の苦しみを味わうことになろうとも、それを乗り越えてさらなるステップアップを試みようとする。囲碁で言うところの飛び石を打つことによって、京セラをこれまでと次元の違う企業グループ〝グレイター（より大きい）京セラ〟へと変貌させようと考えたのだ。

そのきっかけが、第二電電（ＤＤＩ）への挑戦であった。

稲盛がサンディエゴ工場で長電話している社員を叱ったとき、アメリカの電話料金が日本国内の九分の一であることに驚かされたことについては先述した。

当時のわが国の電気通信事業は全額政府出資である日本電信電話公社（電電公社）の独占事業である。独占であるがゆえに利用料金は高止まりし、国民経済に大きなマイナスとなっていた。

アメリカのＡＴ＆Ｔは当初から民間企業だったが、それでも何度となく独占禁止法違反訴訟の対象となり、ついに昭和五九年、同社資産の三分の二を占めていた地域通信子会社二二社を分離し、長距離通信事業に特化している。

海外の動きに刺激を受け、日本でも官営事業の民営化や分割の議論が高まっていった。そして第二次臨時行政調査会（第二臨調）において国鉄（現在のＪＲ）、専売公社（現在のＪＴ）とともに、電電公社の民営化が答申《とうしん》される。

こうして昭和六〇年（一九八五）、電電公社は民間会社ＮＴＴとして生まれ変わると同時に、電気通信事業の自由化が行われ、新規参入が可能となることが決まった。

民営化と自由化の立役者は、ほかならぬ電電公社総裁真藤恒《しんとうひさし》である。稲盛にとって彼は、時に蜘蛛《くも》の糸を垂らすお釈迦様となり、時に不倶戴天《ふぐたいてん》の敵となる。第二電電設立とその後の苦闘の日々に深く関わってくることから、少し詳しく触れておきたい。

話は昭和五五年（一九八〇）にさかのぼる。この年の秋、電電公社近畿電気通信局でヤミ手当・カラ出張などの不正経理事件が起こった。

かねてから電電公社の体質を問題視していた第二臨調会長の土光敏夫は、中曽根康弘首相と協議し、昭和五六年（一九八一）、かつて子飼いの部下だった石川島播磨重工相談役の真藤を電電公社総裁として送り込んだ。

簡単に決まったわけではない。自民党郵政族のドンはあの田中角栄元首相である。田中は能吏《のうり》として知られた北原安定副総裁を推薦してきたが、現職総理である中曽根がそれを突っぱねたのだ。電電公社の分割まではいかずとも民営化だけは実現するという執念だった。

真藤は石川島播磨重工を業界ナンバーワンにした立役者だ。

建造ブロックの大型化で建造費を半分にし、標準設計と標準コストを導入して建造費算定を簡便にするなどの豪腕を示したことで〝ミスター合理化〟と呼ばれていた。土光によって常務取締役船舶事業部長に抜擢された彼は、自ら顧客のところに出向き、空前の造船ブームだったこともあって船舶の受注高を大きく伸ばしていった。

「どんな無理な仕様をいっても、その場で建造費をサッと出す。それが完成後も全く違わない。真藤さんの頭の中には、コンピューターが組み込まれているといわれていたそうです」

ある大手海運会社の元重役は〝真藤神話〟をそう語った（青木貞伸著『巨大企業NTT王国』）。

しかしブームの後には反動が来る。人員削減を行わざるをえなくなった真藤は社長を退き、会長にならず相談役になってその責任を明らかにした。出処進退の潔さにおいても非の打ち所がない。そんな真藤を、土光は心から信頼していた。

ところが真藤は、総裁就任早々驚くことになる。

〈電電公社に来て、ぼくがまず驚いたのは、ここは日本ではなく外国、いやよその星の電電国だったということですね。日本人にはとても理解できない電電語をしゃべり、日本人にはとても納得できない電電的発想がまかり通っている〉（『潮』昭和五九年四月号）

民間出身初の総裁として、彼はこの会社を民営化前に少しでも普通の会社に近づけようと社内改革に乗りだした。これに電電公社の社内は猛烈に反発する。社外にも同社との既得権益を守りたい勢力がごまんといた。

だが真藤は機先を制した。総裁就任から四カ月経った時、ひそかに〝電電公社民営化作戦〟を始動したのだ。それは第二臨調の事務局が立ち上がるのと軌《き》を一にしたものだった。

はじめはスパイ小説まがいの芝居がかった動きから始まった。社内の人間の目を避けるように、深夜一一時近くになって第二臨調の事務局に密使を送ったのだ（町田徹著『巨大独占―NTTの宿罪』）。

第二臨調には土光がいる。真藤は土光に機は熟したことを伝え、内と外との両面作戦で電電公社民営化に向け、大きく舵《かじ》を切っていくのである。

ところが真藤は、民営化後のNTT分割に関しては腰が引けていた。

当初は分割についても積極論者だったのだ。

「臨調の言う八社や一一社では生ぬるい。全国の都道府県の数と同じ四七社にしよう！」

そう周囲にも語っていた。ところが……である。

町田徹は前掲書の中で「巨大独占を生んだ真藤恒氏の変心」という章を設け、真藤が態度を豹変《ひょうへん》させたことを記している。電電公社の労働組合である全電通から分割阻止の圧力があったのは確かなようだ。公労協最大の労働組合である彼らも分割されれば勢力を削《そ》がれる。

〝民営化賛成・分割反対〟を掲げる全電通委員長の山岸章は真藤に、

「分割など持ち出したら、組合が違法なストをやりかねません」

と恫喝《どうかつ》するようにしながら自重を促した。

郵政族議員からの圧力もあったようだ。そして明らかにある時から、真藤の分割に関する発言はトーンダウンしていく。電電公社は伏魔殿《ふくまでん》だ。ほかにもうかがい知れぬ事情があったのかもしれない。

彼は後に触れる大きな事件に巻き込まれ、多くを語ることなく表舞台から姿を消した。そのため真相は今も闇の中だ。

結局、第二臨調の答申でも、国鉄は〝分割〟と明記されたのに対し、電電公社は五年以内に地方サービス会社と基幹回線の運営会社に〝再編成〟され、当面、政府が株式を保有する特殊会社に移行するにとどまった。

民営化されても、しばらくはガリバー企業のままというわけだ。

民営化後の資本金は一兆円。これは新日鉄（現在の新日鐵住金）の約三倍だった。年間売上高は四兆五〇〇〇億円あまりでトヨタに比肩し、社員三二万六〇〇〇人は日本一。逓信省以来、営々と築かれてきた通信インフラは全国津々浦々に張り巡らされている。電気通信事業の自由化が決まっても、挑戦しようという会社が出てこないのは当然だった。

ところがここで無謀とも思える〝挑戦者〟が現れる。

誰あろう、それが稲盛和夫だった。


稲盛の人生に一貫して流れているのが義侠心と反骨心である。正当な理由のない権威、常識、独占といったものに相対すると、彼の中の闘魂がめらめらと燃えはじめる。この時もNTTという巨大企業を独占状態のままにしておいていいのかという〝義〟の心が、彼を揺り動かしたのだ。

それにしても戦う相手が巨大すぎる。京セラは急成長を遂げてきたとはいえ年間売上高二二〇〇億円、社員一万一〇〇〇人。NTTはその二〇倍以上。〝巨象とアリ〟である。

しかも多角化のリスクを熟知している彼は、これまで〝飛び石を打たない〟のを信条としてきた。太陽光発電やクレサンベールやバイオセラムのように、セラミック事業とのシナジーは見えない。ヤシカなどのようにほかから再建を依頼されたわけでもない。いくら〝素人〟の強みを説いている稲盛でも門外漢すぎる。

だがこの電気通信事業自由化は、今後爆発的な成長が見込める通信業界に参入できる千載一遇のチャンスだ。国際競争力は年々落ちているのに過去の遺産だけで大きな顔をしている重厚長大産業に対し、新興企業の京セラが時価総額で彼らを圧倒し、日本経済の新たなリーダーとしてこの国の向かうべき方向を指し示すことができるかもしれない。

そんな大革命が今まさに起きようとしているのを前にして、稲盛の事業家魂が燃えだした。俺がやらずして誰ができるという自負もあった。

すぐに飛びついたわけではない。彼の頭の中では、ヒト・モノ・カネのすべて、通信業界の今後、様々な利害得失を加味した事業シミュレーションが行われていた。考えるファクターは山ほどある。

だが彼はすでに会得していた。事業の成功の鍵は、素直な心で市場の声に耳を傾け、正しいことを私心なくやろうとしているかどうかだということを。事業計画的なものを考え尽くして最後に残ったのが、自身の動機に〝義〟があり、利己心がないかということだった。

――動機善なりや、私心なかりしか

この言葉を呪文のように心の中で繰り返し反芻《はんすう》した。稲盛は後に振り返って、この事業の原点はまさにこの自問自答にあったと述べている。

半年ほど考えに考えた末、決断した。

(断固としてやる。やってみせる!)

昭和五八年(一九八三)七月、臨時取締役会が開かれ、第二電電への挑戦が議題として提出された。

「京セラには創業以来、積み立ててきた内部留保が一五〇〇億円ある。このうち、一〇〇〇億円を使わせてほしい」

電気通信事業への進出は、稲盛のこの一言で決まった。

彼がよく口にした、

「楽観的に構想し、悲観的に計画し、楽観的に実行する」

がまさに実行されたのが、この第二電電計画であった。

稲盛という天才は衆知を集めることをあまりしない経営者だが、その分、決断の精度の高さでリーダーシップを維持し続けた。部下は勝負に勝つ指揮官についていくものである。稲盛がすぐれた嗅覚でビジネスに勝ち続けたことこそ、彼の求心力の源泉だったのだ。

千本との出会い

第二電電への挑戦を決めてすぐ、運命に導かれるようにある男との出会いを果たす。それが元電電公社近畿電気通信局技術調査部長の千本倖生《せんもとさちお》であった。第二電電の成功は、彼抜きには語れない。まさに必要なときに、天は必要な人材を稲盛に引き合わせたのだ。

千本は京都大学卒業後、電電公社に入社。フルブライト奨学生としてフロリダ大学大学院で電子工学の博士号を取得した優秀なエンジニアだ。稲盛より一〇歳年下である。

昭和五八年八月、京都商工会議所会頭である塚本は、親友である大阪商工会議所会頭の佐治から千本を紹介され、彼を講師に「超ＬＳＩの発展と高度情報社会の実現」というテーマで講演会を企画した。

「稲ちゃん、今回の講師は技術屋だ。技術がわかる人間でないと話が合わんから、是非立ちあってくれ」

塚本から頼まれては嫌とは言えない。結局、成り行きでこの講演の司会を務めることとなった。

当時京都では京阪奈《けいはんな》学園都市構想を進めるなど、ハイテクや情報化への関心が高まっており、講演会場には村田製作所の村田昭《むらたあきら》社長や立石電機製作所の立石一真《たていしかずま》社長など錚々《そうそう》たる経営者が顔をそろえていた。

ここで千本は、超ＬＳＩ（大規模集積回路）の発達がやがて高度情報通信システムの構築につながり、社会を一変させると熱く語った。

だが、わが国はアメリカに大きな後れをとっている。その焦燥感から、彼は電電公社に身を置くものでありながら、この後れの元凶は電電公社のぬるま湯体質にあり、今こそ自由化を進めるべきだとも口にした。

司会席で千本の横顔を眺めながらそう思った。

（面白い男だ……）

電電公社と言えば役人然とした人間の多い組織だが、彼にはそんな雰囲気などみじんもない。堂々と正論を説いている。自信に満ち、小柄ながらバイタリティの固まりといったエネルギーを感じさせる。

講演は盛況のうちに終わり、懇親会の席で声をかけた。

「大変興味深いお話でした。あなたのおっしゃる通り、高度情報社会を進展させるためには電気通信事業の自由化を進めねばならない。ところがご存じの通り、まだ新規参入しようという企業は現れていませんね」

「大きなビジネスチャンスだと思うんですが。京セラさんのようなハイテク企業も無縁じゃないと思いますよ」

「ええ、誰もやらないのなら、名乗りを上げようかと思ってるんです」

その言葉を聞いた瞬間、千本は手にしたグラスを落としそうになった。リップサービスで京セラも無縁ではないと言いはしたが、まさか本当に電電公社に挑もうとしているとは。

「風車に向かって突進していく〝ドン・キホーテ〟だ！」

稲盛は後にこう陰口を叩かれることになるが、千本も目の前にいる男が一瞬それに見えた。

驚いている千本を前に稲盛は、

「今日の話を聞いていて感じたのですが、失礼ながら、あなたは電電公社の中で少し浮いているんじゃないですか？　うちに来て、一緒に電電公社に対抗する会社を立ち上げませんか？　是非連絡をください」

そう言って自宅の電話番号を名刺に書いて渡した。

それから二人はしばしば会うようになった。

大阪ロイヤルホテル（現在のリーガロイヤルホテル）の玄関を入って左手にコーヒーテラスがあり、ここがいつもの場所だ。かつて第一物産の吉田顧問から、

「若いのにあなたはフィロソフィを持っている」

と言ってもらった思い出のホテルである。

千本も熱い男だが、稲盛はさらにその上を行く。

会うたび心惹かれていき、

（この人とだったら自分の抱負を実現できるかもしれない）

と思いはじめた。

そしてついに意を決してこう切り出した。

「電電公社を辞め、新会社を一緒にやってみたいです！」

〈その時、私の目をのぞき込んだ稲盛氏の眼光の鋭さが今でも記憶に残っている。「これが経営者が獲物を捉えたときの目なのだ」と私は心の中で舌を巻いた〉（千本倖生著『ブロードバンド革命への道』）

千本が稲盛を選んだのではなく、すでに彼は稲盛の手のひらの上にのっていたのだ。

これまで千本の話に興味を持つ人間はごまんといた。佐治もそうだし、塚本もそうだった。講演で引っ張りだこだったのは、みな彼の語る電気通信事業の未来に大きな可能性を見出していたからだ。

しかしいろいろな財界人と会った末に、自分の抱負を実現できるパートナーとして彼は稲盛を選んだ。このこと一つとっても、稲盛和夫という男の尋常ではない人間力を感じる。

千本はかたわらにあったホテルのメモ用紙に〝東京〟〝大阪〟と書き、この二つを太い線で結んだ。

「ここに自前の通信網を建設するんです」

わかりやすく図示しながら、何枚かのメモ用紙に事業プランを書いていった。

「必要な事業資金ですが、東京から大阪に専用回線を引くには三〇〇億円ぐらいあれば可能です。それを含め、最初の二、三年で一〇〇〇億円は必要になるでしょう。仕組みは私がつくります。けれども、私には資金もなければ民間企業を動かす経営力もありません。稲盛さん、その二つを私に預けてください」

〈私の話が終わると稲盛氏は小さなため息をもらした。そして「しばらく時間が欲しい」と言った〉（前掲書）

それから一カ月ほどが経った。

（やはりだめだったか……）

千本があきらめかけていたその時、自宅の電話が鳴った。

「腹を決めました。是非やりましょう！」

電話の向こうの稲盛は、決然とした声でそう言った。

この頃、稲盛は親しい財界人にこう語っていたという。

「いやあ、血が騒ぎますなあ」

そのため、

「また京セラは新たな企業買収を考えているようだ」

という噂が流れたが、実際には、もっと大きなことを考えはじめていたのである。

稲盛が例外的な〝飛び石〟をこの時打つことができたのは、先述した通り、第二創業に備えて内部留保を積み上げてきた深謀遠慮《しんぼうえんりょ》ゆえであった。

新事業に進出する際、銀行融資やエクイティ・ファイナンスなどで外部資金を調達するのはよくあることだ。それは決して不健全なことではない。将来性のある事業だという確信があるなら、むしろ自己資金だけに頼らず外部負債でレバレッジ（てこ）効果を上げようとするのは企業財務のセオリー通りだ。後に稲盛や千本と深い関係ができるソフトバンクグループの孫正義《そんまさよし》の経営手法がその典型だろう。

だが稲盛は内部留保が積み上がるまで待った。彼を見ていると、〝チャンスが来るまでじっと待てる〟のも、成功者の大事な資質の一つだと思い知らされる。株式相場の格言でいうところの「休むも相場」というのは、凡人にはなかなかできないことだ。

〈当時の京セラの事業規模から言ってとてもリスクテーキングな、破天荒な決断だったと思う。その見事なベンチャー精神に対して、私は今なお賞賛の念を惜しみなく送る〉（前掲書）

と千本は書いているが、電電公社を辞めて京セラに移ろうという千本の行動もまた、十分〝破天荒な決断〟であり〝見事なベンチャー精神〟ではなかろうか。

辞める直前、真藤総裁のところへ挨拶に行った時、真藤はこう言ったという。

「そうか、稲盛君とやるのか。稲盛君と組むのなら、うまく行くかもしれないな」

それが本心だったかどうかはわからない。だが、こうして千本は電電公社を昭和五八年（一九八三）一二月二三日付で退職し、翌年の一月一日付で京セラに入社する。肩書きは常務取締役情報企画本部長。まだ四一歳という若さだった。

周囲に退職を打ち明けると、似たような反応が返ってきた。

「あと一年いれば年金がつくのに……」

「せっかく超一流企業に勤めているのに……」

実際、京セラの八重洲事業所に着任してみて驚いた。電電公社の部長室は四〇畳近い広さだったが、京セラの彼の部屋は応接室を改造したもので、六畳ほどの部屋に机が二つ並んでいるだけだったからだ。

（本当に転職して良かったのだろうか……）

と少々不安になった。


〝飛び石〟による多角化の難しさは、なによりもまず〝人〟の問題をどう解決するかである。どれだけ優秀だろうと、京セラの社員が電気通信事業の即戦力になれるはずがない。千本の最初の仕事は、古巣の電電公社から人材をヘッドハントしてくることであった。

有望な若手を誘い、毎週末、京都東山の鹿ヶ谷《ししがたに》にある京セラのゲストハウス「和輪庵《わりんあん》」に集めて勉強会を始めた。和輪庵は南禅寺《なんぜんじ》周辺に見られる高級別荘の一つで、琵琶湖疎水《びわこそすい》を引き込んだ池など趣向《しゅこう》を凝《こ》らした庭園が美しい。そこでの勉強会は、彼らを勧誘するための重要な布石《ふせき》だった。

少数精鋭にしたいから、これはという社員だけに声をかけ、稲盛に引き合わせた。本人の口からこの事業にかける思いを語ってもらうためだ。そこからは稲盛の独壇場。一気にみなを〝稲盛ファン〟にしてしまった。

だが、いくら稲盛ファンになってくれても、自分のこれまでのキャリアを捨てて新会社立ち上げに協力してくれるかと言えば話は別だ。声をかけたうちの半分しか参加してくれなかった。名門企業からの転職なのだ。半分説得できたというのは驚くべき確率と言えるだろう。後にKDDI社長となる小野寺正や副社長となる種野晴夫などは、この時にヘッドハントした創業メンバーだった。電電公社からすれば、第二電電から受けた最も大きなダメージは、実はこの人材引き抜きだったのではあるまいか。

稲盛にとってありがたかったのは、千本が最初から起業家精神を発揮して人材の選定をしてくれたことだ。後に彼はこう語っている。

〈小野寺さんは当時、無線通信を専門としていました。一方、私の専門は有線通信。しかも公社内で、有線部門と無線部門はライバル関係にありました。必ずしも懇意にしていたわけではありません。なのに、なぜ小野寺さんに働きかけたのか？　彼が無線部門で一目置かれた人材だったことが第一の理由でしたが、もう一つの要因として技術的な穴を埋めたい、という目的がありました〉（千本倖生著『あなたは人生をどう歩むか』）

人材の多様化は大事なことだ。千本はお友だち集団ではなく、最初から仕事人集団を目指したのだ。実際、彼はこの段階では有線での回線敷設を考えていたが、最終的には無線にせざるを得なくなる。ここで小野寺を採用したことが生きてくるのだ。

彼らは週末になると和輪庵に集まって、どうやったら電電公社に対抗していけるかを深夜まで話し合った。そして飲んだ。詰まるところ、それはコンパでもあったのだ。彼らは知らないうちに京セラの一員として、稲盛色に染まっていた。

巨大な敵を相手に、無謀とも言える戦いを挑もうとしているのだ。気分も自然と高揚してくる。やがて誰が言うともなしに、〝鹿ヶ谷の変〟という言葉を口にするようになっていった。八百年以上前の平安時代末期、僧俊寛《しゅんかん》たちが鹿ヶ谷の山荘に集まり、〝平家にあらずんば人にあらず〟とおごり高ぶっていた平家一門を倒す謀議を行った一件だ。

ここ和輪庵は鹿ヶ谷にある。対する電電公社のことを、栄華をほしいままにする平家に見立てればぴったりだ。しかし、やがてこの謀議は明るみに出て関係者の多くは死罪となり、俊寛は鬼界ヶ島《きかいがしま》に流され、その地で果てる。みな悲壮な思いを胸にしていた。

牛尾、飯田、盛田たちの参加

第二電電の看板が京セラ一枚ではさすがに心もとない。東京で経済人の会合があった時のこと、かねて昵懇《じっこん》の仲であるウシオ電機の牛尾治朗に思いを伝えた。

「今、日本の電気通信事業は一〇〇年に一度の大転換期を迎えています。国民のためにも、日本の通信料金をなんとか引き下げねばならない。私は生命をかけて、この事業を成功させるつもりです」

ウシオ電機は兵庫県姫路市で創業された、車のヘッドライトなどに用いられるハロゲンランプのトップメーカーである。牛尾は松下幸之助にかわいがられ、後に経済同友会代表幹事も務めた財界の重鎮で、見識の高さには定評があった。

黙って聞いていた牛尾は破顔一笑《はがんいっしょう》、

「我々も何とかしなければと思っていました。喜んで応援しましょう」

と言ってくれた。横にいたセコムの飯田亮も賛成してくれた。

そのうちソニーの盛田昭夫が、

「なんの話だ、なんの話だ」

と寄ってきたので彼にも話すと、

「ソニーも応援する。ただし全部君の責任だよ」

と言ってにやっと笑った。

このときのパーティーでの立ち話が、やがてそのまま具体的な形をとっていくのである。

牛尾の発案で、政治力のある三菱商事にも参加してもらうことになった。当初三菱商事は独自参入を検討していたが、稲盛が口説いて一緒にやることを了承してもらったのだ。

〝船頭多くして船山に上る〟の愚を避け、新会社の経営を一任してくれたのはありがたかったが、盛田は一つ注文をつけた。

「新会社の社名は横文字より『第二電電』がいいんじゃないか」

たしかにこれまで〝新電電〟とか〝第二電電〟といった言い方で新会社について語ってきた。

だが、それをそのまま社名にするという発想はない。むしろ先進性を表すべく、それこそソニーのようなしゃれた横文字の名前がいいとみな思っていた。

ところが盛田は、これを一蹴したのだ。

牛尾は稲盛より一歳年上で飯田は一歳年下と同年代だが、盛田は一一歳も年上の財界の大先輩だ。世界のソニーを創業した彼には、みな一目置いている。

それでも千本は、大胆にも反論を試みた。

「日本で一番の通信業者を目指そうと意気上がっているときに、最初から『第二』を名乗るのはいかがなものでしょう?」

だが盛田はとりあわない。

「たしかに横文字の名前は格好いいが、なんの会社かいちいち説明が必要だ。『第二電電』とすれば、誰でも日本で二番目にできた電話会社だとわかるじゃないか」

実は盛田は、昭和三三年(一九五八)、東京通信工業からソニーに社名を変えた張本人だ。

その際、

「そんな誰にもわからない社名は恥ずかしいです」

と社内から猛反対に遭った。

当時、社名と言えば、人名か地名に製品か業態のわかる言葉を組み合わせたものと相場は決まっている。当然の反対意見だった。

「せめてソニー電子工業にしてください」

という言葉に耳を貸さず、共同創業者である井深大《いぶかまさる》の支持を取り付けて初志貫徹した結果、〝世界のソニー〟になった。

ところが今回はその逆で、〝誰にでもわかる名前〟を社名にしようと言い出したのだ。ソニーの誕生秘話を知っている面々は思わずずっこけそうになったが、ここは盛田のセンスを信じ、彼のアドバイスに従うことになった。


盛田たちに「経営の責任は取る」と言った手前、稲盛自身が第二電電の社長になることも考えないではなかったが、すでに意中の人間がいた。元資源エネルギー庁長官の森山信吾である。

稲盛とは同郷だ。森山がまだ通産省課長時代、鹿児島県出身者の集まりで出会った。鹿児島県人らしく性格が陽性で冗談をよく口にし、エリートであることを鼻にかけない。

会うたびその人柄に惹かれ、

「通産省を辞めた後、私の会社にいらっしゃいませんか」

と秋波《しゅうは》を送っていた。

だがそう言いながらも、内心はあきらめていた。元資源エネルギー庁長官ともなれば、石油公団総裁やジェトロ理事長のほか、エスタブリッシュメント企業の再就職先がよりどりみどりだからだ。

ところが退官するとき、森山のほうから、

「稲盛さん、昔の言葉は今でも生きていますか?」

と尋ねられ、冗談ではないかと疑いつつも、

「もちろんです！」

と即答し、昭和五八年（一九八三）京セラの副社長として迎え入れていた。

第二電電は、その森山の出番だと考えたのだ。

「新会社の社長が官僚OBでいいんですか？」

千本は激しく反発した。稲盛が社長で自分は副社長、さらに近い将来の社長候補に自分を擬していたとしても不思議ではない。だが稲盛は千本の能力を高く買いながらも、トップに据えることは考えていなかった。稲盛イズムを忠実に体現するには我《が》が強すぎる。才子然とした人間を嫌う稲盛ならではの選択だった。

その森山はある日、驚くべき提案をしてきた。

「新会社の役員ですが、思い切って郵政省（現在の総務省）OBで固めませんか？」

森山などの例外はあるものの、もともと稲盛は官僚嫌いだ。最初はぎょっとしたが、森山の説明を聞くうち合点がいった。

通信事業は許認可の固まりだ。郵政省OBなら省内の力学や手続きの進め方をよく知っている。それに先輩が役員ともなれば、かつての部下たちも手心を加えてくれるに違いない。そのことを森山はよくわかっていたのだ。

稲盛も、ここは彼らの土俵で戦うしかないと腹をくくって助言に従った。

森山はすぐ人選に入る一方、根回しのため出資者すべてに足を運んだ。フットワークの良さは

期待以上だ。彼のリーダーシップと政財界に幅広い人脈は、新会社に計り知れないメリットをもたらした。森山を社長に据えたのは大正解だったのだ。千本もしばらくすると、すっかり心酔していった。

計画は秘密裏に進められたが、これだけ動いていればいつかは漏れる。

果たして昭和五九年（一九八四）三月一〇日、見事にすっぱ抜かれた。日本経済新聞朝刊一面にでかでかと「京セラやソニーなど〝第二電電〟設立に動く」という記事が載ったのだ。

出資者のメンツや三大都市圏に重点を置くことなど、事実に反した点はほとんどなかった。新規参入者がなかなか現れないことにしびれを切らした郵政省がリークしたのだろうとささやかれたが、ここまでくればどうでもいい話のはずだ。

ところが関係者の間には焦りの色が出ていた。実はまだ肝心な点が詰め切れていなかったのだ。専用回線を引く方法である。

最初は、電電公社がやっていたように国道一号線沿いに光ケーブルを埋設する方法を考えたが、埋設すると一キロ当たり一億円近い費用がかかるという試算が出て断念せざるを得なかった。

次に考えたのが、新幹線の側溝に敷設する方法だ。これならコストは安くすむのだが、肝心の国鉄に断られてしまう。

国鉄は鉄道通信という独自の通信回線を持っている。「みどりの窓口」の発券システムはわが国のデータ通信の草分けだし、新幹線では高度な移動体通信も実現している。事業パートナーとしては絶好の相手だと思われたが、彼らがライバルとなることには思い至らなかった。国鉄は昭和六二年（一九八七）四月より分割民営化されることになっており、新電電事業を民営化後の収益事業の柱にしようと考えていたのだ。

三番目に、高速道路の中央分離帯沿いに敷設させてもらおうと考えて道路公団と交渉したが、これもノーだった。千本の計画はいきなり壁にぶつかってしまったのだ。

そもそも彼の頭にはアメリカの通信業界のことがあった。アメリカでは鉄道や道路が通信業者に施設を貸すというビジネスが成り立っている。日本でも当然そうなると思い込んでしまっていたのだ。

だがわが国には、アメリカと違う事情があった。それは京セラという、通信とは縁もゆかりもない会社が、無謀にも電気通信事業に参入を表明したことだ。

そのため、国鉄も道路公団も、

（何の設備もノウハウも持たない京セラが手を挙げるくらいなら、我々も事業として立ち上げられるはずだ）

と自信を持って動き出した。

絶対当たる予言者の予言は当たらないというパラドックスがある。京セラのような会社でも電気通信事業に参入できる時代が来ると予言した千本は、その先見性ゆえに、予言が成就するのを自ら難しくしてしまったのだ。

そうこうするうち、ライバルの動きが明らかになっていく。

第二電電設立の記事が載った翌月（昭和五九年四月）、「高速道に光通信　官民で第二電電建設へ――建設省方針」という記事が出た。建設省がバックとなり、同省の外郭団体である日本道路公団が名乗りを挙げたのだ。後の日本高速通信（通称テレウェイ）である。

稲盛たちを驚かせたのは、日本高速通信にトヨタが加わると報じられたことだ。彼らは移動電話を含め、自動車と情報通信分野の間に将来シナジーが生まれることを見越していたのである。

次いで五月二五日には国鉄も参入すると報じられた。後の日本テレコムである。

彼らに光ファイバーを敷かせてくれないかと頼んでいた千本は、事前に手の内をさらしていたことになる。国鉄側の交渉相手だった馬渡一真《まわたりかずまさ》国鉄副総裁が日本テレコム初代社長に就任するというおまけまでついた。

日本テレコムは、東海道新幹線のレール沿いに約二〇〇億円を投じて光ファイバー網を敷き、東京―大阪間を手始めに企業向け通信サービスを始める計画を発表した。後々は山陽新幹線や東北新幹線にも同様に広げていくという。

日本高速通信と日本テレコムは慎重に機をうかがい、ヒト・モノ・カネを完全に掌握した完璧な戦略を後出しで出してきた。結果として、最初に参入を表明した第二電電が一番出遅れることになった。

創業間もなく存続の危機である。自由化の旗手として最初はエールを送ってくれる人たちもいたが、強豪が次々と名乗りを上げるにつれ、泡沫扱いが待っていた。

できるかどうかわからない難しい注文もとってから頑張った、京セラの創業期に戻ったような追い込まれ方だが、こうなったら後に引けない。稲盛の闘志はいやが上にも燃えた。

ＤＤＩ設立

東京電力も手を挙げようとしたが、郵政省が通信事業への参入規制である需給調整条項を盾に認めなかった。要するに市場の規模対比で業者が多くなりすぎるというわけだ。

結局、新電電は三社に落ち着いたが、それでも多いとの声が出た。業者が多いと、経営不振になったところが値下げ攻勢で業績を立て直そうとし、値下げ競争の中で共倒れの危機に陥るケースも出てくるからだ。

「新電電は一本化したほうがいいのではないか」

第二電電にも郵政族議員からの圧力があったが、他社の軍門に降る気はない。

昭和五九年（一九八四）六月、第二電電企画（後の第二電電）は予定通り発足する。稲盛が会長、社長には予定通り森山信吾が就任。社員二〇名からのスタートだった。

略称はＤＤＩに決まった。英文名称のDaini Denden Inc.からきたものだ。この二カ月前、東京の用賀に京セラ東京中央研究所がオープンしていたが、ＤＤＩ本社はその中に入ることとなった。

京セラのほか、ソニー、ウシオ電機、セコム、三菱商事の四社が発起人となり、盛田たちには社外取締役になってもらった。まだ社外取締役によりコーポレート・ガバナンスを強化するという発想が一般的になる前のことである。

そのほか、三井物産、伊藤忠商事、三菱銀行、三和銀行、野村證券、サントリー、ワコールなど合わせて二五社が株主に名を連ねた。その後も出資の申し込みが後を絶たず、二〇〇社を追加して計二二五社になったが、以降は出資を断った。出資の申し込みが多かったのは必ずしも第二電電に将来性を感じたからではない。当時の日本企業は余裕があったし、すべて横並び。都市銀行や商社は新電電三社とも出資しているところがほとんどだった。

第二電電に〝企画〟という名前が当初ついていたのは、電電改革三法案が成立する前の見切り発車だったからである。公式には調査会社という名目で発足し、法案通過次第〝企画〟の文字を外す予定だった。

京セラ東京中央研究所の地下一階には広い和室があった。そこで稲盛を囲んで全社員が輪を作り、刺身やフライを食べながら焼酎を飲み、夢を語った。ここでもコンパはしっかりと行われていたのだ。ベクトルを一つに合わせ、明日への活力を蓄えた。

五月三一日、第二電電企画の設立記念パーティーが開かれ、多忙な中、電電公社の真藤総裁も駆けつけてくれ、パーティーは大いにもりあがった。

稲盛の責任は重大だ。牛尾、飯田、盛田の三人から禁煙を約束させられた。新会社の経営を任せているのに健康を害されたら困るというのだ。

稲盛のヘビースモーカーぶりはつとに有名で、それまで毎日ショートホープを六、七〇本吸っていただけに、この禁煙命令には閉口したが、〝当面〟は言いつけを守ることにした（『日経産業新聞』昭和六〇年一月二四日付「〝強要〟されて禁煙」）。

第二電電企画を設立したこの年、稲盛はまだ五二歳の若さだった。

彼は四月に私財を投じて稲盛財団を設立し、同月、大規模集積回路用セラミック積層技術の開発により紫綬褒章《しじゅほうしょう》を受章している。彼は人生を、普通の成功者より二〇年ほど早く歩いていたと言えるだろう。

新会社が発足したものの、通信回線を敷設できなければ、それこそ〝企画〟倒れである。

稲盛自ら国鉄の仁杉巌《にすぎいわお》総裁のところに出向き、彼らが引く光ファイバーをもう一本ＤＤＩで引かせてもらえないかと改めて頼みこんでみたが、やはり答えはノーであった。

「国鉄の用地は国有地ではないですか。それを日本テレコムという民間企業一社が独占的に使うのはフェアでない。独占禁止法にも抵触するでしょう」

これには仁杉もふいをつかれて絶句したが、結論は変わらなかった。

その数日後、道路公団との間を建設大臣の水野清が仲介してくれるという話が舞いこんだ。日本高速通信に出資したら、道路公団も株主に便宜を図る必要が出てくるはずだというのである。藁《わら》にもすがるつもりで資本金の二パーセントにあたる一億円を出資したが、大臣の言うようにうまくはいかなかった。

工期や経費を考えれば、基地局をつくって電波を飛ばすマイクロ波方式しか選択肢は残されて

第二電電企画設立パーティーにて（右よりソニー盛田昭夫、電電公社真藤恒、稲盛、セコム飯田亮、ウシオ電機牛尾治朗、森山信吾、千本倖生）

昭和五五年（一九八〇）に京都市左京区鹿ヶ谷に開設された迎賓館「和輪庵」

いない。光ファイバーに比べれば通信速度も容量も劣るだけに、できれば選びたくない最後の手段と言えた。

だがこれとても、日本の空を飛び交う電波帯の中で使用可能な無線ルートは限られている。自衛隊の無線も飛んでいるし、米軍の無線も飛んでいる。既存の無線と混信するようなものを作ったら大変だ。

万事休すかと思われた時、電電公社の真藤総裁から救いの手が差し伸べられた。京セラ本社に総裁本人から電話が入ったのだ。

あいにく稲盛は不在だったが、

「折り返しの電話はいりません。とにかく明日の新聞を見るよう伝えてください」

という伝言が残されていた。

言われた通り翌日の朝刊を開いてみると、稲盛の目に飛び込んできたのは、

――電電公社総裁談　東京―大阪間のマイクロ無線に『もう一本空き回線』

という見出しだった。

電電公社の内情に詳しい千本たちは、彼らのマイクロ波に空き回線があることは百も承知ですでに交渉していたが、

「未使用のルートは、将来のための予備ですからご提供できません」

と言って断られていた。

だが現に真藤は「明日の朝刊を見てくれ」とまで言って、このことを記事にしている。稲盛に

はわかった。この事実を対外的に明らかにすることで社員たちを飛び越え、自分たちに回線を使わせる道を開いてくれたのだということが。

これまでも真藤はパーティーなどで顔を合わすたび、

「稲盛さん、頑張りなさいよ。応援してあげるから」

と言ってくれていた。それは単なるリップサービスではなかったのだ。

稲盛は早速、真藤総裁を訪れ、改めて電電公社の回線の使用許可をもらった。天にも昇る気持ちである。深々と頭を下げながら、電電公社という伏魔殿の中で孤軍奮闘している真藤に心からの敬意を抱いていた。

真藤がいる限り、彼らは挑戦する壁ではあっても敵ではない。その時はそう思えた。

こうして東京・大阪間に無線回線を確保できることになり、すぐに建設会社を手配してネットワーク作りにとりかかった。

東京と名古屋と大阪にネットワークセンターを設置し、五〇キロごとに合計八カ所の中継基地(リレーステーション)を置き、アンテナからアンテナへと送信していく計画が立案された。

起点となる東京ネットワークセンターは、三菱商事の紹介で多摩ニュータウンに隣接する住宅公団がもっていた広大な土地に設置することに決まり、その他の中継基地についても一斉に用地探しが始まった。

一六〇名採用した新入社員が、早速戦力として働いてくれたのは心強かった。

つくりやすいところはすでに電電公社が基地を設置している。第一中継基地は神奈川県大磯のレイクウッドゴルフクラブ近くの山頂、第二中継基地が静岡県藤枝近郊の山頂と、とんでもないところに設置しなければならなかった。

用地のめどが立っても、周辺住民の理解を得る必要がある。

千本自ら木曽山中の山深いところまで一升瓶をぶら下げて挨拶にいった。手分けして戸別訪問や対話集会を根気よく続けた。

それでも住民全員の賛同を得ることは難しい。多摩の東京ネットワークセンターの起工式では一部住民が泥や石を投げ、森山社長にあたって背広が汚れ血が流れた。それでも森山は取り乱すことなく冷静に式を進めていった。

そうする間にも、日本テレコムと日本高速通信は着々と光ファイバー網を建設している。彼らに負けてなるものかと必死に頑張った結果、最低三年はかかると言われたネットワークをわずか二年四カ月で開通させた。

森山は宣言通り、副社長二名から専務に至るまでみな官僚で固めていた。

郵政省四国郵政監察局長からスカウトした中山一副社長が郵政省許認可対策の責任者。もう一人の副社長の金田秀夫は元郵政省電波研究所次長でマイクロ波ルートの選定を担当。許認可の多さから本社まで移転する必要に迫られ、霞ヶ関に近い虎ノ門34森ビル（当時）に引っ越した。対役所折衝をしていた小野寺も、電電公社時代とは比較にならない難しい交渉の連続に緊張の日々を送っていた。

緊張を強いられていたのは千本も同様だ。最初のうちは売上など立たない。人件費や設備投資で金が出る一方だ。最初からわかっていたことだが、膨大なコストが先行する現実を前に焦りは募った。

だが稲盛は泰然自若《たいぜんじじゃく》としている。創業者の凄みは、修羅場《しゅらば》を何度もくぐり抜けた経験から、難局を前に腹をくくる度量にある。

彼はこう言って千本を励ました。

「千本君、苦しいだろう。だけど、新しい事業というのは、一度始めたら簡単にやめてはいけない。筋のいい事業だと信じられるのならば、石にかじりついてでもやり抜く。競争相手がどうであろうと、知力を尽くして考え抜いて、勝負をあきらめてはならない。やめた時が失敗だ」

この教えは、その後の千本の人生を貫く指針となった(千本倖生著『あなたは人生をどう歩むか』)。

出る杭は打たれる

電電改革三法案(電気通信事業法、日本電信電話株式会社法、関連整備法)の審議は難航して稲盛たちをやきもきさせたが、昭和五九年(一九八四)の年末、ようやく成立し、翌昭和六〇年(一九八五)四月一日、施行された。

日本電信電話公社は、わが国最大の民間企業日本電信電話株式会社(NTT)として生まれ変わったのだ。初代社長には引き続き真藤恒が就任することとなった。

　そして同年六月二一日、第二電電企画は第一種電気通信事業者に登録され、晴れて「第二電電」へと社名変更を行った。

　こうして開業に向け、日本テレコム、日本高速通信と三つ巴《どもえ》のレースが始まった。新電電同士の競争に勝ち残ることはもちろんのこと、NTTと対等に戦えるまでになることが目標だ。道は遠く険しかった。

　昭和六一年（一九八六）秋には企業内通信である専用線回線サービス（いわゆる内線電話）が、その一年後には市外電話サービスが開始されることが決まった。

　マスコミも大注目だ。

　昭和六〇年（一九八五）四月七日、日本経済新聞の第一回「日曜対談」に、NTT初代社長の真藤恒と新電電三社を代表して稲盛が選ばれ、二人の大きな写真が見開きで並んで話題を呼んだ。

　稲盛の写真の上には〝大変革期、魂が騒ぐ〟、真藤の写真の下には〝刺激と協調、望む所〟という大きな活字が添えられている。

「百年に一度あるかないかの劇的な回り舞台だから、俺もこの舞台を回す一人のパワーでありたい」

　と稲盛が謙虚に語ったのに対し、真藤は、

「これからの日本の電気通信事業の発展のためには、独占を否定することが不可欠だと思うのです。だれかに入ってきてもらわなければ困る。（中略）小乗的に我が身を守るよりも、強くなる可能性のある企業体が、サッと入ってくれることが大事」

と余裕の発言。

それはまさに、大いくさを前にした両者エールの交換であった。

「柔よく剛を制す」「判官贔屓《ほうがんびいき》」などの言葉があるように、日本人は不利な方、弱い方を応援するのが大好きな国民だ。NTTに果敢に挑戦していく稲盛の姿は世の広い支持を集め、昭和六〇年の『週刊東洋経済』新年特別号「活躍した経営者ベスト10」の第一位には、二年連続で稲盛が選ばれている。

だが出る杭は打たれる。彼の前に、思いもよらぬ試練が待っていた。

この年の国会において社会党の井上一成衆議院議員が、

「京セラのICパッケージが米国の巡航ミサイル・トマホークに使用されている。これは武器輸出三原則に抵触するのではないか！」

と追及を始めたのだ。

井上は外交問題などで再三にわたって国会を審議中止に追い込み、〝止め男〟の異名を持つ国会の名物男だ。

すぐに通産省が調査を始めたが、これは京セラインターナショナル（KII）が米国内でゼネラル・ダイナミックス社に販売したICパッケージが転用されたものであり、製品は標準品であった。販売先が何に使用するかまでメーカーは関知できない。加えて京セラインターナショナルはあくまで米国の会社であり、それにわが国の武器輸出三原則を適用するのは米国に対する主権侵害である。そういう意味では、京セラが非難されるいわれはなかった。

不快に感じた稲盛はNHKのインタビューでつい、

「噂で迷惑している」

とポロリと言ってしまい、火に油を注ぐ結果となってしまう。

昭和六〇年四月一一日の衆議院決算委員会で井上は、今度は京セラの人工膝関節に関し、未承認で販売が行われていると追及を始めたのだ。

この年の一月、厚生省に匿名《とくめい》の投書があったのがきっかけで、同省はすでに警察庁と合同で実態調査に乗り出していた。この情報を井上はどこからかキャッチしたらしい。

無許可販売は事実であり、それは次のような事情によるものだった。

バイオセラム営業の現場は、医師のニーズをどう商品に反映させるかにかかっており、

「骨がんで苦しんでいる患者がいます。がんで切除した膝関節をつくってほしいのですが」

といったオーダーメイドの依頼が持ち込まれる。

当時の薬事法では、同じ材料を使った人工骨、人工関節でも、新しい形状やサイズでつくるときには、個別に臨床治験をやって安全性を確認した上で認可を受ける必要があり、申請して許可が下りるまでに一年ほどかかった。この法律自体が、そもそもニーズに合わない非現実的なものだったのだ。

当然、現場は一年も待っていられない。そのため個別の認可を受ける前に納入するということ

が繰り返されていた。よかれと思って対応してきた面もあったが、薬事法に違反したのは事実である。技術面のチェックは十分でも、法務面のチェックが甘かったのだ。京セラでは、早速指摘された製品の製造販売を停止した。

依頼していた病院側はこの問題が発覚すると、

「あれは京セラが勝手にやったことだ」

と、みな手のひらを返したように関係を否定した。

稲盛はバイオセラム事業の幹部に対し、

「すべて俺が責任をとる。動揺しないで対処してほしい。あるがまま正直に対応しなさい」

と伝え、厚生省の聴聞会《ちょうもん》では、

「事実関係はすでにご報告した通りです。病院関係者にご迷惑をおかけし、社会的責任を痛感しています。法を守れなかったのは会社の管理体制が不備だったためで、管理体制を刷新しました。弁明の余地はなく、どんな処分を受けようと異論はございません」

と頭を下げた。

一カ月の操業停止処分がくだされ、

「これは天が与えたもうた試練と心得よ！」

と社内全体に襟《えり》を正すことを指示した。

ところが、まだ井上は攻撃の手を休めなかった。四月の衆議院決算委員会だけでなく、五、六月の決算委員会でも執拗《しつよう》に京セラを攻め続けた。

急成長企業の悲しさで、叩けばほこりが出てくる。販売していたコードレスフォンが、出力を規制以上に上げられる設計になっていたのを電波法違反だと指摘され、回収に走った。バイオセラムの件もあわせ、損失は四三億円にも及んだ。

京セラに脇の甘さがあったのは間違いない。だがどう考えても不自然だ。国会で同じスキャンダルが何カ月にもわたってとりあげられることはままあることだが、それは野党が与党を攻撃する場合がほとんどで、一般企業をここまで執拗に追及することはない。

実はここにある背景があった。

井上の属する社会党が支持基盤にしていた全電通や連合は、NTT分割に強硬に反対している。連合の生みの親は全電通委員長の山岸章であり、山岸は連合の初代委員長だ。そんな彼らにとって、身の程知らずにも新電電に手を挙げ、NTT分割を声高に主張する稲盛は憎んでもあまりある相手だった。

そんな彼らが、全力で潰しに来たのであろうことは容易に想像ができた。ちなみに一連の京セラバッシングの先頭に立った井上一成は後に、初の社会党委員長首班となる村山富市《むらやまとみいち》改造内閣において郵政大臣に就任している。

水に落ちた犬は叩かれる。これまでの高評価が嘘のように、マスコミ各社もこぞって京セラ叩きを始めた。会社を創業して二五年、これほど苛烈《かれつ》な指弾を浴びたのは初めてだった。

『週刊文春』は「社員がボロボロ辞めていく「京セラ」稲盛イズムの落し穴」（昭和六〇年五月二

日号）という特集記事の中で、「便所にいけば迷惑をかける」という小見出しをつけ、社員はトイレに行く時間まで制限される過酷な労働環境に置かれていると書いた。

稲盛の自宅前に張り込んで写真も撮った。ところがグラビアに使われたその写真は、たまたま訪問中の別人だったというオチがついた。裏をとることなく矢継ぎ早に記事にしたことがうかがえる。

最初のうちはこうした記事にいちいち反論しなかったが、まったくバッシングがやむ気配がない。昭和五九年（一九八四）秋の株式分割時には八五五〇円（一〇月一七日）をつけていた京セラの株価は、一連の問題が表面化した昭和六〇年（一九八五）春以降下がり続け、九月二七日、ついに一四五二円にまで下落した。大暴落である。

さすがに稲盛も我慢できなくなり、ぽつりぽつりと反論を始めた。

〝株主総会でもお辞儀しない稲盛和夫！〟と写真入りで指弾されたことについて、

「あれはですねえ、議長席の私の前にマイクがありまして、深々とは頭を下げられない。前列にいる役員は、立ち上がりますと深く下げられる。私が一番先に頭を下げて、上げたころはまだみんな深々と下げていたわけです。ある一瞬のスナップであって、全体を表してはいないのに、私が頭を下げてない、と書かれた。非常に心外です」（『サンデー毎日』昭和六〇年八月四日号「問題多発の京セラ・稲盛社長が沈黙を破って『全反論』」）

批判内容のあまりの馬鹿馬鹿しさに、反論してもむなしさしか残らない。インタビューの最後で、稲盛はこんな言葉を漏らしている。

「今度の件で、これだけ叩かれますと、本当にグラグラしそうな時も何度かありましたけれども、家内と娘三人が、おそらく肩身の狭い思いもしただろうし、つらかっただろうと思いますけれども、一言も私に愚痴を言わず、私を支えてくれました。それで幸い、救われましたですね」

家族には感謝しかなかった。

バイオセラムにしてもコードレスフォンにしても、それはまさに規制や許認可の問題であった。それが自由なビジネスを制約しているという問題意識は、稲盛の中では常にあった。この当時の新興企業は、今のベンチャーなど比較にならないほどの制約の中で戦っていたのである。

だが、その規制や許認可が本当に必要なのかという〝べき論〟は別にして、法の定めがあるのだから守らねばならない。今回の指摘は間違いなくこちらに非がある。

売られた喧嘩を面と向かって買うことはできず、頭を下げ続ける日々。これほどつらいことはほかにない。誰にぶつければよいかわからない怒り、口に出せない言葉。目は血走り、肌はかさつき、稲盛の顔から笑顔が消えた。

ストレスはやがて肉体をむしばみ、明らかな変調となって表面化する。それが三叉神経痛《さんさしんけいつう》だった。三叉神経は脳神経の中でも最大の神経で、目と上顎《うわあご》と下顎《したあご》の三つに分岐することからその名が来ている。

人によって症状は違うが、稲盛の場合、左顔面に鋭い痛みが走り七転八倒した。生まれて初めての経験だった。一度発作が起こると三カ月ほど続く。痛みのピークは一カ月。いつどこで起こるかわからない。

昭和六三年（一九八八）に発作が出た時は飛行機の中だった。ニューヨークからJALの直行便に乗ってウイスキーを飲んでひと寝入りしようとしたときにそれは起こった。

雲の上では病院に行くこともできない。それどころか動くことさえままならない。客室乗務員に熱いタオルを持ってきてもらって必死に押しあて、日本に着く頃には息も絶え絶えになっていた。

後年、中国の名医が足の指に温灸《おんきゅう》治療を施してくれたのが功を奏して小康状態となるまで、この病気は稲盛を苦しめ続けることになる。

何とか心を鎮めようと、円福寺に西片老師を訪ねたのはこの時のことだ。老師はニコニコ笑いながら彼の話に耳を傾けていたが、聞き終わるとこう話してくれた。

「稲盛さん、災難に遭うのは生きている証拠ですよ。それにその災難で、あなたが過去につくってきた業《ごう》が消えたんです。赤飯を炊いてお祝いせなあきません」

西片の言葉は、金剛経《こんごうきょう》の説く〝業の清算〟という考え方をわかりやすく話してくれたものだった。修行を重ねた老師の言葉だけに胸にしみた。

（これは大義の戦いなのだ。負けるわけにはいかない！）

こうして気を取り直し、再び硝煙《しょうえん》のたちこめるビジネスという名の戦場へと戻っていくのである。

アダプターと孫正義

新電電の市外電話サービスを利用するには、頭に四ケタの事業者識別番号（アクセスナンバー）をつけねばならない。用意された番号は「0088」「0070」「0077」の三つだった。（ラッキー7が重なっている「0077」が一番覚えやすい）

みんなで0077が当たることを祈っていたところ、果たしてDDIは希望通りの「0077」を引き当てた。

希望通りの「0077」を引き当てたとはいえ、アクセスナンバーが不要なNTTに比べハンディであるのは間違いない。テレビコマーシャルで「0077」を連呼してPRしたが、ただでさえ長距離電話には市外局番が必要で、さらにもう四ケタ余分に押すのは面倒だ。乗り越えねばならない課題であった。

すでにアメリカではどうなっているのかは調査済だ。向こうでもスプリントやMCIといった新電電を利用するにはアクセスナンバーを頭につけねばならなかった。そのため「スマートボックス」や「オートダイヤラー」といった、最も安い回線を自動的に探し出して電話してくれるアダプターが普及していた。

安さでは負けない。こちらでもアダプターを開発せねばと思っていた矢先、早々とそこに目をつけアダプターを売り込みにきた男がいた。孫正義（後のソフトバンク社長）である。

孫は坂本龍馬に憧れ、高校を中退して単身渡米。世界のトップエリートが集うカリフォルニア大学バークレー校を卒業して帰国した後、会社勤めすることなくいきなり起業した異色の経営者だ。

昭和五六年（一九八一）に日本ソフトバンクを設立した彼は、主としてパソコン用ソフトの販売を始めていたが、通信自由化をチャンスと捉え、シャープに依頼していち早くアダプターを開発していた。そして電子機器専門商社である新日本工販（現在のフォーバル）社長の大久保秀夫と組んで、第二電電に持ち込んできたのだ。まだ「0077」という番号が決まる前のことである。

山科の京セラ本社で孫たちと初めて会ったのは、昭和六一年（一九八六）のクリスマスイブのこと。稲盛は大学を出たばかりのこの若き起業家に興味をそそられた。二四歳の孫とは二五歳違いだから親子ほどの年齢差だが、その目の付け所の鋭さと行動力に心動かされたのだ。

聞けば、まだ第二電電以外には話をしていないという。

第二電電とまずは交渉してみて、うまくいけばその実績を他社にPRできる。失敗しても、問題点を修正して他社との交渉に臨めばいい。孫の考えていることは手に取るようにわかったが、まずはお手並み拝見である。

孫は挨拶もそこそこにアダプターの性能について説明を始めた。野心と自信が服を着ているといった鼻持ちならない若者を想像していたが、決してそんなことはなく物腰は柔らかい。無駄な言葉を一つもはさまないスマートさは、むしろ好感が持てた。

性能についても申し分ないものだった。そこまでは和気藹々《わきあいあい》とした雰囲気でプレゼンは進んでいったのだが、条件面の話に移った時、部屋に緊張が走った。

孫が買い取りではなく使用料（ロイヤリティー）を払う契約にしてほしいといってきたからだ。そうすればアダプターを使っている間、ずっとフィーが孫たちの懐に入ってくることになる。逆に買い取りにした場合、すぐに第二電電が自主開発して孫から買わなくなるリスクがあるから、これは死活問題だ。

稲盛は孫の言い分を黙って聞いていたが、こう回答した。

「五〇万セット買おう。君たちの会社の年間売上高を上回る金額になるはずだ。その代わり、うちで独占的に買い取らせてくれ」

今度は孫が驚く番だ。アダプターは一個四〇〇〇円、それを五〇万セットとなると二〇億円にもなる。大胆な申し出に思わず息をのんだ。製造コストはたかがしれている。この契約で孫たちは一度に一〇億円近い利益を手にできることになる。

だが、他社にも売り込みたい孫は使用料契約に固執《こしつ》した。

使用料契約か独占販売か、話は平行線をたどり、時刻は午後九時を回った。すでに話が始まってから一〇時間近くが経過しようとしている。

自分たちの権利を主張して譲ろうとしない孫たちに向かって稲盛が、

「君たちはたいしたセールスマンだな。何を勘違いしているんだ？」

と厳しい口調になる場面もあったという。若い孫たちが縮み上がったのは想像に難くない（児玉博著『幻想曲』）。

そして稲盛は、

「独占的な買い取りでなければ君たちとは契約しない。最後のチャンスなのでよく考えてほしい」

と最後通牒《つうちょう》を突きつけた。

孫は考えた末、その申し出を受けることにして契約書にサインをした。完敗だった。

〈京都市内のホテルに帰った孫は、絞り出すような声で大久保につぶやいた。

「惨《みじ》めなもんやな。せっかくのクリスマスなのに」

ジジ殺しといわれ、ここぞという場面では必ずキーパーソンを見つけ出し、説得してきた孫は完膚なきまでに叩きのめされた〉（前掲書）

屈辱で眠れぬ夜を過ごした二人は、考えに考えた末、翌朝、ある決意を胸に稲盛の自宅を訪ねた。ちょうど稲盛が朝食を食べていた時だった。

何事かと思って部屋に通すと、孫はおずおずとこう切り出した。

「実はあれから一晩考えまして、やはりどうしても僕たちとしては他社にも売りたいんです。昨日サインした契約書を返していただけませんでしょうか」

この非常識極まりない申し出に、稲盛は当然のことながら不快感を示した。

「前日決めたことをもう撤回するのかね？」

二人はひたすら頭を下げ続けた。ところが、である。意外なことに稲盛は、

「わかった。契約書は返してあげよう」

と言って、彼らを許したのだ。

孫たちは嫌な予感がした。

案の定、第二電電は間もなくして孫の開発したものと同様のアダプターを自主開発する。いやそれどころか、しばらくすると自動選別機能を持っている半導体チップを京セラとDDIで共同開発し、市販の電話機に内蔵する離れ業までやってのけたのだ。

だが一方で孫たちも、日本テレコムとアダプターのOEM（相手先ブランドによる生産）契約を結ぶことに成功し、孫と大久保のもとには年間数億円のロイヤリティーが入ってくることになった。結果オーライだが、稲盛和夫という経営者の老獪《ろうかい》さが心に残った。

（この人のすべてを学んでやろう！）

孫は一時、稲盛に師事する姿勢を見せ、盛和塾にも顔を出すようになる。

だが、それはさして長い期間ではなかった。短時日のうちに成功を収め自信をつけていった彼は、やがて稲盛との間に距離を置きはじめる。

そしてソフトバンクは平成一六年（二〇〇四）、日本テレコムを傘下に入れて本格的に電気通信事業に参入すると、KDDIと互角の戦いを見せるライバルとなって立ちはだかるのである。

電話料金を下げたのは稲盛たちだが、その後インターネットのブロードバンド料金が下がったのには、孫が率いたYAHOO!BBの貢献が大きい。その過程で孫はADSLモデムを無料で

東京ネットワークセンター

稲盛の話にじっと耳を傾ける西片擔雪老師（右）

配るという奇策に出たが、それは後述する稲盛がアダプターを無料で配った作戦を彷彿とさせるものだ。

稲盛が先鞭《せんべん》をつけた太陽光発電でも、原発問題に悩む菅直人首相を抱き込み、驚くべき豪腕で再生可能エネルギーの固定価格買い取り制度を導入。トランプ政権が発足すると、すぐさま訪米して大統領に面会し、米国に対する五〇〇億ドル（約五兆七〇〇〇万円）もの投資を約束している。

まさに孫正義は日本を代表する経営者として、確固たる地位を築くに至ったのだ。

だが稲盛は、孫の経営手法に少なからず疑問を持っていた。

〈相次ぐ大型買収で孫正義社長率いるソフトバンクが脚光を浴びているが、元祖ベンチャーの旗手、京セラの稲盛和夫会長（京都商工会議所会頭）は「企業規模から判断しても一件千億円、二千億円というのはあまりに買収額が大きすぎる。もう少し慎重にすべきでは」と気をもんでいる〉（『日本経済新聞』平成八年九月四日付「稲盛塾頭、孫氏に心配顔」）

松下幸之助が稲盛和夫という経営者を心から認め、その経営手法に不安を漏らすことが一度もなかったのとは大違いだ。

現在の孫の投資額はトランプ大統領に約束した金額でもわかるように、この新聞記事が出た当時よりさらに一ケタ大きい。中国企業などにも積極的に投資し、事業会社と言うよりは投資ファンドに近い事業形態となっている。

だが孫は孫で、稲盛とは違う形で企業経営を究《きわ》めようとしているに違いないのだ。稲盛の心配が杞憂《きゆう》に終わるか否かは、これからの孫の経営手腕にかかっている。

屈辱の携帯電話事業参入

ここで話を少し戻したい。

独占禁止法違反により、アメリカでAT&T傘下の地域通信子会社二二社が同社から分離されたことについては先述した。

その結果、これら二二社は調達を独自判断で行えるようになり、日本メーカー製の自動車電話の端末が採用されるケースも目立ってきたわけだが、振り返ってわが国はといえば、電波法の制約から自動車電話のような移動体通信（携帯電話）は相変わらず電電公社の一社独占が続いており、調達先の多様性もない。

不満を募らせていたアメリカから、移動体通信の市場を早急に開放するよう圧力がかかってきた。そしてついに昭和六〇年（一九八五）四月、NTT発足を機に、アメリカのオルマー商務次官が直談判をするべく来日する。

日本はことのほか外圧に弱い。

「近くこの問題を電気通信技術審議会に諮問《しもん》します」

小山森也郵政事務次官は回答し、早急に市場開放することを約束した。

これを聞いた稲盛の反応は速かった。やがて携帯電話の時代が来るという確信が彼にはあったのだ。五月のDDIの経営会議で、早くも携帯電話事業への参入を提案した。この段階でDDI

はまだ第二電電企画である。企画の文字がとれるのはこの翌月のことだ。

千本を含め森山社長以下、みな大反対した。

「市外電話サービス開始はまだ二年も先なんですよ。初期投資で資金は流出する一方ですし、市外電話サービスが軌道に乗らないうちに携帯電話にも手を出すなんて無謀すぎます！」

当時の移動体通信は、代表的商品である自動車電話でさえ利用者数が六万人ほどしかいなかった。端末が重く、通信料金も高かったからだ。

「ＮＴＴの自動車電話部門は赤字ですし、アメリカでさえ赤字事業です」

海外事情をよく知る千本がそう言って、この議論にピリオドを打とうとした。

だが稲盛は納得しない。すでに彼は、千本をも凌《しの》ぐほどの先を読む力を身につけていたのである。

〈私はそのときに、ＬＳＩ（大規模集積回路）のパッケージを世界中に供給していましたので、ＬＳＩの集積度が幾何級数的に上がっていくのを知っていました。だから、当時の自動車電話は、自動車の後ろのトランクに積むほど大きかったけれども、それが簡単に持ち歩きできるようになるのは時間の問題だと思っていました〉（『週刊エコノミスト』平成一五年一二月九日号「ＫＤＤＩ誕生　合併秘話を明かす」）

稲盛は後にこう語っているが、ＬＳＩの発展による社会の大変革は、もともと最初に出会ったとき千本が講演で熱弁を振るっていた話である。それなのに、どうしてわかってくれないのか不思議でならなかった。

そして稲盛にはもう一つ、この事業に是が非でも取り組みたい理由があった。それは現状NTTに依存している市内回線の役割を、携帯電話が代わりに果たしてくれるのではないかという期待である。

これには少し説明が必要だろう。新電電三社が構築しているのは長距離電話回線だが、市内電話回線網はすべてNTTが握っており、これに接続しなければ電話は通じない。

昭和六〇年に施行された電気通信事業法には、新電電が市内電話回線の使用を求めてきた場合、NTTはそれを認めねばならないと定められており、新電電がNTTの二、三割安い程度なら付加料金（アクセスチャージ）を取らないと、法律制定時NTTは約束していた。だがNTTが手のひら返しをしたら、お手上げになってしまう（実際、その予感は後に的中する）。

「市内回線への接続問題を解決しない限り、我々は永遠に一気通貫の通信ネットワークを完成できない。しかし携帯電話なら、今の第二電電に欠けている〝各家庭までのラストワンマイル〟を埋めてくれるかもしれない。この可能性に賭けてみようじゃないか！」

稲盛は熱弁を振るったが、それでもみな困った顔をしたままで賛成する様子がない。

（何故わかってくれない？）

そのうち一人だけ賛成してくれる役員がでてきた。

頭に血が上っていた稲盛は彼に向かい、

「誰もついてきてくれないのなら二人でやろう！」

と言い放ったが、さすがにこれは暴言だ。

会社経営はガバナンス（企業統治）が大切。経営者の独走は戒めねばならない。稲盛の提案は、一週間後にもう一度検討することになった。

ところが再度経営会議を開いたところ、役員たちの反応が明らかに変わっていた。彼らは稲盛の話したことをもう一度じっくり反芻し、その上で改めて情報を集め、再検討してみたのだ。

ＡＴ＆Ｔ系のベル研究所で開発が進められてきた、セルラー方式という移動体通信の技術について会議で報告された。

アメリカでは、いくつものセルと呼ばれる営業地域ごとに基地局が作られ、自動車電話よりハンディーなセルラーフォン（cellular phone）という端末が静かに、しかし急速に普及を始めていた。やがてこのセルラーフォンは携帯電話の代名詞となる。

無線が専門の小野寺が、次のように発言した。

「自動車電話だけでなく、その先の携帯電話まで見すえて事業を展開すれば、うまくいく可能性は十分あります」

こうして役員たちは考えを改め、逆に全員一致で稲盛の提案を採用することになったのである。

この決断が正しかったことを我々は知っている。携帯電話は今や持ち運び可能な電話から、持ち運び可能なパソコン兼カメラ兼財布《さいふ》兼定期券等々にまで発展し、人々の生活様式を劇的に変化させ、生活に必須のアイテムになっている。

この時の稲盛の提案が受け入れられなくても、この事業への参入は時間の問題だったのかもしれない。しかし認可枠の問題がある上、先行して参入することは顧客数確保において決定的な差を生む。後にＮＴＴドコモに対し、ＤＤＩの後身であるＫＤＤＩ（携帯電話ブランド名ａｕ）が互角の戦いを展開できたのも、この稲盛の〝先を読む力〟の賜物だったのである。

移動体通信の市場開放のその後についてだが、外圧が働いたことであっという間に規制緩和が進んでいった。

昭和六一年（一九八六）八月には電波法が改正され、移動体通信が自由化された。そしてＤＤＩに続き、トヨタ率いる日本高速通信がこの市場への参入を表明する。

トヨタの豊田章一郎社長はかねてから自動車電話の普及に並々ならぬ熱意を持っており、通信事業に参入したのもそれが背景にあったから、彼らが携帯電話事業に手を挙げてくるのは自然な流れであった。

この状況を千本は自著『あなたは人生をどう歩むか』の中で、ＤＤＩと日本高速通信の戦いは〝いわば京セラ対トヨタの争いになった〟と解説している。

トヨタはＮＴＴと肩を並べる大企業だ。政財界にも太いパイプがある。この八年後、豊田章一郎はわが国の財界を代表する経団連会長に就任している。彼らが京セラのことを、はるか格下に見ていたとしてもやむをえまい。

しかし彼らはそれを胸の内にとどめるだけでなく、やがて露骨に行動に出してくる。それは携帯事業の認可問題が起こったためであった。

郵政省は、まだ日本で三社が携帯電話事業をするほどの需要はないとみて、NTTともう一社で運営させようとした。そこで彼らは、DDIと日本高速通信が一緒に合弁会社を作って事業を一本化してはどうかと提案してきた。

稲盛はあり得ないと思ったが、この提案に先に強く反対したのがトヨタ（日本高速通信）だった。彼らは〝社風が違う〟と表現したが、本当は〝格が違う〟と言いたかったのだ。

そのうち彼らは、自分たちが資本の七割を握るなら考えてもいいと言い出したが、稲盛は論外だとこれを蹴った。話は平行線のまま。社長同士が話し合っても決着がつかない。

そのうち、ポケットベル事業に参入を表明していた五つのグループが日本テレコムを中心にまとまり、昭和六一年一二月、合弁会社である東京テレメッセージが設立されることが発表された。ポケットベルは電気通信事業の本流ではないと稲盛が関心を示さなかった事業だが、向こうが一本化に成功したことで、携帯電話に関しても局面がにわかに動きはじめる。

昭和六二年（一九八七）一月一七日、郵政省は携帯電話事業者の一本化を断念し、それぞれ単独での新規参入を認めると発表したのだ。その代わり注文をつけた。地域を分けろというのである。

東日本と西日本に分けるとして、問題は首都圏をどちらがとるかだ。

NTTの自動車電話は需要の六割が東京に集中している。日本高速通信もDDIも、当然ドル箱の首都圏で営業したい。

稲盛が交渉役の小野寺に、

「くじ引きにするよう提案してきたらどうだ」

と言って送り出したところ、

「国家プロジェクトをくじ引きで決めようなんて不遜《ふそん》だ」

と郵政省の課長に叱られて帰ってきた。

だが彼らにも策はないのだ。くじ引きは先例がないわけではなかったし、これ以上に公平な方法もなかったのだが。

二月四日、ＤＤＩは稲盛以下、日本高速通信は会長の花井正八（元トヨタ自動車会長）、社長の菊池三男（元首都高速道路公団理事長）以下が出席して話し合いが行われた。

稲盛はこの会議に臨むにあたって、ある決意を固めていた。携帯電話事業の自由化が始まってからすでに六カ月が経とうとしている。議論が長引けば迷惑を被《こうむ》るのは国民だ。

会議の冒頭、彼は覚悟を決めて次のように発言した。

「日本高速通信さんも我々も、ともに首都圏での営業に固執していたらどこまでいっても話し合いはまとまりません。ですので、我々はここは譲ってもいいと考えております」

その瞬間、郵政省の担当官の顔がぱっと明るくなった。

ところがそれもつかの間、稲盛はさらなる譲歩を要求される。なんと日本高速通信側が、トヨタの城下町である中部地区も欲しいと言い出したのだ。

稲盛は流石にあきれ顔で、

「それはあまりにもアンフェアではありませんか。現在の自動車電話の契約件数で比較すれば二社のシェアは七対三になってしまう」

郵政省の役人さえ、その通りだとうなずいている。

ところが日本高速通信は強硬だった。

「東京と名古屋は譲れません。その代わり、それをのんでいただけるなら、ほかの地域はすべてお渡ししてもかまいません」

よくも言ったものだ。地方は需要が小さいだけでなく、範囲が広いため投資効率が悪い。そんなことは誰にだってわかることだ。

だがここで、稲盛の頭脳がフル回転しはじめた。

彼にとって最悪のケースは、どうしても話がまとまらず、郵政省が再び合弁会社設立による一本化を持ち出してくることだ。その場合、よくて出資は折半。悪くすれば日本高速通信が以前主張していた七割を握るやもしれない。

稲盛は決断した。

「日本高速通信さんがどうしても東京と名古屋にこだわって、『まんじゅうの美味しいアンコは自分たちが食べるから、お前らには皮だけやろう』とおっしゃるのなら、それでいいでしょう。あとの地域を私たちがやる方向で検討します」

皮肉を口にして一矢《いっし》報いたが、腹の中は煮えくりかえっている。〝今に見ていろ〟という思いでいっぱいだった。

帰って結果を報告すると、社内の人間は口をあんぐり開けた。

盛田からも牛尾からも、

「本当にまんじゅうの美味しいアンコは向こうにやって、皮だけもらってきたんだな」

とあきれられ、盛田からは、

「どうして我々に相談してくれなかったんだ！」

となじられもした。

〈取締役会では激論が交わされました。盛田さんもこの地域割り案に大反対。「もう一回チャレンジして、首都圏を確保するべき。こんな不条理な案を受け入れるべきではない。絶対に妥協してはならない」と盛田さんは主張されました。当時から盛田さんは次の経団連のトップになるべき人物と目されていました。盛田さんにとって「ソニーがトヨタに負けてたまるか」という意地もあったかもしれません。地域割りについては、数週間にわたって取締役会で議論され、取締役会とは別の場所でも議論されていました〉（千本倖生著『あなたは人生をどう歩むか』）

ところが日本高速通信は、早々と会議の二週間後にあたる二月一八日、自動車電話を中心とした移動体通信事業を手がける日本移動通信（ＩＤＯ）設立を発表するのである。

稲盛は社内にこう檄を飛ばした。

「皮でも食べていれば死ぬことはない。〝負けて勝つ〟という言葉もある。我々はとても不利な状況からスタートせざるを得なくなった。しかし必ずや、ＩＤＯよりもすぐれた会社にしてみせる！」

稲盛は勝負をあきらめたわけではなかった。関西から革命を起こしてやろうと思ったのだ。首都圏と中部圏を譲って関西圏で勝負に出た彼の男気は、やがて関西財界人の間に感動の輪を広げていく。

「稲盛君を応援しよう！　首都圏と中部圏が束になってかかってきても、関西は勝てるということを示してやろうじゃないか！」

関西電力の森井清二社長、大阪ガスの大西正文社長、サントリーの佐治敬三社長、ワコールの塚本幸一会長など、錚々《そうそう》たる大物財界人が協力を申し出てくれた。

昭和六二年六月、ＤＤＩの子会社として関西セルラーが設立され、社長には関西財界を代表して関西電力支配人の青戸元也が就任。二年後の平成元年（一九八九）七月のサービス開始を目標に掲げた。

関西セルラーを立ち上げる中で、関西以外の地域を攻略していく方策を思いついた。それは関西セルラー同様、電力会社を味方につけることだった。彼らは地方の名士である。地域分割されているから電力会社間に摩擦はない。彼らの持っている鉄塔は、携帯電話の受発信装置を設置する格好のポイントになる。

社長は電力会社から出してもらってもいいが、出資は二〇パーセント程度にとどめ、あくまでＤＤＩが議決権を握る。経営の主導権を自分たちが握ることは彼の中では絶対だった。そうでなければ事業経営でなく投資になってしまう。投資をするつもりはさらさらない。彼の事業に対する考え方は一貫している。

こうして稲盛は、京セラの創業期に戻ったかのような〝垂直登攀〟を試みはじめた。

社長交代とＤＤＩ開業

長距離通信事業のその後についてである。

通信ルートの建設は順調に進み、昭和六一年（一九八六）一〇月、ＤＤＩは開業の日を迎えた。まずは企業内通信である専用線回線サービスからである。

ところがＤＤＩはこれに苦戦を強いられた。数多くの関連会社や取引業者を持つＪＲグループ（この年の四月に国鉄が分割民営化）や日本道路公団・トヨタグループに比べ、ＤＤＩは法人営業で圧倒的に不利だったからだ。

結局、獲得契約数は新電電三社中、最下位に甘んじた。千本が電電公社から連れてきた面々の落胆ぶりたるや甚《はなは》だしい。彼らは退路を断って第二電電に来てくれたのだ。他の二社は出資会社からの出向者が多かった。それだけに千本も責任を感じていたのだ。

だが勝負はこれからだ。

「個人を含む市外電話サービスが本当の勝負だ。こちらは専用線回線サービスより市場規模が一〇倍大きい。サービス開始までの残り一年間死にものぐるいで頑張ろう！」

そう言って励ました。

ＤＤＩの仕事が本格化したことから、稲盛は京セラの社長退任を考えはじめていた。社長就任後二〇年近く経過していたことに加え、体力の八割くらいはＤＤＩに割かざるを得ない状況が続いている。一方で京セラの業績は好調で不安はない。

昭和六一年四月一三日に日本経済新聞が発表した第一回世界優良企業ランキング（除く金融）では、第一位がＩＢＭで上位一〇〇社中米国企業が七五社を占める中、日本は七社で、トヨタ自動車（六位）、ファナック（一八位）、松下電器（二一位）に次いで京セラは堂々二四位に食い込んでいる。

京セラバッシングによる一時的な株価急落こそあったものの、まだまだ財務状態は盤石だ。経営環境がいいうちにバトンタッチをと考えたのだ。

昭和六一年一〇月一日、稲盛はＤＤＩ開業に合わせて社長を退任し、代わって安城欽寿《あんじょうきんじゅ》副社長が昇格した。しばらく前から海外は上西副社長が、国内は安城副社長が主に担当する体制が続いており、前年（昭和六〇年）に上西が退任して相談役となり、代わって伊藤謙介が副社長に昇格した時点で、次期社長は安城だというのは既定路線となっていた。そういう意味では無難な人事だった。

安城は創業メンバーではなく、創業直後の入社組だ。

新潟出身で東京経済大学を出て京セラに入った。雪国出身者らしい粘りがあり、「おたくから買う気はない」と断られた会社に一年近くも日参して落としたという熱血エピソードもある。

「私とは性格が違うが、伝統の京セラ哲学をベースにして堅実に経営してくれるだろう」と、稲盛も全幅の信頼を置いていた（『毎日新聞』昭和六一年七月二六日付）。

会長になった稲盛はまだ五四歳という若さである。社長を退任したとは言え、〝稲盛の京セラ〟であることに変わりはない。

稲盛は京セラをファミリー企業にするつもりは最初からなかった。公私の別にこだわる彼は、経営に私情がはさまることを嫌ったのだ。しばらく京セラグループの実質的なCEO（最高経営責任者）としてにらみをきかせつつ、京セラやDDIの社長を自分で育て、あるいは外部から勧誘していく道を選んだ。

上に立つ人間を選ぶ稲盛の目は厳しい。

地位が上になれば上になるほど、長所以上にその人の持つ欠点に着目するよう心がけた。わずかな欠点がやがて取り返しがつかないほど大きくなり、長所がまるで活かせなくなったリーダーを何人も知っているからだ。

任にあらずと思うと、泣いて馬謖《ばしょく》を斬ることをためらわない。それゆえに冷血だという風評がついて回った。

〝グレイター京セラ〟という夢を実現するためにも、まずは第二電電を確実に成功に導かねばならない。京セラの社長を退任し、これまで以上に気合いが入った。

森山とつきあいながら、優秀な元官僚をうまく戦力にするノウハウも身につけはじめた。

電電公社の民営化で大きな役割を果たした大蔵省主計局特命事項担当企画官の中島義雄（後の

大蔵省主計局次長）や郵政省通信政策局長だった奥山雄材（後の郵政事務次官）などとの太いパイプはこの頃培われたものである。

後に中島は京セラ入りして三田工業の再建を陰で支え、奥山はＤＤＩ社長に就任することとなる。中島に関しては、事務次官確実とされながら接待汚職事件で大蔵省を退職させられたわずか二年後に入社を認めたことからマスコミで騒がれたが、稲盛は意に介さなかった。中島の有能さを熟知していたからである。

昭和六二年（一九八七）二月九日、ＮＴＴが上場する。京セラのように、まず二部から上場するというようなステップを踏むはずがない。貫禄の東京・大阪・名古屋各証券取引所一部上場である。

ＮＴＴ株人気が沸騰した。上場当日は値がつかず、翌日も大引け近くまで値がつかない。あまりの過熱ぶりに政府が一〇万株を放出し、無理矢理一六〇万円という初値をつけた（公募価格は一一九万七〇〇〇円）。そして上場二カ月後の四月二二日には三一八万円の最高値をつけるのである。

上場後に株価が公募価格の二、三倍になることなど小さい会社ならさして珍しくもないが、ＮＴＴの時価総額はケタ外れだ。日頃株に興味を持っていなかった人々をも巻き込む社会現象となり、借金してまで株を購入する人も続出して猛烈なバブルを形成した。一時は個人株主数が一六〇万人を超えていたというから驚きだ。これだけ大きな社会現象を起こしたのは、後にも先にもＮＴＴ株だけである。

ところがこれには悲しい後日談がある。上場からわずか八カ月後（一〇月一九日）に起きたブラックマンデーで暴落し、バブル崩壊で傷口は広がるばかり、NTT株人気は多くの投資家に損失を与え、一時のあだ花に終わってしまうのだ。

そんなNTT株狂騒曲を尻目に、稲盛は昭和六二年秋の市外電話サービス開始に向け、千本を営業本部長とし、京セラからも人員を動員して着々と営業体制を整えていった。

開業直前になって再び、第二電電社内に動揺が走った。

市内電話回線網はすべてNTTが持っており、これに接続しなければ新電電の利用ができないことについてはすでに触れた。新電電がNTTの二、三割安い程度なら付加料金は取らないとNTTは約束していたわけだが、昭和六一年の末、急にその約束を反故にして付加料金を払えと言ってきたのだ。

それだけではない。誰が回線を使ったかを特定する認証情報をNTTからもらわないと新電電は通話料を請求できないのだが、その情報料として一回線あたり最大で月三〇〇円、一通話ごとに一〇数円課金するという。

不採算地域の電話線敷設も、NTTは全国一律料金で行っている。こうしたいわゆるユニバーサルサービス維持のためのコストを、新電電も応分負担せよというのである。

それは自由化の際、さんざ議論したことだ。新電電の体力勘案、参入当初はその負担までは求めないということでNTT側も納得していたはずだった。これでは開業しても大赤字で、すぐに倒産だ。後戻りのできない状態にしてから高額なフィーを吹きかけてくるという陰険なやり方に、千本も自分の古巣ながら唖然とする思いだった。

ここで再び助け船を出してくれたのがＮＴＴの真藤社長だ。

昭和六二年（一九八七）五月一三日の記者会見で、

「新電電の電話料金が二割安程度と適正であれば、当面は付加料金を取らないようにしたい。地方の赤字分はＮＴＴが料金体系の改定で処理するのが本筋」

と言ってくれたのだ。

これで事業継続のめどが立った。まさに綱渡りのスタートだった。

サービス開始前日の昭和六二年九月三日、新電電三社の合同記者会見が都内のホテルで開かれた。ユーザー獲得件数はどこも社外秘であり、この会見でその数字が発表されることになっていた。

最初に発表したのは日本高速通信社長の菊池三男（元建設省技監）である。

「獲得ユーザーは一五万件」

稲盛たちは内心ガッツポーズだ。

次いで日本テレコム社長の馬渡一真がマイクを握った。

「二七万件……」

稲盛はもう小躍りせんばかりだ。そして最後に森山が満面の笑みで数字を発表した。

「四五万件！」

ダントツの一位だった。

法人向け専用回線では苦戦したが、肝心の市外電話サービスで見事挽回《ばんかい》を果たしたのだ。

この日の深夜、東京の半蔵門に移っていたＤＤＩ本社の会議室に、稲盛や森山、千本たちが集まってサービス開始の時を待っていた。顧客からの加入申し込みや問い合わせに対応する社員約六〇人も待機している。

そして待ちに待った開業の瞬間がやってきた。

九月四日午前零時。時計の針を確認した稲盛は、おもむろに「００７７」と番号を押した。最初に電話したのはもちろん京都である。電話した先で待っていたのは、ワコール本社で待機してくれていた塚本社長だった。

やがて電話がつながり、稲盛の耳に、塚本の大きな声が飛び込んできた。

「おめでとう。稲盛君！」

その瞬間、部屋にいたスタッフ全員が歓声をあげ、感動のあまり涙を流す者もいた。

ところが、である。さあこれからだという時に、またも問題が噴出する。

マイクロ無線では容量が限られている。当初想定していた以上に契約を取ったため、回線がパンクしてしまったのだ。「００７７」を回してもつながらないというクレームが殺到した。営業部員総出で対応に当たり、ＮＴＴに頭を下げて無線回線の増設を進めてもらうことになったが、問題が解決するまでの三カ月ほどは、針のむしろだった。

森山の死を越えて

稲盛は当初、分割されたNTT長距離通信部門と競争するものと思っていたが、その後もNTT分割は遅々として進まない。そこで彼は世論に訴える作戦に出る。

これまでの稲盛はほとんどマスコミに登場しなかったが、それが嘘のように新聞や週刊誌などへの露出を増やしていったのだ。バイオセラムなどの未認可問題でバッシングされていた間はおとなしくしていたが、正論を盾に国民を味方につけ、NTT分割を阻もうという勢力に戦いを挑んでいった。

そんな中、政財界を震撼させたリクルート事件が起きる。

昭和六三年（一九八八）六月、リクルート社の江副浩正《えぞえひろまさ》会長が、値上がり確実とされた不動産子会社リクルートコスモス社の未公開株を、店頭公開直前に広く政財界に賄賂《わいろ》として譲渡していたことが発覚したのだ。

真藤もそれを軽い気持ちで受け取っていたから大変だ。同年一二月一二日にはNTT会長を辞任。翌年三月には収賄《しゅうわい》容疑で元秘書ともども逮捕され、東京拘置所《こうちしょ》に収監されることとなった。

真藤を電電公社総裁に抜擢した土光敏夫は、この年の八月、この世を去っていた。

「亡くなった土光さんに合わせる顔がない……」

真藤はそう言って後悔の涙を流した。

石川島播磨重工業時代を通じ、社会に多大なる貢献をしながら、晩節を汚す結果となってしまった。NTT分割には消極的だったかもしれないが、通信自由化の最大の功労者は彼である。真藤がいなかったら、DDIは営業開始さえ危うかった。間違いなく稲盛たちの恩人であった。

真藤以降のNTT経営陣は、再び電電公社出身者で占められていく。自分の組織を強くすることに関してはとびきり有能な人たちであったがゆえに、DDIにとって最悪な未来が待っていたのである。

ここでリクルート事件が発覚する一年前、江副がせっせとリクルートコスモス株を配っていた頃に話を戻したい。

DDIが開業して三カ月後、嬉しいニュースが飛び込んできた。

昭和六二年（一九八七）一二月、〝第二電電〟がこの年の「新語・流行語大賞」において新語部門銅賞に輝いたのだ。ちなみに、この二年前に同じ新語部門銅賞を獲得したのが、株式上場で大旋風を巻き起こした〝NTT〟であった。流行語大賞に関しては、彼らは互角の戦いをしていたことになる。

大喜びしたのが社長の森山だ。

「なんといっても僕の名前は信吾だから、〝新語〟大賞をもらうのは当たり前！」

それから何度このジョークを聞かされたことか。思わず稲盛も苦笑いである。ところが喜びもつかの間、彼を病魔が襲う。

帝国ホテルで開かれたパーティーで「第二電電はかく戦う」という講演を行い、将来への意気込みを縦横に語った森山だったが、その直後に気分が悪くなり虎ノ門病院に搬送《はんそう》されるのである。週末はゴルフを楽しみ、一昨日、「新語・流行語大賞」の受賞パーティーに出席したばかりだ。

例によって受賞のスピーチで、

「信吾が新語大賞をもらうのは当たり前！」

とお得意の台詞で会場を沸かせていただけに、誰も予期していない出来事だった。

ちょうどこの時、稲盛はヨーロッパ出張中だった。デュッセルドルフに本社を置く京セラヨーロッパの経営陣とのミーティング、現地拠点の視察、販売代理店との打ち合わせと、例によって過密スケジュールが組まれていたのだが、森山が倒れたとの知らせを聞き、予定を切り上げて急《きゅう》遽《きょ》帰国する。

成田空港からDDI本社に到着して状況報告を受け、その足で病院に駆けつけた。

ベッドに横たわる森山は、酸素マスクをあてたままぴくりともしない。すでに意識はなく、言葉を交わすことのできる状態ではなかった。結局、意識が戻らないまま一週間後の昭和六二年一二月九日、息を引き取った。享年六一。

一二月二二日、青山葬儀所で社葬が行われることになり、心の整理もつかないまま、稲盛は葬儀委員長として弔辞を述べた。

官界から厳しい実業の世界への転身は相当な負担だったに違いなく、人一倍明るく振る舞っていた森山も人知れず神経をすり減らし、健康を害していたのだ。そういう意味では、ビジネスという名の戦場における〝戦死〟と言ってよかった。

新電電トップのユーザー数を獲得したとは言え、まだＤＤＩは赤字企業。まさにこれからというときだ。社員の動揺を鎮めるため、稲盛は社長を兼任することを発表した。

設立以来の心労に加え、社長兼任の重さから、またも三叉神経痛の発作に見舞われた。

医者に診《み》てもらうと、

「これはきっとストレスですね」

と言われた。

（そんなことわかっているわ！）

と思うと、余計頭が痛くなる。文字通り頭を抱えながら最前線に立ち続けた。

「森山社長の弔い合戦だ！」

社内はおのずから結束し、営業面で一大攻勢をかけはじめた。そして森山の死の翌年（昭和六三年）、稲盛は新年早々の経営会議で大胆な作戦を提案する。

「アダプターをタダで利用者に配ろう！」

リースで月額三〇〇円、買い取りで法人一万円、一般家庭に一万三〇〇〇円で普及させてきたものを、いきなり無料にするというのだ。

――値決めは経営である

とは、日頃彼が口酸っぱく言ってきたことである。安易な値下げをしないはずの稲盛が、乾坤《けんこん》

市外電話サービスがスタート

森山社長告別式で弔辞を読む稲盛

アダプター

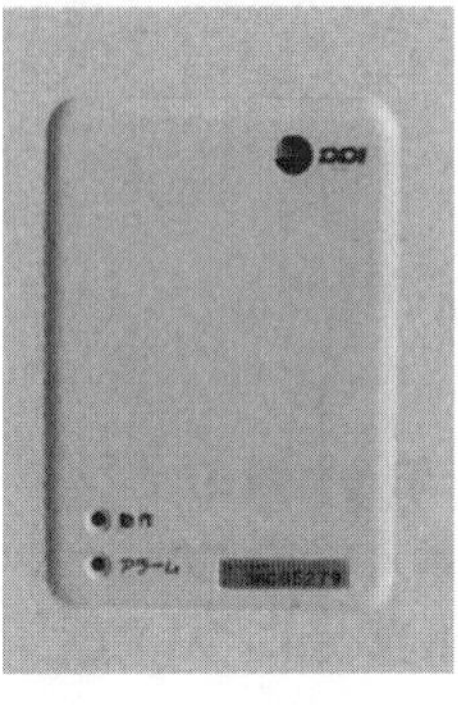

一擲《いってき》の賭けに出たのだ。

「アダプターをタダで配る費用は、通話料収入の伸びで吸収する」

千本でさえ、この発想には度肝を抜かれた。

結果として稲盛は賭けに勝つ。契約回線数は飛躍的に増加し、一年後には一三〇万回線を超え、三社中トップを独走することになった。そしてこの〝無料で配る〟というアイデアは、今に至るまでしばしば経営戦略上の武器として使われ続けている。

そして昭和六三年（一九八八）一〇月には山陽ルートのマイクロ波網を完成させ、岡山・広島・山口・福岡・佐賀・香川の六県で市外電話サービスを開始する。これは画期的な出来事だった。

エネルギー、通信、運輸等の公共サービスにおいて、規制緩和によって参入する新規事業者は、まず収益性の高い分野にサービスを集中させるのが定石《じょうせき》である。〝いいとこ取り〟をするという意味で〝クリームスキミング〟と呼ぶ。

実際、東名と名神高速を利用して回線を敷設した日本高速通信のように、東京・名古屋・大阪に事業集中した新電電もある。しかしＤＤＩは体力面で劣るにもかかわらず、敢えてクリームスキミングせずサービスエリアを広げたのだ。

このことは結果として吉と出た。東名阪に経営資源を集中させた日本高速通信はユーザーの増加が頭打ちとなり、全国展開をしたＤＤＩと日本テレコムは業績を伸ばした。やがて新電電は二強一弱の時代を迎える。このことは日本高速通信に加わったトヨタのプライドをいたく傷つけた。

ＤＤＩは平成元年三月期には売上を四〇六億円に増やし（前年度八八億円）、念願の単年度黒字

（経常利益四四億円）を達成する。サービス開始からわずか二年で赤字から脱却したのだ。翌年には累積赤字も解消。新電電ではダントツの業績だった。

京セラを初年度から黒字にした稲盛にとって、それがいかに過酷な市場であっても赤字であるのは許せなかった。それだけに喜びはひとしおだ。

だが一緒に喜んでくれるはずの男がいない。

平成元年（一九八九）九月、円福寺で行われた「京セラ従業員の墓」の慰霊祭において、森山にＤＤＩの黒字化を報告することができたことが、稲盛には何より嬉しかった。

セルラーの快進撃とＤＤＩ上場

その後の携帯電話事業についてだが、関西セルラー電話の設立を皮切りに、北海道、東北、北陸、中国、四国、九州と、それぞれ地域会社が設立され、総称して〝セルラー七社〟と呼ばれるようになった。これも生前、森山が元資源エネルギー庁長官の肩書きをフルに使って、電力各社を口説くため全国を飛び回ってくれたおかげだった。

そして平成元年（一九八九）四月、セルラー七社の開業に合わせるかのように、モトローラが軽量の小型端末「マイクロタック（MicroTAC）」の販売を開始する。重さは三〇〇グラムでポケットに入るサイズの折りたたみ式になっており、蓋を開けるとプッシュホンボタンが出てくる洗練されたデザインだ。

ＮＴＴが四年前に販売した車外兼用型自動車電話「ショルダーホン」が重さ約三キロで百科事典のような大きさであったことを考えると隔世の感がある。早くも時代は、稲盛が予測した未来に突入していたのである。

セルラー七社は、どの地域も新規契約者の純増数でＮＴＴを大幅に上回った。中でも関西セルラーは関西地域でＮＴＴを上回るシェアを獲得する。

そして平成三年（一九九一）六月、稲盛は全国で八番目のセルラー会社「沖縄セルラー」を設立。社長には琉球石油社長の稲嶺惠一《いなみねけいいち》（後の沖縄県知事）が就任した。

当初は稲盛も、沖縄には九州セルラーの支社を置こうかという程度にしか考えていなかった。市場規模を考えれば仕方あるまい。しかしこの前年、本土と沖縄の経済人の交流を図る沖縄懇話会が発足し、本土側代表幹事に牛尾治朗が就任した。

稲盛も牛尾に誘われて会合に出席するうち、

「沖縄は沖縄だ。九州の一部ではない」

という思いが募ってきた。

それは採算の問題ではない。〝思い〟の問題だ。

「沖縄にセルラーを作りませんか？」

そう話を持ちかけたのは自然な流れだった。

すると沖縄の人々は感激し、沖縄電力、琉球石油、琉球銀行、オリオンビールなど地元有力企業が次々に出資を申し出てくれた。社員には地元の人たちを積極的に採用することを約束した。

まんじゅうの皮だけを食べさせられて悔しい思いをした稲盛だったが、この事業を通じて得がたい〝同志〟を得ることができた。

実はその後、沖縄セルラーには驚くべき奇跡が待っていた。地域密着型のきめ細かいサービスと絶対に成功させるという沖縄の人々の強い〝思い〟が一つになり、市場シェアは六割に達し、沖縄を代表する高収益企業に成長したのだ。

それだけではない。平成九年（一九九七）四月一五日、なんと携帯電話会社で初めて株式を店頭公開（現在のジャスダック）する。稲盛の熱い〝思い〟が起こした、いくつもの奇跡のうちの一つと言っていいだろう。

こうした快進撃は、新規ビジネスの成功事例として世界中から注目された。

アメリカのハーバード・ビジネススクールは経営学大学院として世界最高峰であるが、平成四年（一九九二）の事例研究（ケーススタディ）の題材としてＤＤＩが採りあげられた。当代一流の研究者が、彼らの成功に学びたいと考えたのだ。これ以上ない名誉だった。

一九八〇年代のいわゆるバブル期は、強い円を背景にした日本企業の無秩序な海外投資によって世界中の反感を買った時代だった。

〝世界の京セラ〟という夢を十分に果たした稲盛だったが、その勢いに乗って先頭で旗振り役を務めたかというとそうではない。むしろ彼は、バブルにいささかも踊らされなかった経営者としても特筆すべき存在だ。「一升買いの原則」を守り、八〇年代のバブル期を堅実に過ごし、バブル崩壊の影響をまったく受けなかった。

そして彼はこの時期から〝共生の思想〟を強調しはじめる。

「世界との共生」「自然との共生」「社会との共生」を軸にしたもので、グローバル化を進めるためには、その地域に深く根を下ろし、愛され、貢献することを目指さなければならないという〝思い〟によるものであった。

日本のバブルの頂点は、日経平均が終値ベースで三万八九一五円という史上最高値を記録した平成元年（一九八九）一二月二九日だろう。この平成元年という年は京セラ三〇周年にあたったが、昭和天皇崩御《ほうぎょ》に際し全国民が喪に服していたこともあって、周年事業は比較的簡素に行われた。

稲盛はその三〇周年の記念式典の席で、

「企業というのは、三〇年経つとマンネリに陥る。その三〇年を境に衰退するか、さらに隆々として成長していくのか、そこがポイントだ」

と語っている。

この挨拶の背景にあったのが、「企業寿命三〇年説」だった。日経ビジネスの記事がきっかけになって広まったものだ。社員に緊張感を持たせ、今後も生き残っていくためにはさらなる努力が必要だと訴えたのだ。

この時、社長は安城の後を継いだ伊藤謙介になっていた。

派手さはないが、愚直なまでに一心に働くという点において、稲盛の理想を体現したような存在だ。彼は稲盛が三〇周年の挨拶に込めた意味を素直に汲み取り、行動に起こした。作業服のポケットに入るサイズの社員手帳を作って全員に配ったのだ。それが「京セラフィロソフィ手帳」だった。

普段から稲盛が語っているフィロソフィを一ページに一項目ずつまとめ、わかりやすく編集した。現在も京セラグループの社員はこの手帳を手に、朝礼、夕礼のときに読みあわせをし、全員の「考え方」「働き方」そして「生き方」が、フィロソフィに沿ったものになるようベクトルを合わせている。

平成五年（一九九三）九月三日、ＤＤＩは東証二部に上場を果たした。三社同時にスタートした新電電の中で、トップを切っての株式公開であった。

八月二四日に決まった売出し価格は額面五万円に対して三七〇万円。初値がついたのは後場に入った午後一時一五分で、売出し価格を一八〇万円上回る五五〇万円だった。この事業が成功だったことを市場が証明してくれたのだ。

そして稲盛は、今度も創業者利潤を手にしていなかった。

「僕自身は、第二電電の株を一株も持っていないんです。ですから、いくらの値がつこうが、あまり関係ないんです」（『月刊経営塾』平成五年一〇月号「タイトー、第二電電と子会社を相次ぎ上場第二電電をモノにした京セラ稲盛和夫会長の〝新・商売心得帳〟」）

もちろん会長なのだから、ある程度の株式保有は必要だ。それを彼は、上場後に市場価格で買い入れる形をとった。

すでに保有する京セラ株だけでも十分な資産家になっている。そのこともあり〝私利私欲〟から自分をできるだけ遠ざけようと努め、蓄財とはもはや無縁な境地に達していた。彼の成功とその〝思い〟の結晶がいかに美しく意義深いものであったかについては、本書の最終章で触れることにしたい。

上場の数日後、DDIでは上場を記念して、全社員に月額給与の半月分の特別ボーナスを支給した。京セラの時と同じで、よくやった人間にだけ特別賞与を出すのではなく、全社員で一緒に上場達成を祝ったのだ。

その後、株価は一〇〇〇万円に迫る勢いで、額面五万円が実に二〇〇倍になったことになる。稲盛を信じて出資してくれた人たちに恩返しをすることができた。いくつかの出資企業が株の売却を打診してきたが、「どうぞ、どうぞ」と即答した。

だが実は上場の喜びに浸る間もなく、一気に社内が緊張に包まれる事態が起こっていた。

DDI上場の四日後、NTTは市外電話サービスの大幅な料金引き下げを郵政大臣に申請したのだ。一〇月一九日から実施されたそれは、平均して二一・四%の値下げとなる思い切ったもの。これで新電電の価格優位性は完全になくなった。

当然NTTの収益も激減する。同社の発表によれば年間収益は二七〇〇億円低下し、平成六年三月期の決算は赤字転落の可能性も出てきた。彼らは、肉を切らせて骨を断ち、一気にシェア回復を目指す作戦に出たのだ。真藤が社長の頃には敵に塩を送る余裕も見せていたが、今度は本気である。

NTTが値下げ申請した翌日の九月八日の朝、稲盛は緊急の経営会議を招集した。

平成元年（一九八九）六月にDDI社長に就任していた神田延祐《かんだのぶすけ》（三和銀行元副頭取、関西経済同友会元代表幹事）、平成五年（一九九三）に副社長に就任していた奥山、専務の千本、常務の日沖昭、取締役の小野寺など経営幹部が集まった。

その席で稲盛は檄を飛ばした。

「ついにNTTはなりふりかまわぬ賭けに出た。では我々DDIはどう受けて立つかだ」

みな深刻な顔で考え込んでいたが、稲盛の中ではすでに結論は出ていた。

「高止まりしている電話料金を引き下げ、国民生活に寄与しようとしてDDIを立ち上げたはずだ。結果としてDDIの頑張りが、あのNTTをも動かした。我々はさらにNTTを上回る値下げをするべきではないのか？」

「しかし、それではこちらも赤字になってしまいます。上場したばかりで赤字になっては、株主に説明ができません」

常務の日沖が反論した。京セラからこの事業をやりたいと自ら手を挙げてきた男だ。収益をあげねば事業ではないという思いは人一倍強い。そしてそれは、ほかならぬ稲盛から教わったものだ。

だが稲盛は値下げに固執した。そして伝説に残る作戦を命じるのだ。それが〝フェニックス作戦〟だった。

「たしかにこのまま値下げしたのでは赤字に転落し、株主責任も果たせない。だがこれは徹底した経費削減で収益性を飛躍的に向上させる絶好のチャンスではないのか？　フェニックスは寿命を迎えると自ら火に飛び込み、灰の中から再びよみがえって永遠の時を生きるという。我々も自ら火の中に飛び込み、死中に活を見いだそうではないか！」

こうしてＤＤＩは、ＮＴＴの攻勢を真正面から受けて立つこととなった。ＮＴＴ値下げの翌月、ＮＴＴより高くなった区間は同額に、それ以外は一〇円安い料金設定にした。

一一月の月次決算こそ赤字に陥ったが、ここからフェニックス作戦が全社で展開されていく。稲盛の凄みは、経費節減を徹底する一方で、伸びるとみた携帯電話事業に一〇〇〇億円単位の設備投資を行ったところだ。

その結果、フェニックス作戦によって筋肉質になったことに加え、好調な携帯電話事業も寄与し、ＤＤＩはわずか一年ほどで再び高収益企業として不死鳥のようによみがえっていくのである。

ＰＨＳ事業と千本の退社

携帯電話事業に力を入れてきた稲盛だが、携帯電話に似た新たな商品が登場しようとしていた。それがＰＨＳだった。

平成元年（一九八九）、郵政省は「次世代携帯電話システムに関する調査研究会」を発足させ、簡易型携帯電話システム（ＰＨＳ：Personal Handyphone System）の検討を開始していた。

ＰＨＳは携帯電話に比べ設備コストを節約できるため、通話料も安く、音質も格段にいい。日本独自の技術で本家のアメリカを凌駕《りょうが》できると千本は確信し、稲盛もすぐに参入を決めた。

当時の携帯電話は高額の新規加入料や保証金が必要であり、企業以外で利用する個人は相当な富裕層だった。携帯電話を一般大衆のものとするためにも、ＰＨＳ事業を是非成功させたいと考えたのだ。

平成六年（一九九四）一一月、ＰＨＳ事業を展開するＤＤＩポケット電話グループ九社が設立されると、千本はＤＤＩ副社長のまま、自ら望んでＤＤＩ東京ポケット電話の社長に就任した。

「第二電電の集大成の事業にします！」

鼻息は荒かった。

こうして平成七年（一九九五）七月、ＰＨＳの商業用サービスが開始される。

通話料金が三分四〇円と携帯電話に比べて三分の一から六分の一という低料金が評判を呼び、予想通り大人気となる。開業一カ月で、ＤＤＩポケット電話グループの加入者数は一〇万件を超えた。

ところが加入者数が増えても、ＤＤＩポケットの経営は決して楽ではなかった。

ＰＨＳは数多くのアンテナを立てねばならない。ライバルであるＮＴＴパーソナルは既存の公衆電話ボックスに、電力会社系のアステルは電信柱に設置したが、ＤＤＩポケットは自前のアンテナを設置する場所がない。第二電電設立の時と同じ悩みに直面したのだ。結局、ＮＴＴのＩＳ

DN回線に依存することになり、NTTに支払う回線や通信設備使用料の負担が大きく赤字が続いた。

そんな平成七年一二月二三日、千本が突如退社することが発表され、社内に衝撃が走った。彼の退社理由は今も謎である。当事者たちは何も語ろうとしないからだ。

ただ彼の退職した日は、ちょうど一二年前、電電公社を辞めた日と同じだった。DDIはすでにベンチャーと呼ぶにはふさわしくない企業規模になっている。千本の中のベンチャースピリットが新天地を求めたのかもしれない。

残された者たちは茫然自失《ぼうぜんじしつ》である。やる気満々だったはずの社長が、わずか一年で退社してしまったのだから。

千本はしばらく慶應義塾大学大学院教授として教鞭《きょうべん》をとっていたが、インターネットの普及を見越し、平成一一年(一九九九)、ADSL回線を扱うイー・アクセスを創業。わずか五年で東証一部に上場を果たす。子会社のイー・モバイルがモバイルブロードバンドの普及に果たした役割は大きい。やはり千本は、当代きってのすぐれた技術者であり起業家だったのだ。

千本は自著『ブロードバンド革命への道』の中で、稲盛と一緒に仕事ができたことに心から感謝しながらこう記している。

〈稲盛氏と一二年間仕事を共にして、経営者とは何たるかを教えられることが本当に多かった。稲盛氏の経営手法というと、精神主義的な部分がクローズアップされることが多いが、それは一面誤解がある。旧日本軍を引き合いに出すまでもなく、精神主義だけでは戦に勝てない。稲盛式経営の真髄《しんずい》は、徹底した経営管理にある。経営管理をするためには、どういうシステムをつくるかを徹底して追求する。いわば、きちんと兵器を整備する。その上での精神主義なのだ。これは、文章に表現するのはとても難しい。稲盛氏自らが口で説いても、本当に心底から理解できる人は数少ないのではないかと思う。稲盛氏のすごさは多分、実際に一緒になって仕事をしてみないと分からないだろう。その稲盛氏のもとで一二年間仕事をしたことが、ベンチャー企業イー・アクセスを立ち上げ、ＣＥＯとして活動していく上でどれほど役立っているかしれない〉

結局ＰＨＳ事業は、当初期待された大きな夢を咲かせることはなかった。携帯電話が安くなっていく中で押されていったのだ。開業の三年後（平成一〇年）には加入台数も頭打ちとなり、ＤＤＩポケットグループに足を引っ張られる形で、ＤＤＩは平成一〇年三月期連結決算において赤字に転落してしまう。

その後の顛末を述べれば、平成一六年（二〇〇四）一〇月、合併後のＫＤＤＩはＤＤＩポケットを売却。アメリカの投資会社カーライルグループが筆頭株主となり、ウィルコムと社名変更して再出発することとなる。

それでも経営は上向かず、平成二二年（二〇一〇）、ついに会社更生法の適用を申請する。京セラはウィルコムとの資本関係を継続していただけに、その再建は大きな課題として残った。

ＰＨＳ事業からの撤退は残念だったが、京セラは引き続き財務的には盤石な体制であった。出資していたＤＤＩの株価は上場直後に二〇〇倍にまで高騰した上、ＤＤＩ上場の一カ月前、ビッグニュースがあったからだ。

京セラが二五％近い株を保有し、稲盛が会長を務める、ゲームメーカーのタイトーが東証二部上場を果たしたのだ。上場初日につけた九三〇万円という株価は、当時のわが国の株式史上、最も高いものであった。

出資するきっかけは、例によって再建依頼だった。

タイトーはユダヤ人商人のミハイル・コーガンが創業した会社で、元の社名である「太東貿易《たいとうぼうえき》」は、極東のユダヤ（猶太）人商社という意味である。彼らはやがてゲーム機開発に乗り出し、昭和五二年（一九七七）には「ブロックくずし」が、翌五三年には「インベーダーゲーム」が、それぞれ社会現象となるほどの大ヒットとなった。

ところが昭和五九年（一九八四）、創業者コーガンが死去すると、未亡人は巨額の相続税が支払えず、タイトーに立て替えてもらうことになる。そして指導者を失ったタイトーは、その後迷走を始めたのだ。

そんな中、コーガンが生前親しかったコンサルタントを通じて、稲盛に経営再建の要請がきた。

「最初は二カ月に一度、役員会に出て話を聞いていたんです。でも、どうもうまくいかない。その時、コーガン未亡人からぜひ、私に経営してくれと頼まれたものだから、義理人情で引き受けたんですよ」（『月刊経営塾』平成五年一〇月号「タイトー、第二電電と子会社を相次ぎ上場 第二電電をモノにした京セラ稲盛和夫会長の〝新・商売心得帳〟」）

彼はまず未亡人の借金の返済に取りかかった。彼女の保有していたタイトー株を京セラなどで購入し、その代金を返済に充ててもらった。結果として京セラは発行株式の約二五％を握る筆頭株主となる。

昭和六三年（一九八八）には社長以下の役員を京セラから派遣。自らも会長に就任し、名実ともにタイトーは京セラ傘下となる。稲盛イズムを徹底した結果、タイトーの業績は急速に回復し、念願の上場を果たすことができたというわけだ。

「第二電電とは違い、タイトーという企業に興味があって出資したわけではない。頼まれ、未亡人が可哀相と思ったから出資しただけのこと」（前掲記事）

と稲盛は語るが、義理でやむなく買った株が六年ほどで四〇〇億円近い含み益を抱える株へと大化けしたわけで、まさに〝情けは人のためならず〟を地でいく話だ。

だがこうした場合に重要なのは〝出口戦略〟である。どうやって手じまいするのかだ。ところがそれも驚くほどスムーズに事が運んだ。

タイトーは平成一五年（二〇〇三）には東証一部上場を果たし、二年後（平成一七年）八月、スクウェア・エニックスの傘下に入ることとなる。具体的には、スクウェア・エニックスがTOB（takeover bid：株式公開買い付け）により京セラ、コーガン家の持分を含めて株式の九三・七％を取得することになったのだ。

これで稲盛は未亡人の悩みを解決し、タイトーを再建し、京セラにも大きな売却益をもたらして一件落着となった。

これには後日談がある。

京セラからスクウェア・エニックスへの株式譲渡の際、少し変わったやりとりがあったのだ。平成一七年（二〇〇五）八月二日に行われた記者会見で、和田洋一スクウェア・エニックス代表取締役社長は、それを次のように語っている。

「タイトーの大株主としての京セラと話し合いをしました。ここで議論となったのは、こういう場合には珍しいと思うのですが、タイトーという会社をきっちりと大切にして運営する気持ちがあるのか、ということ。いくらで買うのかといった話ではなく、タイトーをどう発展させていくのか、というプレゼンを求められました」

株を高く買ってくれるならそれでいいという姿勢を京セラの担当者は見せなかった。〝考え方〟こそが大事なのだ。それこそ稲盛から教え込まれてきた京セラのフィロソフィだった。

盛和塾

昭和五五年（一九八〇）、京都青年会議所で青年経営塾という勉強会が始まった。経営者開発委員長を務めていた建野晃毅《たてのこうき》らが中心となって五人の講師を呼ぶことになり、その時の候補の一人が稲盛だった。

日頃稲盛が、

「青年会議所（JC）やロータリークラブはお遊びだ！」

と否定的なことを口にしていることは、彼らの耳にも届いている。

京都青年会議所OBでもあるワコールの塚本に口添えを頼んだが、

「稲ちゃんはわしの言うことなど聞かん！」

と断られ、やむなく京都中央信用金庫の役員から須永元春社長室責任者（稲盛の義弟）を紹介してもらい、須永経由でようやく面談のアポが取れた（『盛和塾四号』「あの日、あの時　稲盛和夫氏（第1回）」）。

応接室で待っていると、廊下を歩く大きな足音が聞こえてきた。作業服に似た京セラの制服に身を包んだ稲盛は、部屋に入ってきてソファーに腰を下ろすなり、

「要件を言いなさい！」

と、まるで怒っているような口調で言ったという。

稲盛四八歳。前年に二〇周年を迎え、この年にはニューヨーク証券取引所への上場も果たしている。工場はフル回転し、多忙をきわめていた時期だ。

（俺は忙しいんや！）

口に出さずとも、心の中の声がビンビン伝わってくる。

〈本当に震えるくらい怖かったですね〉

そう建野は振り返っている。

稲盛は仕事に集中しているとき、それを妨げられることを極端に嫌う。

後年、上西阿沙副社長（当時）と太陽熱温水器をカリフォルニアへ輸出する計画について打ち合わせをしていた時のこと。

社長室の秘書が、

「○○銀行の支店長がご転勤の挨拶で来られています。もうこれでお別れなので一分だけでもお会いしたいとおっしゃっておられますが」

と支店長の気持ちを汲んで少しだけ割り込もうとしたところ、

「バカもん！」

と秘書を怒鳴りつけてそのまま打ち合わせを続けたという（国友隆一著『京セラ・稲盛和夫　血気と深慮の経営』）。

建野が会ったときに稲盛の機嫌が悪かったのも、何かに集中していたのを妨げられたからだったのかもしれない。

ところが、すっかり緊張してしまった建野は、いきなり稲盛の逆鱗《げきりん》に触れることを口にしてしまう。

「我々若い経営者が経営についてどんなスタンスで、どんな思い入れを持って仕事しているかをお聞きいただくことは、社長にとっても勉強になるのでは」

その瞬間、稲盛の目がぎらりと光った。

「君たちの言うことがどうして勉強になるんだ？」

その後のやりとりはほとんど覚えていない。ところがあにはからんや、稲盛は講演を引き受けてくれたのだ。心底奇跡だと思った。

京都青年会議所が依頼したテーマは「経営戦略と意思決定」。稲盛はいきなり講演の冒頭から、経営の現場の生々しい話をしはじめた。後年のような精神的な話は少なく、京セラはどういう機会にどう判断して成長していったかを、具体例を引きながら語っていった。

講演時間は四〇分。その間に二本の国際電話が入ってきたというから、貴重な時間を割いて講演してくれていることが聴衆にも伝わってくる。

テンポも速い。聴いている側からすれば、胸元にびしびし剛速球を投げ込まれる感じだ。ぐいぐい話に引き込まれ、あっという間に講演は終わった。テーマにぴったりで、実に素晴らしい講演だった。感動が長く尾を引いた。

〈一度きりのご縁にしてしまうのはもったいない。まだまだ教わることがある〉

建野たちはその後も教えを乞いに行き、稲盛も最初の対応が嘘のように胸襟《きょうきん》を開いて接してくれるようになった。しばしば例の「イレブン」で一緒になり、彼が塚本たちとカラオケをしている場面に遭遇した。

〈ここでうたっておられる塾長を見て、この人は良い意味での二面性を持っている方だと思いました。講師をお願いに上がった時の厳しい顔と、仕事を終えて塚本さんらと歌をうたっておられる塾長と〉（『盛和塾四号』「第一回あの日、あの時　稲盛和夫氏（第一回）」）

そんなある日のこと、稲盛はしんみりと藤山一郎の「泣くな妹よ」を歌いはじめた。

――月の峠をはるばると二人で越えてきたものを　泣いちゃいけない妹よ故郷《くに》の歌でも歌おうよ
鹿児島の妹たちのことを思いだしたのだろう。稲盛はその時、はらはらと涙をこぼした。それを建野に見られたもので、照れた彼は歌詞の書いてある本を投げてきたという。

こうして距離が縮まったところで、京都青年会議所の面々は昭和五八年（一九八三）七月、稲盛から経営の要諦を教わるべく「盛友塾」という若手経営者の勉強会をスタートする。

「まずは五〇人集めてみるか」

と稲盛から言われたが、最初は二五名しか集められなかった。何百人だろうが即日満席になる今から考えれば嘘のような話だ。

まだまだ本業は忙しかったが、根っから教えることの好きな稲盛は、彼らのために時間を割きはじめる。やがて噂を聞きつけて、京都以外からも参加するようになっていった。

そのうち大阪の経営者たちが、是非我々にも参加する機会を与えてほしいと言い出したのを機に、平成元年（一九八九）四月、盛友塾は「盛和塾」と名を改め、拡大改組されることとなった。塾名は稲盛の名前の二文字をもらったものだ。この年の八月には京セラ内に事務局が設置された。

――企業の隆〝盛〟と、人徳の〝和〟合を図る

会員規約第二条にそう定め、〝心を高める、経営を伸ばす〟を盛和塾の原点とした。

次世代を育てることを掲げていたこともあり、自然と中小企業の若手経営者が集まった。そしてみな、第二の稲盛和夫を目指して熱心に教えを吸収していった。

稲盛に触れた塾生たちは、みな見違えるように表情が生き生きしていく。自信を持って社業に

邁進した結果、業績を改善させることができた。噂はすぐに広まり、入塾希望者は年を経るに従って加速度的に増えていく。

ある時、

「お疲れ様です」

と稲盛に声をかけた塾生が、

「疲れてなどおらん！　〝疲れ〟に敬称をつける馬鹿がどこにいる！」

と言って叱られ、以来盛和塾では、

「お元気様です！」

というのが挨拶になった。

彼を慕っている人間が相手でも容赦がない。指導に熱が入ってくると、

「お前みたいなアホは破門だ！」

などと怒鳴ったりする。特に彼が怒るのは、経営にフィロソフィがない、あるいはフィロソフィがぶれる塾生に対してであった。

だが、よくやっている経営者には慈父のように優しい。

致知出版社の藤尾秀昭社長も稲盛に教えを乞うた一人である。新生致知出版社立ち上げの際、稲盛は「致知出版の前途を祝して」という励ましの文章を寄せた。

――我が国に有力な経営雑誌はいっぱいあるが、人の心に焦点を当てた編集方針を貫いておられる『致知』はなかでも際立っている。日本の経済発展の時代変化とともに『致知』の存在はますます

ます重要になるでしょう。

それ以来、藤尾はこの文章を肌身離さず持ち歩き、ボロボロになればコピーをし、時折開いて読み直しては励みにしてきたという。

盛和塾の集まりのなかから、浮川和宣ジャストシステム社長、北村陽次郎イタリヤード社長、南部靖之パソナグループ代表、矢内廣ぴあ社長など著名なベンチャー経営者が輩出していった。そのうち企業経営者にとどまらず、サッカー元日本代表監督の岡田武史、バレリーナの森下洋子、横綱白鵬らも名を連ねるようになる。


平成四年（一九九二）には第一回盛和塾全国大会が開かれたが、日本の枠を越えるのに時間を要しなかった。

彼の教えはナショナリズムを背景にしたものではなく、人類全般に普遍的な教えだ。稲盛ファンは世界中に広がり、平成一一年（一九九九）からは海外からの参加者も加わるようになる。そして平成二三年（二〇一一）七月に開かれた第一九回大会からは、盛和塾世界大会と銘打たれるまでになった。

国内の塾生たちは稲盛を通じて、海外の人々との付き合い方も教わっていく。

例えば中国だ。二一世紀に入ると、日本国内で中国脅威論が急速に台頭し、日中関係もギクシャクしはじめていた。

ところが稲盛は、

「中国は脅威ではない！」

と早い時期から口にしていた。

例えば『日経ビジネス』平成一三年一〇月一五日号「『中国脅威論』に反論する」では中国脅威論に次のように反論している。少し長くなるが、彼の中国に対する見方がよくわかる文章であり、現在でも十分示唆に富んだ内容であることから、少し要約して引用してみたい。

〈中国企業の規模が巨大になり、まともに戦えなくなった日本企業の中には中国を忌《い》み嫌う人たちや、技術供与をやめようと言い出す人たちが出てきました。しかし、これは日本が勝手に招いた結果であり、決して中国が悪いのではないことに気づくべきです。

では、日本企業はどうすればよいのか。それは、中国と一体化し、中国の人にも日本と組んで良かったと思ってもらうことです。

もう少し具体的に言えば、中国が工業化していく過程で、我々日本企業が合弁などを通じてよい意味で彼らを育て、『日本の人たちが技術や工場管理方式を教えてくれた』と彼らが恩義を感じるような関係になることです。合弁による配当などでも、よくしてもらったと彼らに思われるような仕組みを作ることが重要になります。

今、日本の経営者に求められるのは、利己的な個人主義とは一線を画した、社会正義とか隣人愛、言ってみれば『利他的』な経営倫理を持つことではないでしょうか。

コストが安いということで中国に行って、それを利用することは間違いじゃないと思います。しかし、それだけではダメです。中国人の管理職も従業員も、みんな自分の企業のファミリーとして、大事にし、幸せにしていくことです。そして、それがグローバル企業というものではないですか。中国とともにやっていくことを決めたのであれば、切っても切れない関係、中国を抱擁《ほうよう》するくらいの気持ちと覚悟が必要です。それを、目先の利益だけにとらわれていると、とんでもないことになります〉

中国に限らず、相手国を〝抱擁するくらいの気持ちと覚悟〟こそが、海外進出成功の鍵だと語ったのだ。

平成一六年（二〇〇四）二月二九日にはアメリカ初の盛和塾がロサンゼルスで開塾することとなる。海外ではブラジル、中国などに続き五番目だった。

稲盛にはとりわけアメリカに思い入れがある。何の成果も得られなかった最初の渡米の悔しさは、忘れようとしても忘れられるものではない。その後もサンディエゴ工場の経営やAVX社買収など、アメリカは稲盛にとって試練と夢と可能性を与えてくれた思い出深い国だ。そこで経営論を語るのは感無量だった。

盛和塾は平成三〇年（二〇一八）一〇月末現在、国内に五六塾、海外四四塾と、ついに一〇〇塾を達成するまでになり、塾生数も一万三八三二人に達した。

多くの国と人に種はまいた。そして平成三〇年一二月六日、元号も改まる二〇一九年末をもって盛和塾を解散することを発表する。悩みに悩んだ末の結論だった。

盛和塾の運営を他の人に引き継げば、考え方や組織のあり方は否応なく変容する。その予兆はしばしば見られた。稲盛直伝の経営哲学と銘打って、自分の独創を加えた著作を発表し、講演活動をする塾生が出てきたのだ。

独創を加えて発展させ、自分なりの経営手法を編み出すのは大いに結構だ。しかし、それを稲盛の名前で世に問うのは間違っている。

伝えるべきことは包み隠さず、そのすべてを塾生たちに伝えきったという達成感もあり、今回の決断に至った。塾生たちに一抹《いちまつ》の寂しさはあろうが、あとを託された世代が彼の期待を裏切らないよう、さらなる飛躍が求められている。繰り返しになるが、種はまかれたのだ。

盛和塾が終わっても、我々はこれまで通り、稲盛の考え方、働き方、生き方に触れることができる。それは稲盛が膨大な数の講演録や著作を残してくれたからだ。

流通革命を起こしたダイエーの中内㓛《なかうちいさお》が『わが安売り哲学』を出版したとき、この本は大変な反響を起こしベストセラーとなったが、彼は突如絶版とし、その後、著書を世に問うことはしなかった。

それは雑誌『財界』の発行人だった三鬼陽之助が、

「経営者が本を書くとそれに縛られ、時代への対応がそれだけ遅くなる」

と諫言したからだと言われている。

だが松下幸之助にしても稲盛和夫にしても、彼らは自分の会得した経営哲学を秘さなかった。むしろ積極的に次世代に伝えようとした。それは彼らには、自分の到達した経営哲学は一時の流行などではなく、時代を超えたものだという自負があったからだろう。

〈仕事にも人生にも法則がある。その法則にのっとった人間は成功し、外れた人間は失敗する〉（稲盛和夫著『「成功」と「失敗」の法則』）

それが稲盛の到達した信念だった。

自民党政治への幻滅

平成三年（一九九一）、五九歳の時、稲盛は第三次臨時行政改革推進審議会（行革審）の会長をしていた日経連会長の鈴木永二から、「世界の中の日本部会」の部会長を引き受けてくれないかと依頼を受けた。

たまたま鈴木の親戚の子どもに京セラの社員がいて、その人から「京セラフィロソフィ手帳」を見せられて感銘を受け、

「このような経営哲学をもっている人を部会長にしたい」

と心に決めたのだという（大田嘉仁著『JALの奇跡』）。

稲盛は快諾し、同年二月から一年半にわたって部会長を務めることになった。

土光敏夫が会長を務めた第二臨調では「増税なき財政再建」を掲げ、加藤寛慶應義塾大学教授や瀬島龍三伊藤忠商事会長などが活躍した。その成果の一つである電気通信事業自由化によって第二電電が誕生したわけだ。第二臨調の思惑通り、自由化による電話料金引き下げ効果で日本経済は活性化した。稲盛はその立役者だ。まさに第三次行革審部会長にふさわしい人選だった。

引き受けるからには結果を出したい。早速委員の選定に取りかかった。友人であった矢野暢《やのとおる》京都大学東南アジア研究センター所長のほか、山本卓眞富士通会長を部会長代理に任命し、専門委員は政治評論家の屋山太郎《ややまたろう》、岩國哲人《いわくにてつんど》出雲市長、清原武彦産経新聞論説委員長、福川伸次神戸製鋼所副社長、松永信雄元駐米大使ら二七人。

部会では活発な議論が展開され、方向感はすぐに定まった。受け身の外交から脱却し、国際的な秩序づくりに積極的に参画していける外交政策を目指そうというのである。

しかし、従来の外務省を中心とする官僚主導の外交を内閣主導に切り替えようという意見が出たことが、外務省の危機感をあおった。外務省の圧力により、部会の中間報告は延期を余儀なくされたのだ。平成三年六月一八日付毎日新聞には「外交見直し案も後退　省庁の圧力強まり」という見出しが躍った。

そして中間報告発表翌日の毎日新聞（平成三年六月二五日付）にも「具体案盛り込めず　省庁の反発に押され」「内閣官房強化策は後退」と書かれているが、ここから稲盛は巻き返しに出る。外交問題の本筋からやや離れるが、国際標準から見たわが国の制度面の後進性について議論を行い、それを最終報告案に盛り込んだのだ。

平成四年（一九九二）五月一三日にまとめられた最終報告案の中には、車検の六カ月点検の廃止、優良ドライバーに限って運転免許証の有効期限を五年とすることやパスポートの有効期限を一〇年にする提言が盛り込まれている。今の我々はこの部会の提言を享受しているのである。

ＤＤＩでは郵政省の裁量行政に振り回され、第三次行革審では外務省の壁に阻まれ、官僚組織の縄張り意識と保守的体質に辟易した稲盛は、

「日本は民主主義国家ではなく〝官主主義〟国家だ。わが郷土の偉人大久保利通の作った組織がこんなものだったとは」

と、これまで以上に現体制に対する反感をあらわにしはじめる。

長期政権の上にあぐらをかき続けてきた自民党の傲慢と官僚の専横《せんおう》。そのために引き起こされている社会の停滞と閉塞感に我慢がならない。彼の中では、自民党がＮＴＴに重なって見えたに違いない。政権交代の必要性を確信するに至った彼は、公の場でも日本の政治に新風を吹きこみたいと口にするようになっていく。

行革審部会長として官邸に出入りするうち、顔見知りの政治家も増えていた。その一人が、当時自民党幹事長だった小沢一郎である。平成五年（一九九三）に小沢が上梓《じょうし》した『日本改造計画』を読んで、骨のある政治家だと感心した。

そのうち、小沢が京都に来たときには京都で、稲盛が東京へ行ったときには東京で食事をともにするようになる。稲盛が行革審で苦しんでいるとき、小沢は政治改革を志し、二人は旧弊《きゅうへい》を壊さねばこの国に未来はないという考えで一致していた。

そして小沢は行動に移す。

平成五年六月、社会党、公明党、民社党が提出した宮沢喜一首相の不信任案は、羽田派や小沢たちが賛成票を投じたために可決。衆議院は解散され、総選挙に突入した。

小沢は将来の首相候補と目されていたにもかかわらず、羽田孜《はたつとむ》らとともに自民党を飛び出して新生党を立党。党代表幹事に就任する。この時の選挙で自民党は過半数割れし、細川護熙率いる非自民連立政権が誕生した。

だが細川連立政権は烏合《うごう》の衆にすぎず、本格的な政権交代を可能とする二大政党政治にはほど遠いものであった。その後、小沢の所属する党は新生党から新進党、さらに自由党とめまぐるしく変わったが、自由党が民主党と合併して新生民主党が誕生したことから、単独野党による政権への道が見えてきた。

いよいよ稲盛は、声高に政権交代への夢を語るようになっていく。民主党の党大会で演壇に立ち、若い候補者たちに檄を飛ばすことまでした。

「政権をとらねば意味がない。自民党一党政治を打破するんだ！」

日本の経営者としてはきわめて異色である。絶対的な政権与党である自民党を応援するか中立の立場でいるのがビジネス面で有利なのは明らかなのに、わざわざ野党を応援するにはよほどの度胸が必要だ。

だが、かつて同じことを試みた先輩経営者がいた。松下幸之助である。

松下はソニーの盛田、ワコールの塚本、ウシオ電機の牛尾たちにも働きかけ、新党運動を起こして自民党一党支配に挑戦しようとした。だが途中で挫折して夢破れ、代わりに設立した松下政経塾を通じ、自分のＤＮＡを塗り込めた政治家を養成しはじめる。

盛田は松下とともに『憂論　日本はいまなにを考えなすべきか』を共著として出版したほどの

憂国の同志である。そして塚本は、松下が幼くして亡くした長男と同じ年頃で同じ幸一という名前であることから大変にかわいがられていた。牛尾も同様である。彼らがともに稲盛のＤＤＩ立ち上げに関わったことは偶然ではあるまい。

松下は志半ばでこの世を去ったが、稲盛はその志を継ぎ、危機感を国民と共有し、政治を変えることで活力ある社会を実現しようと考えたのだ。

稲盛は松下政経塾出身の民主党衆議院議員である前原誠司を初当選の時から応援しており、やがて彼の後援会長に就任する。そして平成一五年（二〇〇三）一一月の衆院選前には「政権交代が可能な国を作ろう」という意見広告を全国紙に出すことさえした。

政権交代を明確に打ち出したこの選挙で民主党は大躍進を遂げ、比例区の得票数で自民党を上回った。いよいよ民主党の政権奪取が現実のものとなってきたのである。

両親との別れ

——両親は私が具体的にどういう仕事をしていたのか、よくわかっていなかったと思う。京セラの新製品や先端技術について、二人を前に講義したこともあったが、にこにこと笑って聞いてくれていても理解してはいなかっただろう（以下引用、稲盛和夫著『ごてやん』）。

京セラの名前が売れはじめた頃、雑誌の取材がキミのところに来るようになった。

ある記者から京セラ商品について尋ねられたキミは、

「よくわからんのです。電球を差し込む瀬戸物のソケットみたいなのがあるでしょう、あのソケットを作っとるんだ、と友だちに説明しとるんですよ」

と答えた。

松下幸之助が創業期に作っていた有名なヒット商品である二股ソケットと混同していたのだろう。それを聞いた稲盛は次のように思ったという。

〈ソケットでも何でもいいのだ。私は母のその言葉をかわいらしいと感じ、何であろうと私がしていることを喜んでいてくれることが純粋に嬉しかった〉

京セラ創業以来、多忙な毎日で実家にはなかなか帰れなかった。それでもたまに帰ったときにキミが手作りの味噌汁を出してくれるだけで幸せだった。底知れぬ元気が湧いてきた。

そんなキミの唯一の気晴らしがパチンコだった。好きなだけではなく強かった。

「行ったら必ず景品をもらってきて、子や孫に配ってました。本当に強かったですね」

とは娘たちの言葉である。

時々、稲盛は帰省した折、キミにつきあってパチンコ屋に足を向けた。

〈私よりも母のほうが強く、景品のお菓子をいつもたくさんもらっては少女のように嬉しそうな笑顔を見せた〉

稲盛はキミのそんな顔が見たくてパチンコにつきあっていたのだろう。

ところが真面目な畩市はこころよく思っていない。

「お父さんがパチンコ代をくれない」

とキミが訴えてくるので、そっと小遣いを渡したりもした。

畩市は根っからの心配性だから、十分にお小遣いができてもなお金を貯め、

「和夫が事業に失敗したら金を渡してやらないと」

と言っていたという。

親にとって、子どもはいくつになっても子どもなのだ。


平成四年（一九九二）のこと、キミが腰痛を訴えるので病院に連れて行ったところ、白血病だと診断された。

とても畩市には言えない。家族はしばらく黙ったままキミには普段通りの生活をさせていたが、そのうち風呂で倒れて骨折し、近くの病院に入院することとなった。

何も知らない畩市は心配して毎日病室に行くのだが、キミは病気が進行していき痩せ細っていく一方だ。それでも畩市のことを気遣い、

「ご飯食べたの？」

と尋ねては、自分が残している病院食を食べるよう勧めた。

さすがに畩市も、彼女が単なる骨折でないことがわかってくる。ついに病名が告げられた。打ちひしがれた彼は、やつれていくキミを見るのがつらくてたまらず、病院に行く回数が減った。

多忙な稲盛はなかなか帰省できない。それでも無理矢理時間を作り、娘を連れて見舞ったが、大好きで大好きでならない母親が病みやつれていく姿は見るに忍びなかった。

入院して三カ月ほどでキミは逝《い》った。平成四年二月二七日午前五時一三分、満八二歳だった。ちょうどこの時海外にいた稲盛は、最愛の母親の死を看取ることができなかった。

〈もしも今、母が生きていたら……。そんなふうに夢想してみる。もしも目の前に母がいても、不思議に私からは特に話したいことはない。ただ、田舎の家のちゃぶ台の前に座り、母が作ってくれるおいしい味噌汁や魚の干物を食べさせてもらえたら幸せだ〉

『ごてやん』の中に「お母さんは神様と同義語」という終章を設けているほど母親のことを愛してやまなかった彼は、涙のあとが透けて見えるような言葉で、最後にこう記している。

——もう一度、パチンコ屋に連れていってあげたい

キミが亡くなると畩市はがっくりと力を落とし、急に老け込んでしまった。

「自分もあと三年であの世に行きたい。三年はキミの供養をしてやらねばいかんから」

そんな弱気な言葉を繰り返し、いくら周囲が励ましても、

「（男やもめに）なってみらんとわからん」

と一人になった寂しさを訴えた。

そしてそのうち、

「もう生きたくない」

とさえ口にするようになってしまう。

腹部が痛むと言い出したのは、それからしばらくしてのこと。後でわかったことだが肝臓がん

DDIポケット企画設立記者会見

京セラフィロソフィ手帳

だった。ところがいくら言っても病院に行こうとしない。キミが病院で亡くなったことから、病院に足を向けることさえ嫌になったようで、行かないと言い張った。

ところがそうもいかなくなる。そのうち痛みがひどくなり、平成六年（一九九四）、病院に無理矢理入院させた。

案の定、病状は進んでおり、彼の望み通り死はすみやかに訪れた。息を引き取ったのは入院して三週間後の九月二八日。八七年の生涯だった。

キミの時もそうだったが、葬式の段取りはすべて利則がてきぱきと仕切ってくれた。二人とも葬式は、生前彼らが夫婦仲良く参りに行っていた西本願寺鹿児島別院で盛大に行われた。

ちょうどこの頃、稲盛は安藤忠雄設計による稲盛会館を鹿児島大学に寄付することにしていて、そこには両親の名を冠した「キミ&ケサ メモリアルホール」が設けられる予定だった。建物の外から、球体をしたホールの一部が見える斬新な設計だ。

生前、二人を建設現場に案内し、彼らも完成を楽しみにしていたのだが、残念ながら文字通り〝メモリアルホール〟となってしまった。

平成六年一〇月三一日に行われた竣工式の日、挨拶に立った稲盛は列席者の前で両親を偲んだ。二人なしに自分の命はなく、二人の教えなしに今の自分はない。心の中で手を合わせながら、天国にいる畩市とキミにホールの完成を報告した。

京都商工会議所会頭

稲盛は京都商工会議所会頭だった塚本に頼まれ、しぶしぶ副会頭に就任していた。名前を貸すだけですよと何度も念を押し、実際、会議にもほとんど出なかった。

ところが平成六年（一九九四）の六月頃、塚本に呼び出され、こう告げられた。

「京都の建都一二〇〇年事業も滞《とどこお》りなく終わったし、ここらで会頭職を君にバトンタッチしたい」

青天の霹靂《へきれき》である。とんでもないと大きくかぶりを振り、きっぱりと断った。

だがそれであきらめるような塚本ではない。

彼が若い頃、どうしても会ってくれない問屋がいた。宿泊先の旅館に日参しても、追い返すよう言われているので取り次いでくれない。塚本はなんとその時、変装をして女将の目をごまかし、部屋に上がったという。相手はその強引さに根負けして取引をくれた。

こうだと決めたときの相手を追い込んでいく迫力は、稲盛に勝るとも劣らない。この時も逃げ回る稲盛を半年間説得し続け、この年の末、強引に引き受けさせた。

決め手となったのが次の言葉だった。

「自分の会社ばかりが大事で、地元のために奉仕するのがそんなに嫌か！」

これにはさしもの稲盛も色をなして怒った。いくら親しい塚本でも、言っていいことと悪いことがある。

「失礼な！」

と思わず声を荒げた。こと社会奉仕に関しては誰よりもやっているという自負がある。

「そもそもあなたは、会頭職がやりたいからやっているのでしょう？」

「お前はそう見ていたのか……」

塚本の表情が曇った。

実際、神戸商工会議所では、自他ともに認める会頭候補だった中内㓛ダイエー会長が、地元の重厚長大企業のうるさ方に邪魔されて選任されず、神戸財界のすべてのイベントから手を引くという意趣返《いしゅがえ》しを行い、神戸財界に悲鳴をあげさせていた。そんな話も耳に届いていたから、会頭はなりたい人間がやるのだろうというのが稲盛の認識だったのだ。

そこから塚本の声の調子が変わった。京都商工会議所会頭という仕事の大変さ、名誉欲や自己顕示欲でできるような仕事ではないことを諄々《じゅんじゅん》と説いたのだ。稲盛も思わずしんみりと聞き入ってしまったほどだった。

そして最後に、

「京セラがここまで立派になるには有形無形に京都の人々のお世話になったはずだ。そろそろ恩返しする時なのではないか」

と言われて覚悟を決めた。

平成七年（一九九五）一月、稲盛は京都商工会議所会頭に就任する。

京都というのは不思議な町である。寺社仏閣の建ち並ぶ古都として知られるが、それだけではない。何か得体の知れない奥深さを秘めている。

かつて彼らは明治維新で天皇を失った。今でも京都の人は再び皇室が京都に戻ってくれる日を〝還都《かんと》〟と呼んで待ち望んでいる。

公家や皇室御用達の商人がごっそり移ったことで、京都の人口は三五万人から二〇万人へと激減したが、慰謝料よろしく明治政府から支給された勧業基立金などをもとに琵琶湖疏水を引き、勧業博覧会を開催し、蹴上に水力発電所を建設して市電を走らせるなど、日本の殖産興業の先鞭をつけて意地を見せた。

寺社が資産を持っているのは当然だが、町衆の中にも途方もない金持ちがいる。彼らは蜷川革新府政が続いてインフラ整備や産業振興が後手に回ろうが、むしろ町並みが変わらぬまま残されていることに満足していた。実際、それは今や観光資源として宝の山になっている。

京都は伝統を守る一方で、今で言うベンチャー企業に懐《ふところ》を貸す度量も見せた。ワコール、村田製作所、ローム、任天堂、堀場製作所、オムロン、日東電工、村田機械、大日本スクリーン製造など、わが国を代表する優良企業の多くが本社を置くことで知られる。そしてもちろん京セラはその代表格だ。

ワコールの塚本が、これまで欧米にしかなかったブラジャーやコルセットといった体型補正用女性下着という新分野でワコールブランドを確立したことについてはすでに述べた。

電子部品メーカーとして世界的に有名な村田製作所は、もともと従業員二、三人の村田製陶所という小さな清水焼の窯元だった。それが軍部の要請で酸化チタンの研究を始めたのをきっかけにコンデンサの開発に成功。戦後、エレクトロニクス用セラミックコンデンサの将来性に着目し、世界一のシェアを握る企業に成長した。

ロームの佐藤研一郎は、もともと音楽家をめざしていたが、ピアノコンクールで準優勝しかできなかったことでその道をあきらめ、立命館大学の理工学部在学中に、炭素皮膜抵抗器の特許を取り、卒業と同時にその製造を始めて今日の財をなした。かつて音楽家を志していたこともあり、ロームホールを建設したほか、京都市交響楽団の維持に多額の寄付を行っている。

任天堂の山内溥は、もともとトランプや花札を作っていた。それがファミコンなどで世界をリードする企業になった。

京都大学で原子物理学を学んでいた堀場雅夫は、原爆開発を恐れたGHQが原子物理学の研究を禁止したため、やむなく堀場無線研究所を設立。それが世界トップクラスの分析・計測機器メーカー堀場製作所に発展していく。

京都のベンチャービジネスの成功者に共通しているのは、初めはみなその分野の〝素人〟だったことだ。

他人の真似をせず、価格競争をせず、技術で圧倒的なシェアを握っていった。このたぐいまれなるオンリーワン企業の集まりは、干渉することなく、互いを尊敬しつつも負けるものかと競い合いながら高みを目指し続けた。みな日本一で満足せず、世界一を目指した。

「京都一、日本一、世界一になろう！」

と大きな夢を口にしていたのは稲盛だけではなかったのだ。

彼らは東京など意識することなく、京都から一足飛びに世界に挑んでいった。だから大阪の企業のように本社を東京に移そうということなど、はなから考えていない。地方活性化ということの国の抱える今日的課題に一つの解を提示しているのが、まさに京都のオンリーワン企業たちなのだ。


京都商工会議所会頭としては、伝統産業にもしっかり目配りしなければならない。

新興企業は元気なのだが、伝統産業の側には問題が山積している。特に西陣や室町に代表される和装産業がそうだ。生活習慣の変化に伴い、和装着用の機会が減り、売上が極端に落ち込んでいる。

そこで稲盛は「きものサミット」の開催を提唱。伝統の町京都の復権に力を注いだ。

古都税（古都保存協力税）問題でこじれた京都仏教会と京都市の対立解消にも乗り出した。

昭和六〇年（一九八五）、時の京都市長今川正彦は、京都の遺産保護を目的とし、京都市内の寺社の拝観料に税金をかける古都税を導入したが、これに清水寺をはじめとする有名寺院が反発。京都仏教会が京都市相手に訴訟を起こすなど大きな混乱が生じた。

結局、昭和六三年（一九八八）三月、京都市は古都税を廃止したが、不信感を拭えない京都仏教会と京都市の確執が長く尾を引いていたのである。

後述するが、稲盛はこの時、出家して僧籍を持っていた。だからこそ仏教関係者も胸襟を開いたのだ。

平成一一年（一九九九）五月二〇日、両者は「一体となって京都の観光振興や景観に配慮したまちづくりに努力する」との共同声明に署名し、長年にわたった懸案は解決される。

「過去にけじめをつけ、ともに新しい世紀に向かいましょう」

報道陣のフラッシュを浴びながら、桝本頼兼《ますもとよりかね》京都市長、有馬頼底《ありまらいてい》京都仏教会理事長、そして仲介役の稲盛の三人はにこやかに握手を交わし、和解ムードをアピールした。

大活躍する稲盛について、『週刊東洋経済』はこう評している。

〈京都市長選では、桝本頼兼市長を担いで会頭自ら最前線に立ち、一九九九年には一七年間にらみ合ってきた京都仏教会と京都市の「和解」を演出。円高、規制緩和、ゼロ金利解除。京都から大胆に発言するたびに全国紙が大きく取り上げた。「目立つのが嫌い」のはずの稲盛が歴代会頭の誰より目立っている――この「矛盾」が、稲盛である〉（『週刊東洋経済』平成一二年八月五日号「新千年紀の日本人7」）

稲盛は結局、会頭を六年間務め上げ、平成一三年（二〇〇一）二月に退任。村田機械の村田純一に会頭を引き継ぐことになった。

以前、村田会長に取材した際、

「会頭になるのは嫌だとおっしゃっておられたにもかかわらず、一旦就任されたらとことん取り組み、大変大きな仕事をされた。尊敬に値する本当にすごい方だ」

と話していたのが印象的だった。

胃がん手術と出家

稲盛の写真を年代別に見ていくと、面白い発見がある。年齢で雰囲気が大きく変わっていくのだ。そこからは彼の事業に対する姿勢や置かれた環境、精神面の成熟度がはっきりと読み取れる。触れると切れそうな厳しい顔をしているのが、DDI立ち上げの頃である。目の光がギラギラして殺気さえ感じられる。巨人に向かっていく緊張感に加え、不祥事によるバッシングもあって、神経がささくれだっている様子が痛々しい。

ところがそんな彼が、あることを契機に、好々爺然《こうこうやぜん》とした穏やかな表情に変わっていくのだ。それは〝出家〟だった。

平成八年（一九九六）九月、京都商工会議所の定例記者会見で、

「私は満六五歳になったら仏門に入ります」

と突如発表して大騒ぎになった。

すぐに塚本から電話が入った。

「かねてから聞いてはおったけど、京都商工会議所の会頭職を途中で放り出すのは困るよ」

もとより周囲に迷惑をかけるつもりはない。

「適当な後任者が見つかるまで無責任なことはしません」

と答えた。

鹿児島大学稲盛会館
（球体はキミ＆ケサ　メモリアルホール外壁、著者撮影）

歴史的和解を演出
（右より桝本京都市長、稲盛、有馬京都仏教会理事長）

晩年の畩市とキミ

出家のきっかけとなったのは、たまたま日本訪問中だったインドのヨガの聖人と会ったことだった。インド伝承医学のアーユルヴェーダを究めているという。

「脈を診てみましょう」

と言われて腕を出したところ、子どもの頃に結核を患ったことがあることや最近の三叉神経痛のことまで言い当てられた。

そして最後に、

「八〇歳くらいまでは生きられます」

と告げられたのだ。

その言葉が耳から離れず、寿命が八〇であることを前提に生きていこうと考えはじめた。

人間は社会に出るまでに二〇年近い準備期間がいる。社会に出てからは一生懸命働き、世の中のために貢献して四〇年、六〇歳前後で定年を迎える。社会人となってからの四〇年は、言わば〝魂を磨く期間〟だ。魂が磨けていなかったばかりに、成功を収めた人間が悲惨な末路をたどった例は枚挙にいとまがない。

人生八〇年を前提として、稲盛は定年を迎える六〇歳前後から八〇歳までの二〇年を死を迎えるための準備期間と捉えた。それは死ぬ覚悟を決めることではない。稲盛は死を魂の旅立ちと捉えており、結核を宣告されたその日から覚悟などとっくにできている。旅立っていく魂を整えるための準備に二〇年いるということなのだ。

人生の総決算を静かに迎えるという意味でも、六〇になったら経営の第一線を退かなくてはならないと思うようになった。そして最後の二〇年を迎えるにあたってまずしたいと思ったこと。それは普通の人の考える趣味などではなく出家だったのだ。

まずは西片に相談してみることにした。

西片はこの時、妙心寺の管長になっていた。もともと円福寺は妙心寺派であったが、その徳望ゆえに早くから妙心寺の管長にとの声があがっていた。ところが一度目は断っていたのだ。次もあっさり断ってしまいそうだった。そこで再度打診が来たとき、稲盛が説得してなかば強引に引き受けさせたのだ。

こうして西片は国内三四〇〇の末寺を持つ日本最大の禅寺妙心寺のトップに立ち、老師でなく猊下《げいか》という尊称で呼ばれるようになっていた。

西片は稲盛にこう語った。

「剃髪《ていはつ》し、得度《とくど》されたらいい。しかし、その後は実社会に戻り、社会に貢献するのがあなたにとっての仏の道でしょう」

この言葉で稲盛の心は決まった。

平成九年（一九九七）六月の株主総会で京セラ、ＤＤＩとも名誉会長に退き、六月二九日に得度式を行い、仏門に入ることを決めた。

ところが、ここで予想外の事態が起こる。病気が見つかったのだ。それも命に関わるような病気が。

稲盛はいつも夫婦仲良く一緒に定期検診を受けていた。

この年は二月一五日の予定だったが、前日になって朝子が体調を崩したため延期し、ようやく受けることができたのは六月九日のことであった。彼がどれだけ忙しかったかがわかる。これでは〝定期〟検診でも何でもない。

その時の胃のレントゲン撮影で「胃潰瘍《いかいよう》の可能性あり」と診断されて再診となり、六月一四日に胃カメラの検査を受け、組織を四カ所ほど採取して細胞診に回された。

なんとなく嫌な予感がしたが、果たして的中する。

六月一九日。京都商工会議所で会議をしていたところ、担当医が突然訪ねてきた。

「胃がんが見つかりました。早急に手術すべきです」

この日の夜は岡山で盛和塾の例会が予定されていた。普通の人間ならキャンセルして病院に行くところだ。一刻も早く行かねば気持ちが悪い。

ところが稲盛は予定通り岡山に出かけ、その日のうちに京都に戻ることにした。

途中、新幹線の車内で東京方面に帰る塾生から経営相談を受け、京都に着くまで熱く語っていたという。マンツーマンの指導を受けられたことにその塾生は感激していただろうが、まさかその稲盛が、がん宣告を受けた直後だとは想像もしていなかったに違いない。

結局、朝子の心配をよそに深夜の帰宅となった。

〈帰宅して、改めて胃ガンについて考えてみたが、心の乱れが少しもない自分を見出して、安心して眠ることができたように思う〉（稲盛和夫著『人生と経営』）

稲盛はがん告知をも人生の修行と心得て、魂を磨いていたのだ。

胃がん発見の翌々日になってようやく医師と打ち合わせすることができ、六月二九日に手術することになった。まさに得度式を予定していた日である。

そして彼は、世間をあっと言わせる行動に出た。六月二七日、胃がんであることを公表したのだ。上場会社である京セラの実質トップとして、情報開示が大切だという考えによるものであった。

平成九年六月二八日付毎日新聞は「京セラ・稲盛氏〝胃がん〟を公表」と見出しをつけ、〈手術前の公表については「記憶にない」（経団連）というほど珍しい〉と報じている。

そして手術の日を迎えた。思ったよりがんは進行しており、手術によって胃の三分の二を切除することとなった。がん細胞が拡散する寸前だったという。危ないところだった。

だが考えてみれば、二月に検診を受けていたら発見されなかったかもしれない。検診が遅れたことが幸いしたのだ。得度後の修行のためにスケジュールも空けてあり、その期間を利用して入院することができた。本当に幸運だった。

ところがいいことばかりではなく、術後の経過がよくなかった。

手術後に痛みが続くのはよくあることだろうと我慢していたが、どうも様子が変である。一週間後には点滴をはずして重湯《おもゆ》を飲んでいいと言われていたが、飲んでみると激痛が走った。夜中じゅう苦しみ続け、明け方近くになって主治医を呼んだ。

調べてもらうと胃と腸をつないだところの縫合《ほうごう》がうまくいかず、少し漏れているという。重湯をたくさん飲んでいたら腹膜炎《ふくまくえん》を起こすところだった。

「もう一回手術するのも大変ですから、自然にくっつくのを待ちましょう」

と悠長なことを言われて再び点滴生活に逆戻りとなり、二週間程度で退院できるはずが入院期間は予想以上に延びてしまった。


何があっても初志貫徹するのが稲盛流である。入院・手術また入院と予定外の出来事が重なってしまったが、出家したいという意思は固かった。

手術の三カ月後の平成九年九月七日、円福寺において、念願の得度式に臨んだ。導師はもちろん西片猊下である。本名から一字とって「大和《だいわ》」という僧名をいただいた。

マスコミは稲盛の出家を大きく扱い、坊主頭の彼の姿が新聞や雑誌を飾った。

体力の回復を待って、一一月に修行のため再び円福寺を訪れた。短い期間ではあったが、術後の身体には厳しい修行だった。心配して駆けつけた盛和塾の面々が遠巻きに見守っている。

一一月とはいえ、京都郊外の朝は十分寒い。朝はなんと三時に起床、夜一一時に就寝。〝起きて半畳《はんじょう》、寝て一畳〟といわれる座禅三昧の生活である。食事は一汁一菜《いちじゅういっさい》。朝はお粥《かゆ》に大根の漬け物、昼は麦飯に味噌汁、夜には大根の煮物などが出たが、胃を切った後なので少ないと思ったことはなく、むしろ食べきれないくらいだった。

網代笠《あじろがさ》にわらじ姿になり、若い雲水《うんすい》たちと托鉢《たくはつ》に出た。その帰り道、年配の夫人から一〇〇円玉をいただいた時、涙が出そうになった。彼が億単位で扱っているお金とはまったく違うものがそこにある。経営者のままだったら生涯味わうことがなかったであろう得がたい経験だった。

病み上がりの身でありながら一心に修行に打ち込む稲盛の姿に、西片は思わず、

「生半可《なまはんか》な宗教家の及ぶところではない」

と感嘆の言葉を漏らした。

そんな彼に敬意を表し、円福寺の坐禅堂には、今でも「大和禅士」という名前札が掛かっている。

だが西片は、修行を終えた稲盛にこう言葉をかけた。

「頭の毛は早いこと伸ばしなさい。ここで雲水たちと一緒に修行するのは大変なことだ。まずは早く会社にお戻りなさい」

仏教の世界では出家することだけが修行の道ではない。在家《ざいけ》（通常の生活をしながら仏道に帰依《きえ》する）の道もある。

大乗仏教の主要な仏典の一つに維摩経《ゆいまぎょう》があるが、そこに登場する古代インドの商人であるヴィマラキールティ（維摩居士《ゆいまこじ》）は在家でありながら悟りの境地に達し、文殊菩薩《もんじゅぼさつ》にさえ説法するほど高い徳を積んで人々を幸せへと導いていった。

西片は精神的な高みを目指したいという稲盛の気持ちをくみながらも、彼にとってそれは在家の修行が最善の道だと教えてくれたのだ。

こうして稲盛は、再びビジネスの世界へと戻っていった。

気力は充実していたが、体調悪化はその後も続いた。得度した翌年（平成一〇年）、盛和塾全国大会を目前に控えた二月一〇日のこと。その日は京都商工会議所で執務をし、お昼に会議所の職員と一緒に地下食堂で天ぷらうどんを食べたのだが、その直後、激しい腹痛に見舞われた。ゆっくりかんで食べるよう言われていたのに、ついついすすって食べてしまったのだ。

早めに帰宅して横になったが治らない。そのうち痛みは増し、これはたまらんとタクシーを呼んで病院に飛び込んだ。

診察の結果、腸閉塞《ちょうへいそく》を起こしていることがわかった。食べたものがうまく動いていかず、腸内に停滞してしまっている。死亡率も高い危険な症状だけに、即入院して手術となった。結局、胃がんの時と同じ箇所を再び切り、腸をしごいて便を出してもらい事なきを得たが、予定されていた盛和塾全国大会は欠席せざるをえず、塾生たちには申し訳ないことをした。

さらに一年後、ブラジルとパラグアイに海外出張に行った際にも腸閉塞が再発する。結局、計三回腸閉塞を起こしてさすがにこりた。麺《めん》をつるつると食べるのはやめにして、一本一本かみしめて食べるようになった。

平成一〇年（一九九八）八月、京都市伏見区に当代随一の設計家である黒川紀章《くろかわきしょう》設計による新しい京セラ本社ビルが完成する。地上二〇階、高さ九五メートルで、京都一の高さを誇った。人と環境に優しい建物となるよう配慮され、南側壁面と屋上に自社製の太陽電池パネルを約一九〇〇枚張り付けた。発電容量は二〇〇キロワットを超え、一棟のビルの太陽光発電システムとしては世界最大規模であった。

エントランスは一階と二階が吹き抜けになっている。一階にはピカソや東山魁夷《ひがしやまかいい》、平山郁夫《ひらやまいくお》などの名画の並ぶ美術館、二階には京セラの歴史や商品を展示する京セラファインセラミック館を併設し、一般公開することにした。

面白いのが一二階だ。ここには一〇〇畳敷の和室がある。床の間には掛け軸が下がり、見た目は旅館の大広間のようだ。これで思い切りコンパができるようになった。

月に一度の役員コンパにはグループの社長も集まる。その時には和室を半分に仕切り、半分を荷物置き場にする。ゆったりと一〇〇畳全部を使ったほうがいいようにも思うが、敢えてそうしない。その理由を尋ねられた京セラの山口悟郎会長はこう語ったという。

「狭いところでギューギューでやるからこそ、いいんじゃないか。互いに肩を寄せ合い、ひじが当たって、鍋をつつく。そのうち酔っ払って、誰がどのコップかもわからんようになる。これを二、三べんやってごらん。誰とでも仲良くなれる。それがコンパだよ」（北方雅人・久保俊介著『稲盛流コンパ』）

会社が大きくなっても、やっていることは驚くほど変わらなかった。

新本社ビルができる少し前、鹿児島への出張者が多いことから、国分工場に近い霧島市にホテルを建設していた。設計はやはり黒川紀章である。

ところがホテルの名前をどうするかでもめた。

京セラ本社

得度式での稲盛

「『ホテルアモーレ』で行こう！」

と稲盛が言い出したからだ。

アモーレとは、彼が大事にしている〝愛〟を意味するイタリア語だ。家族への愛であり、会社への愛であり、社員への愛であり、故郷への愛でもある。だがこの時は、いささか思いが先行しすぎたようだ。

周囲は、恐れながらとご注進した。

「それではラブホテルと間違われてしまいます」

「どこがラブホテルなんだ？」

すぐには納得しない。しばらく不満顔だったが、結局、「ホテル京セラ」で落ち着いた。

平成七年（一九九五）に開業したホテル内のアトリウムには、稲盛の〝思い〟をくんで「アリアモーレ」という名がつけられている。アリ（ali）は翼という意味だ。さしずめ〝愛の翼〟という意味だろう。

まさか後にその〝翼〟を再建することになろうとは、その時は知るよしもなかった。

有名無実化したＮＴＴ分割

携帯電話とＰＨＳ電話のほか、稲盛が注目したものに「イリジウム計画」がある。

米モトローラ社が提唱したもので、人工衛星を使って世界中どこでも電話できるようにする夢のような計画だ。当初は七七機の人工衛星を使う予定だったので、原子番号七七のイリジウム(Iridium)からその名が採られた。

壮大な構想に心動かされた稲盛は、平成五年(一九九三)に日本イリジウムを設立し、代表権を持った会長に就任。成功させれば日本だけでなく世界の情報通信を一変させることができると意気込んだが、実現への道のりは険しかった。

平成一〇年(一九九八)一一月、ようやくサービスがスタートしたが、最初から誤算続き。日本国内の加入台数は計画の三割(三〇〇〇台)にとどまった。割高な通話料金に加え、端末が一台四〇万円前後したことと約四〇〇グラムという重さが原因だった。

販売の低迷は米国内も同様だ。危機感を抱いて大幅な通話料金の引き下げを行ったが、加入の伸び悩みは事業母体である米イリジウム社の経営を圧迫し、事業が始まったばかりの翌八月一三日、早くも破綻。米国の民事再生法であるチャプター11による経営再建を余儀なくされた。

DDIも再建に協力し、新会社が資産を受け継いでサービスを再開したが、携帯電話の使用可能区域の拡大により、衛星方式を使うメリットは次第になくなっていく。発展途上国や洋上、極地などで働く人には便利なのだが利用者が限られ、厳しい経営状況が続くことになった。

一方、日本国内の電気通信事業の自由化は、NTT分割という肝心の本丸にメスが入らないまま時間だけが経っていた。相変わらずDDIたち新電電はガリバー企業NTTとの戦いを余儀なくされ、自由競争とはほど遠い状況のままだ。

平成二年（一九九〇）三月、電気通信審議会（豊田英二会長）が背中を押した。「一九九五年度をめどにNTTを長距離電話会社とローカル電話会社に分離する」と、期限を切った答申を出してくれたのだ。

ところが、政府はいっこうに動く気配がない。

分割反対派は、技術面での国際競争力低下を主張した。実際、光ファイバーやPHSなど、電電公社時代から積み重ねてきた技術力は世界に誇るべきものがあった。だが一方で、世界標準とならず、国際的に通用しないものが多かったのも事実。親方日の丸での危機感のなさが、むしろ国際競争力をなくしていた側面も否めなかった。

一方で、NTTの郵政省に対する不信感には根強いものがあった。これまでなかなか言うことを聞かなかった旧電電公社を弱体化させるチャンスと捉えているのではないかという危惧があったのだ。

実際、郵政省は需給調整条項などの裁量行政を緩める気などなく、むしろ新電電の登場で裁量行政の対象企業が増えるくらいに考えていた。NTT側に疑心暗鬼が生まれたのも無理はない。

そんな思惑が分割の足を引っ張り、結局、NTTの経営形態は政治裁定に委ねられることとなった。稲盛たちにとって、それは最悪のシナリオだった。自民党内はNTT分割に反対する郵政族の力が強かったからである。

果たして平成八年（一九九六）一二月六日に政府から発表されたものは、NTTにとってきわめて都合のいいものにすりかわっていた。

地域会社の東日本電信電話株式会社（NTT東日本）と西日本電信電話株式会社（NTT西日本）、長距離通信会社としてのNTTコミュニケーションズ（NTTコム）に分割されることになったが、NTTは持株会社として残るという。資本分離されていないのだから、形式的な分割でしかない。

しかも、それまで独立して運営されていたNTTドコモ、NTTデータまでが傘下に入り、新たに国際通信部門も持てるというおまけまでついた。NTTは、従来の電電公社以上に強大な勢力を持つという、自由化に逆行する事態となったのだ。

稲盛たちは怒り狂ったが、口を挟むこともできず、実施は平成一一年（一九九九）七月一日と通告された。問答無用の決定であった。

ここで少し国際通信の自由化にも触れておきたい。

平成一〇年（一九九八）に国際電信電話株式会社（KDD）法が廃止されることも決まり、国際通信事業への新規参入が可能になった。NTTが進出できるようになったのはこのためだ。

もともとKDDは電電公社から国際通信を担って分離独立した郵政省直轄の特殊会社で、NTT同様、これまで国際通信事業は彼らが独占してきた。

昭和五四年（一九七九）にはKDD事件と呼ばれる汚職事件を起こすほど巨額の利益をあげ、接待交際費を湯水のように使っていた。国際電話料金が高止まりしていたのは言うまでもない。稲盛がNTT同様、国民の利益に反していると考えていた会社だった。

自由化により、国際通信を扱う新電電の登場が予想される。そうなると国際電話料金の引き下げ圧力による収支の悪化は必定だ。

その代わり、ＫＤＤは国内通信事業に進出できることになったわけだが、そう簡単なことではない。そもそも彼らは競争にさらされながらのビジネスなどしたことがないのだ。無理に背伸びして国内通信事業に多額の設備投資を始め、潤沢だった過去の蓄積をあっという間に食い潰していくことになる。

その悲喜劇とＤＤＩとの関わりについては、後に詳しく触れる。

最悪の政治裁定により、ＮＴＴはさらに強大な企業グループとして稲盛たちの前に立ちはだかることになった。既存勢力と利権が自由な経済活動を阻害している。自民党はほとほと腐っていると愛想が尽きた。

だが、もう決まったことは覆らない。

（そっちがそうくるのなら、こっちにも考えがある！）

稲盛はやり場のない怒りを行動にぶつけた。

これまで新電電の一本化に反対していた立場を変え、自らＮＴＴに対抗する新会社設立に動いたのだ。「渦の中心になれ」とは、これまで職場で何度も言ってきたことだが、自ら電気通信事業の再編という〝渦〟の中心になることを決意した。しかも対等で合併しようというのではなく、自分の旗の下に結集してくれと説いたのだ。

稲盛はその理由について、次のように語っている。

〈本来合併は「一＋一＝二」ではなく、「三」にも「四」にもなるから行うわけです。ところが、

「二」はおろか、「一・五」くらいにしかならないケースが少なくありません。日本には、「和を以て貴しとなす」という言葉があります。争いをなるべく避けたい、「俺が俺が」というのではなく、「一緒に頑張りましょう」という、気持ちのいい形で握手するわけです。雌雄をつけたくないから「対等合併」を選ぶわけです。しかし、本来企業というのはトップがあって「組織」が形成されていなければ何もできません。結局、二頭、三頭政治になってしまって、うまくいかないわけです〉(『経済界』平成一二年八月八日号「三社合併『新生DDI』を仕掛けた私の真意」)

NTTに対抗できるのは自分しかいないという確信が、彼に力を与えていた。

説得して回った相手は、日々熾烈な競争を繰り広げているライバル会社たちだ。日本移動通信(IDO)の筆頭株主であるトヨタ自動車の奥田碩《おくだひろし》社長、KDDの中村泰三会長や西本正社長などと次々に会談し、

「通信業界は変化が激しく、素早い意思決定が欠かせない。一企業の利害を乗り越えて、大義についていただけないだろうか」

と頭を下げた。

覚悟はしていたが、再編への道のりは容易なものではなかった。

DDIは、まずは国際電話の新電電として松下電器などが設立していた日本国際通信(ITJ)との合併を図った。ところが早々に破談となってしまう。みな稲盛が怖かったのだ。

ITJの行き先はすぐに見つかった。平成九年(一九九七)三月、ITJは日本テレコムに吸収合併される。これで日本テレコムは、国内電話と国際電話の一貫サービスを行う初の新電電と

なった。それはまさに当初ＤＤＩが狙っていたものだった。

ＤＤＩがＩＴＪとの合併に失敗したのを見て、ＫＤＤが秋波を送ってきた。先述したようにＫＤＤはＮＴＴ同様の元国策会社だ。社内には東大と慶応の閥がある。京セラとは水と油。交渉は当初から難航が予想された。

当時を思い出し、稲盛は筆者にこう語った。

「ＫＤＤ幹部は、本当に殿様みたいでかみ合わなくて苦労しました」

まず向こうが要求を並べてきた。ＫＤＤという社名を残すことに加え、歴史とブランド力を考慮に入れ、合併比率を自分たちに有利にしてほしいと言ってきた。非上場会社ならいざ知らず、上場会社同士の合併比率は株式の時価総額で決まるもの。これにはさすがに唖然とした。

そして彼らのプライドがいかに高かったかを示すのが、

「世が世なら、うちはおたくのような新興企業が口をきける相手じゃないんだ」

という言葉が交渉の場で飛び出したという〝伝説〟だ。だが元ＫＤＤ社員の間では、それを口にしたという人物の名前まで伝わっているから、本当の話だったのだろう。

そして交渉の最後に、こともあろうか彼らは〝稲盛会長引退〟を条件に出してきた。その豪腕を警戒してのことだった。

（私が身を引いてまとまるなら……）

本人はのもうとしたが周囲が止めた。こうして交渉は白紙に戻った。

驚いたのは、破談直後の平成九年一一月二五日、ＫＤＤが日本高速通信との合併を発表したことだ。彼らは二股《ふたまた》をかけていたのである。
社名はＫＤＤのままで、翌年一〇月に新会社を設立し、一割ほどの株式をトヨタ自動車が保有して筆頭株主になるという計画だ。ＫＤＤの意向が通った形だが、この合併はやがて国内通信事業への巨額投資により、ＫＤＤの財務内容を悪化させるきっかけを作ることとなる。

この合併の前後から、ＤＤＩの奥山社長のところに、トヨタ側のアドバイザーを務めたゴールドマン・サックス日本法人の担当者から日本移動通信（ＩＤＯ）に関する情報が寄せられるようになってきた（渋沢和樹著『挑戦者』）。

トヨタは日本高速通信をＫＤＤと一緒にすることで当面の課題を決着させたことから、今度は彼らが日本高速通信に次ぐ二位株主であるＩＤＯを何とかしたいと考えたのだ。

東京と名古屋という最も肥沃《ひよく》な市場を独り占めしたにもかかわらず、トヨタ主導の携帯会社であるＩＤＯは、平成九年三月期が最終赤字五九億円、平成一〇年三月期には三八五億円と巨額の赤字を垂れ流し続けていた。残念ながら「カンバン方式」に代表されるトヨタ式経営は、通信業界では通用しなかったのだ。ＤＤＩ傘下のセルラー八社が絶好調なのとは、はっきりと明暗を分けていた。

そのうちゴールドマン・サックスから、
「トヨタ側はＩＤＯの今後について、ＤＤＩと話し合いたいと言っています」
との情報がもたらされる。

東京と名古屋を営業地域としているIDOとその他地域で営業しているDDI傘下のセルラー八社とは、営業地域が補完関係にあるから業務提携の意味は大いにある。しかし、格が違うと見下されたあげく、東京のみならず名古屋までとられた恨みは忘れられるものではない。「トヨタなにするものぞ」という一心でこれまでやってきたのだ。

だが稲盛は過去の経緯は一旦忘れ、合併の道を探ろうとした。

平成一〇年（一九九八）六月、日沖昭が奥山雄材の後を受けてDDI社長に就任する。DDIの社長は官僚出身者ばかりだと揶揄されてきたが、初の生え抜き社長の誕生であった。

そしてDDIが進めようとしてきた業界再編に、新たな動きが出はじめる。

日本高速通信と合併し、念願の国内通信体制強化を図ったはずのKDDが、DDIに助けてほしいと泣きついてきたのだ。前回の交渉決裂から一年ほどしか経っていない。

「我々は以前とは変わりました」

と言ってきたが、変わっていたのは財務内容だった。

国内通信設備新設の負担に加え、国際通信部門も新電電の登場で値下げ圧力にさらされて業績は急速に悪化。平成一一年三月期の決算は大幅な赤字が見込まれていた。日本高速通信との合併効果は見えない。KDDの上場後の時価総額は約一兆円、それに対しDDIは約三兆円。その差は歴然である。

ともかくKDDの要請に応じて会合を持ってみた。

ところが驚いたことに、彼らはこの期に及んでも社名と合併比率にこだわってきたのだ。むしろトヨタがバックについたことで強気の姿勢が見え隠れする。何のことはない。彼らは業績と財務内容以外何も変わっていなかったのだ。

だが今度は合併交渉を白紙にすることはせず、細々とではあるが継続することにした。彼らが白旗を掲げるのは時間の問題だったからである。

KDDI誕生

これまで稲盛はIDOの塚田健雄社長と何度も会合を重ねてきたが、平成一〇年（一九九八）一二月、塚田はある決意を胸に交渉のテーブルについていた。

彼はIDOの業績不振の責任をとって社長退任を決めており、最後のご奉公のつもりで合併問題にけりをつけようと決意を固めていたのだ。

DDIも新電電で唯一黒字を計上しているとは言え、業績は今ひとつ振るわない。平成一〇年三月期の最終利益は前期比二五・二％の減益。傘下のセルラー八社は好調だったが、PHS事業を手がけるDDIポケットは債務超過状態。イリジウム計画も明るい展望は見えない。

「このままでは、お互い自滅ですな」

会談の冒頭、塚田はそう切り出し、稲盛もうなずいた。合従連衡《がっしょうれんこう》による圧倒的二位グループの形成が、強大な勢力を維持するNTTと対抗していくためには絶対に必要だ。

だが稲盛はこの場でも、念を押すかのようにこれまでの主張を繰り返した。

「わずかでいい、ＤＤＩ優位をはっきりさせていただきたい。これは私の通信に対する情念です」

〝情念〟という、日常生活ではもちろんビジネスの世界でもあまり使われることのない言葉が、えも言えぬ重力を持って相手の胸に響いた。今度は塚田がうなずく番だった。

「その通り（トヨタに）伝えましょう」

　こうしてＤＤＩとＩＤＯの合併が先行して動きはじめた。ほどなくしてＫＤＤがこれに加わり、三社の大合併が動き出すのである。

　稲盛は『週刊エコノミスト』のインタビューの中で次のように語っている。

〈過去の日本の企業の合併劇を見ても、とくに銀行の合併を見ても、対等合併で融和しないままに、まとまらない。何年もタスキ掛け人事をやっている。それでは一緒になった意味はありません。このインタビューは歴史的記録になりますので、やはり言わなければならないと思うのですが、私は、トヨタとＫＤＤに『大変、生意気に聞こえるかもしれないが、第二電電がいちばんしっかりしていると思いますので、第二電電の下に合併をしていただきたい。合併後は第二電電の主導性で展開させていただきたい』と言いました。『外部への発表は対等合併でかまいませんが、実質は吸収合併という条件で承認していただきたい』と言ったのです〉（『週刊エコノミスト』平成一五年一二月九日号「ＫＤＤＩ誕生合併秘話を明かす」）

　稲盛の特徴はぶれないことだ。今回の業界再編においても、その軸は徹頭徹尾ぶれなかった。その点、奥山たちもやりやすかった。

　合併後、トヨタに第三者割当増資をして、京セラよりわずかに低い第二位の株主として処遇することや、稲盛とともに豊田章一郎に名誉会長になってもらうことも約束した。創業以来の同志であるウシオ電機、ソニー、セコムには申し訳ないことをしたが、トヨタへの最大限の譲歩だった。

塚田は稲盛の交渉のタフさについて、当時を振り返ってこう述べている。

〈疲れた。トヨタ時代、GMと提携したときのアイアコッカの嫌味にも参ったが、稲盛は密度が濃い。一言一句、無駄がなさすぎる。これは疲れる〉（『週刊東洋経済』平成一二年八月五日号「『KDDI誕生秘話』新千年紀の日本人7」）

アイアコッカと言えば、名車マスタングを生み、フォード社の社長、クライスラー社の会長を歴任した人物だ。瀕死《ひんし》のクライスラー社を立て直し、数十万人の雇用を守ったことから〝アメリカ産業界の英雄〟と呼ばれ、大統領選出馬の噂までたったアメリカの名経営者だ。

稲盛和夫はそのアイアコッカにも比肩する。そう塚田は感じたのだ。

合併交渉の最中、あわや破談かとひやっとする事件が起こった。

平成一一年（一九九九）六月下旬、DDIはIDOと営業区域の重なるツーカーセルラー東京と東海、関西三社の株式を日産自動車から取得し、連結子会社化することを発表したのだ。

日産自動車が経営危機に陥り、株を手放さざるを得なかったために起こった事態だったが、これでDDIは事実上携帯電話の全国一貫体制を確立する。どうせ将来合併するのだから問題ないだろうと軽く考えたのが甘かった。IDO側が不信感を募らせたのだ。

稲盛はすぐ事態の収束に動いた。この翌月、社長の日沖をわずか一年で退任させて相談役とし、奥山会長を社長兼任とする人事を発表した。退任理由は病気のため、ということにした。

「五月の連休明けの頃から自宅療養に入り、議長を務める予定の株主総会を欠席せざるを得ないほど体調を崩した」

と発表されたが、日沖に責任をとらせることで、統合への不退転の決意を示した人事だった。

この荒療治で再び統合交渉は動きはじめた。細かい合併条件を含む最終調整に入り、KDDもこれまでの要求を引っ込めることに同意した。

存続会社は第二電電で、ロゴマークはKDDIだが新社名はディーディーアイという奇妙なスタートを切ることになった。本件が対等合併でなく、DDIによるIDOとKDDの〝吸収合併〟であることをはっきりと示すためだ。

合併比率がその実態を雄弁に語っている。

IDO（額面五万円）：DDI（額面五〇〇〇円）は二・九：一。KDD（額面五〇〇円）：DDIは九二・一：一。直近業績不振だったとは言え、DDIの企業価値がダントツだった。これでも相当KDDに譲歩した数字だった。

稲盛は贅肉《ぜいにく》の多さが目立つKDDに対し、

「合併前に経営のスリム化をお願いしたい」

とリストラを求めた。

一万四七〇〇人いた従業員を五年間で二〇〇〇人削減する目標が立てられたが、いざ早期退職者を募集すると応募する者が殺到し、難なくこれを達成することができた。役所的な雰囲気の会社だっただけに、みな稲盛流経営に恐れをなしたのである。

合併後の元ＫＤＤの存在感は、否応なく低くなってしまった。彼らのプライドの高さと時勢を見る目のなさが、自らの首を絞めたのである。

平成一一年一二月一六日、三社の合併が正式に発表され、都内のホテルで記者会見が開かれることとなった。

壇上に上がったのは稲盛と奥山ＤＤＩ社長のほか、西口泰夫京セラ社長、トヨタの奥田碩会長と張富士夫《ちょうふじお》社長、ＫＤＤの西本正社長、日本移動通信の中川哲社長の七人。

まばゆいばかりのフラッシュが彼らを包み、笑顔で手を取り合って結束をアピールした。

その様子を眺める京セラとＤＤＩの関係者も、みな感無量だ。

一五年前、新電電三社は一斉に電気通信事業に参入し、携帯電話では大きなハンディをつけてのスタートを余儀なくさせられながら、それでも稲盛はフィロソフィとアメーバ経営の力でこの新事業を見事成功に導いたのだ。

トヨタにしてもＫＤＤにしても、最初のうちは〝京セラごときが〟という態度が露骨だった。だが電気通信の世界は、新興企業が大企業に下克上できるビッグチャンスを与えてくれたのだ。結果として稲盛は、日本を代表する企業であるトヨタ自動車をも自らの軍門に下らせたのである。

実はＫＤＤＩの発足直前、稲盛は難しい決断を迫られていた。次世代携帯電話事業（第三世代移動通信システム、３Ｇ）において、どの規格を採用するかという点である。

ＤＤＩもＩＤＯも当初は郵政省の指導を受け、ＮＴＴドコモが中心となって進めていた日本・欧州方式（Ｗ―ＣＤＭＡ）を採用することにしていたのだが、稲盛は熟慮に熟慮を重ねた結果、これを撤回し、クアルコム率いる米国中心のｃｄｍａＯｎｅ陣営に参画することを決めた。

通信方式の違いは死命を制するだけに大冒険である。稲盛自ら渡米し、クアルコムへの根回しを行った。

これには深いわけがあった。郵政省が例の裁量行政で次世代携帯電話事業者として用意していた枠は三社。ドコモとＪフォン（日本テレコムの子会社）が日本・欧州方式で手を挙げる中、クアルコムがｃｄｍａＯｎｅで日本に上陸する構えを見せていたのだ。

強力なライバルの登場だ。ＤＤＩもＩＤＯも参入できなくなる可能性がある。そこで稲盛はクアルコムと手を結ぶことで彼らの上陸を阻止し、参入できなくなるリスクを回避したというわけだ。トヨタ首脳陣も稲盛の行動力には感心しきり。ＩＤＯもこれにならった。

余談だが、実は稲盛はクアルコムとさらに踏み込んだ話をしていた。

平成一二年（二〇〇〇）末、京セラはクアルコムの携帯電話製造部門を買収する契約に調印し、携帯電話端末の製造販売事業を飛躍的に強化させることに成功する。ライバルをも取り込もうという発想力。彼は人々の考えることの、さらにその上を行っていたのである。

そうする間にも大合併の準備は進んでいた。

平成一二年七月からはＩＤＯもＤＤＩのセルラー八社の携帯電話も「ａｕ（エーユー）」という統一ブランドを掲げることになり、一一月にはセルラー七社が合併してａｕが発足する。沖縄セルラーだけは店頭公開していたこともあって、地域企業として残すこととなった。


そして平成一二年一〇月一日、ついに新会社設立の日を迎える。

この日の朝、空には厚い雲が垂れ込めていたが、新宿のＫＤＤＩ本社へと向かう稲盛の表情は晴れ晴れとしていた。

ここは旧ＫＤＤ本社ビルである。通信という重要な社会インフラを担うことから耐震性やテロ対策も考慮され、新宿の高層ビル群の中でもひときわ堅牢《けんろう》に建てられている。上層階の窓からは、晴れた日にはくっきりと富士山が見える。

その本社ビル二七階で初めてのＫＤＤＩ経営会議が開かれ、役員がずらり並んだ。

ＤＤＩ社長の奥山が新会社の社長に就任し、会長は牛尾で副会長が西本。稲盛と豊田章一郎が名誉会長。代表権付きの副社長が五人おり、その一人が小野寺だった。三社の元幹部すべてに配慮した結果、役員の数は五八名に膨れ上がったが、発足したらすぐに減らすつもりだ。当然彼らもそれはわかっており、緊張感が伝わってきた。

三社合わせた平成一一年三月期の売上高は二兆六三〇億円になる。一〇兆を超えるＮＴＴの背中は遠いが、それでも長距離・国際通信のシェアはＮＴＴコミュニケーションズの約五〇パーセントに対し、二九パーセント、平成一一年一一月末の携帯電話・PHSの契約者はNTTドコモの二八〇〇万台に対し、一六〇〇万台を数えた。

ダントツの二位グループとなったことで、念願していたNTTグループを追撃する態勢がようやく整った。

だが問題は山積している。その最大のものが債務問題だった。「ダイエーかKDDIか」と呼ばれるほどの巨額債務二兆二〇〇〇億円を抱えてのスタートだったのだ。借金嫌いの稲盛からすれば卒倒しそうな数字である。

KDDI発足と同時に猛烈なリストラを命じた。

無駄な資産はないか調査した結果、まず処分したのは不動産だった。本社を含む東京・名古屋・大阪の自社ビル四棟を不動産証券化によってオフバランス化（実質的売却）したほか、不動産子会社のKDDI開発自体をオリックスに売却。徹底した合理化によって、平成一五年三月期には有利子負債残高が九〇〇〇億円を割り込むところまで改善させた。

債務の多さで並び称されたダイエーは、KDDIが発足した四年後の平成一六年（二〇〇四）に破綻し、産業再生法の適用を受けている。危うく二の舞になるところだった。

「ロゴマークはKDDIですが、社名はディーディーアイです」

などという珍妙な状況を長く続けているべきではない。

設立の翌年四月には社名をロゴと同じKDDI株式会社とした。ただでさえ旧KDDの社員たちは士気が落ちている。彼らへの配慮もあった。

そして奥山に代わって、小野寺が社長に就任する。新会社に必要なことは、共通の価値観や企業文化をはぐくむことだ。小野寺はそのためにもフィロソフィを徹底させることを考えた。

「個人の思想、信条は自由であるべきで、フィロソフィの強要はおかしい」

という異論も出た。とりわけKDD出身者の反発は大きかった。

それでもあきらめずに社内を説得し、「KDDIフィロソフィ」を制定する一方、三社で異なる給与体系や人事制度の統合を図るなど融和を進めていった。

稲盛は小野寺の社長就任を見届けてKDDI名誉会長を退き、最高顧問に就任したが、その後も気の休まるときはなかった。

NTT強大化の動きはとどまることを知らず、平成一七年（二〇〇五）にNTTが発表した「中期経営戦略」ではグループ一体運営の強化が打ち出され、稲盛を再び激怒させた。

一方でKDDIは平成一八年（二〇〇六）、東京電力グループである電力系通信事業者のパワードコムを吸収合併する。巨人との果てしない戦いに終わりは見えてこなかった。

その混沌の中にビジネスチャンスを見出したのが孫正義だ。

着実に力をつけていたソフトバンクは平成一六年（二〇〇四）七月に日本テレコムを買収し、その二年後には携帯電話市場に参入。一方、千本のイー・アクセスもイー・モバイルを設立し、平成二〇年（二〇〇八）、携帯電話市場に参入するが、その後、ソフトバンクグループ入りすることになった。

こうしてソフトバンクは、三位グループではあるがＮＴＴとＫＤＤＩを脅かそうという存在に成長し、電気通信業界はまさに戦国時代に突入していくのである。

第五章

奇跡のＪＡＬ再生

三顧《さんこ》の礼

京セラ名誉会長、ＫＤＤＩ最高顧問となった稲盛は、少し時間に余裕が持てるようになった。するど、これまでなら考えもしなかったいろいろな夢を、少年の日に戻ったような好奇心で追いかけはじめる。

彼の場合、夢も大きい。まずは宇宙だ。米国のカーネギー財団が中心となってチリのラスカンパナスに大きな天体望遠鏡を設置し、宇宙の始まりを究明しようとする計画が進められていると聞き、プロジェクトへの協力を申し出た。

次は時間をさかのぼる旅だ。親しくしていた哲学者梅原猛からの支援要請もあって、稲作文明の起源を探る日中共同プロジェクトに協力することになった。自分の先祖がたどってきた道を思い、自分はどこからきたのかをさかのぼるのはロマン溢れるものだった。

〝人生最後の二〇年〟と思い定めた年月を、こうした知的好奇心の追求や静かな思索の中で過ごしはじめていた稲盛だったが、七〇の声を聞いても、

「稲盛さんでないと」

という声はやまなかった。

そして喜寿を迎えた彼に、思いがけない仕事が舞い込んでくる。それが日本航空（Japan Airlines Co., Ltd.：略称ＪＡＬ）の再生であった。

きっかけは民主党による政権交代が実現したことだ。平成二一年（二〇〇九）九月一六日、待ちに待った日がやってきたのだ。

新政権に期待していたのは稲盛ばかりではない。このときの国民の高揚感がいかばかりであったかは支持率を見てもわかる。民主党政権最初の首相となった鳩山由紀夫の就任時の支持率は、実に七七％を記録した（毎日新聞調査）。これは郵政民営化を掲げた自民党の小泉純一郎が政権を樹立した時の八五％につぐ戦後二番目の数字である。

稲盛が応援してきた前原は国土交通大臣として入閣し、前原派を率いて首相の座をうかがうまでになっていた。

稲盛は民主党政権の誕生を寿《ことほ》ぎながらも、この政権がきわめて脆弱《ぜいじゃく》な基盤の上に立っていることに危惧の念を抱いていた。政権交代が実現した際、

「私の役割は終わった」

と、ことさらに口にして距離を置こうとしたのも、その後に訪れる国民の失望を半ば予感していたからであった。だがその一方で例のお人好しの血が騒ぎ、なんとか支えてやりたいと思っている彼がいた。

そして民主党政権が最初に抱えた政治課題の一つがＪＡＬ再生だったのである。

担当する国土交通大臣の前原は〝カリスマ経営者・稲盛和夫〟に登場してもらうほかないと、七重《ななえ》の膝を八重《やえ》に折って助けを求めてきた。

「稲盛さん、この通りです。ＪＡＬ再建の旗頭になっていただきたい」

こういう場合の稲盛は能面のような顔になる。簡単に答えを出せるものでないから反応しないわけで、断る可能性があるのに愛想笑いを浮かべるのは不誠実だというのが彼の考えである。その代わり、表情には出さずとも頭の中はフル回転していた。

ＪＡＬがどんなひどい状態か、〝火中の栗を拾う〟という言葉など生やさしいということは、連日のマスコミ報道で聞き知っている。協力してやりたい気持ちはあるが、まったくの畑違い。何より、経営の質が落ちると人命に直結するということが彼の気持ちを重くした。軽々《けいけい》に引き受けられる仕事ではない。

結論は出た。

「私は適任ではない。申し訳ないが、お引き受けしかねる」

はっきりと、他に解釈の余地のない言葉で断った。


ところがしばらく経つと、また前原は別ルートで頼んできた。稲盛は固辞する。前原がまた頼む。それが何度か繰り返された。諸葛孔明《しょかつこうめい》もかくやという〝三顧の礼〟である。

たしかに稲盛には、これまで何社もの再建をした経験があった。ヤシカやタイトーもそうだったが、三田工業の再建は最高の成功事例であった。「コピーはｍｉｔａ」という広告で一世を風靡《ふうび》した複写機メーカーである。

平成一〇年（一九九八）、複写機デジタル化への対応の遅れや粉飾決算などで業績が悪化し、

資金繰りに行き詰まった同社の社長が、

「なんとか社員を助けてほしい」

と支援を要請してきたのだ。

平成一〇年八月、会社更生法の適用を申請。負債総額は二〇〇〇億円を超え、製造業の倒産では戦後最大級だった。

平成一二年（二〇〇〇）一月、会社更生法の適用が決定した三田工業は、京セラの一〇〇％子会社「京セラミタ」として新たなスタートを切ることとなる。

稲盛は同社にアメーバ経営を導入し、経営管理体制を確立すると同時に、フィロソフィの定着を図った。旧三田工業の社員たちも、会社再建に向けて懸命の努力を続けた。その結果、予定より七年も早く更生計画を終了。新たなヒット商品も生まれて順調に業績を伸ばし、京セラミタは優良企業に生まれ変わった。

前原も、そうした手腕を知った上で頼んできたのだ。

だが三田工業の企業規模はＪＡＬの一〇分の一。比較できるものではない。側近は猛反対だった。まったくの畑違いなだけでなく、お役所体質の会社ときている。電電公社で苦労していた真藤総裁の姿を想起させた。

だが熟慮に熟慮を重ねた末、稲盛は受けた。彼は大義のために立ち上がったのだ。

（この会社を立て直せば、苦境に陥っている他のすべての企業も奮い立ってくれるはずだ。ＪＡＬ再生

は単に一企業の救済のみならず、日本という国家全体の救済になる）

西南戦争の際、若者たちに担ぎ出された西郷隆盛が、

「おはんらにやった命、おいの身体は差し上げもうそう」

と語ったとされる故事を思い出させる。

時に稲盛七八歳。もう若くはない。命を削ることは覚悟の上の挑戦だった。

命なりけり　小夜《さよ》の中山

ここでJALの〝迷走の歴史〟について触れておきたい。JALがいかにひどい状態だったかを知らずして、この会社の再生を請け負った稲盛の悲壮な決意は理解できないからだ。

日本航空は戦後、政府主導の下、半官半民の会社として設立された。日本人の得意なおもてなしの精神で、世界に先駆けて機内のおしぼりサービスを始めるなど、社員の優秀さもあって、わが国のナショナル・フラッグ・キャリア（国家を代表する航空会社）として国内外から高い評価を獲得する。

しかしその一方で、親方日の丸意識から採算面などの意識が低く、加えて航空機の購入や空港発着枠の利権に政治家が群がり、出入り業者との癒着の問題が早くから指摘されていた。

そして何より労働組合運動の牙城として知られており、組合が八つもあった。年収三〇〇〇万円を超えるパイロットでさえ一層の待遇改善を求め、八つの組合のうちの一つは経営寄りの第二

組合で混乱をきわめていた。

経営の甘さに歯止めがかからない。運用失敗で抱えた巨額の為替差損も解決のめどが立たず、昭和五六年（一九八一）に初の生え抜き社長高木《たかぎ》養根《やすもと》が就任して社内の士気は上がるかと思われたが、相次ぐ事故が経営の悪化に追い打ちをかける。

昭和五七年（一九八二）二月、心身症の機長が逆噴射レバーを引き、羽田沖で着陸態勢に入っていた機体が海面に激突。乗客・乗員二四名が死亡し、一四九名が重軽傷を負うという前代未聞の事故が起きた。

それから三年半後の昭和六〇年（一九八五）八月一二日、五二〇名もの尊い命を奪った御巣鷹《おすたか》山《やま》の一二三便墜落事故が起きる。世界の航空史上、死者数が二番目となる大惨事だった。ＪＡＬの信用は地に墜ちた。社内の士気は否応なく阻喪《そそう》し、この年の一二月、高木は社長の座を追われる。

事態を重く見た中曽根首相は、ＪＡＬの経営体質改善のため民営化を決定。旗振り役を誰にするか、伊藤忠商事会長の瀬島龍三に人選を依頼した。

瀬島が推薦したのは鐘淵紡績（後のカネボウ）会長の伊藤淳二だった。多角化経営で名をはせ、労務対策も得意としている名経営者だ。ＪＡＬ副会長として送り込み、その翌年、会長に就任した。社長には運輸省出身で元総務事務次官の山地《やまじ》進《すすむ》、副社長にはプロパーで営業畑の利光《としみつ》松男《まつお》が就いた。

伊藤は周囲の期待通り、労使協調と多角化経営を推し進める。しかし労使協調路線は組合を増長させてしまった。先鋭的な組合と会社寄りの組合による労々対立は深刻の度を増し、社内で怪文書が乱れ飛ぶ事態となる。

山地社長との確執も深まり、伊藤は失意の中、わずか一年三カ月で辞任する。労使協調どころか、こじれた労使関係だけが残った。伊藤の目指した多角化経営は山地の後任の利光松男社長に引き継がれたが、その無謀な海外のリゾート投資はかえって裏目に出る。

経営トップが誰になっても経営の改善は進まない。それどころか、安全上のトラブルが相次ぎ、事業改善命令が出される始末。社長の専横、族議員を巻き込んだ醜い社内抗争の常態化、それらを他人事のように眺めている醒めた社員たち。御巣鷹山の悲劇が生かされていないことに、世間の批判が集まった。

さらに外部環境が追い打ちをかける。

同時多発テロ、SARS（重症急性呼吸器症候群）、新型インフルエンザ問題など、海外渡航を控える動きが続いた。とどめとも言えるのが平成二〇年（二〇〇八）のリーマン・ショックだ。ついにJALは、にっちもさっちもいかない状況に陥った。

自民党は全日空（ANA）との合併も含む民間による救済を検討していたが、民主党が政権を取り、国土交通大臣に就任した前原は自民党案を破棄。八ッ場《やんば》ダムの建設凍結同様、自民党政治との違いを際立たせる象徴としてJAL再生が利用された感もあった。

すでに国土交通省は有識者委員会を設置していたが、官僚主導から政治主導に舵を切ろうという民主党の方針もあって、前原大臣は私的にＪＡＬ再生タスクフォースを立ち上げ、調査を開始させる。

　タスクフォースにはリーダーとなる弁護士の高木新二郎のほか、冨山和彦や奥総一郎など前原の旧知のメンバーが集められた。中でも高木は、ダイエーやカネボウの再建を主導した倒産・企業再建のプロである。

　平成二一年（二〇〇九）一〇月一三日、タスクフォースは銀行団の債権放棄を柱とする再建素案を提示する。法的整理を採用した場合の運航停止リスクを重視し、私的整理を選択することが合理的であると結論付けたのだ。

　裁判手続きによらず、債権者との調整によって再建の道を模索していこうというのである。会社更生法による法的整理だと従来の株式は紙くずになってしまう。関係者間の調整による企業再建を得意としていた高木は、倒産という形ではない自主再建の道を模索しようとしたのだ。

　一方、財務省は公的資金の投入を極力減らしたい思惑を持っており、すでに引き当てを積んでいるメガバンクは公的資金を用いた抜本的な再建を望んでいた。企業再建に容易な案件などないが、規模が大きいだけに関係者の思惑の違いを調整するのは容易なことではなかった。

　そしてここにきて、民主党の中で次期首相の座を狙う菅直人《かんなおと》副首相兼国家戦略担当大臣と前原誠司国土交通大臣の勢力争いも、微妙な影を落としはじめる。

　菅は財務省の意向をくみつつ公的資金の投入を減らす道を探ろうとし、前原の息がかかったタスクフォース案を採用しない方向に舵を切る。ここで、中小企業を再生するための機関であるはずの企業再生支援機構を例外的に使う案が浮上してきた。この機構は菅大臣の管轄下にあったからだ。

結局、タスクフォースはＪＡＬ再生を企業再生支援機構に託して解散し、機構は資産査定をまた一から始めた。誰がやってもさして結果が変わるはずもなく、時間だけがすぎ、傷口は広がる一方だった。

企業再生支援機構の再生委員長は瀬戸英雄弁護士である。高木同様、数多くの破綻処理を手がけてきたことで知られる。瀬戸はタスクフォースが考えていた私的整理による再生ではなく、プレパッケージ型（事前調整型）会社更生法適用を模索していた。私的整理のいいところをとりこんだ法的整理と言えるだろう。

ＪＡＬの経営が悪化した背景には、利権に群がる勢力が経営をがんじがらめにしてきた側面も否定できない。会社更生法による法的整理でそれを抜本的に見直さなければＪＡＬの再生はあり得ないという思いがあった。

だが結果として企業再生支援機構の作った再建案は、私的整理と法的整理の違いこそあれ、そのほとんどがタスクフォース案を踏襲するものとなった。

ＪＡＬは一兆五〇〇〇億円の累積負債を抱え、平成二二年三月期には二七〇〇億円の赤字が予想される擬似倒産状態。当然株価はすでに暴落していたが、私的整理か法的整理かを巡って、日々のニュースに振り回されながら乱高下を繰り返していた。

JAL会長就任会見

フライトシミュレータを視察する稲盛

会社更生法申請がマスコミに漏れはじめたことで、ＪＡＬの資金繰りはさらに悪化。もう時間的猶予はない。

会社更生法の適用申請予定日まで残り一週間を切った平成二二年（二〇一〇）一月一三日、企業再生支援機構の首脳陣は、東京・赤坂のホテルニューオータニで稲盛と会い、改めて支援要請を行った。

「お引き受けしますが、いくつか条件があります」

稲盛はそう切り出した。

「管財人としてではなく、会長の立場で経営指導に当たらせていただきたい。ＪＡＬで働くのは週に二日か三日。その代わり、報酬は受け取りません」

機構側はその場で承諾し、会合は短時間で終わった。

帰り際、紙をメモ帳から取り出し、機構の面々の前で読みあげた（大西康之著『稲盛和夫　最後の闘い』）。

——年たけてまた越ゆべしと思ひきや
　　　　命なりけり小夜の中山

新古今和歌集に収められた西行の歌である。〝小夜の中山〟とは静岡県掛川市佐夜鹿《さよしか》にある峠のこと。当時、都から関東に行くには、鈴鹿《すずか》、小夜の中山（静岡）、箱根の三つの難所を越えねばならなかった。そして小夜の中山には夜泣き石があり、夜になると泣くという伝説がある。

西行が晩年の旅を悲壮な思いで詠んだ歌に、自らのＪＡＬ再生に臨む気持ちを重ねたのだ。稲盛の悲壮な気持ちが伝わってくる。そうでなければ、歌を読みあげるなどという芝居がかったことをするはずがない。

それまで京セラ五〇年、ＫＤＤＩ二七年の歴史において、早期退職者を募りこそすれ、強制的な整理解雇は一度もしてこなかった稲盛だが、今度という今度は不可避である。それを考えるだけで心がヒリヒリと痛んだ。

計画の成就は只不屈不撓《ただふくつふとう》の一心にあり

こうして平成二二年（二〇一〇）一月一九日、ＪＡＬは東京地方裁判所に会社更生手続の申立を行い、同日、企業再生支援機構が管財人となることが決まった。負債総額二兆三二二一億円。戦後最大規模の倒産だった。

翌日、ＪＡＬ株は上場廃止となり、単位未満株も含め四四万人の株主が持っていた株券は紙くずとなることが決まり、金融機関は五二一五億円の債権放棄を余儀なくされた。

既存資本の二五〇〇億円を一〇〇％減資させる代わり、企業再生支援機構による増資三五〇〇億円が実施される計画であった。その資金は日本政策投資銀行が政府保証で融資する。政府保証での融資だから国民負担による公的資金だ。機構はこの公的資金をＪＡＬ再上場により回収するシナリオを立てた。

管財人となった企業再生支援機構は、ＪＡＬの協力も得ながら更生計画を作成することになる。

その内容を東京地方裁判所が精査し、更生可能性が高いと判断すれば会社更生法が適用され、管財人はその更生計画の履行に努めるのだ。そして更生計画が無事達成できれば会社更生は終了となり、再上場への道も開ける。

だが、それがいかに難しいことであるかは、統計を見てもわかる。

帝国データバンクの調査によれば、昭和三七年（一九六二）以降に会社更生法を申請した上場会社一三八社のうち、平成二三年（二〇一一）一〇月末現在で破産や精算など二次破綻してしまった企業は二二・五％。それ以外の要因も含め〝消滅〟した会社は実に四二・八％にのぼる。ましてや株式再上場にこぎ着けた会社は一三八社中九社のみ。稲盛たちが挑戦しようとしていたのは、まさに〝生還率七％の闘い〟だったのだ。

そもそも企業再生支援機構は支援決定から二年以内での支援終了が義務付けられており、再上場のタイミングは期限付きである。稲盛は針の穴を通すような難しいことをやろうとしていたのだ。

会社更生法申請の責任をとる形で社長の西松遙は退任し、代わって大西賢が社長に、稲盛は予定通り会長に就任した。大西は東大卒の整備畑の人間だ。経営陣は完全な一枚岩とは言いがたかったが、稲盛は期待を一身に背負い、経営の一線に立つこととなった。

ＪＡＬ再生を引き受けたのはあくまでも稲盛個人である。彼は当初から会社には迷惑はかけまいと決めていた。

だがいくらなんでも一人では無理だ。部下を二人連れていくことにした。京セラコミュニケーションシステム（ＫＣＣＳ）会長の森田直行と、長く稲盛の秘書を務めてきた大田嘉仁である。それぞれ当時、六七歳と五五歳だった。

ＫＣＣＳという会社は京セラグループの中でもユニークな会社だ。平成七年（一九九五）、アメーバ経営で培ったノウハウを他社にも使ってもらうために設立された。まさにＪＡＬに対しても、それを導入しようというわけである。

森田は先述したように鹿児島大学の稲盛の後輩だが、大田は稲盛と同じ薬師町で育ち、同じ西田小学校に通っている。立命館大学を卒業後、漠然と海外で働きたいと思っていたが、最終的に選んだのは京セラだった。同郷の尊敬すべき先輩が設立した会社だからである。希望通り海外部門に配属され、米ジョージワシントン大学に社費留学。京セラからの海外留学は二人目だった。帰国して経営企画室に配属され、稲盛が第三次行革審の「世界の中の日本部会」部会長に就任したとき、行革担当の秘書として起用された。以来、二〇年以上、彼は稲盛に寄り添い続けてきた。稲盛の思考に誰よりも精通した側近といっていい。

稲盛は森田と大田を日本航空管財人代理兼会長補佐とし、彼らを水戸黄門の助さん格さんのように従えてＪＡＬに乗り込んでいった。

稲盛が着任した平成二二年（二〇一〇）二月一日、ＪＡＬ本社二階のウイングホールに幹部社員二〇〇人が集められた。

〝チーム稲盛〟が紹介され、その後、稲盛が挨拶に立った。

「私は何としても今回の更生計画をやり遂げるつもりです。株主のためでも、管財人のためでもなく、『全従業員の物心両面の幸福の追求』。経営の目標をこの一点に絞って、ＪＡＬの再生に取り組みたいと思います」

これまで実践してきた従業員第一の精神の旗を、ここでもまず掲げたのだ。

「新しき計画の成就は只不屈不撓の一心にあり　さらばひたむきに只想え　気高く強く一筋に」

敬愛する思想家中村天風の言葉を引用し、彼らの奮起を促して会長着任の挨拶とした。

ところが稲盛の挨拶が終わるやいなや、一人の役員が血相を変えて大田のところに飛んできた。

「あれはダメですよ」

従業員第一の精神など、この会社では通用しないとご注進にきたのだ。更生計画では人員削減や待遇の見直しなど、厳しいリストラを予定している。ここで稲盛に従業員第一の精神を掲げられたら、組合から言質を取ったと言われそうだ。役員たちは肝を冷やしたのだ。

だが稲盛は撤回しなかった。それを撤回するくらいなら、企業経営などしている意味がない。

この会社の闇の深さを、今さらながら実感していた。

森田は、稲盛が着任の挨拶で披露した中村天風の言葉をポスターにしてオフィスに貼ることを提案した。きっと元気が出るはずだ。

ところが、これにもＪＡＬの幹部たちは抵抗を示した。

「リストラ中ですのでポスターを刷るお金がありません」

「それなら京セラで刷ってきます！」

と言うと渋々従った。

（こんな会社、本当に再生できるのか……）

暗い気持ちになった。

〝計画は一流、言い訳は超一流〟と言われたＪＡＬの性根《しょうね》をたたき直す必要がある。危機感を抱いた森田は、ある男を連れてくることを稲盛に提案する。

その男の名は米山誠。ＫＣＣＳにおける森田の右腕だ。昭和五五年（一九八〇）に京セラに入社した米山は、入社三年目でヤシカとの合併に関わり、三田工業の再建にも携わった京セラ内の〝再建のプロ〟である。

他のメンバーとは一カ月遅れで米山がやってきた。三田工業再建の際に京セラから乗り込んだ再建チームは米山を含め一〇人だったが、ＪＡＬに連れていったのは、結局この三人だけだった。

ＪＡＬという会社は官僚よりも官僚的と言われてきたが、普通の民間会社では想像もできないようなことがいくつもあった。

稲盛はまず組織図を取り寄せさせた。それを見ると約一五〇〇もの組織がある。ところがそのいくつかは社員が一人もいない〝幽霊部〟だという。試みに調べてみると、実際に人がいる組織は六〇〇しかなく、残りの九〇〇は幽霊部だということがわかった（大西康之著『稲盛和夫　最後の闘い』）。

理由を聞いて驚いた。一度作った組織は、不要になっても潰さず放置してきたというのだ。そして人がいない部になぜかコストだけが発生している。たとえば、かつて人のいた幽霊部にはそのまま部屋にパソコンが置かれている。だからＪＡＬでは社員の数よりパソコンの数のほうが多かった。

稲盛たちは、社内組織がアメーバのようにアクティブに動いている京セラの、完全に反対を行く会社に足を踏み入れていたのである。この想像を絶する組織を前にして、何から手をつけていいか頭を抱えた。

だが、そんな彼らに世間は同情するどころか、その覚悟を挫こうとするような声さえ飛んでいたのである。

〝正しい考え方〟による経営見直し

平成二二年（二〇一〇）三月、ショッキングな本が発売された。

タイトルは『ＪＡＬ再生の嘘』。著者の名前を見て稲盛は顔を曇らせた。よりによって屋山太郎だったからだ。第二臨調で国鉄の分割民営化を推進し、高い見識で知られる人物だ。それを見込んで稲盛は、第三次行革審の部会でも彼に委員をお願いしていた。

その彼が、ＪＡＬ再生に対する猛烈な批判を展開している。

〈国鉄は当時二兆円の赤字をたれ流し、負債二七兆円を国が背負い込んだ。そのツケはいまだに国民が払い続けているが、ＪＲ七社は立派に立ち直った。しかし日航にそのような変貌を期待するのはまったく無理だ。しかも三年間でＶ字型の回復を目指すなどは、駄法螺《だぼら》の類《たぐい》だ〉

〈最良の解決手段は日航を潰して国際路線を全日空に売り、全日空を日本のメガキャリアに育て上げることだ。国内線にはコミューター（小規模航空会社）の参入を自由に認める。国内は全日空とコミューターの競争で航空料金は下がるだろう〉

〈もうこれ以上無駄な税金をつぎ込むな。ＪＡＬを潰せない理由はどこにもない〉

〈再建計画が成功する可能性はほぼゼロ。名経営者の晩節を汚しかねない〉

屋山が軽い気持ちでこの本を世に問うたとは思わない。むしろ国士である彼は義憤に駆られ、自らの信じる主張を文字にしたのだ。本書の内容に事実誤認はほとんどなく、卓見も多い。ただ〝思い〟と〝考え方〟が違うだけだ。

屋山は稲盛と違って、日航を潰すことによる社員の痛みに目をつぶることができた。それはえてして〝痛み〟という情緒的なもの以上の深い傷跡を残す。再生に成功したはずの稲盛でさえ、後に不当解雇訴訟を起こされてしまうのだ。

そしてもう一つ。屋山は稲盛和夫という経営者の実力を過小評価していた。〝奇跡〟を起こせなければ神様ではない。稲盛が松下幸之助の後継者として世間から〝新・経営の神様〟と呼ばれていることを、彼は忘れていたのである。

ＪＡＬを再生すると覚悟を決めて乗り込んできた稲盛は、もう後ろを振り返らなかった。そして彼は、まず現場を知ることから始めた。

飛行機の整備工場や空港に足を運んで視察し、そこで働く人たちと言葉を交わした。一〇〇人を超えるすべての子会社の社長と一時間ずつ、延べ一〇〇時間超の面談をこなした。昼食をとる時間がないと、一階のコンビニでおにぎりを買ってきて頬張った。

面談を重ねてみて、ＪＡＬには会社のすみずみにまで元国有企業であることへの誇りと、今でも役割は変わらないという意識が浸透していることがよくわかった。

「利益より安全を優先すべし」

「公共性を考え、赤字路線でも飛行機を飛ばさなければ」

それは立派な考えだ。しかし利益がなければ、安全のための投資も、路線の確保も飛行機の購入もできない。彼らは飛行機の飛ばし方は知っていても、飛ばし続ける方法を知らなかったのだ。

ここで不思議なことが起こった。

ＪＡＬの中で一番厄介なのが労働組合だと稲盛も覚悟し、周囲もそう信じ込んでいたが、稲盛の誠意は思った以上に素直に浸透していったのだ。労働組合の支援する民主党が、三顧の礼で頼み込んで稲盛が再生に乗り出していることも、彼らに胸襟を開かせる一因となっていた。

彼は当時を思い出し、筆者にこう語った。

「いわゆる経営者として話をするんじゃなくて、一介の人間として何が正しいのかという点で話をするものですから、だんだんと会っている間に、私を信頼する雰囲気が出てまいりましたですね」

むしろ、かたくなに稲盛の指導を拒もうとしていたのは、労働組合ではなく経営の中枢に座っていた幹部たちだった。

（素人の稲盛さんに航空業界の何がわかる！）

彼らがそう思ったのも無理からぬことではあった。実際、稲盛には業界事情などわからない。しかし会社経営の基本は同じである。平成二二年五月二六日から、京セラの時同様、月一回、役員を集めて業績報告会を開くことにした。

すると、すぐにこの会社の問題点が浮かび上がってきた。驚くべきことに、前月の数字を基に議論ができるようになるのに二カ月かかったのだ。

現場は数字を持っている。だがそれを集計するシステムを持っていなかった。数字もなしに会社経営が成り立つはずがない。民間企業でいうところの〝経営〟がこの会社には存在していなかったのである。

早速、Ａ３サイズの業績報告会の会議資料が作られた。縦に七〇ほどの科目が並び、横には月次のマスタープラン、実績、予定などが細かい数字でびっしりと記載され、それが六、七〇ページにも及ぶ。

この資料を基に、三日間、朝から晩まで延々と会議を続けた。各本部の勘定科目ごとに年度計画と月次の実績の差を詳しく説明するよう指示した。

実績が上がっていないにもかかわらず、危機感を持っていない本部長には、

「他人事みたいに言うとるが、これは君のリーダーとしての結果なんや！」

と怒りを爆発させた。

「ミクロを知らずしてマクロを語るな」

とも語った。

現場のコスト、それも細かい要素ごとに分解したコストの中身もわからずに経営を語れるはずがない。

その場ではっきりした回答をせず、

「一旦持ち帰らせてください」

などということを許さなかったから大変な緊張感だ。

事前に予行演習をし、国会での大臣の委員会答弁よろしく、後ろに事務方を控えさせて発表する光景も見られた。それも稲盛が許していたのは最初のうちだけだった。

会議資料のフォーマットには頻繁に変更が加えられた。

「来月からこの科目の順番を変えてくれ」

「この科目の名称を再検討してほしい」

と稲盛が毎月のように細かい指示を出したからだ。

大変なのは、稲盛の指示を受けて作業する大田だ。彼が変更の理由を聞くと、

「この順番だったら社員のモチベーションが上がらないだろう」

「この科目名だと社員にはわかりにくいじゃないか」

と明快な理由が返ってきたという（大田嘉仁著『ＪＡＬの奇跡』）。

「予算という言葉はよくない。予算という言葉はもう一生使うな」

という稲盛の指示で、予算という言葉を〝計画〟に置き換えることも決まった。

稲盛は、京セラ会計学と自らの経営哲学を、業績報告会の会議資料に塗り込めようとしていたのだ。あわせて、それをＪＡＬの社内事情に合わせる工夫も加えていた。これこそが経営だということを、ＪＡＬ幹部たちも肌で感じはじめていた。

結局、業績報告会で使う会議資料は、そのフォーマットの完成までに一年近くを要した。

稲盛は会長就任以降、京都からわざわざ伊丹空港まで行ってＪＡＬに乗り、東京天王洲《てんのうず》のＪＡＬ本社へと向かうようにしていた。新幹線で行くほうがずっと楽だ。しかし現場を知るため、ＪＡＬに乗るのは仕事のうちだと考えたのだ。しかもエコノミー席に座った。

大田は前掲書（『ＪＡＬの奇跡』）の中で、次のようなエピソードを紹介している。

ある時、秘書部に顧客から次のような内容の手紙が届いた。

〈先日、大阪から羽田までＪＡＬを利用させていただきました。エコノミー席だったのですが、目的地に着き、降りる際、隣に座っていた私よりかなり年配の初老の方が、わざわざ上の棚の荷物入れから荷物を取ってくれました。そのときは急いでいたのでお礼を言えなかったのですが、もしかしたら稲盛さんじゃないかと思い、お手紙を差し上げています。もしそうならぜひ御礼の気持ちをお伝えください〉

大田が稲盛にその手紙を見せると、ただ一言こう言ったという。

「それは俺だけど、お客さんを大切にするのは当たり前だろう。荷物をとったのがどうかしたのか?」

〝新・経営の神様〟と呼ばれるようになってなお、彼の行動や生活態度は京セラ草創期と何ら変わるところはなかったのだ。

JALの仕事をしはじめてから、週末くらいしか自宅に戻れず、ホテル住まいが続いた。ホテルの朝食ブッフェは量が多い。もったいない気がして、本社一階のコンビニが稲盛御用達。自ら弁当を買いに行き、会長室で食べるのが日課となった。

自宅を出る際には、朝子が月曜日から金曜日までのワイシャツや下着をカバンに入れてくれる。たまたま友人の川上と会ったときにこの話になり、

「一週間分持っていくなんてことせず、ホテルでランドリーに出せばいいじゃないか」

と言われたが、稲盛はそんな贅沢なことなど思いもしなかったようで、

「昔からの習慣だから……」

と恥ずかしそうに口ごもり、そのあと二人で大笑いしたという。

それが稲盛流の〝生き方〟だった。

フィロソフィで合わせた再生のベクトル

JALに着任して三週間ほどが経った頃、稲盛は、幹部の意識改革を企図した「リーダー教

育」の実施を大田に命じた。

稲盛の経営を知らないＪＡＬの人間には、リーダーとマネジャーの違いがわからない。集団を引っ張る指導者はリーダーであるべきで、アメーバ経営の責任者も決してマネジャー（管理者）とは呼ばない。ＪＡＬの意識改革のために必要なのは、管理手法を学ぶマネジメント教育ではなく、指導者としての心構えを作るリーダー教育である。そのことを稲盛は確信していた。

ところが意外にも、企業再生支援機構から反対の声が上がった。彼らが稲盛に期待していたのは、短時日のうちに経営改善をもたらす即効的な経営ノウハウだったからだ。

「やる」「やらない」で二カ月ほど押し問答が続いたが、結局機構側が折れ、平成二二年（二〇一〇）五月一日、リーダー教育を実施するための意識改革推進準備室がＪＡＬ社内に立ち上がった。

ところが早速問題が発生する。意識改革推進準備室の担当者は、リーダー教育をコンサルタント会社に外注しようとしたのだ。

「自分たちでやるから意味があるんじゃないか！」

あわてて大田がそれを止めた。意識改革はまず、意識改革推進準備室の担当者から始めねばならなかったのだ。

ＪＡＬ幹部の意識を徹底的に変えるため、

「一日三時間の研修を週六回。日曜日以外は全部やりたい」

と提案したが、

「それでは日常の業務に支障が出ます。週二回が精一杯です」

と抵抗してきた。

間をとって週四回ということになり、六月一日から七月七日までの一カ月強という短期間での集中カリキュラムが組まれた。初回は大西社長以下、役員全員を含む経営幹部五二名が対象である。社長といえども例外にはしなかった。

六月一日、参加者全員が役員会議室に顔をそろえ、「リーダーのあるべき姿」という稲盛の講義で第一回リーダー教育が始まった。

「あなたたちは一度、会社を潰したのです。本当なら今頃、職業安定所に通っているはずです」

彼らの目を覚まさせるため、敢えて厳しい言葉を使った。

「利益なくして安全なし」

「営業利益率は最低でも一〇％」

という言葉も繰り返した。

（安全運行よりも利益を優先するのか！）

と内心強く反発する者もいたが、安全をおろそかにしてでも利益を追求しろなどと言うはずがない。批判を浴びることを承知の上で、彼らに採算意識を植えつけようとしたのだ。再生計画をクリアするためではない。一〇年後、二〇年後までＪＡＬが存続できるために、である。

講義後は各グループに分かれて討議を行い、翌日までにレポートを提出する。稲盛はそのレポートのすべてに目を通した。

その後、稲盛は週一回のペースで「経営一二カ条」について講義を行った。「会計七原則」については、彼が鹿児島大学で講演した時のビデオを見てもらい、伊藤謙介京セラ相談役や小野寺正ＫＤＤＩ会長にも講話を依頼した。

盛和塾の面々が協力してくれたのはありがたかった。

「あなた方は本当に恵まれている。塾長から直接教えを乞うことができるのだから」

講師を引き受けた盛和塾の塾生たちはＪＡＬ幹部にしみじみそう語ったが、彼らはぴんときていないようだった。

実は稲盛がＪＡＬ再建に立ち上がったと聞いた時から、盛和塾の塾生たちは動いてくれていたのだ。塾長を応援しようという声が誰からともなくあがり、ほどなくして「ＪＡＬを支援する五五万人有志の会　ＪＡＬ応援団」が立ち上がった。

当時、盛和塾の塾生は約五五〇〇人。塾生一人あたり一〇〇人ずつＪＡＬに乗ろうと呼びかければ全部で五五万人になる。だから〝五五万人有志の会〟というわけだ。

ＪＡＬ社員に応援メッセージを書き、搭乗する際などに手渡して励まそうという運動も展開された。日頃の稲盛の指導に報いるのは今だと、みな東奔西走してくれた。

稲盛は一人で戦っていたわけではなかったのだ。

リーダー教育の講義が終わると、その場でコンパを行った。ＪＡＬの役員たちが一番戸惑ったのは、ひょっとしたらこれかもしれなかった。

「こっちに来て、もう少し飲まんか」

という稲盛の誘いを断り、役員の多くはしばらくすると、そそくさと部屋を出て行った。

「精神論につきあう暇はありません」

そう言ってはばからない者もいた。

稲盛の姿を横で見ていた大田は、

「見ている私のほうがつらかった」

と振り返る。

京セラ流コンパの基本である〝全員参加〟は、まだ実現できていなかったのだ。

ところが、彼らの姿勢ががらりと変わるきっかけが訪れる。第一回リーダー教育の終盤に行われた合宿コンパである。研修会場を外に移し、そのままそのホテルにみんなで泊まることになった。

本社に近い川崎の安いビジネスホテルを合宿先に選んだが、相変わらず参加者の表情には戸惑いの色が浮かんでいる。このままではいけないと思った大田は、あることを思いついた。研修後のコンパを畳の上でしようと考えたのだ。

彼は会議室のテーブルや椅子をすべて取り払うと、そこに借りてきた畳を敷いた。そして全員が車座になった。それ以外は何も変わらない。ただそれだけだったのに、コンパの雰囲気がガラッと変わった。みなの気持ちが一気に熱を帯びた。

参加者に決意表明してもらおうということになり、一人三分ということで話をしてもらったが、みんな興奮してなかなか終わらない。二回も三回もやる人もいた。

そもそも、みなＪＡＬを心から愛してやまない人たちなのだ。語りたいことは山ほどある。チーム稲盛に対して持っていた心の壁が、ようやくなくなろうとしていた。

大田は午前二時頃には部屋に戻って寝たが、翌朝四時近くまで会場に残って議論していた者もいたという。今ではこの日のことは、ＪＡＬ内で〝伝説の合宿〟と呼ばれている。

これを機に、コンパが打って変わって盛り上がるようになっていった。盛り上がると歌が出るのが京セラ流だ。稲盛が参加するときには軍歌を歌った。

ＪＡＬのコンパの恒例になったのが「加藤隼《はやぶさ》戦闘隊」である。

――エンジンの音　轟々《ごうごう》と　隼は征《ゆ》く　雲の果て

みんなで声を合わせて合唱すれば、自然と勇気が奮い立つ。

最初はどうなることかと心配した第一回リーダー教育だったが、全員が心に期するものを抱きながら最終日を迎えた。そしてこの日も稲盛が講師を務め、びしっと締めた。

結局、五二名の経営幹部全員が、計一七回のカリキュラムすべてに出席してくれた。たくさんの宿題やレポート提出をこなしての皆勤賞である。

以前のＪＡＬには役員がそろって教育を受けるといった機会はなく、何かあっても必ず、

「ちょっと外せない件がありますので」

と言って欠席する者がいた。

それを知っている人間からすれば、嘘のような事態が起こっていた。こうして役員や管理職の意識が、まず変わりはじめたのだ。

早い頃から大西社長は新生ＪＡＬの企業理念を新たに策定しようと考えていたが、京セラ同様の従業員第一主義でいくべきか迷っていた。

組合がどう思うかという以前の問題として、そもそもＪＡＬは株券の価値をゼロにし、借金を棒引きにしてもらった会社だ。それがいきなり企業理念の冒頭に〝全社員の物心両面の幸福を追求し〟という言葉を掲げてよいものかどうか、役員の間でも議論があった。

思いあまって稲盛に相談したところ、彼はその場で即答した。

「この企業理念は永久不滅のものだと思います」

企業である限り、再建途上であろうが関係ない。従業員第一主義は企業存立の支柱となるべき普遍的なものだ。稲盛の一言で「ＪＡＬ企業理念」の骨格は決まった（ＪＡＬ社内報『ＲＯＵＴＥ』平成二四年九月号）。

「ＪＡＬ企業理念」が制定されると、すぐ社内に徹底され、研修の冒頭では全員が起立して唱和するのが恒例となった。

「ＪＡＬグループは、全社員の物心両面の幸福を追求し、一つ、お客様に最高のサービスを提供します。一つ、企業価値を高め、社会の進歩発展に貢献します！」

もう組合の心配を口にする者はいなくなっていた。

そして稲盛は、太田に次の指示を出す。

「企業理念だけでなく、ＪＡＬ独自のフィロソフィを作ってくれ」

そして平成二二年一二月、「ＪＡＬフィロソフィ」が完成する。

第一部は〝すばらしい人生を送るために〟であり、第二部が〝すばらしいＪＡＬとなるために〟となっている。すばらしい人生がすばらしい会社より前にきていることこそ、従業員第一の精神を示すものであった。自己実現を果たすことで会社もよくしていける。そのことを全社員に徹底させたかったのだ。

そして平成二三年（二〇一一）四月から、グループ会社を含む全社員を対象としたＪＡＬフィロソフィ教育がスタートした。三カ月に一回、一回あたり二時間の研修だ。社員の〝考え方〟から変えていく。これぞまさに意識改革。ベクトルを合わせるための作業だった。

ＪＡＬフィロソフィには、京セラフィロソフィにはない新しい言葉が盛り込まれている。たとえば〝最高のバトンタッチ〟などがそうだ。自分の担当している仕事だけを考えるのではなく、次の工程を担当している人を思いやる気持ち。それがうまく働けば仕事は円滑になるというわけだ。

これまでＪＡＬのパイロットは挨拶をしないのが常識だった。社員はもちろん乗客にも笑顔を見せない。周囲に媚《こ》びず、孤高にして至尊。それが彼らの誇りでもあった。

だがそれも徐々に変わっていった。〝最高のバトンタッチ〟をしていこうという気持ちが浸透していった結果だった。思いが一つになり、共通言語が増えたことで部署間のコミュニケーションは格段にアップした。ＪＡＬ社内の空気は明らかに変わっていった。

そんなある日、稲盛は幹部社員を前にして、こう話をした。

「私はＪＡＬを、社員の皆さんを愛している。これからもきついことを言うかもしれないが、それは皆さんが幸せになってほしいと願っているからだ。まだまだ厳しい道のりは続くと思うけれども、是非一緒に頑張っていきましょう」

そばにいた大田は、この時、幹部の何人かが涙していることに気がついた。驚いてわけを聞くと、彼らはこう語ったという。

〈こんなとき、トップはもっと頑張れと叱咤激励するのが普通なのに、稲盛さんは私たちを愛していると話してくれた。愛しているとは、自分を犠牲にしてでも相手に尽くそうというときに出る言葉です。それを聞いて感動して涙が出てきました〉（大田嘉仁著『ＪＡＬの奇跡』）

当初の警戒心が解け、稲盛の言葉が彼らの心に素直に届きはじめていた。

ＪＡＬでも実現させた〝全員で稼ぐ経営〟

〝考え方〟の次は〝働き方〟である。企業再生支援機構は、稲盛たちがＪＡＬにアメーバ経営を導入することに関しては、当初から諸手《もろて》を挙げて賛成していた。

〈企業再生支援機構には、噂を聞きつけた国内外の超一流コンサルティング会社から、ＪＡＬ再建を手伝いたいという申し出が山のように来ていたようです。世界の最新の経営手法がたくさんある中で、企業再生支援機構が選んだのが、稲盛さんであり、アメーバ経営だったのです〉（森田直行著『全員で稼ぐ組織　ＪＡＬを再生させた「アメーバ経営」の教科書』）

稲盛は、まずアメーバ経営を可能とする体制作りに着手する。

平成二二年（二〇一〇）五月、業績報告会を始めたのと時を同じくして、四〇歳前後の若手管理職からなる〝組織改革プロジェクト〟をスタートさせた。まさに次代を担う若手たちだ。チーム稲盛がアドバイスしたのは当然だが、彼らの双肩にＪＡＬの未来がかかっているのだ。真剣味が違う。夜を日に継いで構想を練りあげ、七月に報告書を提出した。

それに基づいて八月から一一月にかけて人事の検討を行い、一二月に組織改革を断行した。社内を採算部門である〝事業部門〟とそれを側面から支える〝事業支援部門〟に分け、稲盛の肝煎《きもい》りで、アメーバ経営の作戦本部として〝路線統括本部〟が設置されることとなった。

彼らが目指したのは、簡単に言えば〝一便ごとの収支を翌日出せるようにすること〟だ。一機の飛行機を飛ばすには、パイロット、客室乗務員、整備士の人件費から、航空機のリース料金、燃料費から空港の電気料金や水道代といった種々雑多なコストがかかっている。これを分析し、時間当り付加価値が出せるところまでもっていこうとしたのである。

こうして路線統括本部はアメーバ経営への第一歩を踏み出した。本部長には、稲盛がかねてから目をつけていた人物が就任するのだが、それは後に触れる。

ともかくアメーバ経営導入によって、ＪＡＬの現場は、まるで京セラで働いているのと同じようなイメージを社員全員が共有することとなった。

実際、路線統括本部国際線担当だった米澤章はこう語っている。

〈私どもの路線統括本部というのは、いわば製造メーカーです。例えば一便を飛ばす際には、フライトに必要な航空機を持っている部門からは機材、客室本部からは客室乗務員（CA）、運航本部からは運航乗務員（パイロット）、整備本部からは整備士を「買って」きます。そうやって一便を一つの製品としてつくり上げて、旅客販売本部に預けて「売って」もらいます。販売本部が売ってくれたら、販売本部に営業口銭（コミッション）を渡す。販売本部の売値から手数料、各本部への仕入れ代金を引いたものが、路線統括本部の利益となります〉（原英次郎著『心は変えられる』）

これまでJALのコスト意識のなさは、再三にわたって週刊誌にネタを提供し、叩かれ続けてきた。だがここにきてようやく彼らは、京セラ流経営の基本である〝売上を最大に、経費を最小に〟に挑戦しはじめるのだ。

通勤のタクシーは深夜早朝以外使えなくなり、基本的にパイロットもバス・電車通勤になった。営業系の部署では接待費や会合費なども出なくなった。

だが、経営サイドからこうした指導をした時期は短い。

アメーバ経営の利点がJALでも発揮されたのだ。コスト削減を上から一方的に言われるだけなら士気は下がる。しかしアメーバ経営なら、それがアメーバの収益アップにつながるから士気はむしろ上がる。業績は経営幹部が追い求めるものだという他人事のような考えを持つ者はいなくなり、現場の自主的な工夫でコスト削減が進んでいった。まさに京セラ流の〝全員経営〟である。

パイロットもコスト意識を持ち、航路の工夫で燃費向上を目指そうと知恵を出し合った。機内でお客様用の紙コップに飲み物を入れてコックピットのクルーに出していたのもやめ、パイロットは家から水筒を持参するようになった。

重量が軽くなれば航空機の燃費もよくなる。客室乗務員は機内に持ち込む自分たちの荷物を減らすため、オフィスに計量器を置き、一日一人五〇〇グラム減運動に取り組んだ。

それこそねじ一本、紙コップ一個に至るまで、銭単位での徹底したコスト意識を共有していった結果、年間八〇〇億円のコスト削減に成功した。

一方で、収益の最大化にも小さなところから取り組んだ。

ワンランク上の席が空いている場合、受付カウンターや搭乗口で案内するキャンペーンが始まった。機内販売は、かつては目標管理が厳格でなかったが、乗務一回で一〇万円程度の目標が設定され、オフィスのボードにそれぞれの目標達成率を書いてアメーバのリーダーに報告しなければいけなくなった。

そして全社的に取り組んだのが「ＪＡＬカード」の入会キャンペーンだ。パイロット養成が経営破綻で中断したため地上勤務に回っていた元パイロット候補の社員が発案して始めた試みだった。

全職種対象で社員一人あたり三名獲得をノルマとし、平成二二年一一月から翌年の三月末まで一〇万人獲得を目標に進められた。社内の掲示板にアメーバごとに名前が貼られ、達成した人は蛍光ペンで塗っていく。全社一丸となって頑張った。

とまどう声もなくはなかったが、アメーバ経営の導入もキャンペーンの実施も、全体で見ればプラス面のほうが大きかった。リアルタイムで自分たちの努力がわかり、小さいチームに分かれているので自分の貢献度がはっきり実感できたからだ。

大西社長は当時を振り返ってこう述べている。

〈キミたち実は勝っていたよ、と二カ月後に試合結果を教えられても、ちっとも燃えない。三万人の団体戦では自分が貢献できたかどうかもわからない。しかし一〇人のチームで毎月、勝敗がわかると、『やったあ』『残念だった』と社員が一喜一憂する。かつてJALは泣きも笑いもしない組織だったが、アメーバ経営で生きている会社になった〉（『日本経済新聞』平成二五年二月二二日付）

さて例の更生計画案だが、策定は慎重に行われ、予定より二カ月遅れの平成二二年八月末、ようやく東京地裁に提出することができた。

更生手続開始時点で債務超過額九五九二億円、倒産事業年度である平成二二年三月期の営業損益は一三三七億円の赤字。そんな状態から更生初年度の平成二三年三月期には、いきなり六四一億円の営業利益へとV字回復させるという夢のような内容だ。

またしても識者の間からは疑問の声が上がった。そんなものは机上の空論だと。

たしかに再上場を前提とし、それを可能とするための作られた数字だ。しかし、ここまできたらやるしかない。公的資金も投入されている。JAL再生が失敗すれば国民にさらなる迷惑をかけ、日本経済は大きなダメージを負うことになる。

一一月三〇日、会社更生法の認可決定が下り、翌一二月一日に一〇〇％減資が実施された。計画通り企業再生支援機構が一株二〇〇〇円で三五〇〇億円の出資を行い、ＪＡＬは企業再生支援機構の一〇〇％子会社となった。

再生計画では、従業員削減など大規模なリストラが行われることになっている。

――小善は大悪に似たり、大善は非情に似たり

ＪＡＬフィロソフィにそう書かれてはいるが、非情なリストラを大善への道と考えるのは難しい。稲盛が挑戦したのは、人員整理を進めながら従業員のモラルアップをするという超難問だった。

本体社員の約一割にあたる一五〇〇人削減を目標に希望退職者を募集した。

希望退職者の募集目標は乗員（パイロット）三七〇人、客室乗務員五五〇人、総合職五八〇人（うち整備四八〇人、事務一〇〇人）。総合職は一次募集で目標に達したが、乗員と客室乗務員は目標に届かなかった。結局、平成二二年一二月、乗員八一名、客室乗務員八四名を〝整理解雇〟することになる。

整理解雇とは、人員整理（解雇）しなければ会社の経営を維持できないという場合に行われる最終手段である。果たしてこれは大きな傷跡を残した。乗員七四名、客室乗務員七二名が原告となって、不当解雇であると裁判が起こされたのだ。

平成二三年（二〇一一）二月八日、日本記者クラブでの講演では、この整理解雇について質問が飛んだ。稲盛は苦しい胸の内について次のように話している。

「更生計画でお約束した人員カットにあと一六〇名足らなかったわけです。（整理解雇した）一六〇人を残すことが経営上不可能かと言えば、そうでないのは皆さんもおわかりになると思います。しかし、ＪＡＬはこれまで約束を反故にし続けてきた。それを今回更生計画を提出してお約束をし、裁判所も債権者も、これならよろしいと認めてくださったことを、また一年もたたないうちに反故にしてしまうということはできなかったのです。忍びないし、助けてあげたいのはやまやまだけれども、そういう前提だからということでした。今（不当解雇ということで）裁判になっていますが、将来きっとそういった方々に何らかの形でお返しすることができないかなと思っています」

〝一六〇人を残すことが経営上不可能かと言えば、そうでない〟という言葉は、本当は言ってはいけない言葉だった。そもそも更生計画の中の人員削減目標と矛盾している。更生計画は企業再生支援機構が中心になって作った計画かもしれないが、最終的には稲盛も承認しているのだ。

だが、従業員第一主義を標榜《ひょうぼう》し、人員カットをしないことを胸に誓って経営をしてきた彼にとって、そう思わず口にしてしまうほど、悔やんでも悔やみきれないことだったのである。

平成二四年（二〇一二）三月、東京地方裁判所で言い渡された判決は、〝解雇は有効〟というもの。原告側は上告したが、高裁の判決も地裁と同様であり、平成二七年（二〇一五）二月、最高裁は上告棄却・上告不受理の決定をして裁判は終結した。

ＪＡＬはその後業績を回復し、改めて客室乗務員の大量採用に踏み切っている。整理解雇された人たちはその報道を耳にし、割り切れない思いにとらわれたことだろう。裁判の結果とは別に、整理解雇というものの罪深さを世に印象づける結果となった。

奇跡のＶ字回復

ＪＡＬ再建が一時的な延命であってはならない。そのためにはこの会社が簡単には元に戻らないほど、民間会社の経営の基本を塗り込めておかなければ。

そこで稲盛は更生計画が進行しはじめるのと同時に、彼の魂を受け継いでくれる後継者の選定に入った。新生ＪＡＬはその新社長に任せ、彼自身は会長職を退任するつもりだった。彼には、早い時期から意中の人物がいたのである。それもＪＡＬの中に。

平成二二年（二〇一〇）一二月、運航本部長の植木義晴を会長室に呼び出した。

何事かと、とまどいがちに部屋に入ってきた植木は、

「路線統括本部長をやってもらう」

といきなり稲盛から切り出され、言葉を失う。

役員の末席として運航本部長になってからまだ一〇カ月しか経っていない。アメーバ経営の中核として路線統括本部が設置されると聞き、一体誰が本部長になるのだろうと他人事のように思っていたところだった。

「そんな知識も経験もありません」

植木が固辞しようとすると、稲盛は表情を変えずにこう言った。

「そんなことは知っとるよ」

ＪＡＬに来てから、役員たちを注意深く観察していた。そして目をつけたのが植木だった。

彼は時代劇スターであった片岡千恵蔵《かたおかちえぞう》の息子で、子役の経験もある異色の経歴の持ち主だ。パイロットを目指して航空大学校を受験したが失敗。慶應義塾大学法学部に進学するも空への夢をあきらめられず、二度目の受験で合格し、昭和五〇年（一九七五）、ＪＡＬに入社していた。

次期社長は現場のたたき上げがいいと稲盛は最初から考えていた。パイロット出身で人望のある植木をトップにすれば社内の抑えも効く。企業再生支援委員長としてＪＡＬに来ていた瀬戸英雄も賛成してくれた。

こうして植木を路線統括本部長にすることで、次期社長の帝王学を学ばせていくのである。


ここまでは、ほぼ稲盛の思惑通りに進んできた。

アメーバ経営によってかつてない収益力がつき、ハードルの高かった更生計画の達成をほぼ射程に入れはじめていた。人心も一新し、社内のモラルは高い。後継者の目途もつけた。あとは会社更生手続きの終了と再上場の日を待つばかりだと誰もが思っていた。

ところが天は彼らに試練を与える。思いもよらぬ未曾有《みぞう》の天災が降りかかってきたのだ。ほかでもない。平成二三年三月一一日に発災《はっさい》した東日本大震災であった。

だがＪＡＬは強くなっていた。疾風《しっぷう》に勁草《けいそう》を知るという。自分たちが再生途上の身であることも忘れ、瞬時に震災復興に向けて立ち上がったのだ。

「わが社の総力を挙げ、東北に救援物資を送る！」

地上の道路網も鉄道網もズタズタだ。東北新幹線の復旧までは自分たちが代わりをすると心に決め、全社一丸となった。

〝人間として何が正しいかで判断する〟〝現場主義に徹する〟〝スピード感をもって決断し行動する〟——ＪＡＬフィロソフィの精神がここで生きた。昔なら縦割り部署の代表者が集まってまず会議から始まっただろうが、現場から提言が次々と出た。

「無傷の山形空港を、臨時便で大量輸送するためのハブ空港にしましょう！」

結局この案が採用され、国土交通省から山形県に、山形空港を二四時間化できないかと救援要請が入った。五〇人乗りの飛行機が一日四便しか飛んでいなかった山形空港に、ＪＡＬ社員が全国から集結し、受け入れ体制を整えはじめた。

植木が本部長となった路線統括本部もフル回転だ。全路線の組み替えを行い、引退が決まっていた鹿児島便のエアバス機の退役を延長してまで飛行機をかき集めた。そして山形空港に向けて臨時便を出しに出した。その数実に二七二三便。ＡＮＡも同様の動きをしたが、運航便数ではＪＡＬが上回った。前年に経営破綻した会社とは思えない。いやそれ以上に、以前のＪＡＬでは、こんな迅速な動きができるはずもなかった。

被災地支援に動き出した彼らだったが、やがて被害は彼ら自身に及んでいく。風評被害もあり、海外から日本に来る旅行者やビジネスマンが激減したのだ。国内便の利用者も落ち込んだ。

以前のＪＡＬなら、このままずるずると業績を悪化させていただろう。だが彼らは復興支援を続けながら、更生計画の達成についてもあきらめなかった。

アメーバ経営は危機にこそ、その真価を発揮する。全アメーバがこれまでになく活性化し、全力で危機回避に動き出した。みな自分ができるベストは何かを考え、知恵を出し合った。〝最高のバトンタッチ〟のサイクルを全社でフル回転させた。

一便ごとの収支計算は、すでに翌日出るようになっている。利用率の低下もすぐに把握でき、適正な減便措置に時間がかからない。小型機への切り替え、乗員の配置換えなども精緻な計算を基に進められた。

もともとＪＡＬの社員は〝超〟がつくほど優秀なのだ。すでに路線統括本部の人間は、海外の空港のＪＡＬラウンジの水道代まで頭に入れている。細かい数字の積み重ねが正確な将来予測を可能にし、影響を最小限に食い止めた。まさに稲盛の薫陶の賜物だった。

すべての数字が〝見える化〟されているから、どこの部署が大変かも、どこの部署が頑張っているかも一目でわかる。大変な部署には黙っていてもみんなが応援に回り、頑張った部署には全社から賞賛の声が集まった。

だが、震災の発生した三月の末が締切だったＪＡＬカードの入会キャンペーンはさすがに中断しようという話になり、イントラネットでの実績値のフィードバックは休止された。

そんな折、仙台空港の整備担当者から電話が入った。

「こちらからカード獲得人数を送ったんだけど、更新されないのはどうして？」

なんと被災地の仲間が、まだあきらめずに頑張っていた。

そのことに逆に勇気づけられ、キャンペーンは続行されることになった。結局三月末時点では一万人ほど足らなくて三カ月期間を延ばすことにしたが、目標の一〇万人を見事達成した。目標への執着心が以前とは違っていた。

彼らは震災の影響を最小限にとどめつつ、業績を着実にあげていった。会社更生手続きが終了すれば、いよいよ次の目標である再上場だ。

再上場の主幹事証券には過去のＪＡＬとの取引経緯から野村證券が有力だったが、結局、大和証券の指名が内定する。京セラの上場以来、長年にわたって築かれてきた信頼関係があったからだ。

だが再上場への道は容易なものではなかった。

この二年間は徹底してコスト削減に努めてきたが、それにも限界がある。再上場前だけ好決算でその後が続かないというのでは、上場しても株主に迷惑をかけるだけだ。業績回復を主導した稲盛も、再上場後は経営の第一線から身を引くのがほぼ既定路線。カリスマがいなくなった後のＪＡＬが、また元の親方日の丸体質に戻らないとも限らない。

市場関係者の不安を考えると、再上場は慎重の上にも慎重を期す必要があった。

そこで彼らは、破綻前のＪＡＬが大株主の動向で株価を乱高下させてしまった反省の上に立ち、安定株主を作っておこうとした。再上場時の売り出し株数を減らすことにもつながる。

まずはメガバンクや商社に株の保有を持ちかけたが、けんもほろろだった。ＪＡＬ株が紙くずになったのはついこの間のこと。容易に予想できる反応だ。

引き受け手がなかなか現れないまま時間だけが経っていく。京セラは当初から安定株主としての役割を果たすつもりだったが、それ以外に応じてくれたのは、東京海上日動火災と稲盛の友人たちの会社のみだった。

こうして会社更生手続き終了直前の平成二三年三月一五日、一株当り二〇〇〇円で合計一二七億円の第三者割当が行われた。投資家は合計八社で、京セラと主幹事の大和証券で大半の一〇〇億円を引き受けた。

再上場に向け、念には念を入れたつもりかもしれないが、この第三者割当増資は最悪のタイミングだった。会社更生の終了と決算を間近に控え、内部の人間にはその決算が好決算だということがわかっていたはずだからだ。

いくら非上場会社にインサイダー取引規制は適用されないとはいえ、不当な利益供与と言われても仕方ない。当然、大和証券は事前にコンプライアンス（法令遵守《じゅんしゅ》）チェックをしており、問題ないと判断したわけだが、後日、批判を受けることになる。


そうこうするうちに平成二三年三月二八日を迎え、無事ＪＡＬの会社更生手続きは終了した。

ＪＡＬ再生のピッチは、当初予想をはるかに超えるものだった。平成二三年三月期の営業利益（連結）は、一八八四億円と過去最高の黒字を計上。この額は、更生計画で見込まれた六四一億円の実に三倍に達する。

さらに当初減益見込みだった翌二四年三月期も過去最高の二〇四九億円の営業利益を出し、最高益の記録を二年連続で塗り替えることになった。

文字通りのV字回復である。

平成二四年三月期決算を見ると、売上高は破綻前に比べ四割減となってしまっている。運航路線の絞り込みや不採算事業売却などによるものだ。その一方で経費節減を徹底し、営業費用を半減させたからこそ、過去最高益を出すことができたのだ。再上場前にＪＡＬの経営状態を分析した証券アナリストたちは、アメーバ経営の威力に驚嘆した。

徹底的に無駄を排除した一方で、稲盛はＪＡＬの魂を残す配慮を忘れなかった。

それは東京―サンフランシスコ間の路線である。ＪＡＬが日本で初めて運航した国際線がホノルル経由の羽田―サンフランシスコ間であった。記念碑的なこの路線はニューヨーク便などに比べると収益性は低かったが、先人の業績を称えるべく敢えて残した。

企業の価値は数字だけでは表せない。モラルや誇りといった目に見えない簿外資産こそが企業を支えている。過去の歴史をすべて否定するのではなく、先人が苦労して切り開いた業績に思いを致し、それを胸を張って語り継げと彼らに諭したのだ。

謙虚にして驕《おご》らず

平成二四年（二〇一二）一月一一日、専務執行役員となっていた植木義晴は再び稲盛に呼び出された。

会長室に入ると、稲盛のほかに瀬戸もいた。

「君に次の社長をやってもらうよ」

という言葉を聞いた彼の顔に、もう驚きはなかった。

そして二月一五日、臨時株主総会後の取締役会で植木が社長に、大西が会長に就任。大田嘉仁が専務として植木をサポートする形で、新体制がスタートする。会長を退任した稲盛は、代表権のない取締役名誉会長としてＪＡＬ再生を最後まで見守ることとなった。

社長就任会見で植木新社長は、「ＪＡＬグループ中期経営計画」を発表する。

ジャンボの愛称で親しまれたボーイング７４７を燃費等勘案、退役させていく方針が示された。それに関係した専門の整備士の存在を考えると、専門家の間でも議論の分かれる思いきった決断だった。

リストラだけでは企業の継続的成長は期待できない。そこで同じ米ボーイング社の最新鋭機７８７をこれまでの三五機から四五機に増やして国際線を強化することを強調した。

新任早々、再生後を見据えた攻めの姿勢を示して稲盛たちの期待に応えたのだ。

そして平成二四年（二〇一二）九月一九日、ついにＪＡＬは東京証券取引所第一部への再上場を果たす。

平成二二年（二〇一〇）二月に上場廃止になって以来、わずか二年七カ月。〝生還率七％の闘い〟に勝利したのみならず、過去に例のないスピードでそれを実現したのである。

その代わり、大和証券には負担をかけた。彼らの営業現場は夏バテならぬ〝ＪＡＬバテ〟していたという（『選択』平成二四年九月号「ＪＡＬ再上場の主幹事大和があの手この手の猛烈営業」）。

実際、公募価格三七九〇円に対し、再上場初値は三八一〇円。なんとか公募割れは免れたが、危ないところであった。

先述のように企業再生支援機構から三五〇〇億円を出資してもらっていたわけだが、機構は一年一〇カ月あまりの投資期間で三〇〇〇億円以上のキャピタルゲインを得て、日本政策投資銀行からの六〇〇〇億円の融資を全額返済することができた。

国民経済に大きな負の影響を与えたＪＡＬ破綻だったが、公的資金を全額返済でき、傷口を最小限に抑えることができたのだ。

稲盛は再上場に際し、ＪＡＬの全社員に向けて次のメッセージを発した。

――謙虚にして驕らず、さらに努力を
その後、〝謙虚にして驕らず〟はＪＡＬの合い言葉となっていった。


思い返せば、ＪＡＬ再生は決して平坦な道ではなかった。

破綻前は誰がやっても再建できず、破綻に至ってからも再生方法に関して百家争鳴《ひゃっかそうめい》。政権交代による混乱や財政悪化を懸念する財務省からの圧力、民主党政権内の権力闘争にも巻き込まれ、果ては東日本大震災という思いもよらぬ天災にも見舞われた。

ＪＡＬ社内も最初は警戒感でハリネズミのようになっていた。安全より利益優先かという批判も飛んだ。しかし正しい考え方を示し、結果を出すことで、彼らの心は次第に開かれていった。そして彼らは稲盛の経営哲学を希望の明かりとして、この難局を無事乗り切ることができたのだ。

植木は、稲盛のＪＡＬ再生を振り返ってこう述べている。

〈よく『名誉会長が来られて三年でこの会社と社員の何がいちばん変わりましたか』と聞かれます。一言で答えるならば、『採算意識が高まった』と言えばわかりやすいと思います。ですが、私は、何より社員の心が美しくなったことがいちばん変わったことだと感じています〉（『盛和塾　一二三号』）

誰にでもできることではない。それはまさに稲盛和夫という〝新・経営の神様〟が起こした、日本の経営史上に残る〝奇跡の再生〟だった。

しかし世間は、ＪＡＬ再生が実現すると手のひらを返したように、

「こんな手法だったら誰でもできる」

「何かおいしい話があるから引き受けたのではないか」

と言いはじめた。

上場前の第三者割当増資にも疑惑の目が向いた。国会で取り上げられ、大西会長が参考人として呼ばれる事態となる。

ウィルコム（以前のＤＤＩポケット）の再建についても批判の対象となった。

ＤＤＩポケット売却後も京セラとＫＤＤＩはウィルコムの四割の株式を持っており、同社の再

建は重要な経営課題だった。

　ウィルコムはＪＡＬが会社更生法の申請をした翌月、ＪＡＬ同様のプレパッケージ型会社更生法申請を行い、企業再生支援機構のほかソフトバンクと投資ファンドのアドバンテッジパートナーズに支援要請する。結局、企業再生支援機構の出資先の九割がＪＡＬとウィルコムになってしまったことに、批判の矛先が向かったのだ。

　会社更生法を利用したことまで批判された。

　五二五〇億円の借金を棒引きしてもらった結果、債務免除益という形で会社の利益が計上される。ところが会社更生法を使ったことから、この五二五〇億円の債務免除益は税務上の損金とすることができ、平成三〇年度まで欠損金の繰り越しが行え、七年間は法人税を払わずに利益をあげることが可能になるわけだ。

　更生後の会社がすぐにまた経営難に陥らないための配慮であり、会社更生法は最初からそういう建て付けになっていたわけだが、ＪＡＬは稲盛の大手術によって高収益会社に生まれ変わっている。ライバルのＡＮＡは、あまりに不公平だと悲鳴を上げた。

　決して彼らも楽なわけではなく、九〇〇〇億円もの負債を抱えながら必死に歯を食いしばって経営している。再上場で時価総額がＡＮＡを上回ったことも彼らをいたく刺激していた。このままでは数年後にはＪＡＬに買収されかねないと、不満を爆発させたのだ。

　そのうちマスコミがこうした問題にあまり触れようとしないのはおかしいという声まで聞かれるようになった。ａｕやＪＡＬが大口の広告主だから、マスコミは遠慮しているというのである。

いくらなんでも邪推《じゃすい》しすぎだろう。

新聞や週刊誌を開くたびにこうした記事を目にし、稲盛はいたく傷ついた。国家のためにと思って身命を賭して引き受け、経営者人生の集大成とも言える成果まで出したにもかかわらず、批判が出るとは……。

褒めて欲しいと思って引き受けたわけではない。だが悪意に満ちた声のあまりの多さに、悔しさがこみ上げてきた。稲盛和夫という経営者の人となりを熟知している京セラやKDDIの社員たち、盛和塾の面々なども、同じ思いを共有していた。


そして平成二五年（二〇一三）三月一九日、稲盛のJAL取締役退任の記者会見が行われる。JAL再生に向けての苦闘の日々に、一つの区切りをつける日が来たのだ。

本社二階のウイングホールに一〇〇名を超える報道陣が集まり、定刻の午後五時になると、稲盛は植木社長とともに姿を現した。明るいグレーのスーツに赤いネクタイという若々しい装いとは裏腹に、その表情は硬い。

冒頭、植木社長が口火を切った。

「四月一日からの新体制について、私からご説明させていただきます。本日開催の臨時取締役会において、取締役名誉会長の稲盛和夫が取締役を退くことが決まりました。今後は会長の大西と私が先頭に立って、稲盛が植えつけてくれたフィロソフィと部門別採算を二つの柱として、謙虚に努力を続けてまいります」

植木の話が終わると、代わって稲盛がマイクを持ち、静かに語りはじめた。

「三年前、航空業界の素人でまったく無知な自分が、無謀にも大役を引き受けたのは、ＪＡＬの三万二〇〇〇人の雇用を守りたい、日本経済への影響を食い止めたい、という思いからでした。ＪＡＬの社員が倒産という死の淵から立ち上がり、私の考え方や経営手法を受け入れてくれたことで、業績はみるみる回復しました。自分でも信じられないくらいの、素晴らしい成果を残せたと思っております。皆様のご支援に心から感謝申し上げます」

そこで、ひと呼吸おいてから言葉を継いだ。

「こうしてうまくいくと、それに対していろんなことを誹謗《ひぼう》中傷する方がおられます。せっかくはい上がってきたＪＡＬの社員を『よくぞここまではい上がってきた』と温かい目で見ていただくのではなく、それを叩くようなことが行われていることを大変残念に思っています。『これが社会なのか、世の中なのか』と心を痛めております。（インサイダー疑惑に関し）今にして再上場して株価も上がったから言えるかもしれない。当時、二次破綻もあり得ると言われていた時に、それだけのお金を投資してくれるところは、どこもなかった。それが結果論として言われるということに、犠牲をはらって投資に応じていただいた人に寂しい思いをさせていることを残念に思います」

それまで表情を変えずに淡々と話してきた稲盛だったが、ここで一瞬顔をゆがめた。よほど悔しかったに違いない。あるいは、涙をこらえていたのかもしれない。

だが最後に、

「日本の経営者へのメッセージをお願いします」

と言われると気を取り直して顔を上げた。

「日本企業のリーダーは、もっと強い意志で会社を引っ張っていかなければ。闘志なき経営はだめです。自分の会社をなんとしても立派にしてみせると、闘魂を燃やしてほしい」

最後は、後進の経営者たちへの熱いエールで締めくくった。

稲盛はJAL再生という重い荷を、ようやく下ろすことができたのだ。

肩の荷を下ろした気持ちでいたのは稲盛だけではなかった。記者会見から数日が経って京都の自宅の居間で寛いでいると、台所にいた朝子がこうつぶやいた。

〈わたしなあ、三年前に京大病院の先生のとこに行って、ゆうたんや。『先生、今から三年間だけは病気せんように、よろしくお願いします』って〉（大西康之著『稲盛和夫　最後の闘い』）

稲盛は思わず、朝子の方を振り返った。

もし朝子が病気で倒れたら、稲盛がJAL再建に集中できなくなる。朝子は最後の大仕事に挑む夫の足手まといになることを恐れ、医者にそんなことを言ったのだ。

この三年間、稲盛は週に三日から四日は京都の自宅を留守にしていた。稲盛も闘《たたか》っていたが、朝子もまた闘っていたのである。

JAL再生を通じ、稲盛の経営手法や経営哲学が業態の如何にかかわらず絶大なる力を発揮することが再び証明され、カリスマ経営者としての名声はさらにあがった。

ＪＡＬ入社式で新入社員と紙飛行機を飛ばす稲盛

取締役退任後の感謝の会に集まったＪＡＬ社員たち

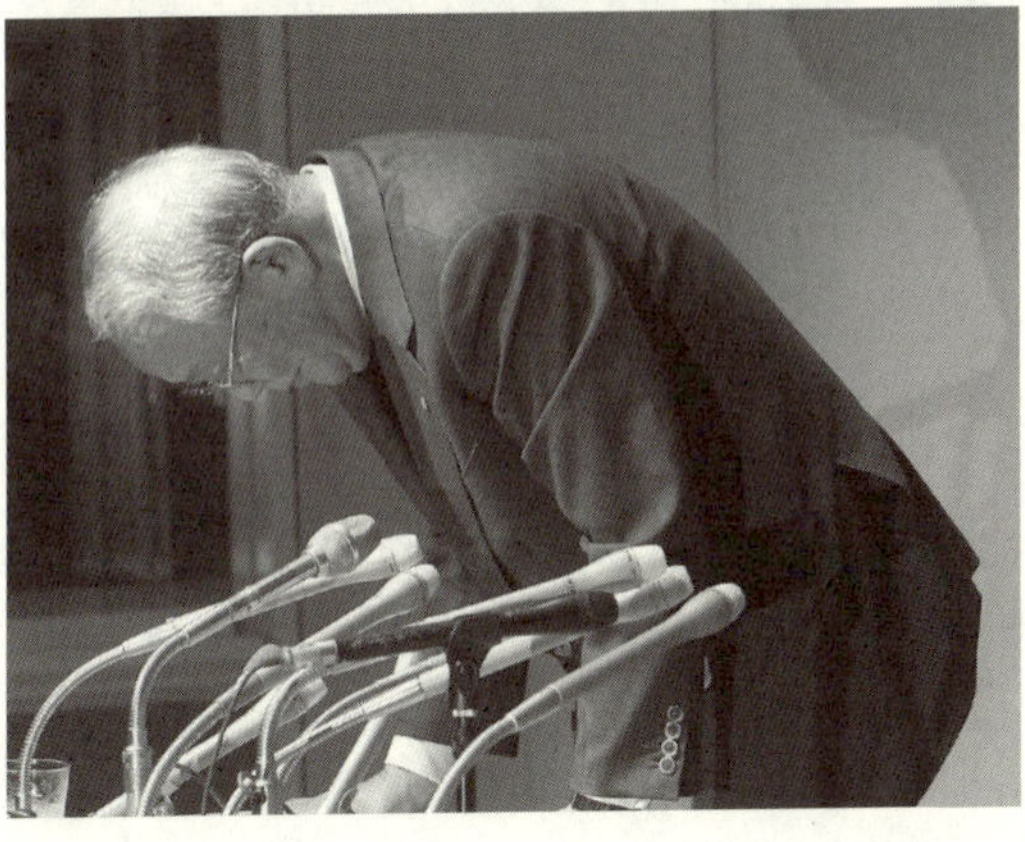

ＪＡＬ取締役退任の記者会見を終え、一礼する稲盛（共同通信社提供）

ＪＡＬ再上場の年（平成二四年）に実施された調査において、稲盛は「理想の経営者」（日本能率協会グループ）の第一位に輝き（それまで松下幸之助が三年連続第一位）、「社長が選ぶ今年の社長」（産業能率大学）でも第一位を獲得した。

後者は従業員一〇人以上の企業経営者を対象にしたアンケートである。経営の難しさを熟知する世の社長たちはマスコミの批判に耳を貸さなかった。もし自分が稲盛の立場だったらと想像して慄然とし、稲盛の起こした〝奇跡〟に敬服し、心からの賞賛を送ったのだ。

ＪＡＬ再生は、社員の考え方と働き方が変わったことで実現した。日本再生もまた、日本人の考え方と働き方が変われば実現できるはずだ。それは政府に対するメッセージでもあった。

ところが民主党政権は、鳩山首相が国内外の信頼を失ってつまずき、続く菅首相は東日本大震災において危機管理能力のなさを露呈し、未熟さとポピュリズムによる行き当たりばったりの政策で国民から見放されていった。

そしてついに、野田首相を最後に政権を再び自民党に奪い返されることとなる。

稲盛はすっかり失望し、それ以降政治に関心を示さなくなった。

「非常に寂しい思いをしました」

という言葉を、今度は別の意味でつぶやいていた。

第六章

「利他の心」を永久《とわ》に

京都賞に託した〝人類への愛〟

〈俗世間に生き、さまざまな苦楽を味わい、幸不幸の波に洗われながらも、やがて息絶えるその日まで、倦《う》まず弛《たゆ》まず一生懸命生きていく。そのプロセスそのものを磨《みが》き砂として、おのれの人間性を高め、精神を修養し、この世にやってきたときよりも高い次元の魂をもってこの世を去っていく。私はこのことより他に、人間が生きる目的はないと思うのです〉（稲盛和夫著『生き方』）

稲盛は自分の人間性を高め、精神修養することを日々心がけてきた。そんな彼には、少し風変わりな習慣があった。その一つが朝の反省タイムである。

洗面所で顔を洗うとき、昨日の自分の行いはどうだったか、もう一人の自分と対話するのだ。前日に調子に乗って深酒したりすると、心の中のもう一人の自分が稲盛を叱る。その結果、誰もいないのに鏡の前でゴメンゴメンと謝ったり、うめいたりすることになる。

知らない人が見たら、ちょっと危ない人ではと思ってしまうような光景だ。

「反省ある人生が大事だ」

と稲盛はよく口にしたが、彼自身、毎朝それを実行していたのである。

絶えず反省を繰り返し、危機感を持って経営し続けてきた彼は、やがて成功を収めることをも人生の試練と捉えるようになっていく。

〈仕事で大成功を収め、地位や名声、財産を獲得したとします。人はそれを見て、「なんと素晴らしい人生だろう」とうらやむことでしょう。ところが実は、それさえも天が与えた厳しい「試練」なのです。成功した結果、地位に驕《おご》り、名声に酔い、財に溺《おぼ》れ、努力を怠《おこた》るようになっていくのか、それとも成功を糧に、さらに気高い目標を掲げ、謙虚に努力を重ねていくのかによって、その後の人生は天と地ほどに変わってしまうのです。つまり、天は成功という「試練」を人に与えることによって、その人を試しているのです〉（稲盛和夫著『「成功」と「失敗」の法則』）

この彼の言葉は深く、重い。

稲盛が指摘する通り、地位に驕り、名声に酔い、財に溺れ、努力を怠って転落していった成功者は枚挙にいとまがない。

成功することも難しいが、成功し続けることはなお難しい。我々は稲盛和夫の成功の秘訣に学ぶだけでなく、成功した後も驕らず謙虚であり続けた姿勢にこそ、姿勢を正して学ぶ必要があるだろう。

――財を散ずるに道あり

かつて稲盛はそう語ったが、金の使い方にはその人物の生き方が表れる。

最近の成功者は月に行こうとしたりするようだが、成功者が掲げるべき〝気高い目標〟は、社会に対する報恩、すなわち社会貢献だという確信が稲盛にはあった。だが一言で社会貢献といっても、そこに何らかのメッセージ性がないと、お金は活きない。

人を愛すること――そのことは稲盛の人生の底流に流れるものだ。幼い頃には家族であり、長じては学友であり、恩師であり、京セラを創立してからは従業員であり、お客様であり、やがてその愛は国境をも越えるようになっていった。

そんな彼は〝人類愛〟というメッセージを託した、壮大な社会事業を立ち上げることを決断する。

それが京都賞だった。

「人類の未来は、科学の発展と人類の精神的深化のバランスがとれて、初めて安定したものになる」という理念を掲げ、対象は先端技術、基礎科学、精神科学・表現芸術（現在では思想・芸術）の三部門とし、当初の賞金はノーベル賞とほぼ同額である一部門四五〇〇万円に設定した。

事務局は当初「稲盛賞」という呼称を想定していたが、

「賞は公共性を考慮すべきだ」

という稲盛の一言で「京都賞」と名を改めた。

稲盛は自分の所有していた京セラの株と現金約二〇〇億円を基金として拠出し、昭和五九年（一九八四）、京都賞運営のための財団法人稲盛財団が立ち上げられた。この時、彼はまだ五二歳という若さだった。第二電電に打って出ようとする時期のことだ。

当時は彼の事業欲が最も盛んだった時期だが、新事業への進出が蓄財のような私利のためでないことは、同時期に私財を投じて京都賞を設立していることではっきりとわかる。そして、こうした規模の大きな社会貢献が功成り名を遂げた老人だけの役割でないことも、彼は私たちに教えてくれている。

第22回(2007年)京都賞授賞式

「イナモリストーン」を配した京都賞メダル

京都賞授賞式にて、高円宮殿下ご夫妻とともに

第一回には京都賞創設記念特別賞として、これまでの功績に敬意を表し、ノーベル財団を表彰した。

授賞式も無事終わりほっとしていた稲盛だったが、出張先で何気なく読んでいた『東京新聞』の中の「京都賞」というタイトルのコラムに目が留まった。

そこにはこう書かれていた。

〈何と清々《すがすが》しい金の使い方をするもんだ〉

筆者はあの名優森繁久彌《もりしげひさや》だ。

最高の理解者を得た思いがした稲盛は、感謝の気持ちを込めて第二回の授賞式の招待状を送った。すると森繁は、一面識もなかった稲盛の誘いに応え、会場に足を運んでくれたのだ。その後は授賞式の常連となっていった。

受賞者も、彼の思いに応えるような賞金の使い道をしてくれた。

平成七年（一九九五）に基礎科学賞を受賞した宇宙物理学者の林忠四郎（第一回受賞者）は、学生の奨学金のために京都大学に林基金を発足させた。アメリカのコンピュータ科学者ドナルド・クヌース（第一回受賞者）は授賞式に連れてきた家族の旅費のみを受け取っただけで、全額をカリフォルニア州サンタクララの地域財団に寄付している。

こうした形の社会貢献は、設立することよりも継続することのほうが難しいものだが、京都賞は現在も、世界最高峰の権威ある国際賞として認知され続けている。

毎年、宝ヶ池の京都国際会議場で行われる授賞式には、豪華なセレモニーがある。能が舞われ、京都市交響楽団の演奏があり、色とりどりの和服に身を包んだ子どもたちによる日本の歌と華麗な踊りが披露される。

歌の好きな稲盛は、イベントの最後にどの歌を歌うかにもこだわりがある。京都賞授賞式の最後に歌われるのは「青い地球は誰のもの」（阪田寛夫作詞・富田勲作曲）であり、人類愛をテーマにしたこの賞にふさわしい。

そして盛和塾世界大会の最後に歌われるのが、唱歌「ふるさと」である。

松風工業でくすぶっていたとき、将来に明るさを見出せず、ホームシックにかかってしまった。あの時に感じた切ないような郷愁を、この歌はつい昨日のことのように思い出させてくれる。思えば、よくここまでたどりついたものだ。

振り返ればすべてが懐かしく、いとおしかった。

君の思いは必ず実現する

古稀を迎えた稲盛は、ある福祉事業を検討しはじめていた。

日頃彼は、連日のように児童虐待のニュースが流れるのに心を痛めていた。一方で世の中には、子どもは産んだものの貧しさゆえに育てられない家庭もある。両親の大きな愛にはぐくまれてきた彼だからこそ、余計にそうした子どもたちがかわいそうに思えてならない。

（家族と一緒に住めなくなった子どもたちのために、児童養護施設を作ってあげたい）

そんな思いが日々募っていった。

京都府の福祉担当者に話を聞くと、南部地域にはそういった施設がなく、舞鶴や亀岡のような京都府北部の施設に世話になっているという。そこで京都府南部に児童養護施設を作ろうと思い立った。

休みの日になると適当な候補地を探して回った。会社の仕事とは関係ないということで、自ら車を運転し、自分の足で探し歩いた。名誉会長になっても、公私混同をしないという彼のフィロソフィに変わりはなかったのだ。

そして京都府南部の精華町《せいかちょう》役場からほど近い、小高い場所にある農地に当たりをつけた。決めると早いのは仕事と同じだ。用地と運営ノウハウのある職員を確保し、許認可を受け、早速建設に取りかかった。

定礎式の日、稲盛は職員たちを前に、こう挨拶した。

「森羅万象《しんらばんしょう》、あらゆるものに対して感謝する。そういった反省、感謝、それが非常に大事なのです。そこから生まれてくる、美しい、優しい思いやりの心が慈悲の心、慈《いつく》しみの心であり、そういう心が実は人間として一番強いものです」

彼はきっと、あの優しくて強かった母キミのことを思いながらこの言葉を口にしていたに違いない。職員がどれだけ勇気づけられたかは推して知るべしである。

そして稲盛は、この施設を明るい建物にすることにこだわりを見せた。

「子どもたちが『お友だちを呼びたい』と思えるようなところにしてあげたい」

そんな願いからであった。

できあがった建物は、南仏風の赤い屋根に白い壁で、まるで高級ホテルのコテージのよう。乳児が二〇名、児童（一八歳以下）が六〇名入所できる館内は広やかで、清潔で、庭の芝生も美しい。周りに建物のない田園地帯だけに、日当たりも良く、渡ってくる風も爽やかだ。

こうして平成一六年（二〇〇四）八月一日、京都府南部の精華町に児童養護施設・乳児院「京都大和《だいわ》の家」が開所した。

大和はいうまでもなく稲盛の僧名である。仏の慈悲心をこの施設に託したのだ。精華町の町名の由来が教育勅語の〝国体の精華〟（日本の国の最も美しい美点）という一節にあるというのも、誠にふさわしい。

施設内には、親が面会に来られる部屋もある。これまで乳児院が遠くにあってほとんど顔を出せなかった親御さんたちも、「京都大和の家」ができたことで頻繁に顔を出せると喜んでくれた。稲盛が設立間もない「京都大和の家」のクリスマス会に顔を出した時の写真が残っている。子どもたちに囲まれた写真の中の彼は満面の笑みで、まるでサンタクロースのようだ。「京都大和の家」そのものが、次世代へのいい贈り物だった。

「京都大和の家」を開所した年、稲盛は『君の思いは必ず実現する』を出版している。

その際、一〇〇〇冊を買い取り、全国の少年院や鑑別所、児童福祉施設に配布した。そこに入っている子どもたちに、是非手にとって読んでほしかったからである。そして知ってほしかった。

「京都大和の家」正面玄関

京セラ本社一階ロビーにある稲盛の銅像（従業員から贈られたもの、著者撮影）

「京都大和の家」入所児童に声をかける稲盛

誰でも一生懸命に頑張れば、夢は実現するということを。
〈才能に乏しくても熱意があれば人に負けないはずだ。しかし、それ以上に大切なものがあるはずだ。それは心のあり方だ。人間として正しい考え方を持ち、目標に向かって一生懸命に努力すれば必ず夢は実現する〉（稲盛和夫著『君の思いは必ず実現する』）
彼の成功は、彼に言わせれば単純なことだ。人間として正しいかどうかを第一の判断基準と思い定め、利他の心を胸に、ひたすらど真剣に生きてきた結果にすぎない。
稲盛は自らの人生を振り返って、こう語っている。
〈ともすれば人間は、自己中心的な発想に基づいた行動をしたり、つい謙虚さを忘れ、尊大な態度をとったりしてしまう。また、他人に対し、嫉妬心や恨みを抱いてしまうこともある。しかし、このような邪な心では、正しい判断はできない。「自分にとって」都合のよい判断ではなく、「人間にとって」普遍的に正しい判断を、私たちは心がけるべきなのである。今思い返してみると、経営の経験もない私が、このようなベーシックな倫理観、道徳律をもとにして経営を進めてきたことが、現在の成功をもたらしてくれたように思う。もし私に、なまじ経営の知識や経験があったなら、「人間として正しいかどうか」ということよりは、経験則や経営手法を基準に判断しただろうし、額に汗して働くよりは、楽をして儲けようとしていたかもしれない。そうであれば、現在の京セラは決してなかったはずだ〉（稲盛和夫著『人生と経営』）
そして彼は平成三〇年（二〇一八）四月、この翌年に財団設立・京都賞創設三五周年を迎えるのを機に、「『利他の心』を永久に」というメッセージを発表した。

――利他の経営で社会から得たお金は、やはり「利他の心」をもって社会に還元すべきであり、そのような「利他の循環」こそが社会を真に豊かにすると考え今日までやってまいりました。この京都賞は社会への恩返しであると同時に、私の利他の哲学の実践でもあります。

自国のことしか考えない国家、自分の利益しか考えない個人が増えている昨今だからこそ、稲盛の利他の哲学は、より一層輝きを増してきている。人々が利己心を抑え、〝利他の心〟で周囲を思いやり、社会を思い、国家を思い、人類の安寧を思えば、必ず明るい未来が開けていく。

我々は何より、次世代のことを考えねばならない。

次代を担う子どもたちは国の宝である。人類を意識する彼の視線は、まだ見ぬ未来の子どもたちにさえ注がれている気がする。そして稲盛は時を超えて、彼らにもこう語りかけるに違いないのだ。

――ど真剣に生きてみろ。君の思いは必ず実現する！

あとがき

我々は日常生活の中で、何気なしに〝一生懸命〟という言葉を使っているが、稲盛和夫という人の生き方をたどってみて、その字義通りの生き方に接した思いがした。

そこにあるのは、愚直なまでにまっすぐに、人として正しい道を命がけで歩もうとするひたむきな純粋さである。そして自然と浮かんだ言葉が〝思い邪なし〟であった。

西郷隆盛が仕えた薩摩藩きっての名君島津斉彬が座右の銘としていたのが、まさにこの言葉である。鹿児島の人間なら一度は「思無邪」と書かれた斉彬の書を、本物にしろ複製にしろ目にしているはずだ。それほど有名な言葉である。

一生懸命働くことが人生を豊かにし、人格的な成長をも実現する。稲盛の人生から、そのことを改めて実感する。だがその一方で、そのことに疑問を投げかける最近の風潮に、一抹の不安を覚えざるをえない。

稲盛には『働き方』という著書があるが、そこで彼はこう書いて警鐘を鳴らしている。

〈「なぜ働くのか」「何のために働くのか」――多くの人が今、働くことの意義やその目的を見失っているようです〉

近年、「働き方改革」が提唱され、平成二九年（二〇一七）三月二八日に働き方改革実現会議が発表した『働き方改革実行計画』には次のようなくだりがある。

〈長時間労働は構造的な問題であり、企業文化や取引慣行を見直すことも必要である。「自分の若いころは、安月給で無定量・無際限に働いたものだ」と考える方も多数いるかもしれないが、かつての「モーレツ社員」という考え方自体が否定される日本にしていく。労使が先頭に立って、働き方の根本にある長時間労働の文化を変えることが強く期待される〉

この言葉を否定するつもりはない。

しかし本来、働き方改革は、将来の急速な労働人口減少に備えるための労働生産性の飛躍的向上こそがその目的だったはずだ。ところが「プレミアムフライデー」（月末金曜日の終業時間を午後三時に早める運動）のような、人不足の実態を無視した定着するはずもない施策が大きく取り上げられたことで、早期終業や休日取得が働き方改革であると誤解している人が多い。

過労死するような労働環境は論外だが、ほどほどに、適当に、肩の力を抜いて立派な仕事ができるほど、この世の中は甘くない。必死になって働くことを否定してしまっては、人的資源を唯一の資源とするこの国が衰退に向かうのはもちろん、人々は生きていくことの意味さえ見失ってしまう。

「真面目に〝ど真剣〟に働く」
「誰にも負けない努力をする」
「頑張ることをあきらめない人に、真の充足感は訪れる」

働き方改革は、こうした稲盛の言葉の否定ではないはずだ。

人々はオリンピックなどで活躍するスポーツマンには激しく感動する。それは一つのことに徹底的に打ち込み、肉体と魂を磨きあげた人だからであるはずだ。ところが同様の努力をしている経営者や社員たちに感情移入しにくいのは不思議でならない。

そしてスポーツにも団体競技があるように、会社には多くの仲間と同じ目標に向かっていく喜びがある。サッカーのロシアワールドカップ日本代表チームの活躍などでも証明されたように、個の力では見劣りしても、チームとしてなら力を発揮できるケースだってあるのだ。

「会社人間になってはいけません。その組織以外でも通用するようなポータブルキャリアを身につけるように」

大学でさえそう教える時代だが、会社愛を持って働くことを否定する必要がどこにあるだろう。

少子高齢化という逃れようのない現実を前にして、我々が不連続の改革を迫られているのは事実である。だがその前に、何は変えてよく何は変えていけないかを、しっかりと見きわめねばならない。これまで成功してきた先人たちの〝働き方〟を、もう時代遅れだとすべてかなぐり捨てていいものかどうか。

彼のたどった道の延長線上には、これからの経営の最適解はもはやないのかもしれない。

しかし、今も昔も働いているのは人間である。その人間が会社に最大限の収益をもたらし、そこで働く従業員が生きがいをもって働ける環境を徹底的に追求していった稲盛の経営者人生の中に、今の我々への豊かな示唆が含まれていないはずはない。

中小企業のオーナーには彼の信奉者が多い。

そもそもこの社会で、中小企業のオーナーほど〝ど真剣〟に経営と向き合っている人たちもいないだろう。彼らは本物を見抜く。彼らに一時の流行の経営指南書など無用である。稲盛の経営哲学に普遍性と実用性があり、実体験に基づいた説得力があるからこそ、彼らは心惹かれるのだ。盛和塾に集うものの多くが手応えを感じたのも、まさにそこであろう。

「働き方」は「生き方」に通じる。

最後に、働くことの尊さを実感する稲盛の言葉を掲げて筆を擱《お》きたい。

――働くということは人間にとって、もっと深遠かつ崇高で、大きな価値と意味をもった行為です。労働には、欲望に打ち勝ち、心を磨き、人間性をつくっていくという効果がある。単に生きる糧を得るという目的だけではなく、そのような副次的な機能があるのです。ですから、日々の仕事を精魂込めて一生懸命に行っていくことがもっとも大切で、それこそが、魂を磨き、心を高めるための尊い「修行」となるのです。

（稲盛和夫著『生き方』）

本書の取材では、稲盛和夫名誉会長のみならず、伊藤謙介元社長、山口悟郎会長ほか京セラ関係の皆さん、稲盛家の皆さんやご友人の川上満洲夫さん、円福寺政道玄室老師など多くの方々にご協力いただいた。

また書籍化にあたっては、京セラ総務人事本部稲盛ライブラリーの皆さんや、毎日新聞並びに毎日新聞出版の皆さんにご尽力いただいた。

その他、ご支援ご指導いただいたすべての方々に感恩戴徳の意を表するとともに、本書の完成をもってお礼に代えさせていただきたい。

平成三一年三月二日

平成最後の桃の節句を前にして

北　康利

稲盛和夫関連年譜

昭和七年（一九三二）　〇歳　一月二一日、鹿児島市薬師町において出生。

昭和一二年（一九三七）五歳　七月、盧溝橋事件。

昭和一三年（一九三八）六歳　四月、鹿児島市立西田小学校入学、国家総動員法成立。

昭和一六年（一九四一）九歳　一二月、真珠湾攻撃、太平洋戦争開戦。

昭和一九年（一九四四）一二歳　三月、第一鹿児島中学校受験失敗。四月、西田尋常高等小学校入学。

昭和二〇年（一九四五）一三歳　三月、第一鹿児島中学校再度受験失敗。四月、私立鹿児島中学校入学。八月、終戦。

昭和二三年（一九四八）一六歳　四月、鹿児島市立高等学校第三部入学。

昭和二六年（一九五一）一九歳　三月、大阪大学医学部受験失敗。四月、鹿児島県立大学工学部入学。

昭和三〇年（一九五五）二三歳　三月、鹿児島県立大学工学部卒業。四月、松風工業入社。

昭和三一年（一九五六）二四歳　七月、U字ケルシマの生産開始。七月、『経済白書』が「もはや戦後ではない」と宣言。

昭和三二年（一九五七）二五歳　二月、特殊磁器焼成用電気トンネル炉考案。

昭和三三年（一九五八）二六歳　上司と技術開発の方針で衝突。新会社設立を決意。一二月、誓詞血判状に創業の八人が署名。一二月、松風工業を退社。一二月、須永朝子と結婚。一二月、東京タワー完成。テキサス・インスツルメンツ社がICを開発。

昭和三四年（一九五九）二七歳　四月、京都セラミック株式会社（宮木男也社長）設立。取締役技術部長に就任。四月、皇太子明仁親王、正田美智子さんとご結婚。

昭和三五年（一九六〇）二八歳　一月、車折神社への初詣始まる。四月、ソニー、世界初のトランジスタテレビ発売。九月、NHKなど六局でカラーテレビの本放送開始。一二月、政府、「国民所得倍増計画」を決定。

昭和三六年（一九六一）二九歳　四月、高卒従業員が待遇改善を求め団体交渉申し入れ。

昭和三七年（一九六二）三〇歳　米国で半導体ICの生産始まる。七月、米国へ初の海外出張。

昭和三八年（一九六三）三一歳　五月、京セラ滋賀工場竣工。七月、名神高速道路（尼崎―栗東間）開通。一〇月、第一回運動会を京都・西京極グラウンドにおいて開催。

昭和三九年（一九六四）三二歳　四月、日本、IMF（国際通貨基金）八条国に移行。海外旅行自由化。五月、初代社長宮木男也が会長、青山政次が社長就任。一〇月、東海道新幹線営業開始（東京―新大阪間）。一〇月、東京オリンピック開幕。

昭和四〇年（一九六五）三三歳　一月、時間当り採算制度、懇親会（コンパ）制度導入。七月、名神高速道路全線開通。いざなぎ景気始まる。

昭和四一年（一九六六）三四歳　三月、本社機能を滋賀工場へ移転。四月、IBM社より大型汎用コンピュータ用IC基板（サブストレート）受注。五月、稲盛が京セラ社長就任。青山は会長に。

昭和四二年（一九六七）三五歳　八月、経営理念制定。一二月「京セラフィロソフィ」第一集発行。

昭和四三年（一九六八）三六歳　二月、初の海外駐在員を米国ロサンゼルスに派遣。三月、フォルステライトの抵抗芯体の納入実績で米のテキサス・インスツルメンツ社より表彰を受ける。

昭和四四年（一九六九）三七歳　GNP世界第二位に。五月、東名高速道路全線開通。七月、積層ICパッケージの開発に成功。七月、川内工場竣工。七月、米国現地法人京セラインターナショナル（KII）設立。七月、米国「アポロ一一号」が人類史上初めて月面に着陸。

昭和四五年（一九七〇）三八歳　三月、大阪万国博覧会開幕。

昭和四六年（一九七一）三九歳　三月、フェアチャイルド社サンディエゴ工場を買収し、ＫＩＩサンディエゴ工場とする。八月、金とドルの一時交換停止（ニクソンショック）。八月、円、変動相場制に移行。一〇月、大阪証券取引所第二部、京都証券取引所に上場。

昭和四七年（一九七二）四〇歳　三月、「大規模集積回路用セラミック多層パッケージの開発」により、第一八回大河内記念生産特賞受賞。七月、京都市東山区山科に新本社社屋竣工。九月、東京証券取引所第二部上場。一〇月、鹿児島国分工場操業開始。

昭和四八年（一九七三）四一歳　一月、月商九億円達成記念で香港への二泊三日の社員旅行を実施。七月、月商二〇億円達成。

昭和四九年（一九七四）四二歳　二月、東京、大阪証券取引所第一部に指定替え。四月、稲盛、科学技術庁長官賞受賞。オイルショック後の不況により、賃上げの一年間凍結を組合に申し入れ。ＧＮＰ戦後初のマイナス成長。

昭和五〇年（一九七五）四三歳　三月、労働組合、会社の要請を受け入れ、一年間の賃上げ凍結を決定。九月、株価が二九九〇円で日本一となる（昭和五六年初まで続く）。一〇月、松下電器産業、シャープなどと合弁でジャパン・ソーラー・エナジー株式会社（ＪＳＥＣ）設立。

昭和五一年（一九七六）四四歳　二月、米国預託証券（ＡＤＲ）発行。三月、昭和五〇年度決算にて無借金経営を実現。

昭和五二年（一九七七）四五歳　一〇月、株式会社クレサンベール設立。

昭和五三年（一九七八）四六歳　五月、株式会社ニューメディカル設立。八月、日中平和友好条約調印。

昭和五四年（一九七九）四七歳　一月、第二次オイルショック。九月、サイバネット工業が京セラグループ入り。一〇月、米国サンディエゴ市より名誉市民の称号を授与。

昭和五五年（一九八〇）四八歳　二月、サイバネット工業がトライデント社を合併。四月、米国の電子部品メーカーEmcon, Inc.（エムコン社）を買収。五月、ニューヨーク証券取引所に上場。同時に二回目のADRを発行。六月、米上院決議、日本車輸入規制を示唆。八月、円福寺に「京セラ従業員の墓」完成、落慶法要を営む。

昭和五六年（一九八一）四九歳　一月、「伴記念賞名誉賞」受賞。三月、第二次臨時行政調査会（土光臨調）発足。

昭和五七年（一九八二）五〇歳　一〇月、クレサンベール、日本キャスト、サイバネット工業、ニューメディカルを吸収合併し、社名を京セラ株式会社と変更。

昭和五八年（一九八三）五一歳　七月、「ファミコン」発売。一〇月、株式会社ヤシカを吸収合併。七月、盛和塾の前身となる京都盛友塾発足。

昭和五九年（一九八四）五二歳　一月、米アップル社、三二ビットパソコン「マッキントッシュ」を発売。四月、財団法人稲盛財団を設立し、理事長に就任。四月、紫綬褒章を受章。五月、NHK、衛星放送開始。六月、第二電電企画株式会社を設立し、代表取締役会長に就任。一二月、電電改革三法案成立。一二月、タイトーに資本参加。

昭和六〇年（一九八五）五三歳　四月、日本電信電話株式会社（NTT）、日本たばこ産業株式会社（JT）発足。四月、京都経済同友会の代表幹事就任。六月、第二電電企画が第一種電気通信事業許可取得。第二電電株式会社（DDI）に社名変更。六月、京セラ代表取締役会長を兼務。九月、プラザ合意。一一月、第一回京都賞授賞式を国立京都国際会館で開催。

昭和六一年（一九八六）五四歳　四月、男女雇用機会均等法施行。七月、日米半導体交渉合意。一〇月、京セラ社長に安城欽寿就任。

昭和六二年（一九八七）五五歳　二月、ジャパン・ソーラー・エナジー（ＪＳＥＣ）を合併。四月、ＪＲ各社開業。六月、ＤＤＩ、関西セルラー電話株式会社設立。一一月、全日本民間労働組合連合会（連合）発足。

昭和六三年（一九八八）五六歳　六月、リクルート事件。

昭和六四年・平成元年（一九八九）五七歳　一月、昭和天皇崩御。四月、消費税導入。四月、「盛友塾」を「盛和塾」に名称変更。松下幸之助没。一一月、ベルリンの壁崩壊。一二月、東証平均株価、三万八九一五円の史上最高値（終値ベース）記録。

平成二年（一九九〇）五八歳　一月、米国の大手電子部品メーカーであるAVX Corporationを買収。

平成三年（一九九一）五九歳　二月、第三次行革審「世界の中の日本」部会・部会長に就任。七月、ＤＤＩ、日産自動車と共同で株式会社ツーカーセルラー東京を設立。

平成四年（一九九二）六〇歳　二月、ＤＤＩ、日産自動車と共同で株式会社ツーカーセルラー東海を設立。七月、ＮＴＴドコモ設立。七月、第一回盛和塾全国大会が開かれる。

平成五年（一九九三）六一歳　四月、ＤＤＩと共同で日本イリジウム株式会社を設立。九月、ＤＤＩ、東京証券取引所第二部に上場。一〇月、ＤＤＩ、札幌での簡易型携帯電話システム（ＰＨＳ）の実用化実験を開始。一一月、ＥＵ発足。

平成六年（一九九四）六二歳　一月、ＧＨｚ帯でのデジタル携帯電話サービス始まる。四月、セルラーグループがデジタル方式携帯電話サービスを開始。七月、ＤＤＩポケット企画株式会社を設立。

平成七年（一九九五）六三歳　一月、京都商工会議所会頭に就任。阪神・淡路大震災。三月、地下鉄サリン事件発生。四月、東京外国為替市場で一ドル＝七九円七五銭を記録。七月、ＤＤＩポケット電話グループが東京と札幌でＰＨＳの公衆サービスを開始。八月、ＡＶＸ社がニューヨーク証券取引所に再上場。九月、ＤＤＩ、東証第二部から第一部へ指定替え。

平成八年（一九九六）六四歳　一〇月、中国広東省東莞市より栄誉市民の称号を授与。一二月、稲盛が主宰する「日米二一世紀委員会」が発足。第七回東洋経済賞「パースン・オブ・ザ・イヤー」受賞。

平成九年（一九九七）六五歳　六月、京セラと第二電電の取締役名誉会長に就任。胃がんの手術を受ける。九月、臨済宗妙心寺派円福寺にて得度。僧名「大和」。

平成一〇年（一九九八）六六歳　八月、京都市伏見区竹田の新本社ビルが竣工し、京セラ本社を移転。一〇月、ＤＤＩ、国際電話サービスを開始。一一月、日本イリジウムなどがイリジウムサービスを開始。

平成一二年（二〇〇〇）六八歳　一月、京セラミタ株式会社（ＫＭＣ）が発足。三月、事業不振によりイリジウムサービスを終了。一〇月、ＤＤＩ、ＫＤＤ、ＩＤＯが合併し、株式会社ディーディーアイ（通称およびロゴマークはＫＤＤＩ）が発足。稲盛が同社取締役名誉会長に就任。稲盛、京セラ、ＤＤＩの支援により、チリ・ラスカンパナス天文台に世界最大級の反射望遠鏡が完成。一二月、米国クアルコムから携帯電話事業を買収し、「京セラワイヤレス コーポレーション」（ＫＷＣ）を設立。

平成一三年（二〇〇一）六九歳　二月、稲盛財団とＣＳＩＳ（戦略国際問題研究所）の共催で「日米リーダーシップ会議」を開催。京都商工会議所会頭退任・名誉会頭就任。六月、ＫＤＤＩ株式会社の最高顧問に就任。九月、アメリカ同時多発テロ。一〇月、京都市市民栄誉賞を受賞。一〇月、中国天津市人民政府の経済顧問に就任。一二月、中国貴州省貴陽市より栄誉市民の称号を授与。

平成一四年（二〇〇二）七〇歳　四月、稲盛財団と

ＣＳＩＳ共同で「アブシャイア・イナモリ・リーダーシップアカデミー」を開設。一一月、京セラ経営研究所で「フィロソフィ役員幹部研修」がスタート。稲盛と京セラの寄進により、臨済宗妙心寺派円福寺の本堂と庫裏を改築。

平成一五年（二〇〇三）七一歳　五月、社会福祉法人盛和福祉会を設立、理事長に就任。七月、財団法人稲盛福祉財団を設立、理事長に就任。一二月、アンドリュー・カーネギー博愛賞を受賞。

平成一六年（二〇〇四）七二歳　二月、米国初の「盛和塾」発足。八月、児童養護施設・乳児院「京都大和の家」開設。一〇月、米国投資会社カーライルと共同でＤＤＩポケット株式会社を買収。一〇月、ダイエーが自主再建を断念。産業再生機構に支援要請。

平成一七年（二〇〇五）七三歳　二月、ＤＤＩポケットがウィルコムに社名変更。四月、中国江西省景徳鎮市より栄誉市民の称号を授与。中国景徳鎮市人民政府の高級経済顧問に就任。六月、京セラの取締役を退任。鹿児島大学に退職金二億八〇〇〇万円全額を寄付し、同大学に「稲盛経営技術アカデミー」設立。九月、京セラが保有するタイトーの株式をスクウェア・エニックスに売却。

平成一八年（二〇〇六）七四歳　九月、中国「平和発展貢献賞」を受賞。

平成二一年（二〇〇九）七七歳　九月、民主党政権が誕生。鳩山由紀夫代表が第九三代内閣総理大臣に就任。一〇月、日本航空、企業再生支援機構に支援を要請。

平成二二年（二〇一〇）七八歳　一月、ＪＡＬ、会社更生法の適用を申請。同時に、企業再生支援機構（現・地域経済活性化支援機構）による支援が決定。二月、稲盛、日本航空会長に就任。五月、ＪＡＬのリーダー層の意識改革を行うために意識改革推進準備室を開設。業績報告会を開始。六月、ＪＡＬの経営幹部五二名を対象に、第一回リーダー教育を実施。後に、部長や課長などに対象を拡大。八月、JAL更生計画案を東京地裁に提出。九月、「JALフィロソフィ検討委員会」が発足。九月、尖閣諸島沖で中国漁船と海上保安庁の巡視船の衝突事故が発生。以降、中国で反日デモが頻発。一一月、東京地裁がJAL更生計画を認可。一二月、JAL、部門別採算制度の導入をにらみ、新しい組織体制に移行。路線別収支を明確化するために、路線統括本部が新設。

平成二三年（二〇一一）七九歳　一月、JALグループ企業理念と「JALフィロソフィ」を策定・公表。中国、GDP世界第二位の経済大国へ。二月、「JALフィロソフィ手帳」を配布。三月、東日本大震災、福島第一原子力発電所事故が発生。三月、JAL、京セラや大和証券グループなどの八社に対して、第三者割当増資を実施。JAL更生手続きが完了。四月、JAL代表取締役会長に就任。四月、JALグループの全社員を対象に、JALフィロソフィ教育を開始。新ITシステムの稼働により、部門別採算制度を開始。一〇月、円相場が一ドル＝七五円三二銭の戦後最高値を記録。

平成二四年（二〇一二）八〇歳　二月、JAL取締役名誉会長就任。九月、JAL、二年七カ月という短期間で株式再上場を果たす。

平成二五年（二〇一三）八一歳　一月、世界経済フォーラムの年次総会で講演。四月、JAL取締役退任。名誉会長に就任。京都大学より「名誉フェロー」の称号を授与。

平成二七年（二〇一五）八三歳　四月、JAL名誉顧問に就任。一一月、鹿児島県より県民栄誉表彰、鹿児島市より市民栄誉賞を授与。

平成二九年（二〇一七）八五歳　一一月、鹿児島大学に京セラ株一〇〇万株を寄附し、同大学で受納式を開催。

平成三〇年（二〇一八）八六歳　四月、京都賞賞金を五千万円から一億円に倍増。

参考資料

経営一二カ条（抄）

第一条　事業の目的、意義を明確にする
第二条　具体的な目標を立てる
第三条　強烈な願望を心に抱く
第四条　誰にも負けない努力をする
第五条　売上を最大限に伸ばし、経費を最小限に抑える
第六条　値決めは経営
第七条　経営は強い意志で決まる
第八条　燃える闘魂
第九条　勇気をもって事に当たる
第十条　常に創造的な仕事をする
第一一条　思いやりの心で誠実に
第一二条　常に明るく前向きに、夢と希望を抱いて素直な心で

稲盛会計学　七つの基本原則（抄）

一　キャッシュベース経営の原則
二　一対一対応の原則
三　筋肉質経営の原則
四　完璧主義の原則
五　ダブルチェックの原則
六　採算向上の原則
七　ガラス張り経営の原則

六つの精進（抄）

誰にも負けない努力をする
謙虚にして驕らず
反省のある毎日を送る
生きていることに感謝する
善行、利他行を積む
感性的な悩みをしない

京セラフィロソフィ（抄）

第一章　すばらしい人生をおくるために

1　心を高める
2　より良い仕事をする
3　正しい判断をする
4　新しいことを成し遂げる
5　困難に打ち勝つ
6　人生を考える

第二章　経営のこころ

心をベースとして経営する
公明正大に利益を追求する
原理原則にしたがう
お客様第一主義を貫く
大家族主義で経営する
実力主義に徹する
パートナーシップを重視する
全員参加で経営する
ベクトルを合わせる
独創性を重んじる
ガラス張りで経営する
高い目標をもつ

第三章　京セラでは一人一人が経営者

値決めは経営である
売上を極大に、経費を極小に（入るを量って、出ずるを制する）
日々採算をつくる
健全資産の原則を貫く
能力を未来進行形でとらえる
目標を周知徹底する

第四章　日々の仕事を進めるにあたって

採算意識を高める
倹約を旨とする
必要なときに必要なだけ購入する
現場主義に徹する
経験則を重視する
手の切れるような製品をつくる
製品の語りかける声に耳を傾ける
一対一の対応の原則を貫く
ダブルチェックの原則を貫く
ものごとをシンプルにとらえる

ＫＤＤＩフィロソフィ（抄）

第一章　目指す姿

つなぐのは思い、つなぐのは笑顔
真のグローバル化へ
三六五日、守るのが使命
お客さま第一に考える
驚きを超え、感動をお客さまに届ける
夢を描き、追い続ける
一人ひとりがＫＤＤＩ
ダイバーシティが基本

第二章　経営の原則

社会への責任を果たす
事業の目的、意義を明確にする
公明正大に利益を追求する
ガラス張りで経営する
売上を最大に、経費を最小に
筋肉質の経営に徹する
リアルタイムで経営する

第三章　仕事の流儀

高い志を抱き、具体的な目標を立てる。絶対に達成するという強烈な願望を持ち、成功するまであきらめずにやり抜く。そして、達成した喜びを分かち合う

第四章　行動の原則

自ら燃える
闘争心を燃やす
ジブンゴト化する
本気、本音でぶつかる
スピード感をもって決断し行動する
一丸となってやり抜く
目線を上げる

外を見て内を知る
チャレンジ精神を持つ
常に創造的な仕事をする
どんな仕事も地道に一歩一歩、たゆまぬ努力を続ける
能力は必ず進歩する
原理原則に従う
現地現物で本質を見極める
フェアプレイ精神を貫く
小善は大悪に似たり、大善は非情に似たり

第五章　人生の方程式

人生・仕事の結果＝考え方×熱意×能力
人間として何が正しいかで判断する
利他の心で考える
感謝の気持ちを持つ
常に謙虚に素直な心で
常に明るく前向きに取組む

ＪＡＬフィロソフィ（抄）

第一部　すばらしい人生を送るために

第一章　成功方程式（人生・仕事の方程式）

人生・仕事の結果＝考え方×熱意×能力

第二章　正しい考え方をもつ

人間として何が正しいかで判断する
美しい心をもつ
常に謙虚に素直な心で
常に明るく前向きに
小善は大悪に似たり、大善は非情に似たり
土俵の真ん中で相撲をとる
ものごとをシンプルにとらえる
対極をあわせもつ

第三章　熱意をもって地味な努力を続ける

真面目に一生懸命仕事に打ち込む
地味な努力を積み重ねる
有意注意で仕事にあたる
自ら燃える
パーフェクトを目指す

第四章　能力は必ず進歩する

能力は必ず進歩する

第二部　すばらしいＪＡＬとなるために

第一章　一人ひとりがＪＡＬ

一人ひとりがＪＡＬ
本音でぶつかれ
率先垂範する
渦の中心になれ
尊い命をお預かりする仕事

感謝の気持ちをもつ
お客さま視点を貫く

第二章　採算意識を高める

売上を最大に、経費を最小に
採算意識を高める
公明正大に利益を追求する
正しい数字をもとに経営を行う

第三章　心をひとつにする

最高のバトンタッチ
ベクトルを合わせる
現場主義に徹する
実力主義に徹する

第四章　燃える集団になる

強い持続した願望をもつ
成功するまであきらめない
有言実行でことにあたる
真の勇気をもつ

第五章　常に創造する

昨日よりは今日、今日よりは明日
楽観的に構想し、悲観的に計画し、楽観的に実行する
見えてくるまで考え抜く
スピード感をもって決断し行動する
果敢に挑戦する
高い目標をもつ

主要参考文献

『稲盛和夫のガキの自叙伝』稲盛和夫著　日本経済新聞社
『生き方―人間として一番大切なこと』稲盛和夫著　サンマーク出版
『働き方―「なぜ働くのか」「いかに働くのか」』稲盛和夫著　三笠書房
『君の思いは必ず実現する』稲盛和夫著　財界研究所
『心を高める、経営を伸ばす―素晴らしい人生をおくるために』稲盛和夫著　ＰＨＰ研究所
『敬天愛人―私の経営を支えたもの』稲盛和夫著　ＰＨＰ研究所
『ごてやん　私を支えた母の教え』稲盛和夫著　小学館
『実践経営問答』稲盛和夫著　ＰＨＰ研究所
『京セラフィロソフィ』稲盛和夫著　サンマーク出版
『稲盛和夫の実学　経営と会計』稲盛和夫著　日本経済新聞社
『時代の証言者（6）企業経営　稲盛和夫・福原義春』読売新聞解説部
『「成功」と「失敗」の法則』稲盛和夫著　致知出版社
『成功の要諦』稲盛和夫著　致知出版社
『人生の王道』稲盛和夫著　日経ＢＰ社
『従業員をやる気にさせる7つのカギ　稲盛和夫の経営問答』稲盛和夫著　日本経済新聞出版社
『考え方―人生・仕事の結果が変わる』稲盛和夫著　大和書房

『人生と経営　人間として正しいことを追求する』稲盛和夫著　致知出版社
『不況を乗り切る5つの方策　いま、何をすべきか』稲盛和夫著　サンマーク出版
『ど真剣に生きる』稲盛和夫著　NHK出版
『成功への情熱』稲盛和夫著　PHP研究所
『燃える闘魂』稲盛和夫著　毎日新聞出版
『稲盛和夫の経営塾 Q&A高収益企業のつくり方』稲盛和夫著　日本経済新聞出版社
『稲盛和夫の哲学─人は何のために生きるのか』稲盛和夫著　PHP研究所
『賢く生きるより辛抱強いバカになれ』稲盛和夫・山中伸弥著　朝日新聞出版
『経営静談─松下幸之助対談集』PHP研究所
『稲盛和夫語録─経営を芸術する孤高の起業家』ソニーマガジンズビジネスブック編　ソニーマガジンズ
『ある少年の夢　京セラの奇蹟』加藤勝美著　現代創造社
『京セラ・超成長の秘密』加藤勝美著　講談社
『心の京セラ二十年』青山政次著（非売品）
『機関誌「盛和塾」』盛和塾
『鹿児島大学稲盛アカデミー研究紀要』「鹿児島時代の稲盛和夫─幼年時代から学生時代まで─」吉田健一著
『生命の実相』谷口雅春著　生長の家
『経営の神髄第6巻　挫折をのりこえる積極経営　稲盛和夫』針木康雄著　講談社
『殉教と民衆─隠れ念仏考』米村竜治著　同朋舎

『ＪＩＣＤ（国際歯科学士会日本部会）』平成二七年四六号「松風の創業者 松風嘉定について 美術陶磁器から人工陶歯まで」今村嘉宣著
『セラミックスの技術史』素木洋一著 技報堂出版
『ＭＯＴで読む ファインセラミックス技術戦略』鈴木義和著 日刊工業新聞社
『入門エレクトロニクス４ 電子セラミックス』泉弘志著 誠文堂新光社
『わが祖国―禹博士の運命の種』角田房子著 新潮社
『閔妃《ミンビ》暗殺―朝鮮王朝末期の国母』角田房子著 新潮社
『心に吹く風』伊藤謙介著 文源庫
『挫けない力「死と魂」の意味から考える』伊藤謙介著 ＰＨＰ研究所
『リーダーの魂』伊藤謙介著 弓立社
『稲盛流コンパ―最強組織をつくる究極の飲み会』北方雅人・久保俊介著 日経ＢＰ社
『京都企業の実力』財部誠一著 実業之日本社
『アメーバ経営学―理論と実証』アメーバ経営学術研究会編 ＫＣＣＳマネジメントコンサルティング
『京セラ・過激なる成功の秘密』国友隆一著 こう書房
『京セラ・稲盛和夫 血気と深慮の経営』国友隆一著 ぱる出版
『稲盛和夫・アメーバ経営』国友隆一著 ぱる出版
『ブロードバンド革命への道―ＤＤＩ、イー・アクセスの挑戦』千本倖生著 経済界
『「やりがい」の変革―自分を高める本物の人間力とは』千本倖生著 青春出版社

『「報われない努力」はない―「絶対成功しない」と言われたときが、最大のチャンスである』千本倖生著　ごま書房
『あなたは人生をどう歩むか　日本を変えた起業家からの「メッセージ」』千本倖生著　中央公論新社
『挑戦者』渋沢和樹著　日本経済新聞出版社
『ザ・電話戦争―新電電VS.第二電電』小林紀興著　講談社
『幻想曲　孫正義とソフトバンクの過去・今・未来』児玉博著　日経BP社
『巨大独占NTTの宿罪』町田徹著　新潮社
『NTT民営化の功罪』神崎正樹著　日刊工業新聞社
『巨大企業NTT王国』青木貞伸著　電波新聞社
『KDD社史』
『NTT社史』
『稼ぐ会社の「課長心得12カ条」』森田直行著　幻冬舎
『全員で稼ぐ組織　JALを再生させた「アメーバ経営」の教科書』森田直行著　日経BP社
『JALの奇跡―稲盛和夫の善き思いがもたらしたもの』大田嘉仁著　致知出版社
『JAL再生　高収益企業への転換』引頭麻実著　日本経済新聞出版社
『稲盛和夫　最後の闘い』大西康之著　日本経済新聞出版社
『JAL再生の嘘』屋山太郎著　PHP研究所
『世界のどこにもない会社を創る！』飯田亮著　草思社

『経営者―日本経済生き残りをかけた闘い』永野健二著　新潮社
『経営者とは　稲盛和夫とその門下生たち』日経トップリーダー編　日経BP社
『稲盛和夫の利益を生む熱血経営』川嶋幸太郎著　ぱる出版
『心は変えられる―自分、人、会社全員で成し遂げた「JAL再生」40のフィロソフィ』原英次郎著　ダイヤモンド社
『カンブリア宮殿　就職ガイド―村上龍×73人の経済人』村上龍著　テレビ東京報道局編　日本経済新聞出版社
『稲盛和夫と福島の子どもたち―人は何のために生きるのか』下村満子編　KKロングセラーズ
『松下幸之助と稲盛和夫―経営の神様の原点』皆木和義著　総合法令出版
『稲盛和夫の盛和塾・経営秘伝〈ケース・スタディー〉―不況はチャンスに変わる』永川幸樹著　青春出版社
『実践の人・稲盛和夫　善で動くべし！―盛和塾の経営秘伝とその核心』永川幸樹著　青春出版社
『逆転戦略　ウィルコム―「弱み」を「強み」に変える意志の経営』鈴木貴博著　ダイヤモンド社
『京セラ・血塗られたバランスシート―稲盛和夫の凄絶経営』伊部四郎著　山手書房
『松下幸之助発言集ベストセレクション〈第2巻〉経営にもダムのゆとり』松下幸之助著　PHP研究所

装幀　　　間村俊一
カバー写真　篠山紀信

北康利（きた・やすとし）
昭和35年12月24日愛知県名古屋市生まれ。東京大学法学部卒業後、富士銀行入行。資産証券化の専門家として富士証券投資戦略部長、みずほ証券財務開発部長等を歴任。平成20年６月末でみずほ証券退職。本格的に作家活動に入る。〝100年経営の会〟顧問。日本将棋連盟アドバイザー。著書に『白洲次郎 占領を背負った男』（第14回山本七平賞受賞）、『福沢諭吉 国を支えて国を頼らず』、『吉田茂 ポピュリズムに背を向けて』、『佐治敬三と開高健 最強のふたり』（以上講談社）、『陰徳を積む銀行王・安田善次郎伝』（新潮社）、『松下幸之助 経営の神様とよばれた男』（PHP研究所）、『西郷隆盛 命もいらず、名もいらず』（WAC）、『胆斗の人 太田垣士郎 黒四（クロヨン）で龍になった男』（文藝春秋）などがある。

思《おも》い邪《よこしま》なし
京《きょう》セラ創業者《そうぎょうしゃ》 稲盛和夫《いなもりかずお》

第１刷　2019年４月２日
第３刷　2022年９月20日

著　者　北康利《きたやすとし》

発行人　小島明日奈
発行所　毎日新聞出版
〒102-0074　東京都千代田区九段南1-6-17　千代田会館5階
営業本部：03（6265）6941
図書第一編集部：03（6265）6745

印　刷　精文堂
製　本　大口製本

ISBN978-4-620-32425-8